코딩도 하고, 사장도 합니다

코딩도 하고, 사장도 합니다

1판 1쇄 발행 2024년 2월 2일

지은이 한수봉
펴낸이 장성두
펴낸곳 주식회사 제이펍

출판신고 2009년 11월 10일 제406-2009-000087호
주소 경기도 파주시 회동길 159 3층 / **전화** 070-8201-9010 / **팩스** 02-6280-0405
홈페이지 www.jpub.kr / **투고** submit@jpub.kr / **독자문의** help@jpub.kr / **교재문의** textbook@jpub.kr

소통기획부 김정준, 이상복, 김은미, 송영화, 권유라, 송찬수, 박재인, 배인혜, 나준섭
소통지원부 민지환, 이승환, 김정미, 서세원 / **디자인부** 이민숙, 최병찬

진행 송영화 / **교정·교열** 윤미현 / **내지·표지 디자인** 블랙페퍼디자인
용지 에스에이치페이퍼 / **인쇄** 한승문화사 / **제본** 일진제책사

ISBN 979-11-92987-86-6 (13000)
값 20,000원

제이펍은 여러분의 아이디어와 원고를 기다리고 있습니다. 책으로 펴내고자 하는 아이디어나 원고가 있는
분께서는 책의 간단한 개요와 차례, 구성과 지은이/옮긴이 약력 등을 메일(submit@jpub.kr)로 보내주세요.

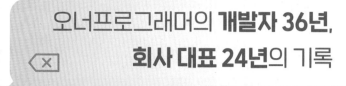

오너프로그래머의 **개발자 36년,**
회사 대표 24년의 기록

한수봉 지음

코딩도 하고, 사장도 합니다

10년 뒤에도 코딩할 수 있을지
불안한 당신에게

Jpub 제이펍

차례

저는 낯선 사람과 마시는 커피를 좋아하는데, 커피 한잔으로 제가 살아보지 못한, 살아볼 수 없는 타인의 인생과 고민 그리고 선택을 훔쳐볼 수 있기 때문입니다. 그리고 커피 잔을 두고 마주한 타인의 인생을 통해서 결국 제가 알게 되는 건 바로 저 자신입니다. 이 책은 지난 24년간 소프트웨어 회사를 운영해온 36년 차 프로그래머의 고민과 선택에 대한 기록이며 아직 끝나지 않은 저자의 꿈에 대한 이야기입니다. 이 책을 읽고 난 후의 느낌은 마치 커피 한잔을 두고 압도적으로 길고 꼼꼼했던 저자의 인생을 마주한 기분이 들었습니다.

독자 여러분이 프로그래머를 꿈꾸거나, 이미 프로그래머로 일하거나 혹은 창업을 꿈꾸는 프로그래머라면 이 책은 여러분 앞에 펼쳐질 수많은 고민과 선택지를 미리 보여줍니다. 저자가 이 책을 통해 말하려는 것은 단지 먼저 살아봐서 아는 인생 경험담이 아닙니다. 자신처럼 살라는 것도 아닙니다. 이 책은 저자가 36년 프로그래머의 삶에서 마주한 수많은 고민과 선택의 순간을 단 한 번도 빠트리거나 외면하지 않았음을 보여주는 필사적이고 처절한 기록입니다.

미국 드라마 〈히어로즈〉에 이런 대사가 나옵니다. "인간은 자신이 행복한 삶을 원하는지, 아니면 의미 있는 삶을 원하는지 자문해야 할 때가 오는 것 같습니다." 저자는 자신의 36년 인생의 수많은 고민과 선택을 통해서 독자로 하여금 프로그래머로서 행복하게 살지, 사업가로서 좀 더 의미 있게 살지 자문하게 만듭니다. 거장 미야자키 하야오는 최근 개봉한 작품 〈그대들은 어떻게 살 것인가〉를 통해서 자신의 지난 삶과 고민을 관객들에게 보여줍니다. 그리고 다시 제목을 통해서 관객들에게 묻습니다. "그대들은 어떻게 살 것인가?" 저자는 자신의 고민과 선택이 담긴 이 책을 통해서 독자에게 묻습니다. "그대는 어떻게 살 것인가?"

우리는 똑같이 "응애" 하면서 태어나지만 다른 선택을 하고 다른 삶을 만들어 갑니다. 이 책이 앞으로 프로그래머로서 여러분의 삶에 펼쳐질 다양한 고민과 선택의 순간에 도움이 되길 바랍니다. 그리고 저자의 끝나지 않은 꿈과 고민을 응원하면서, 독자 여러분께 이 책을 추천합니다. 꼼꼼하게 세 번은 읽기를 바랍니다.

강성용, '함께 듣는 알람, 코알람' 보통드 공동대표

'오너프로그래머'의 소개로 시작한 이 책은 우리가 흔히 꿈꾸는 성공한 스타트업을 얘기하는 책이 아니라, 회사를 운영하는, 그중에서도 특히 IT 업계에서 프로그래머로 시작해 창업을 꿈꾸는 분들에게 실전에 가까운 현실적인 이야기를 전합니다. IT 업계에서 개발과 데이터베이스 관리자를 거쳐서 컨설팅까지 해오다가 창업을 이루게 된 저와 같은 초보 창업가에게는 굉장히 솔직하고 진솔한 조언이 가득한 책이었습니다. 창업하기 전

에 이런 현실적인 내용을 알았다면 '과연 이렇게 힘든 길을 택했을까?' 하는 생각이 들 정도로 현실적인 문제와 고민을 많이 담았습니다.

저자 자신의 경험과 실제 사례를 통해 초보 창업가를 위한 진솔한 조언과 함께, 비슷한 상황에 있는 독자라면 함께 고민하고 공감하며, 유사한 문제를 해결할 수 있는 현실적인 조언이 가득합니다. 이런 조언은 단순히 기술적인 부분뿐만 아니라 팀 빌딩, 자금 조달, 고객 발견과 유지 등 다양한 측면을 다루고 있습니다. 또한, 창업의 전반적인 과정과 도전에 대한 경험을 담고 있어, 창업을 꿈꾸거나 현재 어둠 속에서 길을 찾고 있는 초보 창업가들에게 험난한 창업의 여정에 좋은 동반자가 되어줄 것입니다.

양성환, 카페일분 대표

저 역시 개발자 출신으로 창업하여 현재 사업을 운영하고 있는 입장에서 읽으면 읽을수록 생각이 많아진 책이었습니다. 개발을 하는 것과 사업을 하는 것은 엄연히 차이가 있기에 '오너프로그래머'라는 게 어떤 의미일지 생각하며 열심히 읽었고, 읽으면서 두 사람이 떠올랐습니다. 애플하면 떠오르는 두 명의 스티브 중 천재라 불렸던 스티브 워즈니악과 오픈소스 소프트웨어의 대명사로 불리는 리눅스를 창시한 리누스 토르발스입니다. 스티브 워즈니악은 사업보단 개발 그 자체를 즐긴 시대의 천재였으며, 리누스 토르발스 역시 그의 자서전 《리눅스 그냥 재미로 Just for Fun》의 제목에서 알 수 있듯이 개발을 즐거워하는 천생 개발자입니다.

이 책의 저자 역시 한 사람의 개발자로서 개발의 즐거움을 평생 놓고 싶지 않아 선택한 길이 바로 '오너프로그래머'였고, 이십여 년이 넘는 시간 동안 경험한 일대기를 읽기 쉽게 풀어 쓴 책이 바로 이 책입니다. 다만 서두에서 저자 역시 밝혔듯이 평생 개발을 즐기는 방법이 비단 오너프로그래머만 있는 건 아니기에, 읽는 사람에 따라선 호불호가 있을 수도 있겠단 생각도 들었습니다. 그래서 이 책이 도움이 될 만한 사람들과 그렇지 못한 사람들을 책 앞부분에 미리 정리해둔 점도 꼼꼼한 소프트웨어 개발자의 특징을 그대로 보여주는 대목 중 하나였습니다.

수많은 창업 지원 사업이 많은 요즘 같은 시대에는 개발자 역시 창업을 고민하게 되는 게 자연스러워진 것 같습니다. 창업을 고민하고 있는 개발자들이라면 호불호를 떠나 오너프로그래머의 삶에 대해 구체적이고 친절하게 정리된 이 책을 통해 미리 그 삶을 한 번쯤 경험해보기를 추천합니다.

유명환, 엑세스랩 대표

오너프로그래머는 누구인가?

'오너프로그래머owner programmer'는 소프트웨어 회사를 창업하고 운영하는 프로그래머를 뜻하는 조어造語다. 2014년 말 즈음에 여러 유명 셰프가 출연하여 요리 대결을 벌이는 〈냉장고를 부탁해〉라는 TV 프로그램이 생겨 큰 인기를 끌었다. 그 후 수많은 요리 프로그램이 만들어졌고, 셰프라는 직업도 세간에 큰 관심을 끌었다. 특히 셰프 중에 음식점을 소유하고 경영하면서 직접 요리하는 사람을 일컫는 '오너셰프owner chef'라는 말도 함께 알려져 꿈의 직업이 되기도 했다. 나는 여기에서 착안하여 내 직업인 프로그래머에도 오너프로그래머라는 말을 쓰기 시작했다. 물론 오너프로그래머라는 단어가 일반적으로 쓰이는 말도 아니고 'owner programmer'라는 영어 표현 자체가 콩글리시다. 하지만 의미에 딱 맞는 표현이라는 생각에 현재까지 사용하고 있다.

그 무렵 내 블로그에 〈오너프로그래머 필생기-프로그래머가 소프트웨어 회사 창업자로 생존하기〉라는 글을 게시했다. 소셜미디어에 오너프로그래머라는 단어가 처음 등장한 것이다. 많은 사람들이 읽었고 과분한 관심을 가져주었다. 그 후 한동안 오너프로그래머라는 말이 인터넷에 떠돌기도 했다.

2021년 말에 환갑을 맞았다. 몇몇 지인은 축하한다며 케이크와 선물을 보내왔다. 갑자기 늙었다고 생각하니 기분이 유쾌하지 않았다. 36년을 일했으니 좀 쉬고 놀고 싶었다. 그래서 작년부터 올해까지 2년간 안식년을 갖는다는 생각으로 코딩과 회사 일을 멀리하려 애쓰고 있다.

작년 초, 오랫동안 일해온 자신의 분야에 관한 회고록으로 미국에서 베스트셀러가 된 책 두 권을 읽었다. 한 사람은 노인의학 전문의이고 또 한 사람은 식물학자인데, 그들의 자서전인 셈이다. 이처럼 자기 직업의 오랜 경험을 바탕으로 해서 자서전을 쓰는 게 큰 의미가 있다고 느꼈다. 그래서 나도 36년이 넘는 프로그래머란 직업과 그중 24년은 작은 소프트웨어 회사 사장으로 살아온 경험을 정리하여 책으로 엮어보고 싶어졌다. 우선, 오너프로그래머라는 큰 주제로 66개의 작은 주제를 뽑았다. 이 중 너무 기술적인 내용으로 일반 사람들이 읽기에 적당하지 않은 것은 빼고 나머지를 틈틈이 써서 반 정도는 블로그에 먼저 올렸다.

이 책에 담은 내용은 세 가지다.

1. 오너프로그래머에 대한 소개, 그리고 프로 프로그래머와 소프트웨어 회사 창업자의 길을 걷기 위해 필요한 경험과 정보
2. 소프트웨어와 프로그래밍, 그리고 프로그래머의 세상 사는 이야기
3. 소프트웨어 회사의 창업과 운영, 그리고 작은 회사 사장의 세상 사는 이야기

이 책을 쓴 목적은 이렇다.

1. 36년간의 프로그래머와 24년간의 소프트웨어 회사 운영자로서의 삶에 대한 기록
2. 프로그래머라는 직업으로 살아가는 사람들에게 내 경험이 작게라도 힘이 되

었으면 하는 바람

3. 프로그래머로서 향후 소프트웨어 회사를 창업하려는 사람들에게 조금이나마 도움이 되었으면 하는 바람

4. 소프트웨어 회사를 운영하는 사람들에게 회사 운영에 대한 의견 제시와 소통에 의해 서로 배웠으면 하는 바람

5. 소프트웨어 업계를 포함한 IT 업계에서 일하는 사람과 예비 종사자들, 중소기업, 그중에서 특히 작은 회사 창업자와 창업을 꿈꾸는 사람이 공감할 만한 읽을거리가 되었으면 하는 바람

6. 관련 업계에서 일하지 않는 사람이라 하더라도 그럭저럭 유익한 읽을거리가 되었으면 하는 바람

여기서 회사 '경영'이라고 하지 않고 '운영'이라고 했다. 분명 경영과 운영은 차이가 있는데, 나는 같은 의미로 쓰고 있다. 오너프로그래머의 지향점이 거창한 기업가의 관점이 아니라 '내가 일할 내 일터를 내 손으로 만든다'는 소박한 직업으로서의 관점을 중시해서다.

책을 쓴 목적에 대해 여섯 가지를 적었지만 첫 번째가 가장 크다. 마치 자서전 쓰듯 내 경험과 내 생각을 정리하고 내 마음에 흡족한 게 먼저다. 하지만 누구나 읽을 수 있는 책에 쓴 글인 만큼 공감하는 사람이 많아지길 바라고, 나아가 서로 교류하고 좀 더 실질적인 도움이 될 수 있는 온-오프라인 소통의 장도 만들어보고 싶다. 그래서 이 책이 도움이 되지 않는 사람과 도움이 될 수 있는 사람을 미리 밝혀두는 게 좋겠다.

이 책이 크게 도움이 되지 않는 사람은 이렇다.

1. 투자 유치 대박 유니콘 스타트업을 꿈꾸는 사람

2. 빌 게이츠, 스티브 잡스, 마크 저커버그, 마윈 등 성공한 슈퍼 기업의 창업자 스토리에 감동하는 사람
3. 애플, 구글, 페이스북, 네이버, 카카오 등 거대 기업의 복지나 문화에 열광하는 사람

물론 꿈은 클수록 좋고, 자수성가한 슈퍼 리치나 거대 공룡 기업의 스토리에서 배울 점도 많다. 그러나 이 책에서 그와 같은 정보는 얻을 수 없다. 기대와는 다르게 너무 시시한 이야기만 나온다. 나는 작은 회사를 운영하는 사람이고, 작은 회사는 큰 회사를 따라 해서도 안 되며, 그럴 필요도 없기 때문이다. '성공'보다는 '생존', 크고 빠른 '성장'보다는 작고 긴 '지속'에 대한 것이라 한마디로 폼이 안 나는 얘기다.

이 책이 도움이 될 수 있는 사람은 이렇다.
1. 은퇴할 때까지 프로그래머라는 직업으로 살아가려는 사람
2. 대박을 꿈꾸지 않고 평생직장으로 소프트웨어 회사를 창업하려는 사람
3. 프로그래머로서 평생 직업의 의미로 회사를 운영하려는 사람
4. 소프트웨어 회사의 창업과 운영(개발, 영업, 유통, 관리)에 대한 실질적인 정보를 얻고자 하는 사람
5. 프로그래머가 아니어도, 회사 운영자가 아니어도 괜찮은 읽을거리를 찾는 사람

내가 몸담고 있는 업계에서 거대담론은 무수히 많고 정보도 쉽게 구할 수 있다. 오히려 작고 세세하게 실질적인 도움이 되는 정보를 찾기가 더 어렵다. 우렁찬 목소리보다 소심한 목소리에 더 깊은 진실이 담겨 있을 수 있

다. 때로는 귀를 바짝 갖다 대야 알아들을 수 있는 속삭임도 있다. 이 책이 현실에서 실행 가능한 소박한 이야기로 공감할 수 있는 읽을거리가 되었으면 한다.

1장

오너프로그래머
이해하기

오너는 사업이고

프로그래머는 기술이다.

오너를 이해하는

프로그래머가 될 것인가,

프로그래머를 이해하는

오너가 될 것인가?

오너프로그래머 필생기

프로그래머가 소프트웨어 회사 창업자로 생존하기

이 글은 36년 넘게 코딩하고 있는 현직 프로그래머로서 소프트웨어 개발 회사를 창업하고 24년간 운영하면서 겪은 순전히 경험에 의한 것이다. 그리고 나는 탁월한 프로그래머도 아니며 크게 성공한 사업가는 더욱 아니기에 바라보는 시야가 좁아 이 글을 일반화하기에는 무리한 부분이 있음을 미리 밝혀둔다. 다만 프로그래머로서 창업을 꿈꾸는 사람에게 그래도 도움이 될 만한 게 있지 않을까 하는 작은 바람이 있다.

우선 '오너프로그래머'라는 용어가 일반적으로 통용되는 말은 아니다. 앞서 얘기한 것처럼 요리하는 식당 주인을 가르키는 '오너셰프'라는 말이 있듯이 '프로그래밍하는 소프트웨어 회사 창업자'라는 뜻으로 내가 만들어 부르는 말이다.

오너프로그래머가 되기 위한 조건은 무엇일까? 오너프로그래머로 살아가기 위해서는 무엇을 해야 할까? 프로그래머가 소프트웨어 개발 회사 창업자로 생존하기 위한 방법에 대해 정리해본다. 여기서 '성공'이란 단어가 아니라 '생존'이란 단어를 썼음에 유의해야 한다.

창업 전에

1. 한 가지 분야의 프로그램 개발에 집중하라

나는 창업 전에 대기업 전산실에서 오랫동안 근무했는데 회사 업무와 별개로 누가 돈을 주겠다며 개발을 부탁하면 분야를 가리지 않고 개발했다. 회계 관리, 재고 관리, 명함 관리, 카센터 관리, 프로젝트 관리 등 각종 관리 업무 프로그램에서부터 편집기, 유틸리티, 통신, 그래픽, 수치해석, 엔지니어링 등과 심지어 공장의 기계 작동에 관한 프로그램까지 닥치는 대로 작업했다. 나중에 창업하려고 보니 이 많은 것을 내가 다 할 것도 아니고, 각 분야를 조금씩은 알지만 어느 것 하나 확실한 전문성을 갖춘 게 없었다. 그나마 프로젝트 관리와 엔지니어링 분야가 나름 강점이 있다고 여겨 선택하긴 했는데 창업하기에는 관련 자료도, 지식도 턱없이 모자랐다.

잡다한 프로그램보다는 내가 잘 아는, 또는 잘할 수 있는 분야나 아이템을 하나 잡고 충분한 자료를 모으고 지식을 쌓아가며 개발하여 꾸준히 발전시키는 게 낫다. 이 과정에서 필요한 모든 라이브러리를 탄탄하게 구축해두어야 한다. 이것이 창업 후 가장 큰 자산이 된다.

2. 습작을 하지 말고 상업적 가치가 있는 프로그램을 개발하라

지금까지 실력을 쌓기 위해 연습으로 프로그래밍한 기억이 거의 없다. 예를 들어 새로운 프로그래밍 언어를 익힌다고 하면 대부분 책을 사서 미리 공부하고 그 책에 나오는 예제를 코딩하고 컴파일하며 습득한다. 그런데 내 방식은 먼저 쓸 만한 아이템을 구상하고 관련 자료를 구하여 필요한 설계를 한 다음, 책을 사서 읽어가며 코딩을 한다. 지금도 우리 회사에서는 개발 직원에게 공부는 거의 시키지 않고 간단한 교육과 함께 일단 실전에 먼저 투입하는 방식을 쓴다. 이 방식에 나름 노하우가 쌓이니 적어도 회사 차원에서는 여러모로 큰 도움이 된다.

습작으로 실력을 쌓기보다는 작은 아이템이라도 직접 만들어가며 실력 쌓기를 권한다. 여기서 아이템이 상업적 가치가 있는 프로그램이면 더욱 좋다.

3. 쓰기와 영어 능력을 기르라

창업을 하고 회사를 운영해보면 말하기보다 쓰기^{writing} 능력이 절실하게 요구된다. 말하기는 어찌 보면 쓰기 능력만 갖춰지면 저절로 따라오는 게 아닌가 싶다. 각종 계획서, 기안서, 분석서, 설계서, 매뉴얼 등 생각보다 써야 할 것들이 많다. 쓰기 능력과 더불어 적어도 워드프로세서(워드나 아래아 한글)와 스프레드시트(엑셀), 프레젠테이션 도구(파워포인트), 이 세 가지 프로그램은 능숙하게 다룰 줄 알아야 한다. 이런 일이야 직원들 시키면 되지 사장이 직접 할 게 뭐가 있냐 하겠지만 현실은 그렇지 않다.

내가 창업하고 가장 후회한 게 바로 영어다. '개발만 잘하면 되지 영어가 뭐 대수랴' 했는데, 이 또한 현실은 그렇지 않다. 영어를 잘하면 할 수 있는 일이 10배, 100배 커진다. 만들 수 있는 아이템과 이에 따른 시장의 크기도 10배, 100배 커진다.

4. 규칙적인 생활과 운동 습관을 들이라

예전에 올빼미처럼 밤에 코딩하고 낮에 자는 프로그래머를 보았다. 프로그래머란 직업을 오래 할 생각이면 이런 습관은 좋지 않다. 남들과 똑같이 일하는 시간에 코딩하고, 어느 정도 코딩하면 10분 정도 쉬면서 기지개를 켜고 몸을 움직이거나 하는 나름의 프로그래밍 습관을 들이는 게 좋다. 주변 여건이 그리 녹록하지 않을 수도 있지만 프로그래머 생활을 길게 하려면 원칙을 세워두고 노력해야 한다.

틈틈이 운동하는 습관도 중요하다. 건강해야 프로그래머도 오래할 수 있다. 창업해보면 정말 체력이 중요함을 절실하게 느낄 때가 많다.

창업 과정에서

5. 대박을 꿈꾸지 말고 평생직장, 평생 직업으로 창업하라

창업을 하면서 누구나 한 번쯤 대박을 꿈꾼다. 그런데 현실은 중박도 소박도 아닌 쪽박일 확률이 훨씬 높다. 일반적으로 우리나라 회사에서 프로그래머 수명이 얼마나 될까? 예전에는 과장급 정도 되면 관리자로 성장하거나 영업으로 실적 내기를 요구했다. 평균적으로 길면 10년 정도였다. 요즘은 나이 들어서까지 할 수 있는 회사도 많아졌지만, 프로그래머라는 직업이 좋다면 내 회사를 만들어서 내 마음대로 마르고 닳도록 싫증 날 때까지 하면 된다. 물론 오래 하려면 회사가 망하지 않아야 하니까 이 글에서처럼 여러 가지 생존 조건을 검토해보는 것이다.

대기업에 들어가 같은 일을 할 때보다 더 많이 벌 수 있으면 좋고, 우연히 찾아오는 대박이란 행운은 하늘에 맡겨둔다. 벤처니 스타트업이니 폼 잡지 말고 담담한 마음으로 '내가 일할 내 일터, 내 손으로 만든다'는 자세를 권한다.

6. 완전한 제품을 만들어 창업하라

가급적 공식적인 창업 전에 하려는 아이템의 제품을 완성하는 게 좋다. 아니면 창업 후 적어도 1년 안에 상업적 가치가 있는 완성도 높은 제품이 나와야 한다. 그렇지 않으면 생존을 위해 어쩔 수 없이 외부에서 발주하는 개발 용역에 뛰어들게 되는데, 내 프로그램이 아닌 남의 프로그램을 만드는 굴레에서 벗어나기란 쉬운 일이 아니다.

그래서 오너프로그래머가 되려면 좀 얌체 같지만 현재 다니고 있는 직장의 자원을, 회사에 지장을 주지 않는 선에서 최대한 활용하고 차근차근 준비해 두어야 한다. 이런 점은 아무래도 소기업보다는 어느 정도 규모를 갖춘 중견기업 이상이 유리하다. 특히 대기업의 경우 여기저기 도처에 돈 되는 자료와 정보가 널려 있다. 나는 이 사실을 대기업에 다닐 때는 미처 몰랐고 창업 후에야 깨달았다. 때는 이미 늦었다.

7. 투자에 목매달지 말라

완성된 제품이 없어도 좋은 아이디어만 있으면 사업계획서만으로 투자받아 얼마든지 개발할 수 있다고 생각하는 사람이 의외로 많다. 현실은 '아니올시오'다. 투자받을 확률은 0%에 가깝다고 봐야 한다. 그러니 안 되는 일에 힘 빼지 말고 생각하지 않는 것이 건강에 이롭다. 정말 확신하는 아이템이라면 자신의 전 재산이라도 털어서 투입할 각오가 되어 있어야 한다. 재미있는 것은 투자가 절실할 때는 투자하겠다는 데가 없고, 투자받지 않아도 사는 데 하등 지장이 없을 때는 투자하겠다는 데가 나타난다는 사실이다.

여기서 한 가지 도움이 될 만한 게 있다면 정부의 연구개발 과제를 활용하는 방안이다. 정부 과제를 이용하여 원하는 아이템을 개발할 수 있다면 큰 도움이 된다. 주의할 것은 원하는 아이템은 안 나오고 정부 과제를 수행하는 노하우만 쌓여서, 잘못하면 거의 이것으로 연명하는 회사가 될 수도 있다는 점이다. 이렇게 되면 온실 속의 화초처럼 회사의 체력은 점점 떨어진다. 심한 표현으로 '눈먼 나랏돈 사냥꾼'으로 전락하게 되는 것을 경계해야 한다.

8. 세간에 떠도는 성공담에 현혹되지 말라

요즘 인터넷에서 흔히 볼 수 있는 성공담은 언제 봐도 감탄사가 절로 나오고 때로는 신기하고 감동적이기까지 하다. 스타트업이란 말을 즐겨 쓰며 미국 실리콘밸리에서와 같은 방식의 창업을 꿈꾸기도 한다. 그러나 실제로 창업하려는 사람은 그 성공담에 숨겨진 이면의 현실을 보려는 노력 또한 필요하다. 이런 미담은 어쩌다 심심풀이로 소설 읽듯이 훑어보다가 마음에 드는 구절이 있으면 내 방식으로 어떻게 사용할지 궁리해보는 정도로 삼으면 된다. 아니면 아예 그런 담론은 거들떠보지 않는 것도 정신 건강에 좋다. 이에 대해서는 페이스북에 친구로 등록된 기업의 대표가 일갈한 글로 대신하겠다. 근래에 이 같은 명문을 본 적이 없다.

"알리바바의 마윈과 샤오미의 레이쥔과 같은 성공을 보고 창업가는 이렇다 저렇다 하는 기사가 많은데 순 개소리다. 구글 스토리나 네이버 이야기, 천 번 읽고 창업해봐라. 그렇게 할 수 있나. 창업 정신이나 기업가 정신은 성공한 슈퍼 기업이 아니라 그 성공의 토대가 된 수많은 도전자에게서 찾아야 한다. 성공한 억만장자는 그 시대가 낳은 우연한 산물일 뿐이다. 그 우연한 시대적 산물의 미담이 기업가 정신으로 대표되는 게 불편하다. 그래서, 우리나라의 억만장자가 된 벤처 1세대가 야구단 차린 거 말고 무슨 공적 책임을 하고 있는지 의문이 든다."

창업 후에

9. 회사의 기본은 미래의 혁신적인 기술 개발에 있지 않고 안정된 관리에 있다

흔히 얘기한다. '기업의 미래는 혁신에 달려 있다', '꾸준한 기술 개발만이 살 길이다'라고. 맞는 말이다. 그런데 미래는 멀고 현재의 생존은 현실이다. 매출은 멀고 비용은 가깝다. 먼저 회사 조직을 최적화하고 관리체계를 안정화해야 한다. 그래야 비용의 누수를 막을 수 있다. 한마디로 뺄짓 하느라 허투루 돈 쓰는 걸 막아야 한다. 항상 흑자를 내려면 어떻게 해야 할까? 간단하다. 버는 것보다 항상 적게 쓰면 된다.

10. 법 개념에 친해지고 세금 개념에 익숙해지라

법과 세금은 골치 아픈 것이고 왠지 두렵고 부딪치고 싶지 않은 존재다. 그런데 창업하려면 억지로라도 친해지고 익숙해지려고 노력해야 한다. 그렇지 않으면 크고 작은 손해를 보기 십상이다. 사업을 할 때 법은 두 가지 측면에서 관심을 가져야 한다. 하나는 하려는 일에 어떤 법적인 규제 조항이 없는지 살펴보아야 한다는 것이고, 또 하나는 사업에 이용할 수 있는 법률 내용이 있는지 적극적이고 긍정적인 측면에서의 검토다. 세금도 감면 조항이 있는지, 몰라서 안 내거나 지나치기 쉬운 건 없는지 꼼꼼히 알아두는 게 좋다. 그리 복잡한 걸 일일이 다 알아야 하느냐, 법무사나 세무사에게 맡기면 알아서 다 해준다고 생각하는 사람이 있다. 천만에, 알아서 다 안해준다.

그렇다고 창업자가 법과 세금 관련해서 전문가도 아니고 조목조목 다 알 수는 없다. 관심을 갖고 익숙해지다 보면 개념이 잡혀 일이 생겼을 때 알아보는 감각이 생긴다.

11. 회사 내 최고의 인재는 파트너로서 친화력 강한 영업 능력자이다

오너프로그래머가 사업을 하다 보면 가장 약한 고리가 영업일 확률이 높다. 영업까지 하기에는 물리적인 시간도 부족할뿐더러 프로그래머라는 직업의 특성인지는 몰라도 내 경험에서 봤을 때 대부분 사업적 친화력이 떨어진다. 그래서 친화력이 강하고 영업을 잘하는 사람이 있다면 파트너로서 회사 내 최고의 인재라 할 수 있다.

여기서 한 가지 주의할 점은 영업 하면 떠오르는 자동차, 보험, 약품 등의 일반적인 상품 영업이 소프트웨어 영업과 많이 다름을 알아야 한다. 대기업에서 주로 하는 SI^{system integration} 영업 또한 작은 기업의 소프트웨어 영업과는 그 접근 방식이 다르다. 나도 아무 생각 없이 다른 분야에서 또는 대기업에서 영업 잘한다는 사람을 영입했다가 대부분 큰 낭패를 보았다. 이는 소프트웨어가 일반 상품과는 달라서 고객에게 형체가 없는 것을 어떻게 볼 수 있도록 전달할 것인가 하는 문제에서 비롯된다.

'CEO는 영업을 해야 한다', '사업하려면 술을 잘 마셔야 한다', '골프를 칠 줄 알아야 한다' 등의 흔히 하는 말에도 너무 귀 기울이지 않아도 된다. 경영에 뭐 그리 딱딱 맞아떨어지는 정답이 있을까? 그냥 내 회사 내 방식대로 하면 된다.

12. 개발자는 코딩 능력을 최우선으로 보라

소프트웨어 개발을 둘러싸고 흔히 말하는 아키텍트니 분석, 설계, 코딩, 테스트 등 전문화된 영역으로 규격화하듯이 인력을 너무 나누려고 하지 않는 게 좋다. 나중에 회사 규모도 커지고 소프트웨어 제품의 크기도 커지면 당연히 역할을 나누어야 한다. 하지만 그러기 전까지는 코딩 능력자 중심으로 개발하는 게 효율이 높다. 코딩을 잘하는 사람이 다른 것도 잘할 확률이 높아 인력 최적화에 큰 도움이 된다. 또한 개발 프로젝트가 설계 도서▨▩의 부실로 실패한 경우보다 코딩 능력의 부족으로 실패한 경우가 더 많다는 게 개인적인 경험이다.

국내 소프트웨어 시장은 생각보다 작아서 수십 명의 개발팀이 전문 영역으로 나뉘어 할 수 있는 제품을 찾기도 쉽지 않다. 따라서 중소 개발 회사에서 출중한 코딩 능력자는 때로는 열 사람 이상의 몫을 할 수 있는 보배라 할 수 있다.

오너프로그래머 노트 ✕

창업 전에

1. 한 가지 분야의 프로그램 개발에 집중하라.

2. 습작을 하지 말고 상업적 가치가 있는 프로그램을 개발하라.

3. 쓰기와 영어 능력을 기르라.

4. 규칙적인 생활과 운동 습관을 들이라.

창업 과정에서

5. 대박을 꿈꾸지 말고 평생직장, 평생 직업으로 창업하라.

6. 완전한 제품을 만들어 창업하라.

7. 투자에 목매달지 말라.

8. 세간에 떠도는 성공담에 현혹되지 말라.

창업 후에

9. 회사의 기본은 미래의 혁신적인 기술 개발에 있지 않고 현재의 안정된 관리에 있다.

10. 법 개념에 친해지고 세금 개념에 익숙해지라.

11. 회사 내 최고의 인재는 파트너로서 친화력 강한 영업 능력자이다.

12. 개발자는 코딩 능력을 최우선으로 보라.

프로그래머와 개발자,
그리고 소프트웨어 엔지니어

프로그래머와 개발자는 이 책에서 가장 많이 등장하는 단어다. 나는 두 단어를 대부분 같은 뜻으로 사용하며, 주로 '프로그래머'로 통칭한다. 어떤 상황에서 개발자란 표현이 더 정확하거나 자연스럽다고 느낄 때만 '개발자'라고 할 것이다. 프로그래머와 개발자를 구별해야 할 때도 있다는 얘기다.

소프트웨어를 만드는 사람을 이르는 말에는 프로그래머와 개발자, 그리고 소프트웨어 엔지니어가 있다. 개발자는 개발에 참여하는 사람을 이르는 큰 범위의 일반적인 쓰임이고, 소프트웨어 엔지니어는 공학 기술자 역할의 쓰임이다. 나는 이 둘을 같은 의미로 사용하며 우리말로는 주로 개발자라고 하고 영어로는 software engineer라고 쓴다. 프로그래머는 개발자와 같은 역할로 쓰지만 간혹 코딩을 중심으로 하는 소프트웨어 구현 부분에 중점을 두어 쓸 때만 구별한다.

프로그래머와 개발자, 또는 소프트웨어 엔지니어를 엄격히 구별해서 써야 한다는 사람도 있다. '건축가와 벽돌공의 차이를 생각하라'며 당연히 다르다고 한다. 즉, 프로그래머는 단지 벽돌공에 지나지 않는다는 얘기다. 그런데 내가 보기에는 프로그래머는 벽돌공보다는 건축가 쪽에 가깝다. 아마 오너프로그래머라는 표현도 말이 안 된다고 할 것이다. 이런 차이는 '코드'

가 무엇인지에 대한 생각의 차이에서 비롯된 것으로 보인다. 24절에 코드(소스코드)가 무엇인지 그 정체를 생각해보는 글이 나온다.

소프트웨어 개발에 종사하는 사람을 모두 프로그래머로 통칭하여 쓴다고 했더니 실리콘밸리에서 들으면 큰일 날 소리라며 "그러니까 한국에서 세계적인 소프트웨어가 나오지 않는 거지"라는 얘기도 한다. 실리콘밸리 소프트웨어 회사의 개발자 경력 경로와 개발 방식, 기업 문화 등이 훌륭한 건 듣기도 하고 읽기도 해서 어느 정도 알고 있다. 직접 경험한 건 아니니 속속들이 잘은 모른다. 그래도 이런저런 참고도 하고 따라 하기도 한다. 그렇지만 그들이 내가 운영하는 회사의 롤 모델은 아니다. 내 주위에는 국내에서도 크게 알려지지 않았지만 내가 닮고 싶은 회사가 여럿 있다. 세계적인 소프트웨어가 우수한 소프트웨어인 건 맞는데, 국내에서만 통용되는 소프트웨어라고 해서 열등한 소프트웨어는 아니다.

그 방면에 전문가가 아니라서 잘은 모르지만, BTS가 본고장이라는 미국이나 영국의 훈련 방법이나 문화를 그대로 적용해서 세계적인 가수가 된 것 같지는 않다. 이에 대해 "그건 특별한 경우라 그걸 일반화해서는 안 되지. 그리고 소프트웨어와 그 분야는 다르다"고 말할 사람도 있을 것이다. 그렇다고 프로그래머가 하는 일을 넓게 해석하는 풍토가 세계적인 소프트웨어가 나오지 않는 이유가 된다는 생각은 지나친 비약이다.

이왕 만드는 거 세계에서 통하도록 노력하는 건 좋은 자세다. 그렇다고 너무 거기에 집착하여 열등감을 갖거나 스트레스까지 받을 건 없다. 그래도 다행인 건, 프로그래머와 개발자가 다르다는 사람이나 나처럼 그게 그거다라는 사람 모두 목표는 '좋은 소프트웨어를 만들어야 한다'로 같다는 것이다.

프로그래머로 36년,
소프트웨어 회사 운영자로 24년을 살다

나는 프로그래머다. 1986년 첫 직장에서부터 프로그램 개발을 해왔으니 이제 36년을 훌쩍 넘겼다.

⚙ 1986년 3월 컴퓨터와 프로그래밍에 입문했고, 첫 코딩은 IBM 메인프레임 시스템 370에서 PL/1 언어로 개발했다.

⚙ PC는 1987년에 처음 접했는데 IBM-5550이라는 기종으로 MS-DOS 기반의 호환 PC와는 다른 것이다.

⚙ 오늘날 주류 PC의 뿌리인 IBM-PC 호환 기종에서는 1988년부터 코딩했는데, XT 기종이었고 OS는 MS-DOS였다.

⚙ 윈도우 환경에서의 코딩은 1992년 말 Windows 3.1에서부터 시작했는데, 1995년까지는 DOS 환경에서의 프로그램 개발도 병행했다.

⚙ PL/1을 시작으로 지금까지 사용했던 프로그래밍 언어는 코볼COBOL, dBaseIII, GW 베이직GW-BASIC, 비주얼 베이직Visual Basic, 어셈블리어Assembly language, C/C++, C#, 자바Java, 자바스크립트JavaScript 등이다.

⚙ 가장 오랫동안 사용해온 언어는 C/C++이고, 현재 가장 자주 사용하는 것은 자바와 자바스크립트/HTML/CSS 그리고 SQL이다.

⚙ 첫 프로그램은 재직하던 회사에서 업무용으로 개발한 해외 건축공사

견적 시스템이었다. 방대한 시스템이라 내가 한 것은 일부 유지보수 프로그램이었다.

⚙ PC에서 개발한 첫 프로그램은 점심시간에 동료 직원들과 즐기기 위한 포커 게임이었는데 코볼로 코딩했다. 금융 및 회계 분야의 사무처리를 위해 많이 사용되었던 코볼 언어의 주요 용도를 아는 사람이라면 DOS에서 게임을 코볼로 개발했다니 의아해할 것이다.

"대체 DOS 환경에서 코볼로 포커의 카드 모양과 하트, 다이아몬드, 스페이드, 클로버를 어떻게 구현했다는 거야?"

⚙ 윈도우 그래픽 환경에서의 첫 프로그램은 PERT/CPM 기법에 의한 프로젝트 관리 시스템으로, 두 차례의 버전업이 이루어졌고 당시 정보통신부 장관이 주는 큰 상을 받기도 해서 가장 기억에 남는 제품이다. 당시 다니던 회사(SI, SM 업무를 하던 대기업)에서 유일하게 외부에 판매하는 소프트웨어 제품이었다.

⚙ 웹 프로그래밍의 첫 시작은 1999년에 연예기획사에서 발주한 아이돌 가수의 홈페이지 제작이었고, 그 후로 간단한 홈페이지를 만드는 정도였지 주된 업무는 아니었다. 게시판처럼 프로그래밍이 필요한 부분은 C/C++로 CGI^{common gateway interface}나 ISAP^{Iinternet server application programming interface}를 만들어 해결했다.

⚙ 본격적인 웹 프로그래밍은 2005년에 늦게 시작했다. 첫 작품은 2005년 11월에 개발하기 시작하여 2006년 7월에 출시한 그룹웨어 시스템이다. 지금까지 여러 번의 버전업이 있었고, 현재 우리 회사의 거의 유일한 수익원이 되는 제품이다.

⚙ 지금까지 여러 분야의 수많은 다양한 프로그램을 개발했다. 그러나 이렇게 많고 넓은 분야의 프로그램보다 자신 있는 하나에 집중하여 개발

하고 오랜 세월 유지보수하는 게 낫다는 걸 창업하면서 깨달았다.

⚙ 처음 20년간은 주로 패키지 소프트웨어를 개발했고, 팀을 이루어 개발한 작품보다는 혼자 만든 게 더 많았다.

⚙ 비전공자이지만 배우기 위해 학원에 가거나 연습으로 코딩하거나 내가 쓰기 위한 프로그램을 개발해본 적은 별로 없다. 내가 한 번도 해본 적 없는 분야의 프로그램을 개발하는 방식은 이렇다. 먼저 목적 있는 아이템을 구상하거나 의뢰를 받고, 관련 자료를 구하고, 의뢰인이나 전문가를 면담하고, 가장 핵심이라 생각되는 기능만으로 동작하는 프로그램을 최대한 빠른 속도로 만든다. 이를 보여주고 의뢰인, 전문가, 사용자의 의견을 듣고, 분석하고 필요한 설계를 한 다음, 책과 분석 설계한 자료를 읽어가며 머릿속으로 충분히 얼개를 짜고 나서 완성한다.

⚙ 개발 후 사용자가 쓸모 없게 느끼며 1년 이상 쓰지 못하고 폐기한 프로그램을 나는 실패한 작품으로 규정하는데, 가장 뼈아픈 실패작으로 기억에 남아 있는 작품은 30년 전쯤 중소업체에서 발주한 회계 관리 프로그램이다. 다니던 회사의 일은 아니고 개인적인 돈벌이였는데, 그 일로 엄청난 양의 트랜잭션이 발생하는 프로그램 개발에 함부로 뛰어들지 못하는 트라우마가 한동안 있었다.

⚙ 현재는 안식년을 갖는 기분으로 거의 코딩하지 않고 있으며, 서비스하는 제품의 유지보수 이슈가 있을 때만 가끔 참여하는 정도이다.

나는 소프트웨어 회사의 운영자다. 1998년 첫 창업을 하고 지금까지 회사 운영을 해왔으니 이제 24년이 넘었다.

⚙ 1998년 9월에 10년 넘게 다니던 대기업을 그만두고 첫 창업을 했다.

❋ IMF 환란 시절임을 감안하면 제법 큰돈(투자금과 참여자의 출자금)으로 시작했으나 빠른 속도로 고갈되어 갔다. 매출은 힘들고 비용은 무섭다.

❋ 창업 전 나름 치밀한 준비를 했다고 생각했으나 현실의 벽은 높았고, 결국 9개월을 넘기지 못하고 접었다. 창투사 상담역으로부터 '자본주의를 너무 모른다'는 평가와 함께 제대로 된 진짜 창업을 해보라는 충고를 듣고 그날로 바로 그만두었다.

❋ 지인 사무실의 작은 방을 공짜로 얻어 새로운 창업 준비에 들어갔다. 창업 방식과 운영관리 방법에 대한 많은 고민과 함께 판매할 소프트웨어 제품 하나를 완성하여 4개월 만에 다시 창업했다. 이렇게 완성한 제품의 영업권을 관심 있는 업체에 팔아 창업 자금의 대부분을 마련했다.

❋ 1999년 9월에 창업한 두 번째 회사가 24년째 내가 운영하고 있는 현재 회사이다.

❋ 한 번 실패하고 나서 '거창한 것은 쓸데없다'는 생각을 하다 보니 싸가지(4가지) 없는 회사가 되었다. 없는 4가지는 비전無, 사훈無, 투자無, 차입無이다.

❋ 그래도 내 자존심을 건 약속 하나는 있어야 하겠기에 월급 밀리지 않는 회사로 정했다. 지금까지 한 번도 어긴 적이 없다. 직원들에게 꼬박꼬박 약속한 날에 계약한 금액의 월급과 때로는 계약에 없던 성과급을 챙겨준 것이, 남들에겐 지극히 당연한 일로 보일지라도 나에겐 가장 크고 소중한 성취다.

❋ 처음에는 패키지 소프트웨어 판매와 이를 기반으로 한 외주 개발 용역(이른바 SI)으로 먹고 살았다.

❋ 5년이 지나자 시장의 고갈과 영업 능력의 한계로 제품은 점점 팔리지 않았다. 외주 개발 용역도 유휴 인력 최소화를 위한 연속적인 프로젝

트 수주의 압박과 스트레스로 인한 직원들의 파견 프로젝트 참여 기피 등 인력 관리의 어려움으로 서서히 줄여서 없앴다.

⚙ 2006년 7월 그룹웨어 임대 서비스를 회사의 새로운 먹거리로 제품을 출시하여 현재까지 이어져 오고 있다. 옛날 먹거리를 서서히 줄이고 새 먹거리를 늘려 5년 만에 사업 전환을 이루었다.

⚙ 외주 개발 용역을 하지 않으면서 나를 비롯한 모든 직원의 야근을 완전히 없앴다. 지금이야 야근하지 않는 것이 당연한 얘기지만, 십수 년 전만 해도 야근하지 않는 소프트웨어 개발 회사는 거의 없었다.

⚙ 내 지인들이 우리 회사에 대해 보이는 반응은 크게 두 가지다. '어떻게 20년 전이나 지금이나 똑같이 크기가 작으냐?'와 '그럼에도 망하지 않는 게 신기하다'이다. 이에 대한 내 대답은 '내가 그릇이 작아서 그렇다'와 '적게 먹고 적게 싸면 오래 산다'이다.

⚙ 일찍이 나는 내가 하는 사업 방식을 '10-10 사업Ten Ten Business(열 배 창업)'이라 이름 붙였다(6절과 46절 참고).

나는 ○○ 프로그래머다

〈싱어게인〉이라는 TV 프로그램이 있다. 주로 TV 앞에 설 기회가 없어 대중이 잘 모르는 무명가수가 유명해질 수 있도록 기회를 주는 오디션 프로그램이다. 이 프로그램에서 본선에 진출한 가수가 첫 경연에서 노래를 부르기 전에 '나는 ○○ 가수다'라는 형식으로, 자신을 표현하는 ○○ 부분을 채우고 문장을 완성하여 자기소개 하는 게 흥미롭다. '나는 (이상한) 가수다', '나는 (심심한) 가수다', '나는 (파란만장한) 가수다'와 같이 한 단어로 표현하는 사람도 있고, '나는 (CEO) 가수다', '나는 (생계형) 가수다', '나는 (정통 하드록) 가수다'와 같이 현재 자신의 상태를 나타내는 표현도 있다. 또한 '나는 (목이 쉰 아저씨가 아닌) 가수다', '나는 (콘크리트에 핀 민들레 같은) 가수다'와 같은 긴 수식어를 붙이는 사람도 있다. 시즌1의 우승자는 '나는 (배아픈) 가수다'라고 했고, 작년 2월 말에 끝난 시즌2는 '나는 (절망을 희망으로 바꾸려는) 가수다'라고 소개한 사람이 우승했다.

많은 참가자의 자기소개 중에 내 머릿속에 가장 또렷이 남아 있는 표현은 '나는 (직업이) 가수다'이다. 그렇다. 가수면 그냥 가수지 무슨 수식어가 더 필요할까? 무명이든 유명이든 그 사람의 업業이 가수인 것을.

한 번쯤 자신의 직업에 수식어를 붙여 내가 어떤 사람인지 표현해보는 것도 그 직업으로 살아가는 자신을 돌아볼 수 있어 삶에 도움이 되지 않을까 싶다. 디자이너라면 '나는 (어떤) 디자이너다', 기업가라면 '나는 (어떤) 기업가다', 그냥 회사원이라고 생각하면 '나는 (어떤) 회사원이다' 등으로 말이다.

직업이 프로그래머라면 우리도 한번 (괄호) 안을 채워 보자. 하나가 아니라 여러 개를 나열해도 좋다. 그런데 '나는 (코딩을 잘하고 싶은) 프로그래머다', '나는 (뭐든지 잘하려고 노력하는) 프로그래머다'와 같이 겸손이나 희망사항, 미래형 표현은 빼버리고 '나는 (코딩을 잘하는) 프로그래머다', '나는 (뭐든지 잘하는) 프로그래머다'와 같이 해보자. 지금 좀 못하면 어떤가? 언젠가 잘할 텐데. '~하고 싶은', '~하려고 노력하는', '아직은~' 등과 같이 미완임을 나타내는 부정적인 수식어는 과감히 빼버리고 긍정의 표현을 담아 자신 있게 해보자.

나는 어떤 프로그래머일까?

⚙ 나는 (직업이) 프로그래머다. ➡ 그렇다. 이 직업으로 지금까지 밥벌이 하며 살았다.

⚙ 나는 (소프트웨어 회사를 창업한) 프로그래머다. ➡ 프로그래머란 직업을 내가 하고 싶을 때까지 내 맘대로 하려고 창업했다.

⚙ 나는 (소프트웨어 회사를 운영하는) 프로그래머다. ➡ 오래 하려면 망하지 않아야 한다. 운영을 잘해야 한다.

⚙ 나는 (오너) 프로그래머다. ➡ 작은 회사라 가능하다. 너무 커지면 프로그래머는 떨어지고 오너만 남을 수 있다.

⚙ 나는 (우리나라에서 두 번째로 코딩을 잘하는) 프로그래머다. ➡ 제일 잘하는 사람이 누구인지 나는 모른다.

⚙ 나는 (세계 10대 C/C++) 프로그래머다. ➡ 다른 아홉 사람이 누군지는 역시 모른다. 아직 정해지지 않았을 수도 있다. 찾아가며 손가락 꼽다 보면 100대, 1000대, 이렇게 밀려날 수도 있다. 우선 그 언어를 만든 사람은 넣어야겠지. C를 만든 분은 아쉽게도 이미 작고했고, C++를 만든 이름이 발음하기 어려운 분은 나보다 11살이나 많다. 프로그래머 관점에서, 21세기 소프트웨어 개발의 흐름을 주도한 켄트 벡Kent Beck은 나와 동갑이다. 그 외에도 살아있는 전설로 통하는 사람을 찾다 보면 다들 나이가 많다. 이들이 아직도 C/C++ 프로그래밍을 하는지는 모르겠다. 강호에도 고수가 헤아릴 수 없이 많겠지만 이런 자신감으로 사는 것도 건강에 이롭다.

⚙ 나는 (상위 1% 안에 드는 자바) 프로그래머다. ➡ 어느 집단에서 그런지는 그때그때 다르다.

⚙ 나는 (프로) 프로그래머다. ➡ 나는 아마추어가 아니다. 프로와 아마추어는 어떤 차이가 있을까? 몸값인가?

⚙ 나는 (27배) 프로그래머다. ➡ 초창기 당시 직장에서 총 28본(소스 파일의 수)의 시스템을 2명이 개발하는 프로젝트에 투입되었는데, 서로 반(14본)씩 나누어 작업을 시작했다. 내 분량은 마쳤는데 동료가 아직 끝내지 못해 남아 있는 것을 다시 반(7본)씩 나누었다. 그러다 보니 결국 동료가 1본을 마치는 동안 나머지 27본은 내 몫이 되었다. 아마 동료의 그 1본이 내 것보다 27배 어려운 프로그램이었을 수도 있다.

⚙ 나는 (100억) 프로그래머다. ➡ 지금까지 내가 개발에 참여한 제품의 매출 중 내 기여율을 감안하여 누적해보면 100억 원은 넘지 않을까 싶다.

⚙ 나는 (6백만 라인) 프로그래머다. ➡ 36년간 코딩한 라인수를 대충 계산해보면 그 정도 되지 않을까 싶다. 너무 많은가? 감이 안 온다.

⚙ 나는 (컴맹) 프로그래머다. ➡ 부정적인 표현으로 쓴 게 아니다. 나처럼 컴맹에 가까운 사람도 얼마든지 프로그램을 잘할 수 있다는 뜻이다.

⚙ 나는 (독수리 타법) 프로그래머다. ➡ 코딩을 그리 오랜 세월 했는 데도 키보드 치는 속도가 느리다. 그럼에도 프로그램 개발에는 전혀 지장이 없다.

⚙ 나는 (아침형) 프로그래머다. ➡ 아침 5시에 일어나고 주로 낮에 일한다. 자정 넘어 밤새도록 코딩해본 기억이 별로 없다.

⚙ 나는 (진국) 프로그래머다. ➡ 오래되었다는 표현보다는 진한 국물이 우러났다는 뜻이다.

⚙ 나는 (내일도) 프로그래머다. ➡ 나이 들어 그만할까 하다가도 할 줄 아는 다른 게 없으니 쉬엄쉬엄 계속하게 된다.

05

나는 기업가인가,
사업가인가?

　소프트웨어 회사를 창업해 소유하면서 지내온 세월이 20년을 훌쩍 넘겼는데도 나는 기업가, 사업가, 경영자, 이 세 단어가 낯설다. 세간의 보통 사람이 느끼기에 그런 말로 불릴 정도의 큰 기업체를 일구지 못했고, 아마 앞으로도 그럴 가능성이 낮기 때문이다. 그래서 처음 만난 누가 '뭐 하는 사람이냐?'고 물으면 '작은 회사 운영하고 있다'고 답한다. 이 책에서도 대부분 소프트웨어 회사 운영자라고 하고 있다.

　재테크 분야 베스트셀러 중에 《아들아, 돈 공부해야 한다》(알에이치코리아, 2021)라는 책이 있다. 여기에 현실적으로 나름 설득력 있는 직업 분류가 나온다. 요약하면 이렇다.

"직업은 크게 '가家'자가 붙는 것과 '자者'자가 붙는 두 가지가 있다. '가'는 한자로 집 가家자가 말해주듯이 직업이 가문을 이룰 정도에 이른 사람으로 사업가 또는 자본가라고 하며, 증여와 상속을 통해 부의 연속성을 유지할 수 있다. 한자로 놈 자者를 쓰는 '자'는 직업이 가문을 이루지 못하고 개인의 밥벌이 정도인 사람으로 기술자 또는 노동자라고 하며 부가 상속되지 않는다. 제법 성공한 기술자는 판사, 검사, 세무사, 의사, 약사처럼 '사事'로 부르는데 당대에는 조금 편하게 살아가지만 그의 자손은 다시 맨땅에서 시작해야 한다."

- 이 책에서 언급한 '사'는 한자로 모두 '事'가 아니다. 판사와 검사는 '事'가 맞지만, 세무사와 변호사는 '士'이고, 의사와 약사는 '師'이다.-

이 책의 이런 직업 분류법이 불편하면서 꼭 그렇지는 않다고 항변하는 사람도 있을 것이다. 요즘은 노동자라도 어디서 어떤 일을 하느냐에 따라 다르고, 개인적인 투자로 큰 부富를 이루고 이를 대물림할 수도 있다. 이 책의 저자 또한 대기업에서 25년을 가家가 아닌 노동자로 살고 은퇴했음에도 결국 아내가 재테크를 잘해서 아파트 3채를 소유한 50억 원 자산의 부자가 되었다는 얘기다.

이런 직업 분류가 맞다 안 맞다 논하려고 거론한 게 아니다. 나는 자본주의에서 가家가 의미하는 바는 대체로 같다고 보는데, 나도 분명 사업체를 소유하고 사업 활동을 하고 있음에도 과연 가문을 이룰 정도의 경지에 이르렀는지 반성하게 된다. 그래서 나는 선뜻 내가 기업가다 사업가다 말하기가 어렵고 어색하다.

어떤 사람을 기업가라고 하는가? 나는 그저 주워들은 풍월로 기업가 정신을 가진 사람으로 알고 있다. 네이버에서 검색해 두산백과에 있는 기업가와 기업가 정신의 내용을 요약하면 이렇다.

"기업가entrepreneur는 영리를 목적으로 기업에 자본을 제공하고 경영하는 사람 또는 위험을 감수하면서도 비전, 추진력, 창의성 등을 이용해 기존에 없었던 새롭고 혁신적인 가치를 만들어내는 자로 사업가businessman로 통용된다. 오스트리아 출신의 미국 경제학자 슘페터Joseph Alois Schumpeter는 기업가가 혁신을 선도하는 사람이라면 사업가는 혁신을 모방하는 사람이라고 하여 기업가와 사업가를 구분했다.

기업가 정신^{entrepreneurship}은 기업의 본질인 이윤 추구와 사회적 책임의 수행을 위해 기업가가 마땅히 갖추어야 할 자세나 정신이다. 슘페터는 새로운 생산방법과 새로운 상품개발을 기술혁신으로 규정하고, 기술혁신을 통해 창조적 파괴^{creative destruction}에 앞장서는 기업가를 혁신자로 보았다. 현대에는 이러한 전통적 의미의 기업가 정신에 고객제일주의, 산업보국, 인재양성, 공정한 경쟁, 근로자 후생복지, 사회적 책임의식까지 겸비한 기업가를 진정한 기업가로 본다."

나는 기업가 정신이 한참 모자라는 사람이다. 그래서 당연히 기업가는 아닌 듯하다. 아마 앞으로도 그럴 것이다.

한때는 오너프로그래머였는데 지금은 정치인이 된 안철수씨가 쓴 《CEO 안철수, 영혼이 있는 승부》(김영사, 2005)란 책이 있다. 이 책에도 기업가 정신에 대한 언급이 있는데, 정확한 정의 없이 자기 돈과 회사 돈의 철저한 구분, 탐욕에 물들지 않기, 투명경영, 철저히 영업이익을 내는 것 등이 나온다. 지극히 당연한 얘기라 이 정도라면 나도 지키고 있다. 그런데 실제 저자가 생각하는 기업가 정신은 제목을 풀어 쓴 이 책의 핵심 내용일 것이다. 요약하면 이렇다(정치인 안철수에 대한 호불호가 있을 줄 안다. 정치적인 의도나 목적은 전혀 없으니 오해 없기 바란다).

"기업의 핵심 가치는 기업 구성원의 공통된 가치관이자 신념이며 존재 이유이다. 이 핵심 가치관이 있느냐 없느냐에 따라 기업은 영혼이 있는 기업과 영혼이 없는 기업으로 나뉜다. 영혼이 있는 기업은 전 사원이 주체의식을 가지고 기업의 영혼을 자신의 것으로 내재화해서 공동의 발전을 이루어나가는데, 영혼이 없는 기업은 그 회사 사람들에게 단지 개개인의 목적을 달성하는 도구일 뿐이다."

이 책에 나오는 영혼이 있는 기업이 되기 위한 핵심 가치를 담은 비전 선언문이나 종교적인 수준의 기업 문화를 담은 사훈 같은 게 우리 회사에는 없다. 그래서 나는 앞에서 우리 회사를 싸가지(4가지, 현실 자각으로 정신 건강에 이로운 자극적 표현) 없는 회사(비전無, 사훈無, 투자無, 차입無)라고 했다.

결론적으로 나는 기업가인지 사업가인지 잘 모르겠고, 소프트웨어 회사를 운영하고 관리하는 사람이다.

회사의 크기

열 배 창업, 백 배 창업, 천 배 창업, 만 배 창업

내가 만든 회사는 20년이 넘었는데도 왜 아직 소기업일까? 영세기업이나 자영업 수준을 벗어나지 못했다는 말을 들어도 대꾸할 말이 없다. 반면에 비슷한 시기에 같은 아이템으로 아는 분이 만든 회사는 소프트웨어 회사임을 감안하면 현재 대기업이다. 이런 차이는 어디서 오는 걸까? 창업자의 능력 차이라고 잘라 말하면 할 말이 없다. 맞는 말이다. 회사의 크기는 투입할 수 있는 돈의 크기로 결정된다. 그게 창업자의 능력이다. 그런데 그 능력이란 게 창업할 때 이미 정해져 있다는 게 내 생각이다. 따라서 창업할 회사의 크기는 대개 창업자가 누구냐에 따라 이미 정해져 있다.

2100여 년 전 중국의 사마천이 쓴 사기史記 중 〈화식열전貨殖列傳〉이라는 것이 있다. 사기는 총 130권(본기本紀 12편, 표表 10편, 서書 8편, 세가世家 30편, 열전列傳 70편)에 이르는 방대한 분량인데, 화식열전은 이 중에서 열전의 제69편으로 춘추시대 말기부터 전한 초기에 다양한 사업으로 거부가 된 52명의 이야기다. 이 책이 유명세를 탄 것은 21세기 들어서 경제학의 아버지라 불리는 애덤 스미스의 국부론과 경영학의 아버지라 불리는 피터 드러커의 저서에 견줄 만한, 그보다 1800년이나 앞선 동양의 경제·경영학 이론서라고 소개되면서부터다. 근래 우리나라에서도 이 책의 해설서가 여럿 출간되었다. 여기에 장사에 대해 이야기하는 대목에서 이런 구절이 나온다.

"평범한 사람은 다른 사람의 재산이 자기보다 10배 많으면 헐뜯고, 100배 많으면 두려워하고, 1,000배 많으면 그의 심부름을 하고, 10,000배가 많으면 그의 종이 되는데, 이것이 만물의 이치다."

- 凡編戶之民, 富相什則卑下之, 伯則畏憚之, 千則役, 萬則僕, 物之理也.《사마천의 부자경제학》
  (위즈덤하우스, 2012)-

여기에 빗대어 창업하고자 하는 회사의 크기를 나누어 보면 현재 우리 나라의 시대 상황과 대체로 맞아떨어진다.

열 배 창업 – 매출 10억 원, 인원 10명

⚙ 연간 매출 규모가 10억 원 정도의 회사이다. 사람 수로는 10명 정도다.

⚙ 성공하면 보통 사람보다 10배 정도 부자가 된다. 증가한 자본이 10억 원을 넘으면 성공이라고 본다.

⚙ 헐뜯고 깔보는 사람이 많다. "별 거 아니네. 나도 맘만 먹으면 얼마든지 할 수 있어"라고.

⚙ 직원을 구하기 어렵다. 다녀봐야 폼이 안 나서 그렇다.

⚙ 지렛대가 없는 보통 사람이 할 수 있는 창업으로, 간혹 운이 좋아 백 배 창업의 규모에 이르기도 한다.

백 배 창업 – 매출 100억 원, 인원 100명

⚙ 연간 매출 규모가 100억 원 이상의 회사이다. 사람 수로는 100명에 이르거나 그 이상일 수 있다.

⚙ 성공하면 보통 사람보다 100배 이상 부자가 된다. 증가한 자본이 100억 원을 넘으면 성공이라고 본다.

⚙ 주위에서 경외심을 갖고 바라보기도 하고, 고급 외제차를 타고 가면 두려워서 피해간다.

⚙ 그런대로 폼은 나는 편이라 눈높이가 아주 높지 않다면 직원 구하기는 문제없다.

⚙ 여기서부터는 지렛대가 필요하다. 현실적으로 지렛대 없이는 거의 불가능하다.

천 배 창업 – 매출 1,000억 원, 인원 1,000명

⚙ 연간 매출 규모가 1,000억 원 이상의 회사이다. 사람 수로는 1,000명에 이르거나 그 이상일 수 있다.

⚙ 성공하면 보통 사람보다 1,000배 이상 부자가 된다. 증가한 자본이 1,000억 원을 넘으면 성공이라고 본다.

⚙ 잘 보이고 싶어하는 사람이 많고, 가방 들어주는 사람, 운전해주는 사람이 있다.

⚙ 제법 폼이 나는지라 직원 구하는 건 일도 아니다.

⚙ 엄청 큰 지렛대가 있어야 오를 수 있다.

만 배 창업 – 매출 1조 원, 인원 1만 명

⚙ 연간 매출 규모가 1조 원 이상의 회사이다. 사람 수로는 1만 명에 이르거나 그 이상일 수 있다.

⚙ 성공하면 보통 사람보다 1만 배 이상의 부자가 된다. 증가한 자본이 1조 원을 넘으면 성공이라고 본다.

⚙ 수발 드는 사람만으로도 백 배 창업 규모가 된다.

⚙ 뽑아만 주면 노예처럼 일할 사람이 넘쳐나서 직원 뽑는 일을 다른 회사에 맡겨야 할 판이다.

⚙ 끝이 보이지 않는, 감히 상상할 수 없는 지렛대가 있어야 가능하다.

여기서 성공 기준으로 제시한 '증가한 자본'이란 투자한 종자돈으로 벌어들인 돈을 말한다. 회계 장부로는 자본총계에서 자본금을 뺀 것으로, 대

표적인 것이 이익잉여금과 자본잉여금이다.

회사의 크기를 많이 알려진 옛 고전의 글귀에 꿰어 맞춰보았다. 약간 억지스러운 면도 있지만 대체적인 맥락으로 보아 내 눈에는 맞게 보인다. 여기서 핵심은 창업자가 얼마나 큰 지렛대를 갖고 있느냐에 따라 창업한 회사의 궁극의 규모가 결정된다는 점이다. 그런데 그 지렛대가 창업자의 노력으로 키울 수 있는 폭에는 한계가 있고, 운이 따른다는 기대를 가지고 창업할 수도 없다. 따라서 창업자가 누구냐 또는 그 이후 경영자가 누구냐에 따라 목표하는 회사의 크기가 이미 어느 정도는 결정되어 있다고 생각한다.

● ● ●   오너프로그래머 노트   ✕

열 배 창업과 백 배 창업

1. 연간 매출 100억 원을 기준으로 그 이상을 백 배 창업, 그 미만을 열 배 창업이라 한다.

2. 특히 연간 매출 10억원 정도의 열 배 창업이 프로그래머가 쉽게 도전할 수 있는 창업이다.

3. 직간접 경험으로 보아 소프트웨어 회사는 99%가 열 배 창업이고 1%가 백 배 창업이다.

4. 열 배 창업은 수익 위주로 회사를 운영해야 하고, 백 배 창업은 매출 위주로 나아가야 한다.

회사의 크기를 결정하는 지렛대

지렛대는 작은 힘으로 무거운 짐을 옮기거나 들어올릴 수 있는 도구이다. 사전에는 '어떤 목적을 실현할 수 있도록 하는 수단이나 힘을 비유적으로 이르는 말'이라고 나온다. 우리가 쓰는 경제 용어에 '지렛대 효과 leverage effect'라는 것이 있다. 타인의 자본을 지렛대 삼아 자기자본 수익률을 높이는 것을 말한다. 예를 들어 2억 원짜리 집을 사서 남에게 빌려주고 연간 1천2백만 원의 임대료를 받을 수 있을 때, 2억 원을 투입하는 몇 가지 경우에 대한 연간 수익률이 어떻게 다른지 살펴보자.

❶ 2억 원 모두 자기 돈: 1,200만 / 2억 * 100 = 6%

❷ 자기 돈 1억 원, 은행에서 4% 이자로 1억 원 대출: (1,200만 - 1억 * 0.04) / 1억 * 100 = 8%

❸ 자기 돈 없이 은행에서 4% 이자로 2억 원 대출: 연간 400만 원(1,200만 - 2억 * 0.04) 임대 소득, 수익률 무한대(자기 돈 없이, 즉 분모가 0이라 수익률 무한대가 이론상 가능)

❹ 자기 돈 1억 원, 은행에서 8% 이자로 1억 원 대출: (1,200만 - 1억 * 0.08) / 1억 * 100 = 4%

❶과 ❷를 비교해보면 남의 돈을 이용하는 것이 수익률이 높음을 알수 있다. 심지어 ❸의 경우는 자기 돈 한 푼 없이 남의 돈으로 4백만 원을챙길 수 있다. 그렇지만 남의 돈을 이용한다고 모두 지렛대 효과를 볼 수있는 건 아니다. ❹는 ❶에 비해 수익률이 떨어져 효과를 보지 못한 경우다. ❹는 ❸과 똑같이 연간 4백만 원의 소득을 올릴 수 있지만 자기 돈을❸보다 1억 원 더 투입했다.

결론은 더 많은 돈을 더 적은 이자로 빌릴 수 있다면 투자한 돈에 비해 더 큰 돈을 벌 수 있다는 것이다. 그런데 빌릴 수 있는 돈의 크기와 이자율은 그 사람의 재산, 직장, 신용 등으로 결정된다. 이것을 한마디로 그사람의 능력이라고 표현해도 무리가 없을 것이다. 따라서 그 사람의 능력에 따라 지렛대의 크기도 정해진다.

창업자는 갖고 있는 능력을 총동원하여 사업 성공을 위해 노력한다.따라서 크고 작은 지렛대를 이용하지 않는 사람은 없다. 회사를 창업하고성장하는 데 그 크기에 결정적인 영향을 미치는 지렛대에는 어떤 것들이있는지 생각나는 대로 적어보겠다. 일상적인 평범한 노력으로는 얻기 힘든,의미가 큰 것이라는 뜻에서 '결정적인'이라는 수식어를 붙였다. 그리고 여기서 지렛대는 창업자나 경영자가 원래부터 가지고 있던 능력을 포함하여이용 가능한 모든 수단이란 뜻으로 사용한다.

투자

자신의 돈만 투입하여 사업하는 사람은 많지 않다. 회사 생존에 문제가 될 수도 있고 회사를 한 단계 더 키우기도 어렵기 때문이다. 그래서 창업하면 다들 투자받기를 학수고대한다. 이익을 내지 못하는 회사도 계속해서 투자를 받을 수 있다면 망하지 않는다. 언젠가 커진 덩치에 걸맞은 큰 이익을 내고 성공한 큰 기업이 되기도 한다. 특히 투자한 회사가 망하지 않아야 투자금을 회수할 수 있고, 더하여 더 큰 수익을 얻기 위해 투자자는 물심양면으로 그 회사를 도와 몸집을 키우게 된다.

요즘 창업하는 회사의 흥망은 영업 이익을 낼 수 있을 때까지 돈 떨어지기 전에 계속 투자를 받을 수 있느냐에 달려 있다는 말도 한다. 내 주위에는 10년 가까이 계속 큰 적자를 보고 있지만 돈 떨어질 만하면 큰 투자를 받아서 잘나가는 회사도 있다. 가끔 지인과 만나면 "그 회사가 돈 떨어지고 투자가 끊길 때가 언제일까?" 또는 "그리 큰 시장이 아닌데 계속 그렇게 큰 투자를 하는 사람이 있다는 게 신기해" 하는 시기 섞인 얘기를 나누기도 한다.

창업한 회사가 주식회사라면 투자금은 갚지 않아도 되고 합의한 지분을 나눠주면 된다. 따라서 회사가 망하더라도 창업자 본인이 투자한 돈만 포기하면 그만이다. 물론, 이론적으로 그렇다는 얘기고 실제는 그리 간단치 않다. 가혹하고 냉엄한 현실이 기다리고 있다.

투자를 받아 회사의 크기를 키우기도 하지만 인수나 합병과 같이 다른 회사에 투자를 해서 덩치를 키우기도 한다. 투자는 회사가 창업하고 성장하면서 그 규모에 영향을 미치는 가장 중요한 지렛대다. 하지만 보통의 창업자가 의미 있는 투자 지렛대를 얻기는 쉽지 않다.

상장

상장上場은 회사의 주식이 증권거래소에서 매매될 수 있도록 등록하는 일이다. 상장기업이 되면 자금 조달이 쉬워지고 사회적 평가가 높아져 언론 노출이 많아지고 우수한 인력을 채용하기가 쉬워지는 등 회사를 크게 성장시킬 수 있는 가장 큰 지렛대다. 특히 백 배 창업에서 천 배 창업으로 올라설 수 있는 결정적인 지렛대가 상장이다. 창업자는 이를 통해 개인적인 부富를 실현할 수 있다.

그러나 우리나라 전체 주식회사 중 상장기업은 0.3%에 불과하고, 미국도 스타트업 중 상장할 확률은 0.1% 미만이라고 한다(1만분의 1이라고 쓴 책도 있다). 나 같은 사람은 일찌감치 "내가 기웃거릴 데가 아니다"라고 생각했다. 열 배 창업으로는 상장이 거의 불가능하다.

차입

회사를 창업하거나 운영하다가 돈이 모자라면 빌려야 한다. 은행에서 빌리기도 하고 개인한테 빌리기도 하는데, 앞에서 언급했듯이 창업자의 능력에 따라 빌릴 수 있는 액수나 이자율이 다르다. 기술이나 신용으로 빌릴 수 있는 정부출연 기금도 창업자의 개인 신용에 따라 이자율이 다르다. 담보가 필요할 수도 있고, 대개는 창업자가 연대 보증을 선다. 따라서 회사가 빌렸더라도 못 갚으면 창업자가 갚아야 한다. 그래서 회사가 망하면 창업자는 은행이나 개인 채무자에게 빚 독촉에 시달리게 되며 신용불량자가 된다.

나는 처음부터 차입하지 않는다는 원칙을 세웠다. 지금까지 딱 한 번 은행에서 빌린 적이 있다. 오래전 지금 쓰고 있는 사무실을 분양받을 때였다. 은행에서 분양대금의 70%까지 저금리로 융자해주는데, 대출 금리가 당시 예금 금리보다 낮았다. 게다가 중도상환수수료도 없어서 대출 안 받는 게 바보라는 생각이 들었다. 몇 년 뒤에 예금 금리가 대출 금리보다 낮아지자 모두 갚았다.

국가 조달 시장

중앙정부나 지방정부의 부처와 산하기관, 공기업, 관변 단체, 학교 등에서 물품이나 용역을 조달하는 시장을 말한다. 소프트웨어 기업은 매출을 올릴 수 있는 가장 큰 시장이라 할 수 있다. 조달청에서 운영하는 나라장터를 통해 발주되는 물품 구매나 용역 프로젝트를 수주하여 제품을 공급하거나 프로젝트 개발을 마친다면 정해진 날짜에 대가를 현금으로 바로 받을 수 있다. 따라서 영업 대상 1순위 발주처라 할 만하다.

그런데 진입장벽이 있어 작은 소프트웨어 업체가 지렛대로 이용하기가 쉽지는 않다. 예를 들어 소프트웨어 제품은 우선 GS^{Good Software}인증을 받아야 한다. GS인증을 받는 데는 시간도 걸리고 비용도 만만치 않아 작은 업체에게는 큰 부담이 아닐 수 없다. GS인증을 받는다 해도 걸맞은 실적을 요구하는 등 진입 장애물이 많다. 그래서 대부분의 작은 업체는 외면해버리고, 용역 프로젝트는 큰 업체의 하청으로 들어가게 된다.

법률

국가 및 공공기관이 제정한 수많은 법률, 명령, 규칙, 조례 등은 직간접으로 기업 활동에 영향을 미친다. 이를 이용하여 진입장벽을 만들어 독과점하는 잘 드러나지 않은 영역이 생각보다 많다. 여러 가지 규제도 많기 때문에 역^逆지렛대로 작용하지 않도록 신경 써야 할 부분이기도 하다. 또한 각종 세제^{稅制}도 잘 알아야 지렛대로 작용하며, 모르면 불이익으로 돌아오기도 한다.

국책 과제, 정부 보조금

성공적인 과제 수행 결과물이 회사의 큰 먹거리가 된다면, 정부연구개발(R&D) 과제도 지렛대라 할 만하다. 그러나 회사를 키우는 결정적인 지렛대가 된 경우를 직접 보지는 못했다. 잘못하면 '눈먼 나랏돈 사냥꾼'으로 전락할 수 있다. 거의 이것으로만 연명하는 이른바 좀비 회사도 종종 볼 수 있다. 예전에 알던 한 회사는 30억 원 이상의 매출을 거의 이런 과제로만 올렸는데, 실사에서 부정이 발견되어 더 이상 과제를 딸 수 없게 되자 문을 닫았다. 나도 창업 초기에 몇 건 참여해보았는데, 재주가 없어서인지 크게 남는 장사도 아니고 회사 발전에 도움이 안 된다고 생각해 발길을 끊었다.

정부에서 기업에 주는 크고 작은 보조금이 생각보다 많다. 그런데 작은 소프트웨어 회사가 이를 알고 받아먹기는 어렵다. 대부분 큰 업체에 유리하도록 되어 있고, 작은 회사는 시의적절하게 정보를 얻기도 힘들고 회사 크기에 영향을 미칠 만한 보조금은 거의 없다고 봐야 한다. 코로나 사태를 맞아 우리 회사에도 해당하는 간접 보조금이 있었는데 큰 도움이 되진 않았다. 우리는 공급 기업으로 제품을 당국에 등록하고, 고객은 수요 기업으로 정부 보조금을 받아 우리 제품을 쓰는 방식이다. 처음에는 있는 줄도 몰랐고 눈먼 돈에는 무관심해서 그냥 지나쳤는데, 우리 고객이 보조금을 받을 수 있는 경쟁 제품으로 돌아설 수 있다 하니 할 수 없이 공급 기업으로 등록했다.

대기업

민간의 대기업이나 자기보다 큰 기업의 지원을 받을 수 있다면 회사의 크기를 달리 할 수 있다. 다니던 직장을 그만두고 창업한다면 전 직장의 회사 규모가 소기업보다는 대기업이 유리하다. 아무런 배경 없이 혼자의 힘으로 창업한 회사와 대기업의 사내벤처로 창업한 회사는 출발선이 다르며, 이후 궁극의 회사 규모도 다를 수밖에 없다. 인수합병을 당해도 작은 회사보다는 큰 회사와 하는 것이 더 큰 지렛대가 된다.

협회

창업한 회사나 제품과 관련 있는 각종 협회나 단체도 제법 유용한 지렛대가 된다. 특히 창업 초기에 다른 지렛대를 이용하기에는 힘에 부칠 때, 남들 눈에 잘 띄지 않는 주변의 작은 협회나 단체를 찾아보면 소소한 지렛대를 만들 수도 있다. 이 또한 인맥에 의존하는지라 거저 되지는 않겠지만….

인맥

인맥을 지렛대로 넣는다는 게 서글프긴 하지만 다른 지렛대를 손에 넣는 결정적인 수단이 될 때가 많다. 예전 직장에서는 가끔씩 친척 중에 정부나 지자체, 공기업의 고위직과 큰 기업의 임원이 있는지 적어내곤 했다. 인맥이 회사의 크기를 직접 결정하지는 않아도, 여기에서 언급하는 다른 지렛대를 이용할 수 있는 결정적 요소가 될 수 있음은 부인할 수 없다.

상속 증여, 축적된 자본

부의 대물림으로 얻은 돈이든 본인의 노력으로 쌓은 돈이든, 이미 축적된 자본이 있다면 이보다 확실한 지렛대는 없을 것이다. 다른 지렛대를 이용하지 않아도 회사를 키울 수 있고, 이용한다면 더욱 큰 회사를 만들 수 있다.

부동산

개인의 재테크에나 어울리는 단어가 등장하니 갸우뚱할 사람도 있을 것이다. 그러나 기업에도 부동산은 중요하다. 우리 회사만 해도 2005년에, 과거 구로공단이 서울디지털국가산업단지로 바뀌면서 분양하기 시작한 지식산업센터(당시에는 아파트형 공장)에 사무실을 구입했다. 내 집이니 임대료를 내지 않아서 좋고 큰 빌딩이라 폼도 나고 주변에 편의 시설도 잘 갖춰져 있고, 여러모로 회사 안정에 도움이 되었다. 게다가 회계 장부에는 건물분이 해마다 감가상각되어 취득원가보다 낮게 자산가액이 기록되어 있지만, 지금 시세가 3배로 올라 기록에 없는 추가 자산이 있는 셈이다. 그렇다고 해서 우리처럼 작은 회사의 사무실 하나가 회사 크기를 한 단계 높일 만큼 큰 지렛대는 되지 못한다.

그러나 작은 사무실이 아니라 큰 빌딩 전체의 사옥이라면 얘기가 다르다. 예전에 TV를 보는데, 판교테크노밸리에 사옥을 둔 회사의 경영자였던 사람이 "본업에 벗어난 사업이지만 국가 정책에 적극 동참한다는 뜻에서 판교에 사옥을 짓게 되었다"는 식으로 해석되는 말을 하는 걸 듣고 어이없어 웃음이 절로 나왔다. 판교테크노밸리나 지금 한창 짓고 있는 과천지식정보타운 같은 사업은 공기업 LH에서 하는 택지개발사업의 일종으로, 말하자면 신도시와 같은 계획 도시를 만드는 것과 같다. 그러니 거기에 택지를 분양받아 사옥을 올리고 자기 회사가 쓰고 남는 공간으로 임대 사업까지 할 수 있는 엄청난 이권이 걸려 있는 사업이란 걸 짐작하는 건 어렵지 않다.

법인으로 창업하게 되면 정관을 만드는데, 여기를 보면 '사업 목적'이 있다. 대개 그 회사의 본업에 맞는 항목을 적는데, 전혀 어울리지 않게 부동산 임대업이 들어가 있는 회사가 많다. IT 회사도 처음 창업할 때는 회사 이미지도 있고 받을 수 있는 세금 혜택 때문에 넣지 않았다가, 몇 년이 흐른 후 슬그머니 항목에 등장한다. 이는 회사가 커지면 부동산이 회사 자산을 키우는 결정적 지렛대이기에 당연한 것으로 이해해야 한다. 판교에 사옥을 둔 큰 소프트웨어 기업의 사업 목적에 언제부터 부동산 임대업이 들어갔는지 궁금해서 찾아보았다. 상장회사 3개(네이버, 엔씨소프트, 안랩)만 골라 금융감독원 전자공시시스템의 공시 자료를 통해 확인해보았다. 창업 때부터의 자료가 모두 올라와 있는 게 아니라서 언제부터였는지 알 수 없으나, 처음 공시된 해의 연말 보고서에 세 회사 모두 부동산 임대업이 들어 있다. 네이버 2002년, 엔씨소프트 2001년, 안랩 2001년이다. 판교테크노밸리 사업이 2005년 이후에 시작된 것으로 아는데, 그 이전에 벌써 부동산을 지렛대로 이용할 계획이 있었다고 읽히는 대목이다.

여기에 이야기하지 않은 지렛대가 하나 있는데 그 힘을 인정하는 정도가 사람마다 다르다. 바로 행운이다. 성공한 슈퍼 기업가와 똑같은 방식으로 창업한다 해도 그 시기와 공간이 다르고 사람이 다르니 같은 행운이 따르리라는 보장은 없다.

모든 회사의 창업자와 경영자는 회사를 키우기 위해 땀을 흘리지만 출발선도 다르고 가는 길도 달라서 회사의 크기도 달라진다. 열 배 창업도 맨 땅에 헤딩으로는 성공하기 어렵고, 어떤 이는 백 배 창업 성공도 땅 짚고 헤엄치기일 수 있다. 직간접 경험으로 보아 프로그래머가 창업을 하면 열 배 창업 99%(백 배 미만 창업), 백 배 창업 1%이다. 천 배 이상 창업은 거의 없는데, 거대 기업에서 분사하여 전폭적인 지원을 받거나 아래아한글처럼 국가의 엄청난 지원으로 국민 소프트웨어에 올라야 가능하다.

나는 창업 시 내가 이용할 수 있는 지렛대를 아무리 나열해보아도 연간 매출액 100억 원 이상에는 이르지 못하겠구나 싶었다. 열 배 창업 성공에 집중하다 보면 운 좋게 백 배 창업을 넘어설 수도 있고, 백 배는 안 되어도 오십배 육십배가 될 수도 있지 않을까 했다. 20년을 훌쩍 넘긴 지금 혹시나 했는데 역시나이다. 그때는 사마천의 화식열전을 접하기 전이라 열 배 창업, 백 배 창업이라는 말은 예전의 생각에 맞춰 나중에 붙인 것이다.

● ● ●　　　　　　　　오너프로그래머 노트　　　　　　　　✕

지렛대를 얻을 수 있는 인맥 쌓기 팁

1. 인사 잘하고, 질문하고, 도와달라고 하라.

2. 상대와 그에게 들은 사람들의 이름을 정확히 기억하라.

3. "요즘 잘되나요?"라고 누가 묻거든 "네. 아주 잘되고 있습니다"라고 답하라. "그럭저럭 먹고 삽니다"와 같이 답하지 말라.

4. 동문이나 동향, 동종 업계 등의 CEO 모임에 가입하라. 마음에 드는 곳이 없으면 직접 만들어라.

5. 대학이나 지자체, 산업단지 등에 수많은 최고경영자과정이 있다. 지갑 사정에 맞는 적당한 곳을 골라 수료하라. 젊을 때일수록 좋다.

매출이 높은 회사 vs 수익률이 높은 회사

(가)와 (나) 두 회사가 있다. 두 회사의 공통점은 이렇다.

⚙ 같은 시기에 같은 소프트웨어 업종에서 창업하여 10년이 되었다.

⚙ 임직원의 임금 수준에는 차이가 없다.

⚙ 꾸준히 1년에 평균 1억 원의 수익을 올렸다.

⚙ 빚도 없고 회사가 망할 염려도 없다.

이제 두 회사의 다른 상태를 보자.

(가) 회사는 이렇다.

⚙ 연간 매출은 100억 원이고 전체 임직원은 100명이다.

⚙ 백 배 창업을 목표로 자본금 10억 원으로 창업했다.

⚙ 수익보다는 성장에 중점을 두고 회사를 운영한다.

⚙ 현재 매출 대비 수익률은 1%이다.

⚙ 현재 자본총계는 10년간의 수익 10억 원을 더하여 20억 원이다.

⚙ 수익이 모자라 아직 백 배 창업에 성공했다고 볼 수는 없다.

(나) 회사는 이렇다.

◉ 연간 매출은 10억 원이고 전체 임직원은 10명이다.

◉ 열 배 창업을 목표로 자본금 1억 원으로 창업했다.

◉ 성장보다는 수익에 중점을 두고 회사를 운영한다.

◉ 현재 매출 대비 수익률은 10%이다.

◉ 현재 자본총계는 10년간의 수익 10억 원을 더하여 11억 원이다.

◉ 열 배 창업에 성공했다.

(가)와 (나) 두 회사 중 어느 회사가 더 좋은 회사일까?

정답이 있는 게 아니라 선택의 문제이고, 선택의 이유도 사람마다 다를 것이다. 이 책을 여기까지 읽은 사람은, 내가 분명 (나) 회사를 선택할 거라 확신할 것이다. 재작년 말에 우리 회사 영업팀장으로부터 다음 해 사업계획 보고를 받는데 철저히 (나) 회사에 맞추어 짰길래 그 이유를 물었다. 그랬더니 입사 후 1년 동안 회사 대표의 성향을 파악해보니 매출은 크게 관심 없고 철저히 수익을 중시해서 그에 초점을 맞췄다고 한다. 그래서 "아니다. 똑같은 이익 금액이라면 이익률이 낮더라도 매출이 높은 쪽으로 하라"고 했더니 처음 듣는 얘기라며 깜짝 놀란다.

그렇다. 나는 (가) 회사가 좋다고 생각한다. 물론 현재 우리 회사는 (나)의 모습이다. 다만 내 능력의 한계로 (가) 회사를 좇지 못하고 (나) 회사에 안주하다 보니 내 말과 글이 그렇게 표현되었나 보다. "이제 영업 전문가인 당신을 뽑았으니 내가 좇지 못한 (가) 회사를 만들어보세요"라고 말했다.

매출 규모는 얼마나 많은 사람에게 영향을 끼쳤나를 나타내므로 시장의 크기와 회사의 크기를 말해준다. (가) 회사의 부족한 수익률은 전략을 바꾸고 비용의 누수를 철저히 점검하여 줄인다면 얼마든지 개선할 수 있다. 직원이 많다는 것도 고용증대라는 사회적 기여가 크다는 점에서 (가) 회사가 (나)보다는 애국하는 회사다. 무엇보다도 (가) 회사가 천 배 창업으로 갈 확률이 (나) 회사가 백 배 창업으로 갈 확률보다 훨씬 높다고 본다. (가) 회사 창업자는 (나) 회사 창업자가 갖지 못한 큰 지렛대를 갖고 있기 때문이다. 다른 것은 다 차치하고 창업자 개인이 이룰 수 있는 부富의 크기 역시 궁극에는 (가) 회사가 훨씬 크다. 기업을 사고파는 시장에서 매수자는 당연히 (나) 회사보다 (가) 회사를 좋아한다.

소프트웨어 회사의 종류

예전에 TV에서 뉴스를 보다가 "우리나라에서 가장 큰 소프트웨어 회사인 삼성SDS는 어떻다 저떻다"라고 말하는 것을 보았다. 순간 나는 '삼성SDS가 소프트웨어 회사인가?' 하는 생각이 들었다가 잠시 후 '아, 맞구나!' 했다. 왜 나는 순간적으로 삼성SDS는 소프트웨어 회사가 아니라고 생각했을까? 아마도 마이크로소프트나 구글, 네이버, 카카오 등과 같이 내 머릿속에 박혀 있는 소프트웨어 제품이나 서비스가 없어서일 것이다. 사실 나도 창업하기 전에 다녔던 회사가 삼성SDS처럼 SI와 SM을 하는 대기업이었다.

소프트웨어 회사는 소프트웨어를 생산(개발)하거나 유통(영업, 판매), 또는 운영(서비스, 유지관리)하는 회사이다. 개발만 하는 회사도 있고 유통만 하거나 운영만 하는 회사도 있다. 시장 규모가 작은 소프트웨어는 대개 한 회사에서 개발도 하고 유통도 하고 운영도 한다.

흔히 회사를 크기에 따라 대기업, 중기업, 소기업으로 나눈다. 그 기준은 보통 매출액이며 때로는 종업원 수이기도 하다. 법에서 정한 기준을 알려면 '중소기업기본법 시행령'을 보면 된다. 여기서 소프트웨어 회사의 대기업, 중기업, 소기업 구분 기준을 찾아보자. 중소기업기본법 시행령 [별표 1]에 보니 평균 매출액(3년 평균 연간 매출액)에 의한 중소기업 규모의 업종별 기준이 나온다. 물론 중소기업은 매출액뿐 아니라 자산규모 등 다른 충족 요건도 있다. 소프트웨어 회사는 업종이 정보통신업에 속하니 800억 원 이하다. [별표 3]에 보니 소기업의 기준도 나온다. 정보통신업은 50억 원 이하다.

따라서 정리하면 이렇다. 소프트웨어 소기업은 연간 매출액 50억 원 이하, 중기업은 50억 원 초과 800억 원 이하, 800억 원을 초과하면 대기업 이다. 대체로 타당해 보인다. 중기업보다 크고 대기업보다 작은 규모로 중 견기업이라는 게 있고, 아주 작은 소기업으로 소상공인이란 것도 있는데 생략하겠다. 이런 법적 분류는 대개 정부에서 규제나 혜택을 주기 위해 정한 것이다. 예전에 알던 한 회사는 매출이 커져 중소기업의 범위를 벗어날 우려가 있자 한동안 매출 규모를 줄이는 방법을 쓰는 것이 보였다. 법에서 정한 중소기업의 혜택을 누리기 위함이다.

법으로 보면 그렇지만, 나는 개인적으로 6절 '회사의 크기'에서 언급한 백 배 창업과 천 배 창업을 기준으로 나눈다. 즉, 소기업은 백 배 창업 미만(연간 매출액 100억 원 미만), 중기업은 백 배 창업 이상 천 배 창업 미만(연간 매출액 100억 원 이상 1,000억 원 미만), 대기업은 천 배 창업 이상(연간 매출액 1,000억 원 이상)이다. 그리고 심정적으로 백 배 창업을 이룬 회사는 모두 대기업으로 보고, 가끔 그런 창업자를 만나면 존경하는 마음이 절로 난다.

소프트웨어 회사 중에 프로그래머가 관심 있는 소프트웨어 '개발 회사'는 어떤 기준으로 정할까? 개발자가 한 명이라도 있으면 개발 회사라 해야 할까? 법에서 정한 것도 아니니 굳이 그럴 필요도 없지만, 그저 심심풀이로 재미 삼아 한번 따져보자. 소프트웨어 개발 회사는 자신의 제품을 개발해서 팔거나, 남의 소프트웨어를 개발해주고 대가를 받는 외주 용역으로 먹고 사는 회사다. 따라서 그 회사가 개발한 제품으로 발생하는 매출이 전체 매출 중에 상당 부분을 차지하거나, 전체 직원 중 개발자가 상당 부분을 차지하거나 일 거다.

결국 정답은 없지만 소프트웨어 개발 회사는 이렇다 하고 정해보자. 둘 중 하나다.

- 자신의 회사에서 개발한 소프트웨어 제품의 판매나 서비스로 벌어들인 매출이 전체 매출의 60% 이상
- 전체 직원 중 개발자가 차지하는 비율이 30% 이상

비율은 내가 정한 것이니 사람마다 다르게 볼 수 있다. 여기서 개발자의 범위를 따져야 한다. 보통 소프트웨어 개발 인력을 세분해서 열거해보면, 프로그래머 외에도 분석 및 설계 전문가, 아키텍트, 웹 디자이너, DB 관리자, 시스템 관리자, 테스터 등이 있다. 여기서는 이들을 모두 개발자로 보았다. 그런데 이런 기준에는 맹점이 있다고 할 사람도 있을 것이다. 개발 인력은 있는데 코딩할 수 있는 인력이 거의 없는, SI만 하는 회사를 소프트웨어 개발 회사라고 해야 할지에 대한 부분이다. 그래서 두 번째 조건은 '전체 직원 중 코딩할 수 있는 개발자가 차지하는 비율이 30% 이상'과 같이 정하는 게 합리적이라고 주장하는 사람도 있을 것이다.

작은 소프트웨어 개발 회사를 창업하고 보니 주로 SI를 하는 대기업에 대한 시선이 곱지 않은 프로그래머가 주변에 꽤 있다. 아마도 갑을병정으로 이어지는 먹이사슬 풍토 속에서 겪은 애환 때문일 것이다. 그래서 이런 대기업은 소프트웨어 회사일지는 몰라도 소프트웨어 개발 회사는 아니라는 인식도 많다. 그런데 나는 그런 SI를 하는 대기업에 오랫동안 근무한 경험이 있어서 그런지 SI도 나름의 시장 논리가 있고, 그에 따라 우리처럼 작

은 기업이 범접하기 힘든 대기업만이 축적하고 있는 기술과 인적 물적 자산이 상당하다는 걸 안다. 따라서 여기서 비율 같은 건 프로그래머 관점에서 재미 삼아 정해본 것뿐이고, 개발하는 소프트웨어가 있거나 그 회사 사람들이 개발 회사라고 하면 개발 회사인 게 맞다고 본다. 그래서 SI를 주로 하는 회사들도 항시 개발하는 프로젝트가 있으므로 소프트웨어 개발 회사인 건 맞다.

소프트웨어 개발 회사의 두 가지 조건을 꼽았는데, 이에 따라 소프트웨어 개발 회사는 크게 나누어 두 종류가 있다. 일반적으로 사용하는 분류는 아니고 내 개인적인 분류 방식이다.

소프트웨어 제조 회사

소프트웨어 제품을 생산하는 회사이다. 일반 기업으로 보자면 제조업에 해당한다는 것이지 제조업과 똑같다는 말이 아니다. 일반 제조업은 기계나 장비 등 생산 설비가 중요하고, 사람은 규칙적인 생산 설비에 맞춰 수동적이다. 반면에 소프트웨어는 어찌 보면 예술품처럼 사람이 만드는 것이어서 유연하고 탄력적인 생산 과정을 겪게 된다.

개발하여 만들어진 제품은 그 회사에서 직접 소비자에게 팔기도 하고, 영업을 해줄 다른 회사에 유통을 의뢰할 수도 있다. 한 번에 제품 값을 다 받고 팔 수도 있고, 빌려주고 임대료를 받을 수도 있다. 또는 필요할 때 사용료를 받기도 하는데, 소비자에게 요금을 직접 받을 수도 있고 쓰는 사람은 공짜인데 돈 내는 사람(회사)이 따로 있을 수도 있다.

여기서 소프트웨어 제조 회사는 소프트웨어 서비스 회사를 포함한 개념이다. 서비스 회사도 일반 서비스업과는 달리 계속해서 소프트웨어를 제작해야 하기 때문이다.

소프트웨어 건설 회사

외부에서 발주하는 프로젝트 개발을 수행하거나, 외부 조직의 만들어진 시스템을 운영하는 회사이다. 이른바 SI^system integration 또는 SM^system management 으로 부른다. 프로젝트 수행과정이 일반 기업으로 보자면 건설회사의 그것과 흡사하여 붙인 이름이다. 소프트웨어 프로젝트의 개발 프로세스나 방법이 전통적인 건축물 구축의 그것과 대체로 닮아보인다. 아마도 건설이란 말을 부정적인 의미로 받아들이는 사람도 있을 것이다. 전혀 그렇지 않다. 건설은 새로운 것을 만들어낸다는 좋은 의미다.

우리는 이런 소프트웨어 회사의 분류법보다 영역별로 종류를 나누어 알고 있는 게 일반적이다. 패키지 소프트웨어 회사, 웹 포털 서비스 회사, SI 회사, 게임 회사, 임베디드 소프트웨어 회사, 보안 소프트웨어 회사, 금융 소프트웨어 회사 등.

내 방식의 소프트웨어 회사 분류에 대해 요약하면 이렇다.

- 수명 주기에 의한 분류: 개발회사(생산), 유통회사(영업, 판매), 운영회사(서비스, 유지관리)
- 규모에 의한 분류: 대기업, 중기업, 소기업
- 개발 회사의 분류: 소프트웨어 제조 회사, 소프트웨어 건설 회사

솔루션과 제품

앞에서 소프트웨어 개발 회사를 크게 소프트웨어 제조 회사와 소프트웨어 건설 회사로 나누어 보았다. 말하자면 제품을 만드느냐 외주 용역 수주 개발(SI)을 하느냐이다. 소프트웨어 회사를 창업하면 대부분 자기 제품을 만들어 팔고자 한다. 그런데 개발비도 많이 들고 완성해도 진입장벽이 높고 영업도 힘들고 체감 시장도 크지 않다. 그래서 시장이 크고 투입 비용이 적어 수익이 확정된 SI 프로젝트에 뛰어든다. 나도 창업하고 초기에 꽤 오랫동안 해보았는데 그런대로 수익도 나고 그럭저럭 먹고 살기에는 괜찮았다.

외주 용역 개발을 오래 하다 보면 결과물로 쌓이는 게 있다. 이를 보통 솔루션solution이라 한다. 소프트웨어 개발 회사의 홈페이지를 보면, 제품을 파는 회사는 '제품'이란 메뉴가 보이고 외주 용역을 주로 하는 회사는 '솔루션' 또는 '보유 기술'이라는 메뉴가 보인다.

제품product을 솔루션이라 표현하기도 한다. 그런데 여기서는 완제품으로 판매하거나 서비스하는 상품이 아닌 소프트웨어 기술로 존재하는 모든 것을 솔루션이라 한다.

그렇다면 솔루션과 제품은 어떻게 다른가?

솔루션은 이렇다

고객이 돈을 들고 와도 바로 쓸 수 있는 게 아니다

돈이 되는 절차가 있고 시간이 걸린다. Earned Value(획득 가치)가 프로젝트 진척도에 따라 이루어진다. 계약금, 중도금, 잔금 등이 그것이다. 건설 공사에서는 '기성既成'이란 용어로 쓰인다. 손해볼 수 있는 가능성이 상존한다. 우수 인재와 축적된 기술을 반영한 효용가치를 무시하고, 초급 얼마 중급 얼마 고급 얼마 등의 전근대적인 노동가치설에 근거한 불합리한 시장 가격을 발주처가 일방적으로 정하는 관행이 예전에 있었다. 요즘은 많이 달라졌다고 하지만 아직도 남아 있다.

보유 기술일 수도 있고 해결 능력 또는 해결책이기도 하다

해결책이 있다고 해서 항상 해결되는 것은 아니다. 잠재 기술이지 실현된 기술은 아니다. 해결이 되었는지의 결정 권한은 고객에게 있다. 그래서 분쟁이 일어나기도 한다.

회사 업력이 쌓이면 솔루션도 많아진다

프로젝트 수행 결과물은 모두 솔루션이라 생각한다. 이에 따라 해결 능력도 높아진다.

기술이나 개발 능력보다 프로젝트 수행 능력이 중요할 때가 많다

품질보다는 검수 통과가 중요하다. 개발자 경력이 쌓여도 개발에 대한 기술은 크게 깊어지지 않는다. 개발 경력 10년이 지나도 다른 개발자에게 코드 검토를 한 번도 받아본 적 없는 개발자도 많다. 코드의 품질은 전혀 중요하지 않기 때문이다. 고객의 요구대로 작동하면 된다. 따라서 본인의 실력이 어느 정도인지 잘 모른다.

문제가 있어도 해당 고객에 한정하여 해결할 수 있다

어이없지만 이게 최대의 장점이다. 여러 고객이 사용하는 게 아니고 한 고객만 사용하기 때문이다. 검수 통과 후 하자보증 기간만 지나면 문제가 오히려 득이 되기도 한다. 너무 완벽하게 끝나서 문제가 전혀 없다면 유지 보수 계약이 없을 수도 있다. 완벽한 게 오히려 흠이 된다.

솔루션을 제품처럼 그대로 아무 데나 팔 수는 없다

순이 엄마는 집에서 빵을 잘 만든다. 순이도 아빠도 맛있다고 한다. 옆 집 영희 엄마도 앞집 철이 엄마도 그 집 아이들도 모두 맛있다고 한다. 그 렇다고 해서 바로 빵 가게를 열 수는 없다.

제품은 이렇다

고객이 돈을 지불하면 바로 쓸 수 있다

Earned Value(획득 가치)가 즉시 이전되고 돈을 번다. 어떤 것은 팔지 않 고 빌려주어 매달 사용료를 받을 수도 있다. 쓰는 사람은 무료인데 돈은 다른 사람에게 받는 등 다양한 돈벌이 방식이 있다. 즉, 경제학에서 말하 는 재화財貨가 되기도 하고 서비스가 되기도 한다.

브랜드가 있고 가격이 정해져 있다

이게 제품의 가장 큰 특징이다. 제품의 명칭이 있고, 가격은 소비자에게 팔기 전에 정해야 한다.

소비자는 제품을 사는 게 아니라 브랜드를 산다는 말이 있듯이, 제품의 브랜드는 정말 중요하다. 브랜딩이란 지속적으로 자기다움을 우기는 일이라고 한다. 따라서 브랜드는 끊임없이 계속해서 내 것이 표준이라고 우기면서 얻어진다. 그래서 브랜드에는 철학이 있다고 한다. 또한 브랜드는 권력이다. 고객이 우리 회사의 그룹웨어를 쓰다가 인쇄가 안 되면 바로 전화한다. 그런데 엑셀을 쓰다가 인쇄가 안 된다고 마이크로소프트에 전화하지 않는다. 그냥 '내가 뭘 잘 못했나?'라고 생각한다. 이게 바로 권력의 차이다. 소프트웨어 제품 없이 SI만 해도 브랜드는 중요하다. 바로 회사 이름 말이다.

소프트웨어 제품 가격은 수요와 공급 법칙에 따른 시장 가격이라기보다는 공급자의 직관과 의지로 결정된다. 한번 정해지면 올리기 어렵다. 10년, 20년이 지나도 소프트웨어 가격은 그대로인 제품이 많다.

고객 층은 불특정 다수일수록 좋다

특정한 소수보다 시장의 규모가 클 가능성이 높기 때문이다.

문제가 생기면 모든 고객에게 영향을 미친다

이게 최대의 단점이다. 문제가 생기면 전화통에 불이 난다. 그래서 버그 없는 프로그램이 중요하다. 제조업으로 치면 리콜이다. 리콜은 비용이며, 버그도 비용이다.

만드는 비용이 많이 든다

경험상 우리나라에서 기업용 소프트웨어 제품 하나를 만들어 꾸준히 팔리기까지는 출시 후 대개 5년 이상 걸린다. 여기에 드는 개발 비용은 최소 5억 원 이상이고, 일반적으로 10억 원 이상이 든다. 작은 업체가 감당하기에는 큰 액수다. 돈이 있다 해도 성공을 보장할 수 없다. 그래서 외주 개발 용역에 눈을 돌리고 솔루션을 쌓게 된다.

● ● ●　　　　　　　　　　오너프로그래머 노트　　　　　　　　　　✕

솔루션

1. 고객이 돈을 들고 와도 바로 쓸 수 없다.

2. 보유 기술이거나 해결 능력이다.

3. 회사 업력이 쌓이면 솔루션도 많아진다.

4. 기술이나 개발 능력보다 프로젝트 수행 능력이 중요하다.

5. 문제가 있어도 해당 고객에 한정하여 해결할 수 있다.

6. 제품처럼 그대로 아무 데나 팔 수는 없다.

제품

1. 고객이 돈을 지불하면 바로 쓸 수 있다.

2. 브랜드가 있고 가격이 정해져 있다.

3. 고객은 불특정 다수일수록 좋다.

4. 문제가 생기면 모든 고객에게 영향을 미친다.

5. 만드는 비용이 많이 든다.

11

돈 없는 회사가
소프트웨어 제품을 만드는 방법

앞에서 소프트웨어 제품을 만드는 데에는 많은 비용이 든다고 했다. 그래서 괜찮은 아이템이 있어도 자금력이 없는 회사가 선뜻 투자하기는 어렵다. 설령 투자한다 해도 영업적인 성공은 차치하고 개발에 성공하기도 쉽지 않다. 그렇다면 돈 없는 회사가 제품을 만들려면 어떻게 해야 할까?

내가 창업을 준비하던 1990년대에는 소프트웨어 개발 조직을 꾸리고 운영하는 데 참조할 만한 책이 별로 없었다. 21세기 들어서면서 수많은 책이 나왔다. 그중 소프트웨어 개발에 필요한 기반 시스템, 조직, 개발 방법론, 프로세스, 수명주기 모델 등 모든 것을 정리한 교과서 같은 책을 한 권쯤 소장하면 참고하기 좋다.

돈 있는 큰 회사라면 이런 교과서의 내용을 모두 지킬 수 있고 당연히 그렇게 하는 게 바람직하다. 그런데 돈 없는 작은 회사는 교과서 내용을 그대로 수행할 여력이 안 된다. 속된 말로 택도 없다. 심지어 창업 초기에 오너프로그래머는 돈 아끼려고 혼자 개발하기도 한다. 현재 판매하고 있는 우리 회사 제품도 보통 최소 5명 이상의 개발자가 있어야 유지할 수 있는 제법 큰 규모인데, 처음에는 나 혼자 개발했고 5, 6년이 흐르고 수익이 충분히 나서 먹고살 만해진 후 추가 개발 인력을 투입했다. 그러나 개발 인력의 많고 적음에 상관없이 회사 실정에 맞게 교과서의 내용을 적용해야 안정적인 개발과 유지가 가능하다. 이 과정에서 그 회사만의 개발 성공 방식이 만들어진다.

나는 지금까지의 경험으로 돈 있는 회사와 돈 없는 회사에서 소프트웨어 제품을 만드는 방법은 다르다고 느꼈고, 또 달라야 성공할 수 있다고 생각한다.

자, 우선 돈 있는 회사에서 소프트웨어 제품을 만드는 방식을 보자.

❀ 제품을 만들기 위한 조직과 개발 체계를 갖춘다. 돈이 있으니 실력자가 많이 모이긴 하지만, 개발자 개인의 능력에 의존하기보다는 시스템이 일할 수 있게 해야 한다. 교과서의 내용을 충실히 따를수록 좋다.

❀ 바람직한 방법인데 개발 비용과 제품 유지 비용이 많이 든다. 따라서 충분한 크기의 시장이 필요하다. 때로는 돈이 시장을 만들기도 한다. 돈의 위력을 과소평가하면 안 된다.

❀ 결국 시장의 크기를 먼저 판단해야 한다. 아마도 우리나라 거대 소프트웨어 기업에서 소프트웨어 제품을 잘 만들지 않는 이유가 아닐까 싶다. 능력이 없어서가 아니라 충분한 시장 크기의 아이템을 못 찾았거나 아니면 그럴 필요가 전혀 없어서이다.

이제 돈 없는 회사가 소프트웨어 제품을 만드는 방법이다.

❀ '프로 프로그래머' 없이는 성공하기 어렵다. 내 경험으로는 거의 불가능에 가까웠다. 프로 프로그래머에 대해서는 다음 12절에 나온다.

❀ 안정되고 실용성 있는 라이브러리를 갖추는 게 중요하고, 자신에게 맞는 개발 프레임워크도 갖추는 게 좋다. 그래야 개발 생산성이 높고 생

명력이 긴 지속 가능한 제품을 만들 수 있다. 그렇다고 지나치게 프로그래머의 자율성을 제한하는 프레임워크는 좋지 않다.

⚙ 이 두 가지 요소가 시장이 작은 우리나라 소프트웨어 현실에 맞다. 특히 기업용 제품 시장은 그리 크지 않아서 이 방법이 현실적인 방법이라고 판단한다. 그리고 작은 소프트웨어 개발 회사로 출발한다면 거의 유일한 생존 방식이 아닐까 싶다.

12

프로 프로그래머는
누구인가?

앞선 글에서 나는 돈 없는 회사가 소프트웨어 제품을 만드는 데 성공하려면 '프로 프로그래머' 없이는 불가능에 가깝다고 했다. 대체 프로 프로그래머가 어떤 사람이길래 제품의 성공 여부를 쥐고 있을까? 말도 안 된다고 할 사람도 있을 것이다. 그런데 프로 프로그래머를 이렇게 정의하면 말이 되지 않을까?

> "프로 프로그래머는 상업용 소프트웨어 제품을 정해진 기한 내에 개발 인력에 상관없이 만들어내는 사람이다."

CTO^{chief technology officer}와 PM^{project manager}의 역할은 기본이고, 제품기획, 요구분석, 설계, 구현, 테스트, 배포, 운영 등 제품을 개발하고 안정 궤도에 올리기까지의 모든 프로세스를 꿰뚫고 실현할 수 있는 실전 전문가다. 경제학 관점에서 말하자면 개발의 여러 부분에서 절대우위를 지닌 사람이다. 특히 코딩에 있어서 뛰어난 실력자임은 당연하다.

'프로그램의 달인'이라 할까도 했다. 그런데 '달인' 하면 TV 프로그램 〈생활의 달인〉이 연상되듯이, 어떤 기능의 반복 훈련으로 놀라운 경지에 이른 사람을 말하는지라 여기서의 의미와는 조금 달라서 '프로 프로그래머'가 적당해 보인다. 현실적으로 보면 이런 여러 가지 역할을 다 잘할 수는 없다. 중요한 것은 문제 해결 능력이다. 개발 과정에서 어려운 상황에 부딪칠 때 끈기 있고 깔끔하게 처리하는 '프로'다운 일솜씨를 말한다.

가장 가까운 의미로 '소프트웨어 장인'이라는 말이 있다. 그런데 현실적으로 우리나라 상황에 적용하기에는 좀 거리가 있다. 이에 대해서는 다음 13절에 나온다.

미국에서는 큰 가르침을 주는 스승이라는 뜻으로 '구루^{guru}'라는 말도 쓰고, 베스트셀러 책을 내거나 자바의 스프링 프레임워크처럼 널리 쓰이는 기술 개발로 인기가 높은 개발자를 일컫는 '록스타 프로그래머^{rockstar} ^{programmer}'라는 말도 있다. 우리나라에서는 거의 쓰이지 않는 말이고, 우리의 현실과도 거리가 있다.

사실 이런 프로 프로그래머의 정의가 말이 안 될 수 있다는 점은 나도 안다. 많은 것을 할 줄 안다는 것은 제대로 할 줄 아는 게 한 가지도 없다는 말일 수 있다. 한 가지 일에도 제대로 된 전문가가 아닐 수 있다는 얘기다. 그리고 그런대로 잘나가는 회사에 존재하는 이른바 '슈퍼 개발자' 또는 '영웅 프로그래머'의 역기능에 대해서도 잘 알고 있다. 그럼에도 불구하고 프로 프로그래머의 필요성을 절감하는 현실적인 상황이 너무 많이 발생하는 환경에서 나는 살아왔다.

'프로'는 '프로페셔널^{professional}'의 줄임말로 전문가를 말한다. 라틴어의 '프로페시오^{professio}'에서 유래했으며, 의미는 '선언하는 고백' 또는 '공개적으로 선언하다'는 뜻을 갖고 있다. 말하자면 '공개적으로 고백할 수 있는 경지에 이른 사람'이다. 교수를 '프로페서^{professor}'라고 부르는 것도 그런 이유라고 한다. 이에 비해 '아마추어^{amateur}'는 라틴어 '아마토르^{amator}'에서 왔으며, 그 뜻은 애호가 또는 좋아서 하는 사람이다.

이런 의미 그대로 해석한다면, 아마추어는 어떤 일에 재미와 즐거움이 사라지면 그만두지만 프로는 하기 싫은 일도 끝까지 해낸다는 차이가 있다. 프로그래머의 경우에도 어떤 제약이나 난관이 있어도 원하는 제품을 끝까지 만들어낸다는 의미로 '프로'가 붙었다.

싸움에서 '일당백-畨百'이란 말이 있다. 영화나 드라마에서 보면 김두한이나 시라소니가 혼자서 수십 명 때로는 백 명이 넘는 상대와 싸우는 장면이 나온다. 볼 때마다 드는 생각은 '저게 가능할까?'이다. 십수 명이라면 몰라도 백 명은 좀 어렵지 않을까?

프로그래머는 어떨까? 한 사람이 백 명의 몫을 해낼 수 있을까? 어떤 사람은 프로그래머라면 충분히 가능하다고 한다. 나는 경험으로 보아 100명은 좀 어려울 듯하고 20여 명은 가능하지 않을까 싶다. 실제로 미국에서는 프로그래머의 생산성에 대해 발표된 연구가 여럿 있는데, 뛰어난 프로그래머는 보통의 프로그래머에 비해 대개 25배 이상 30배 미만 정도의 성과를 낸다고 한다.

내가 여러 프로그래머와 일해본 경험으로 보면 프로는 꼭 실력과 비례하진 않는다. 말하자면 고수가 아니어도 된다. 흔히 쓰는 말로 '아마추어같이 왜 이래?'는 기술이 아니라 태도를 말하는 것으로 느낀다. 일당백이 매우 용감함을 말하듯이, 프로 프로그래머는 반드시 만들어낸다는 집념과 끈기를 말한다. 비록 경력이 모자라 아직 실력이 조금 못 미쳐도 일을 맡겨놓으면 반드시 결과물을 완성하는 사람이 있다. 반면에 분명 고수인데 프로가 되지 못하는 뛰어난 개발자도 많이 봤다.

소프트웨어 회사 하나를 먹여 살릴 정도의 제품을 만들고 운영하려면 소프트웨어 규모에 따라 다르겠지만 최소 5명, 보통은 10명 이상의 개발자가 필요하다. 어찌해서 만들어내는 데 성공했다 해도 순조롭게 판매가 되고 안정 궤도에 이르기까지는 시간과 비용이 많이 든다. 한마디로 돈 없는 작은 회사는 엄두를 내기 어렵다는 얘기다. 이때 필요한 게 바로 프로 프로그래머다. 제품 개발 성공은 물론이고 투입 비용을 획기적으로 줄일 수 있기 때문이다.

작은 회사뿐 아니라 돈 있는 큰 회사에도 프로 프로그래머는 요긴하다. 그러나 큰 회사는 사람에 의존하기보다는 시스템을 갖춰야 한다. 작은 회사도 개발에 성공하고 판매가 안정 궤도에 오르면 시스템을 갖추는 게 바람직하다. 작은 식당은 뛰어난 주방장 한 사람으로 가능하지만, 큰 식당은 뛰어난 주방장이 없어도 문제가 없도록 시스템을 갖추는 게 중요하다는 원리와 같다. 경제적 관점에서 보자면 절대우위에 있다 해도 기회비용 측면에서 비교우위를 갖추는 쪽으로 인적 구성하는 게 낫기 때문이다.

직원 20명 이내의 작은 소프트웨어 개발 회사가 안정되려면 프로 프로그래머가 적어도 2명 이상 있어야 한다. 프로인 오너프로그래머가 있다면 가장 빨리 안정 궤도에 올릴 수 있다. 그 이후 회사를 크게 성장시키는 것은 오너프로그래머의 역할을 넘어서는 영역이다.

나는 나를 비롯하여 창업 전 다녔던 직장의 팀원이나 창업 후 회사의 직원이나 프로그래머라면 프로로 길러지는 걸 목표로 삼았다. 그래서 항상 하는 주문은 '고장 없고 팔리는 제품을 만들자'였다. 시대도 바뀌고 사용자도 바뀐 요즘 상황에 맞춰, 욕심을 담아 몇 가지 수식어를 붙여 프로 프로그래머의 사명을 표현해본다.

"고장 없이 튼튼하고 아름다운 잘 팔리는 제품을 만든다."

프로 프로그래머는 수많은 실전 경험을 통해 만들어진다. 그래서 대부분 경력 10년은 넘어야 한다.

이렇게 얘기하니까 프로 프로그래머가 무슨 신의 경지에 이른 사람인 것처럼 오해할까 두렵다. 사실은, 나처럼 돈 없이 소프트웨어 회사를 운영하다 보니 생긴 생존 경험에 불과할 수 있다. 모든 프로그래머가 프로가 될 필요는 없다. 그냥 프로그래밍 자체를 즐기면서도 얼마든지 행복할 수 있다.

소프트웨어 장인과
프로 프로그래머

'소프트웨어 장인Software Craftsman'은 '소프트웨어 장인정신Software Craftsmanship'이라는 말과 함께 2000년대 초 미국 시카고에서 유행하기 시작하여, 캐나다, 영국, 독일 등 여러 나라로 퍼졌다. 2010년 영국의 런던 소프트웨어 장인 협회London Software Craftsmanship Community, LSCC의 설립을 시작으로, 유럽과 미국을 비롯한 세계 여러 곳에서 소프트웨어 장인정신 커뮤니티가 생겼다.

소프트웨어 장인정신이 무엇인지 알기 위해서는 우선 '소프트웨어 장인정신 선언문Manifesto for Software Craftsmanship'을 보는 게 좋다. 홈페이지[1]에 게재되어 있다.

Manifesto for Software Craftsmanship

As aspiring Software Craftsmen we are raising the bar of professional software development by practicing it and helping others learn the

---

[1] https://manifesto.softwarecraftsmanship.org

craft. Through this work we have come to value:

- Not only working software, but also **well-crafted software**
- Not only responding to change, but also **steadily adding value**
- Not only individuals and interactions, but also **a community of professionals**
- Not only customer collaboration, but also **productive partnerships**

That is, in pursuit of the items on the left we have found the items on the right to be indispensable.

소프트웨어 장인정신 선언문

소프트웨어 장인을 열망하는 우리는 스스로 기술을 연마하고, 다른 사람들이 기술을 배울 수 있도록 도움으로써 프로페셔널 소프트웨어 개발의 수준을 높인다. 이러한 일을 하는 과정에서 우리는 다음과 같은 가치를 추구한다.

- 동작하는 소프트웨어뿐만 아니라 정교하고 솜씨 있게 만들어진 작품
- 변화에 대응하는 것뿐만 아니라 계속해서 가치를 더하는 것
- 개별적으로 협력하는 것뿐만 아니라 프로페셔널 커뮤니티를 조성하는 것
- 고객과 협업하는 것뿐만 아니라 생산적인 동반자 관계를 만드는 것

이 왼쪽의 항목들을 추구하는 과정에서 오른쪽 항목들이 꼭 필요함을 의미한다.

이 선언문에 서명한 사람이 현재 3만4천 명이 넘는다. 서명자 중에는 우리나라 사람들도 있다. 아직 우리나라에는 소프트웨어 장인 커뮤니티가 있다는 얘기는 못 들어봤다. 이 홈페이지에는 소프트웨어 장인과 장인정신에 관한 여러 읽을거리가 링크되어 있다.

그런데 이 선언문을 보면 형식이 익숙해서 '어디서 봤지?' 하며 머리에 맴도는 게 있다. 그렇다. 바로 애자일 선언문이다. '애자일 소프트웨어 개발 선언문Manifesto for Agile Software Development'의 형식을 빌려 말만 바꾼 것이다. 그래서 쉽게 짐작이 되는 하나는, 소프트웨어 장인은 개발 방법으로 애자일 방식을 적용한다는 점이다.

소프트웨어 장인에 대해 더 알고 싶으면 브라질 출신으로 영국에서 활동하는 프로그래머가 쓴 《소프트웨어 장인》(길벗, 2015)이라는 책이 적당하다. 이 책의 저자인 산드로 만쿠소Sandro Mancuso가 런던 소프트웨어 장인 협회를 만들었다. 이 책의 내용을 내 나름으로 해석하여 요약해보면 이렇다.

소프트웨어는 공예품으로 볼 수 있다. 말하자면 도자기와 같은 것이다. 소프트웨어를 잘 개발한다는 것은 도자기를 잘 빚는 것이다. 혼을 불어넣고 정교한 솜씨로 아름다운 도자기를 빚어내는 것이다. 장인匠人은 견습공과 숙련공을 거쳐 탁월한 기술적 경지에 이른 사람이다. 소프트웨어 장인정신은 책임감, 프로페셔널, 실용주의 그리고 개발자로서의 자부심을 의미한다.

소프트웨어 프로젝트는 소스코드가 가장 중요하다. 절차와 문서를 아무리 강조해도 모두 부차적이다. 장인의 삶은 아름다운 코드를 작성하기 위한 일생에 걸친 헌신과도 같다.

장인이 가장 중요하게 생각하는 것은 고객 만족이다. 품질은 물론이고 시간과 비용도 고객 만족을 위한 구성요소다. 고객에게 가치를 전달할 수 없다면 제대로 작성된 코드라고 할 수 없다. 코드와 관련 없는 일은 내 일이 아니라고 생각하는 개발자는 장인이 될 수 없다.

장인은 일을 선택할 때 자율성, 통달, 목적의식을 고려한다. 개발자에게 일은 단순히 직장에 출퇴근하는 것 이상의 의미가 있어야 한다.

열정, 이 단어 하나가 모든 것을 요약한다. 소프트웨어 장인은 소프트웨어 개발과 자신의 직무에 열정적이다. 문제를 해결하는 것뿐만 아니라, 배우고 가르치고 코드와 경험을 공유하는 데에도 열정적이다.

모든 장인은 개발자이지만 모든 개발자가 장인은 아니다.

나는 여기서 전하는 소프트웨어 장인정신에 대체로 공감한다. 특히 장인으로서 직업을 대하는 태도에는 완전히 공감하다. 그럼에도 나는 앞에서 프로 프로그래머에 장인과는 다른 정의를 했다. 소프트웨어 개발 과정에 차이가 있다는 생각에서이다.

소프트웨어 장인은 개발 프로젝트, 즉 SI에 초점을 둔 것으로 보인다. 좀 과장해서 얘기하면 개발자는 발주자의 갑질이 일상이라고 여기고, 발주자는 개발자의 무책임이 일상이라고 여기며, 서로의 무능을 탓한다. 이런 현실적 환경에서 고객 가치를 우선하는 장인정신을 발휘하기에는 소프트웨어 기업에게 너무 큰 희생이 따른다. 그리고 장인은 주로 개발 직원이 많은 큰 조직에서의 경험을 바탕으로 하고 있다. 돈 없는 작은 회사에서 상업적인 제품 개발의 성공과 판매나 서비스를 안정 궤도에 올리기 위해서는 장인과는 조금 다른 접근이 필요하다.

이런 상황을 가정해보자. 내가 오래전에 겪었던 일을 각색한 것이다.

우리 회사는 어느 대기업의 업무 시스템 구축 프로젝트를 수주했다. 프로젝트 기간은 8개월이고 개발자 3명을 투입했다. 개발해야 할 양은 제법 되지만 난이도가 그리 높지 않아서 나는 간간이 보고받고 크게 신경 쓰지 않았다. 약속한 마감일 2주를 남겨두고 문제가 터졌다. 프로젝트에 투입된 개발자 3명이 동시에 사표를 내고 잠적한 것이다. "어찌 이런 일이! 미친 거 아냐?" 한탄하고 욕하고 있을 시간이 없다. PM 역할을 한 직원과 연락이 닿아 파악해보니 전혀 진도가 나가지 않아 어떤 개발 문서도 소스코드도 없다는 것이다. 그동안 개발은 거의 안 하고 보고용 문서만 작성해서 회사와 발주사를 속인 것이다. 마감일이 다가오자 보여줄 게 없으니 도망쳤다. 결국 2주 안에 백지 상태에서 개발을 완료해야 한다는 얘기다. 프로젝트 수주를 담당했던 영업직원이 발주사의 담당자와 친분이 있으니 잘 협의하여 마감일을 한두 달이라도 늦추는 게 어떻겠냐고 한다. 그런데 발주사는 이 바닥에서 갑질이 심하다고 알려져 있다.

이 상황에서 소프트웨어 장인이라면 설령 손해를 보더라도 최선을 다

해 발주사를 설득하고 다만 한 달이라도 마감일을 늦추고 개발을 완료하는 게 맞다. 그러나 우리는 그렇게 하지 않았다. 프로 프로그래머를 투입하여 예정된 마감일에 일을 해치웠다. 4명의 개발자가 2주간 야근과 휴일근무를 했다. 특급 소방수를 투입하여 일단 큰 불을 끈 것이다. 동작하는 소프트웨어로만 만족하고 정교하고 솜씨 있는 작품을 만들지는 못했다. 장인정신에는 미치지 못했다.

내가 내리는 결론은 이렇다.

소프트웨어 장인은 훌륭하고, 프로 프로그래머는 유능하다. 돈 있는 기업은 소프트웨어 장인이 필요하고, 돈 없는 기업은 프로 프로그래머가 필요하다. 프로그래머라면 소프트웨어 장인이 되어야 하고, 오너프로그래머가 되려면 프로 프로그래머가 되어야 한다.

오너와 프로그래머,
둘 다 잘할 수는 없다

"오너는 왜 하나, 그냥 프로그래머로 살지?"

창업은 설레는 일이기도 하지만 매우 위험한 일이다. 성공보다 실패할 확률이 훨씬 높다. 나 또한 창업해서 망한 전력을 가지고 있다. 한번 망해 보니 설레기는커녕 불안한 마음이 가득했다. 그러면 그냥 다시 취업해서 안전하게 프로그래머로 살 것이지 창업은 왜 또 했나?

우리나라에서 비교적 크고 안정된 직장에서 나이 40이 넘어서도 소프트웨어 개발자 경력으로 살아가기란 어렵다. 어느 순간 관리직이나 영업직으로 넘어가게 되어 있고 소프트웨어 기술직으로 고위 직급에 오르는 길은 거의 없다. 물론 관리직이나 영업직으로 전환한다고 못할 것도 없다. 문제는 이 또한 보장된 길은 없다는 점이다. 그래서 할 수 없이 다시 오너프로그래머의 길을 택했다. 선택의 문제라고 본다.

"오너프로그래머가 말이 되나? 가능한가?"

내게 오너프로그래머는 좋은 말도 나쁜 말도 아니다. 그저 내가 20년 넘게 살아온 상태를 표현하는 말이고, 우리나라 프로그래머가 처한 현실에서 선택한 단어이다.

오너프로그래머는 말하자면 CEO^{chief executive officer}, CFO^{chief financial officer}, CTO^{chief technology officer} 등 온갖 C 레벨 임원의 역할을 다하고, 거기에다가 모든 개발 과정의 일을 다한다는 의미가 강하다. 그래서 말이 안 된다는 생각도 든다. 창업 초기에나 가능한 얘기고 사업이 안정되면 당연히 프로그래머보다는 오너의 역할을 수행하는 게 바람직하다.

"오너를 이해하는 프로그래머가 될 것인가, 프로그래머를 이해하는 오너가 될 것인가?"

소프트웨어 회사의 생존에는 확실히 오너프로그래머가 유리하다. 우선 제품 개발에 드는 시간과 비용을 크게 절감할 수 있다. 이는 소프트웨어에 혼을 담을 수 있는 가장 적임자이기 때문이다. 개발한 제품의 유통에도 절실함이라는 가장 큰 열정 요소가 있으니 이 또한 적임자다.

문제는 회사의 생존을 넘어 안정 단계에 들어서도 프로그래머 역할을 멈추기가 쉽지 않다는 데에 있다. 우리나라에서 순수한 소프트웨어 단일 제품으로 한 회사에서 연간 10억 원 이상의 매출을 올릴 수 있는 아이템이 그리 흔치 않다. 따라서 개발 업무량에 맞는 적정 인원의 개발팀을 유지하기가 어려운 현실에서 오너프로그래머는 쉽사리 프로그래밍을 그만두지 못한다. 아마도 오너가 프로그래머 역할을 멈추는 순간 회사의 수익은 급감할 수도 있다. 물론 그러고도 원하는 만큼의 수익이 나야 진짜 안정 단계라 할 수 있다.

오너는 사업을 하는 사람이고 프로그래머는 기술자다. 따라서 나처럼 오랜 기간을 오너이면서 프로그래머로 사는 사람은 사업가로서의 능력이 부족해서 그렇다. 말하자면 오너를 잘 이해하는 프로그래머일 뿐이다. 프로그래머 딱지를 떼지 못한 오너는 생존에는 유리하나 회사를 크게 성장시키는 데에는 제약이 된다.

결론적으로 오너프로그래머보다는 프로그래머를 잘 이해하는 오너가 되어야 직원 20명을 넘어 작은 회사에서 벗어날 수 있고 이상적인 소프트웨어 회사로 비상할 수 있다.

2장

프로그래머로
살기

프로그래머의 세계는 99%의 아마추어 프로그래머와

1%의 프로 프로그래머가 있다.

무난한 아마추어의 길을 갈 것인가,

험난한 프로의 길을 갈 것인가?

기계치가
프로그래머가 되다

나는 어릴 때부터 기계 다루는 걸 유난히 싫어하는 기계치였다. 지금도 컴퓨터와 그리 친하지 않다. 하드웨어에는 전혀 관심이 없고 그저 소프트웨어만 안다. 어찌 보면 아직도 컴맹이라고 해야 맞다.

초·중·고교 시절 생활기록부에 장래희망을 적어낼 때면 당시 선생님 말씀 중 인상 깊었던 직업을 적었다. 영국의 정치가 윈스턴 처칠이 이런 말을 했다고 들으면 '정치가'라고 적고, 슈바이처가 이렇게 훌륭한 일을 했다고 들으면 '의사'라고 적었다. 딱 부러지게 커서 뭐가 되겠다는 꿈이 없었다. 그저 쓸데없는 생각을 많이 하고 끄적거리기를 좋아해서 백일장에서 상도 제법 탔던 터라 막연히 작가가 되지 않겠나 싶었다. 30대까지만 해도 언젠가 소설 한 편은 꼭 써봐야겠다는 생각을 하고 살았다. 한동안 잊고 살았는데 요즘 다시 웹소설 한 편은 써봐야겠다는 생각을 한다. 언제나 그렇듯이 실행은 안 하고 생각만 하다가 끝나겠지만.

고등학교 2학년 올라갈 때 문과와 이과로 나누었는데, 나는 당연히 문과로 갔다. 그런데 학교에서 야단이 났다. 1학년 성적 1등에서 30등까지의 모든 학생이 문과를 지원한 것이다. 이렇게 되면 대학 진학의 목표 숫자를 채우는 데 차질이 생긴다. 그래서 그중 몇 명을 설득하여 이과로 보내기로 한 것이다. 설득할 순서는 1학년 때 수학 성적이었는데, 불행히도 내가 수학 성적이 제일 좋았다. 원래 촌놈이 영어는 못해도 수학은 곧잘 한다. 그래서 1순위가 되었다. 선생님 말씀을 거역해본 적 없는 모범생이었던 나는 그렇게 자의 반 타의 반으로 별 생각 없이 이과생이 되었다.

내가 대학에 입학하던 시절에는 학과별 모집이 아니라 계열별 모집으로, 단과대학을 선택하여 입학하고 2학년 올라가면서 전공학과를 선택했다. 대학입시 원서는 본인의 뜻이 반영되긴 하지만 대체로 학교에서 성적에 맞춰 결정했다. 주요 대학의 모집단위별 합격 점수의 과거 정보를 가지고 학생의 성적에 맞춰 선생님이 원서를 쓴다는 얘기다. 물론 본인의 의견을 묻기는 하지만, 나처럼 미래에 뭐가 되겠다는 확고한 꿈이 없다면 대부분 선생님의 의견을 따라간다.

나는 수학과나 물리학과가 맞을 것 같아 자연과학대학에 지원할까 했는데 왠지 가난하게 살 것 같다는 생각이 들었다. 약사를 하면 편하게 살 것 같아 약학대학이 낫겠다 싶었다. 그런데 학교에서 치과대학과 공과대학에 원서를 접수하고 둘 중 하나 골라서 가라 했다. 역시 나는 모범생이라 받아들였고, 치대보다는 공대가 합격점이 낮으므로 안전하게 공대를 택했다. 그렇게 나는 또 별 생각 없이 어이없게 기계치인데도 공대생이 되었다.

대학 1학년을 마치고 전공학과를 정하려고 보니 기계공학과, 기계설계학과, 전기공학과, 산업공학과, 원자핵공학과 등 죄다 내가 싫어하는 '기계'나 '공학'이 붙어 있다. 그런데 딱 하나 예외가 있었다. 그게 바로 건축학과였다. 기계도 없고 공학도 없다. 그렇게 또 별 생각 없이 건축학도가 되었다. 그런 식으로 전공을 정했으니 그게 적성에 맞을 리가 있나. 건축 공부는 재미가 없으니 거의 안 하고 시답잖게 철학, 역사, 경제 등 인문 사회 쪽 책이나 읽으며 보냈다. 수업도 전공 필수 이외는 주로 인문대나 사회대의 교양과목을 들었다. 우여곡절 끝에 졸업은 했다.

졸업 후 취업은 하지 않고 나름 큰 뜻을 품었다는 친구들과 어울려, 당시 유행하던 사회 모순을 해결하겠다는 준비 모임에 나갔으나 나와는 맞지 않아 그만두었다. 함께 한 친구들은 진심이었겠지만 적어도 나는 허위의식에 사로잡혀 나 자신을 속이고 있음을 깨달았다.

작은 출판사와 중소기업 네댓 군데에 입사 서류도 넣고 면접도 보았으나 모두 탈락했다. 이런저런 소소한 용돈벌이로 근근이 백수 생활을 이어가다가 10월에 접어들자 현대, 삼성, 럭키, 대우 등 재벌 그룹의 공채 시즌이 시작되었다. 하는 수 없이 졸업한 학과 사무실에 들러 교수님 추천으로 가장 빨리 모집하는 그룹에 들어갔다. 당시에는 이게 취업할 수 있는 가장 확실한 방법이었다. 거의 공부하지 않은 전공을 살리는 것도 싫고 대기업은 더욱 싫어서 피했는데 어쩔 수 없었다. 작은 기업에 들어가기는 어려워도 대기업에 들어가기는 쉬운 당시 세태가 씁쓸했다.

1985년 12월에 한 달간의 그룹 연수를 마치고, 지원서에 적힌 전공이 건축이라 건설회사에 배정되어 입사했다. 입사한 회사에서 또 한 달간 직무교육on the job training, OJT을 받고 해외건축부에 발령이 났다. 거기서 또 2주 정도 직무교육을 받고 드디어 내가 할 일이 정해졌다. 내가 맡은 첫 임무는 전산실에서 개발한 해외건축공사 견적 시스템을 실무에 적용하는 일이었다. 신입사원 중 한 사람이 맡기로 했는데 아무도 하려는 사람이 없어 그중 나이가 제일 어린 내 차지가 되었다. 이왕 하려면 제대로 하라는 부장님의 지시에 떠밀려, 1986년 3월에 전산실 신입사원들의 직무교육에 참여하게 되었다. 이게 프로그래머의 시작이었다.

두 달간 이어진 교육은 메인프레임인 IBM 시스템 370 개요에서부터

PL/1 언어로 코딩하는 실습까지, 프로그래머로서 기초를 익혔다. 바로 실무에 투입되어 선배 사수에게 배워가며 프로그램을 개발하기 시작했다. 당시 나는 전산실 소속이 아니고 실무 부서 소속으로, 프로그래밍도 했지만 부서의 신입사원으로서 여러 허드렛일도 함께 했다. 수억 달러의 큰 해외 건축공사는 입찰서류만 1톤 트럭에 실을 만큼 산더미였다. 이 서류들을 하루 종일 복사하다 보면 손가락 여기저기를 종이에 베인다. 설계 도면을 마이크로필름으로 뜨기 위해 도면의 접힌 부분을 펴느라 하루 종일 다리미질만 하기도 했다.

나이는 나보다 어렸지만 먼저 입사한 두 명의 여직원과 함께 일했는데, 입찰 견적 서류의 아이템을 두 사람이 더미^{dummy} 터미널에서 입력했다. 그러는 동안 부서의 실무자들은 도면을 확인해가며 물량도 산출하고 해외의 자재 가격 정보를 바탕으로 1천 페이지가 훌쩍 넘는 서류의 각 아이템에 단가를 적어 우리에게 전달하면, 두 직원은 다시 이 정보를 입력한다. 그러고 나면 나는 각종 프로그램을 돌려 여러 가지 합계와 분석의 산출물을 뽑아낸다. 시스템이 방대해 보여도 로직은 그리 어렵지 않은데, 문제는 입력해야 할 데이터 양이 너무 많다는 점이다. 코드집만 해도 무척 두꺼운 책 한 권이라 아이템마다 그에 맞는 자재, 장비, 인원 등의 코드를 찾는 데에도 시간이 제법 걸린다. 코드를 검색하는 기능은 있는데 별 쓸모가 없었다. 실무자가 직접 입력하는 게 아니라 코드집에서 찾아 적어주면 그걸 받아서 여직원이 입력하는 방식이라 그렇다. 직원들은 코드 찾는 걸 귀찮아했는데, 코드를 입력해야 다양한 통계와 분석이 나온다. 한번은 두 직원이 이틀을 꼬박 입력한 데이터를 내가 한 순간의 실수로 백업도 없이 모두 날려버리는 일이 벌어졌다. 처음 당하는 일이라 순간 머릿속이 하얘졌다. 할 수 없이 두 직원에게 솔직히 고백하고 도움을 애원하니 다행히 불평 없이 야근하며 다시 입력해줬다. 백업이 중요하다는 걸 알게 되었고, 그 후로는 DB에 DELETE와 UPDATE 문을 사용할 때는 항상 긴장하고 몇 번씩 살피는 습관이 붙었다. 처음에는 전산실 선배 사수의 허락을 받고 프로그램을 짜다가 나중에는 전산실 도움 없이 부서에서 요구하는 모든 프로그램을 나 혼자 알아서 처리하게 되었다.

입사하고 1년 뒤부터 사무자동화office automation, OA 바람이 불어서 모든 부서에 PC가 보급되었다. 1인 1대는 아니고 공용 공간에 몰아두고 필요한 부서 직원들이 그때그때 사용하는 식이었다. IBM-5550이란 기종이었는데, 지금 우리가 주로 쓰는 PC의 근간이 되는 호환 기종과는 조금 다른 것이다. OS는 같은 DOS인데 호환 기종의 MS-DOS와는 조금 차이가 있었다. 모니터와 본체가 일체형이라 공간도 덜 차지하고 모양도 예뻤다. 화면에 표시되는 문자 모양도 호환 기종보다는 훨씬 예뻤다.

나는 OA 교육 담당자가 되어 부서 직원들에게 PEPersonal Editor라는 문서편집기와 MPMultiplan라는 스프레드시트를 서너 명씩 모아놓고 가르쳤다. 그런데 타이피스트 여직원이 자기는 교육받지 않겠다고 했다. 당시만 해도 부서마다 타자기가 있었다. 그 직원은 나와 동갑인 데다 타이핑을 부탁할 일도 많아서 친하게 지내는 편이라, "앞으로 타자기는 없어질 겁니다. 그러니 다른 사람은 몰라도 정○○ 씨는 꼭 배워야 합니다"라며 설득했는 데도 끝내 응하지 않았다. 그런데 그렇게 말한 나도 타자기와 타이피스트란 직업이 그렇게 빨리 없어질 줄은 몰랐다. 결국 그 직원은 1년 후에 회사를 그만두었다.

프로그래밍에 입문하고 처음에는 평생의 직업으로 삼아야겠다는 생각은 못했다. 그저 회사에서 내게 맡겨진 일이니 열심히 한다는 차원이었다. 그러면서 2년이 흘렀고, 프로그래머라는 직업으로 살기로 결심하고 나서 근무 부서를 전산실로 옮겼다. 이때부터 메인프레임 프로그램과는 작별하고 PC 프로그램 개발 업무를 맡았다. 1993년 그룹 계열사 전산 관련 부서를 모두 모아 SI, SM을 하는 별도의 회사가 만들어졌고, 나는 그 회사로 소속이 바뀌었다. 그 회사에서 IMF 환란을 맞았고, 1998년 9월 창업하면서 그만두었다.

그렇게 내 의지와는 상관없이 시작된 프로그래머가 직업이 된 지 이제 36년이 넘게 흘렀다.

내 인생 최초의 돈벌이는 초등학교(그때는 국민학교) 5학년 때 조개잡이로 번 180원이다. 당시 200원 하던 어린이 잡지 《소년중앙》을 사려고 시작한 일인데, 내 키보다 훨씬 긴 조개 캐는 갈퀴를 어깨에 메고 집 앞바다의 갯벌을 4km가량 걸어 들어가야 했다. 호기롭게 시작했으나 하루 갔다 와서 바로 며칠을 앓아 누웠다. 같이 갔다 온 친구들은 멀쩡한데 나만 그러니, 항상 들어왔던 몸이 약하다는 말이 사실로 증명되었다. 힘써서 돈 버는 것은 위대한 일이지만 내가 감당할 수 없으니, 내 평생 힘쓰는 일은 하지 않고 살리라 다짐했다.

성공한 사람이 책이나 강연에서 '꿈을 가져라', '이러저러한 꿈을 꾸어라'라고 말하는 그런 꿈을 가져본 기억이 나는 없다. 나에게 꿈은 언제나 현실에서 벗어나는 것이었다. 그래서 내 어릴 때 진짜 꿈은 작가도 아니고 수학자나 약사도 아니고, 오로지 큰 도시로 가는 것뿐이었다. 사방을 둘러봐도 논밖에 안 보이는 허허벌판 시골에 처박혀 살던 어느 날, 내 모교가 된 고등학교의 교장 선생님이 지프차 타고 우리 집에 오셔서 돈 한 푼 없이도 공부할 수 있고 서울대에 진학하면 졸업 때까지 학비도 다 내주겠다고 했다. 나에겐 '대학'이 아니라 '서울'이 중요했다. 그러니 내게 선생님 말씀은 절대선^{絕對善}이고, 대학은 그 꿈을 이루기 위한 수단에 불과했으니 전공이야 아무려면 어떻고, 직업이 적성에 맞든 안 맞든 그게 무슨 대수랴. 평생 힘쓰는 일은 하지 않겠다고 다짐했으니 프로그래머란 직업이 나에겐 천직이다.

16

프로그래머의 숙명
공부

프로그램이 동작하기 위한 환경이나 개발에 적용된 기술은 계속 변한다. 내가 경험한 개발 환경만 해도 메인프레임 대형 컴퓨터부터 PC의 DOS^{disk operating system} 운영체제, 윈도우 환경, 웹 프로그래밍, 그리고 모바일 프로그래밍에 이르기까지 여러 차례 변화를 겪었다. 각각에 맞는 개발 방식과 개발 언어도 새로 익혀야 할 때가 많다. 따라서 이런 변화에 적응하려면 프로그래머는 계속 공부하는 수밖에 없다.

IT 관련 용어도 쉴 새 없이 쏟아져 나온다. 그냥 지나쳐도 괜찮지만 개념 정도는 알아두는 게 좋다. 본인이 하고 있는 업무와 관련된 용어라면 더 깊게 공부해야 할 수도 있다.

프로그래밍에 입문한 후 처음 2년간은 회사에서 배운 지식과 선배 사수의 코치에 따라 익히는 방식으로 일했다. 선배나 동료 대부분의 전공은 컴퓨터 공학은 드물고 수학, 물리학, 산업공학 등 다양했다. 그러다가 처음으로 컴퓨터 공학을 전공한 동료와 한 팀이 되어 일하게 되었다. 비전공자인 나는 그에게 매일 물어서 얻는 지식이 즐거웠다. 프로그래머를 직업으로 하기로 마음먹었으니, 전공자를 따라잡을 수 있는 공부가 필요하겠다 싶었다. 그래서 그에게 학교에서 배운 전공 커리큘럼을 모두 적어달라 해서, 그중 내 생각에 꼭 공부해야 할 필수 과목을 뽑았다.

컴퓨터 개념, 구조

이 과목은 처음 직무교육 때 배운 IBM 시스템 370 입문서로도 충분하다고 느껴 따로 공부하지 않았다.

이산수학

프로그래밍에 필요한 수학은 고등학교 때 충분히 공부했다면 크게 문제될 게 없다. 대학 1학년 때도 수학이 필수 과목이었고, 심심해서 전공과 무관한 수학 과목을 듣기도 했던 터라 이 과목은 따로 공부하지 않았다.

운영체제

프로그램의 기본으로 확실한 개념을 터득해야 할 과목이다. 실전에서 쓰는 운영체제인 DOS와 윈도우의 깊은 곳을 속속들이 알고 다룰 수 있도록 어셈블리어를 공부하고, 소스코드 없이 실행파일을 디버깅하여 고칠 수 있는 수준에 이르도록 익혔다.

자료구조, 알고리즘

실전에서 가장 요긴하게 사용하는 내용이라 개념을 공부하고 책에 나오는 대로 코딩도 따라해보았다. 프로그래머마다 주로 하는 프로그래밍 영역이 다르겠지만, 내 경우는 이 중에서 자주 쓰였던 것이 메모리에서 동적으로 인덱스를 붙이는 것인데, 이진 탐색binary search과 연결 리스트linked list를 결합한 동적 배열dynamic array이다. 말하자면 메모리에서 가장 쉽게 구현할 수 있는 DB 테이블이다. 메모리뿐 아니라 파일에 적용하기도 하는데, 왜 그런지 내 프로그램에는 유난히 자주 등장했다.

요즘은 대부분 언어 자체에서 라이브러리로 제공해주기 때문에 특별한 목적이 없으면 따로 코딩할 필요는 없다. 개념만 이해하고 그냥 갖다 쓰면 된다.

데이터베이스

데이터를 저장하고 읽는 것은 프로그램에서 성능을 좌우하는 가장 중요한 요소이므로 심도 있게 공부하려 애썼다. 실전에 적용할 수 있는 나만의 DBMS database management system를 만들어 데스크톱 애플리케이션에 사용했다.

컴파일러 이론

컴파일러는 프로그래머가 늘 사용하는 것이라 그 이론에 대해 알고 있는 게 좋다. 괄호를 포함한 사칙연산의 계산식이나 문자열을 검색하는 간단한 스크립트 컴파일러를 만들어 내가 만든 DBMS에서 SQL의 대용으로 사용했다.

소프트웨어 공학

개념을 이해하고 실패하지 않는 나만의 개발 방법론을 터득하는 게 중요하다. 프로 프로그래머가 되는 것을 목표로 삼았다.

이때 네크워크 이론에 대한 공부는 당장 필요성을 못 느껴 하지 않았는데, 나중에 통신 관련 프로그램을 짤 일이 생겨 OSI Open Systems Interconnection 7계층 등을 공부했다. 지금은 공부한 지 오래되어 거의 기억나지 않는다.

요즘은 인터넷이 있어서 블로그, 유튜브, 각종 커뮤니티 등 지식을 얻을 수 있는 채널이 다양하다. 게다가 조금만 활동적이라면 각종 컨퍼런스나 모임도 많다. 그러나 역시 공부의 기본은 책이다. 나도 바쁘다는 핑계로 책을 그리 가까이하지 못했는데, 지나고 보니까 아무리 바빠도 시간을 내서 책을 읽었으면 좀 더 좋은 프로그램을 개발할 수 있었을 텐데 후회하게 된다.

　　미국 연방준비제도(미국의 중앙은행)가 2013년 조사한 바에 따르면 대졸자 27%만이 전공과 관련된 직업을 가졌다고 하는데, 미국에서 프로그래머는 대부분 전공자라고 책에서 본 적이 있다. 내가 프로그래머를 시작했을 때 주위에 전공자는 그리 많지 않았다. 요즘은 어떤지 모르겠다. 비전공자라 해도 앞에서 나열한 내용을 잘 이해한다면 전공자에 비해 크게 문제될 건 없다. 나는 프로그래머에게 학력이나 자격증 같은 건 그리 중요하지 않다는 입장이다. 일상 생활에서도 처음 만났을 때 "학번이 어떻게 되죠?", "전공이 뭐예요?"라고 묻지 않는다.

　　사실 내가 뒤늦은 프로그래밍 관련 공부보다 개발자로서 더 크게 도움이 되었던 것은, 대학 때 읽은 인문학 책과 이를 읽고 벌이던 당시의 수많은 토론의 경험이 아니었나 싶다. 그중 가장 도움이 된 하나를 꼽으라면 철학이다. 비록 어설프게 수박 겉핥기 식으로 공부한 점은 있지만, 전체를 한 번에 조감하는 통찰과 깊고 넓은 사고의 틀로 프로그램 개발을 바라볼 수 있게 했다. 예를 들어 대학 다닐 때 헤겔의 변증법을 공부했었다. 비록 지금은 '정반합正反合에 의한 나선형 진보 발전'이라는 결론만 기억하고 과정 속의 내용은 모두 잊은 지 오래다. 하지만 소프트웨어 개발에 있어 ① 해결 방안 제시, ② 반론 문제 제시, ③ 반론 수용 합의 도출, ④ 합의안에 대한 또 다른 문제 제시, ⑤ 더 나은 합의안 등과 같이 자연스레 실무에 적용될 수 있다.

그런데 결국 프로그래머로서 가장 큰 공부는 코드를 많이 보고 많이 짜보는 것이다. 처음 프로그래밍을 배울 때 내가 코딩하고 옆에서 선배 사수가 지켜보면서 이런저런 지적을 해가며 가르쳐 준 것이 큰 공부가 되었다. 이 선배는 자기 일도 바쁜데 하루 종일 나한테 붙잡혀 있었고, 그렇게 같이 코딩하던 그 시절의 기억이 즐겁다.

인터넷이 보급되기 이전에는 같은 팀원의 코드 이외에는 남의 코드를 볼 수 있는 기회가 적었다. 그래서 프로그래머가 많이 보는 잡지에 실린 코드 읽는 것을 즐겼다. 요즘은 인터넷에 코드가 널려 있어 남이 짠 코드를 보고 익히기 쉽다. 오히려 너무 넘쳐나서 아름다운 코드를 가려내기가 어려울 지경이다. 나는 예전에 오랫동안, 컴퓨터 화면을 마주하고 싶지 않아 내가 짠 코드를 종이에 인쇄해서 책처럼 읽곤 했다. 다른 사람 코드도 인쇄해서 읽었다. 그러다가 인쇄하기 귀찮아진 다음부터는 화면에서 여전히 완성된 코드 읽는 걸 즐겼다. 그러면서 버그도 잡히고 내 코드도 아름다워졌다.

끊임없는 공부와 자기계발은 처음 그 길을 가기로 선택한 순간부터 정해진 프로그래머의 숙명이다.

내게 도움이 되었던 책 5권만 골라보면 다음과 같다.

1. 《C로 만드는 데이터베이스》(영진닷컴, 1990): 원제는 《C Database Development》로 1980년대 말에 처음 나온 책이라 절판되어 지금은 구하기 힘들 것이다. 이 책을 토대로 1990년대 초에 C++로 DBMS를 만들었고, 데스크톱 프로그램 개발에 지금도 사용하고 있다.

2. 《C로 쓴 자료구조론》(교보문고, 2008): 프로그래머가 반드시 공부해야 하는 자료구조를 다룬 책으로, 원래는 1990년대에 나왔는데 개정판이 출간되어 지금도 구할 수 있다. 대학교재로 쓰이는 책이라 두껍고 어려운 게 흠이다.

3. 《좋은 코드, 나쁜 코드》(제이펍, 2022): 좋은 코드를 작성하는 법에 대한 유명한 책이 몇 있는데, 이 책을 가장 재미있게 읽었다.

4. 《소프트웨어 개발의 모든 것》(페가수스, 2010): 소프트웨어 개발에 필요한 기반 시스템, 조직, 방법론, 프로세스, 수명주기 모델 등이 잘 정리되어 있다.

5. 《수학 철학에 미치다》(숨비소리, 2008): 이 책은 수학 책인가, 철학 책인가? 온전히 프로그래머를 위한 철학 책은 없다. 이 책의 '수학'에 '프로그래밍'을 대입하여 프로그래머적 사유의 방식을 생각해보자.

17

프로그래머의 운명
생각

첫 직장의 전산실에서 선배들의 책상에 'THINK'라고 쓰인 아크릴 명패가 놓여 있었다. 직위와 이름을 적기 위함이 아니라, 자리를 비울 때 행선지를 표시해둘 용도의 명패였다. 제자리에 앉아 일하고 있으면 THINK라고 인쇄된 종이가 끼워져 있었다. 그걸 처음 봤을 때 이런저런 생각이 들었다. 왜 THINK라고 했을까? 무얼 생각하라는 거지? 프로그램 짜고 있다는 뜻인가? 프로그래머는 생각하는 사람인가?

알고 보니 'THINK'는 미국회사 IBM이 1910년대 창업 초기부터 쓰고 있던 슬로건이었다. 다니던 회사의 메인프레임 시스템 공급자인 IBM에서 고객사 직원에게 사은품으로 THINK 명패를 준 것이다. 첫 장에 THINK라고 쓰인 달력도 있었다. 애플의 'Think different'가 IBM의 'THINK'에서 따온 것이라고 말하는 사람도 있다.

프로그래머는 생각하는 사람이 맞다. 프로그램은 생각으로 시작되고, 생각의 폭과 깊이가 프로그램의 품질을 좌우한다. 생각이 없으면 프로그램도 없다. 따라서 생각은 프로그래머에게 떼려야 뗄 수 없는 운명 같은 것이다. 프로그래머가 아니어도 세상 모든 사람은 생각을 하며 산다. 생각이 운명이 된다는 말이 있다. 생각이 말이 되고, 감정이 되고, 행동이 된다.

말과 감정과 행동이 습관이 되고, 성격이 된다. 습관과 성격이 운명이 된다. 그러니 생각이 운명이 된다.

그런데 프로그래머는 직업으로서의 일이 거의 생각으로 이루어져 있다는 점이 일반적인 생각과 조금 다르다. 생각을 언어로 표현하고 이를 가공하여 물건을 만든다. 이와 같이 일하는 직업은 작가나 작곡가도 그렇다. 물건의 형태가 달라서 그렇지 크게 보면 건축가도 그렇다. 모두 자신이 아니라 남이 쓰는 물건을 만들기 위해 생각하는 직업이다. 물론 세세한 작업 과정을 들여다보면 생각하는 방식에 여러 가지 차이가 있다. 무엇보다도 최종 결과물에서 느낄 수 있는 감정이 다르다. 즉, 작가나 작곡가, 건축가의 결과물에서는 그의 철학과 세계관이 묻어난다. 하지만 프로그래머의 결과물에서 그런 걸 느끼는 사람은 별로 없다. 의뢰인의 문제를 분석하고 정답을 도출하면 되지 거창한 철학이 보일 필요까지는 없다. 그래도 문제풀이와 정답을 써내려 가는 중에 프로그래머의 철학이 들어가기는 한다. 코드를 보면 그 프로그래머의 철학이 보인다.

예전에 어느 기업의 ISP^{information strategy planning, 정보 전략 계획} 프로젝트에 참여해 달라는 제의를 받았다. 그때 들었던 생각은 'ISP야말로 통찰과 사고의 결정체인데 이걸 외부에 맡기나?'였다. 물론 내부 전문가만으로는 이른바 동굴의 우상에 빠질 수 있으니 외부 전문가의 생각이 더해진다면 더 좋은 결과가 나올 것이다. 생각도 아웃소싱이 되는구나.

고등학교 국어시간에 중국 당송8대가^{唐宋八大家} 중 한 사람인 송나라 문인 구양수^{歐陽脩}의 삼다^{三多}와 삼상^{三上}에 대해 배웠다. 삼다^{三多}는 글 잘 짓는 비결이 다독^{多讀}(학교에서는 이렇게 배웠으나 원문에는 다문(多聞)으로 되어 있다), 다

작多作, 다상량多商量, 즉 많이 읽고, 많이 짓고, 많이 생각하라는 뜻이다. 프로그램을 잘 만드는 비결 또한 이와 같다.

삼상三上은 글짓기 구상이 잘되는 곳이 마상馬上, 침상枕上, 측상廁上, 즉 타고 있는 말 안장 위에서, 잠자리 베개 위에서, 화장실 변기 위에서 생각이 잘 난다는 것이다. 요즘은 말 타고 다닐 일은 없으니 버스나 지하철로 이동하면서 프로그램을 구상하고, 잠자리에 누워서 생각하다가 꿈 속에서 깨어나 보니 문제가 풀려 있고, 화장실에서 큰 프로젝트(?) 중에 번뜩 하고 알고리즘이 떠오를 수 있다. 프로그래머에게 생각이 잘 떠올라야만 하는 최적화된 위치로 삼전三前이 있다. 현전顯前, 건전鍵前, 서전鼠前이다. 즉 모니터, 키보드, 마우스 앞에만 서면 저절로 생각이 팽팽 돌아간다고 하면 프로그래머에 최적화된 사람이다.

숙련된 (코딩만 하는 좁은 의미의) 프로그래머라면 이렇게 생각할 수도 있다. "프로그래머가 생각할 게 뭐 있나? 사양서Software Requirements Specification, SRS가 모두 반영된 설계서가 내 손에 들어오면 그거 보고 코딩만 하면 그만인 것을" 하면서 쉴 새 없이 키보드를 두드려댄다. 그렇더라도 키보드 치면서 생각하는 게 익숙해져서 그렇지 생각을 안 하는 건 아니다. 그리고 설계서의 내용을 어떻게 구현할지 충분히 생각해보고 키보드를 치는 것이, 바로 키보드 치면서 생각하는 것보다 품질이 훨씬 좋다. 당연히 버그도 훨씬 적다. '고수는 생각한 다음 키보드 치고, 하수는 키보드부터 두드려 놓고 생각한다'는 말도 있지 않은가.

프로그래머가 아닌 일반인은 프로그램 짜는 일은 곧 키보드를 두드리는 일이라 생각한다. 예전에 휴일날 집에서 점심을 먹고, 프로그래밍할 일이 있다며 회사에 갔다 온다고 했더니 아내도 사무실 대청소를 하겠다며 같이 가자고 했다. 사무실에 도착하여 각자 하려던 일을 하고 4시간쯤 지나서 "이제 집에 가자"고 아내에게 말했더니, "프로그램 짠다더니 왜 일은 하나도 안 하고 그냥 가느냐?"고 묻는다. "일 다했다"고 대답하니, "키보드 치는 걸 한 번도 보질 못했는데 언제 일을 했다는 거냐?"며 의아해한다. "프로그램 짜는 건 키보드 치는 게 전부가 아냐. 여기 열심히 일한 흔적이 있잖아" 하며 낙서로 가득 메워진 종이를 내밀었다.

요구분석 단계에서 만들어지는 SRS로 대표되는 여러 분석서와 설계 단계의 여러 설계도서設計圖書 또한 치열한 생각의 산물이다. 또 다시 프로그래머의 좁은 시각으로 보면, 소프트웨어 개발은 요구사항 분석으로부터 시작된다고 생각하기 쉽다. 하지만 해당 소프트웨어에 대한 최초의 생각, 말하자면 기획이 먼저다. 개발할 때 가장 많이 보는 설계도서는 소프트웨어를 어떻게 만들어야 하는지에 대한 것이다. 말하자면 'HOW' 생각의 산물이라 할 수 있다. 이에 앞선 SRS는 무엇을 원하는지, 그래서 무엇을 만들어야 하는지 그 정체를 속속들이 밝히는 것이다. 말하자면 'WHAT' 생각의 산물이다. 또 이보다 앞선 기획은 왜 만들어야 하는지, 그래서 그게 한마디로 무엇인지를 나타낸다. 말하자면 가장 중요한 'WHY'와 그 속에서 드러나는 'WHAT' 생각의 산물이다.

가령 가계부 프로그램을 개발한다고 해보자. 영희 엄마는 프로그래머인 남편에게 가계부 앱을 만들어 달라고 의뢰했다. 이때 생각의 발단은 앱을 만드는 목적인데 'WHY'이다. 왜 그게 필요하다고 생각했느냐이다. 그래서 결국 무엇('WHAT')을 하자는 것인지, 즉 고객의 이야기를 듣고 그 앱의 정체를 생각해야 한다. 영희 엄마와 남편의 대화로 이 상황을 정리해보자.

"여보, 나 가계부 앱 하나 만들어줘."

"그게 왜 필요한데?"

"부자 되려면 가계부를 써야지."

"가계부 쓴다고 부자 될 거 같으면 세상에 부자 아닌 사람 없겠네."

"매사에 그리 부정적이니까 당신이 돈을 못 버는 거야. 기록하고 살피고 궁리하고 행동하다 보면 습관이 붙어 잘살게 되는 거야."

"그럼 그냥 노트에 적어도 되고, 공짜 앱도 많이 있어. 그중 평점 젤 높은 거쓰면 돼."

"알아. 옆집 순이 엄마 쓰는 게 그건데, 일단 그보다 좀 더 폼 나야 돼. 우리집 재산 상태를 실시간으로 알려주고, 자산배분과 포트폴리오 구성까지 추천하고, 하여튼 똑 소리 나야 해."

"뭐야? 완전 AI네. 순이 엄마가 쓰는 가계부 앱 이름이 뭔데?"

"'편리한 가계부'라던데. '좋은 가계부'도 괜찮대."

"그럼 우리는 '폼 나고 똑똑한 AI 가계부'를 만들어야겠네."

이 대화에서 서로의 생각('WHY'와 단면적인 'WHAT')을 정리하면 기획이되고, 이것을 실마리로 모든 요구사항(입체적인 'WHAT')을 도출하고 분석한문서 SRS를 만들어낸다. 이를 하나하나 풀어헤치고 표현('HOW')하여 설계도서를 만든다. 물론 규모가 큰 소프트웨어는 이런 간단한 모형으로 기획할 수는 없다. 더 넓고 깊은 생각을 해야 한다.

더 넓고 더 깊은 생각을 할수록 더 좋은 프로그램이 된다. 키보드 두드리는 시간보다 생각하는 시간을 늘려야 더 좋은 코드가 나온다. 생각은프로그래머의 운명이고 생각을 멈추면 프로그래머의 수명도 다한다.

프로그래머의 성격
편집

"프로그래머는 까칠하고 고집이 세던데, 왜 그런 거야?"

"코드를 편집編輯하다 보니 편집偏執 성향이 되기도 해."

"코드라면 소스코드를 말하는 거야?"

"그렇기도 하고 아이덴티티라고나 할까? 중의적 표현이지."

"다들 편집증 환자라고 봐도 되겠네?"

"그 정도는 아니고, 어느 정도는 프로그램 짜는 데 필요한 성향이기도 해. 끈기나 집중이라는 좋은 말로 쓰도록 해."

지금까지 주위 사람에게 흔히 들어왔던 프로그래머의 성격에 대해 대화 형식으로 편집해보았다. 사전에서 편집의 뜻을 찾아보니 이렇다.

편집編輯

- 일정한 방침 아래 여러 가지 재료를 모아 신문, 잡지, 책 따위를 만드는 일. 또는 영화 필름이나 녹음테이프, 문서 따위를 하나의 작품으로 완성하는 일
- 프로그램 언어에서 부여된 서식에 따라 지정된 표현에 값을 변환하는 일

편집偏執

편견을 고집하고, 남의 말을 듣지 않음

프로그래머의 주된 업무가 편집기로 코드를 편집하는 일이다 보니 편집 성향이 되기도 하지만, 어느 정도 편집 성격이 있어야 코딩 작업에 유리하다. 0부터 29까지의 숫자를 한 줄에 하나씩 줄 맞춰 입력해야 하는 코딩이 있다고 해보자. 이때 코딩하는 프로그래머의 유형이 몇 가지 있다.

❶ 이 정도쯤이야. 0부터 차례로 숫자와 엔터키를 쳐가며 순식간에 입력한다.

❷ 0부터 9까지 입력하고, 이를 복사하고 두 번 붙여넣은 후, 앞쪽에 10 단위 숫자 1과 2를 10번씩 빠르게 반복 입력한다.

❸ 통합 개발 환경integrated development environment, IDE 기능 중에 이게 있을 거야. 메뉴를 주욱 훑어본다. 없다. 구글에서 검색한다. 찾을 수 없다. 공짜 IDE라 어쩔 수 없네. 돈 없는 회사에 다니는 내 잘못이지. 신세 한탄한다.

❹ 나는 프로그래머다. 다른 파일을 하나 만들고, for(i=0; i<30; i++) 문으로 콘솔에 출력하는 코딩을 해서 컴파일하고 실행한 다음, 콘솔에 표시된 숫자를 복사하여 원하는 코딩 파일의 제 위치에 붙여넣기 한다.

여기서 프로그래머가 아닌 사람은 보통 ❹❸❷❶ 순서로 프로그래머답다고 생각할 수 있다. ❶과 ❸은 현실성이 떨어지니 제외하고, ❷와 ❹ 중 어느 유형이 좋은 프로그래머일까? 내 선택은 ❷번이다. 이게 더 빠르기도 하지만, 코딩은 단순 반복 작업이 많고 끈기를 필요로 한다. 좋은 프로그래머는 어느 정도 편집 성격이 있어야 하고, 그런 작업도 즐길 수 있어야 한다는 얘기다. 실제로 단순 반복 작업을 지겨워하고, 항상 폼 나는 코딩만 고집하는 프로그래머의 프로그램은 대개 완성도가 낮다. 잘하는데 항상 2%가 부족하다. 물론 여기처럼 30개 숫자가 아니라 수작업으로 감당이 안 되는 1,000개라면 당연히 ❹번처럼 해야 한다.

몇 년 전부터 인터넷에서 사람들의 관심을 사로잡은 MBTI^{Myers-Briggs Type} ^{Indicator} 성격 유형 검사란 게 있다. 모녀 사이인 마이어스^{Myers}와 브릭스^{Briggs}가 스위스의 정신분석학자인 카를 융^{Carl Jung}의 심리 유형론을 토대로 고안한 성격 유형 검사 도구라고 한다. 오래전에 만들어졌는데, 우리나라에서는 최근에 SNS에서 활발하게 소비되고 있다. 4가지 성향을 조합하여 16가지 유형을 만들어낸다. E와 I는 외향형^{extraversion}과 내향형^{introversion}, S와 N은 감각형^{sensing}과 직관형^{intuition}, T와 F는 사고형^{thinking}과 감정형^{feeling}, J와 P는 판단형^{judging}과 인식형^{perceiving} 등이 있다. 검사할 수 있는 사이트[1]가 있는데, 나는 ISFJ로 나온다.

이 검사에서 프로그래머에게 적합한 유형을 찾아보자. E와 I 중에는 I, S와 N 중에는 N, T와 F 중에는 T, J와 P 중에는 J가 적합해 보인다. 연결하면 INTJ 유형이다. INTP도 맞을 듯하다. 어찌 보면 ENTJ가 더 좋을 수도 있다. 나는 ISFJ 유형이니 프로그래머에 딱 맞는 성격은 아닌 걸로 보인다. 편집으로 대표되는 프로그래머의 성향으로 볼 때 그렇다는 얘기다.

미국에서는 일찍이 1980년대 중후반, 프로그래머의 MBTI 성격 검사에 대한 연구가 있었던 모양이다. 한 연구에 따르면 ISTJ가 프로그래머

---

1   https://www.16personalities.com/ko/

의 25~40%를 차지해서 가장 흔한 유형으로 나왔다고 한다. E와 I 사이에서는 I형이 일반인의 25%에 비해 프로그래머는 무려 50~66%에 달했다고 한다. S와 N 중에서는 대략 반반이었고, T와 F 중에서는 T형이 일반인 50%에 비해 프로그래머는 80~90%였다고 한다.

우리나라의 '프로그래머스'라는 사이트[2]에서 2020년 6월에 1187명이 참여한 온라인 설문 조사 결과에 MBTI가 있어 흥미롭다. 여기에 보면 가장 많이 응답한 개발자 유형은 INTP로 12.4%를 차지했다. 이는 한국인 MBTI 통계에 따른 INTP가 약 3%인 걸 감안하면 상당히 높은 수치라고 한다. 앞에서 살폈듯이 E와 I 중 프로그래머는 I(내향성)일 확률이 높으리라 짐작할 수 있다. 이 통계에서도 I○○○ 유형이 62.3%이다. 그리고 1위에서 4위까지 모두 IN○○ 유형이란 점이 눈에 띈다. 한국인의 IN○○ 유형 인구 비율은 약 15%인데, 개발자는 무려 40.5%였다고 한다. 개발자 MBTI 유형 상위 TOP3는 INTP(12.4%), INFP(11.0%), INTJ(8.7%)로 나왔다. 하위 TOP3는 ESTP(2.7%), ESFJ(3.8%), ESFP(3.3%)이다.

구글 프로그래머의 23.4%가 INTJ 유형이라는 조사 결과를 본 적이 있는데, 확실한 출처가 기억나지 않는다. 대체적으로 이런 조사들의 결과는 프로그래머의 편집 성향과 맥을 같이 한다고 볼 수 있다.

요즘, 사람들이 하도 많이 하고 내 눈에도 띄길래 재미 삼아 확인해본 것뿐이다. 하루에 열두 번도 더 변하는 게 사람 마음이라는데, 그 사람의 성격을 어찌 딱 4가지에서 둘 중 하나를 골라 구분할 수 있겠는가?

---

2 https://programmers.co.kr/pages/2020-mbti-survey

프로그래머가 편집하는 코드는 그 프로그래머의 아이덴티티^{identity}, 정체성이다. 프로그래머의 얼굴이다. 그래서 깨끗한 코드^{clean code}가 좋고, 코드가 아름다워야 하는 이유이다. 화가는 자기만의 화풍畵風을 창조하고, 작곡가는 자기만의 악풍樂風을 창조한다. 반면에 프로그래머는 자기만의 독창성보다 소통할 수 있는 깨끗하고 아름다운 코드를 만드는 '편풍編風'을 몸에 붙여야 한다. 편풍은 내가 만든 말인데, 그냥 쉽게 코딩 스타일로 이해해도 괜찮다. 프로그래밍은 예술이라고 하는 사람이 있다. 나도 그중 하나다. 그렇다고 인정해도 'coy science(혼자서 고상한 척 내숭떠는 학문)'와는 거리가 멀다. 그래서 프로그래머가 만들어내는 코드의 스타일은 꼭 독창적일 필요는 없다. 독창적인 구상^{concrete}과 추상^{abstract}이 정교하게 어우러져 최상의 성능을 낼 것으로 예측되는 군더더기 없이 깔끔한 코드라 해도, 다른 프로그래머나 미래의 나와도 소통할 수 있도록 명확한 이름과 인수나 반환 유형, 그리고 예외 상황을 꼼꼼하게 적고, 그래도 부족하면 그 코드의 존재 이유에 대한 주석이 더해진다면 더욱 아름다울 것이다. 화풍이나 악풍을 그대로 모방하면 조롱거리가 되겠지만, 편풍은 잘된 것을 모방하고 따라 해도 좋다. 내 코드는 내 얼굴인데, 우선 내 이상형 연예인과 닮게 성형해도 괜찮다. 닮은 그 얼굴에 만족하고 살아도 괜찮고, 거기에 나의 내면의 아름다움을 살짝 더한다면 이 또한 창조가 아니겠는가?

편집 성격의 상대되는 말은 분열分裂 성격이다. 심하면 정신분열증, 즉 조현병이 된다. 편집은 수렴收斂하고 분열은 확산擴散한다. 분열 성격, 즉 계량할 수 없는 감성에 의해 자유롭게 사방으로 퍼지는 성격은 프로그래머 직업으로는 불리하다. 일상 생활에서 보자면 문을 열고 들어와서 잘 닫지 않는 사람, 물건을 쓰고 난 후 제자리에 잘 두지 않는 사람 등 주로 마무리가 약한 사람은 프로그래머로서 불리하다. 사실 열고 닫는 것이 프로그래밍의 시작이요 끝이다.

그렇다고 항상 편집 성향이 유리한 건 아니다. 편집이 쌓이다 보면 피로도 쌓이고 자기만의 성^城에 갇힐 수 있다. 때로는 분열하고 멀리 달아나야 건강하고, 프로그래머 수명에도 유리하다. 또한 확산해야 상상력을 발휘할 수 있고, 독창적이고 감성적인 명품 프로그램을 만들 수 있다. 편집 이전에 생각이 먼저인 이유이다.

인류 문명이 편집증적 추진력에 의해 발전했듯이, 프로그래머의 편집 성향은 좋은 프로그램의 추진력이다. 편집編輯과 편집偏執 사이에 집중과 끈기로 몰입해야 좋은 프로그래머가 된다. 여기에 추가로 필요할 때 분열하는 감초를 넣는다면 생명력이 긴 프로그래머가 될 수 있다.

● ● ●　　　　　　　　　　오너프로그래머 노트　　　　　　　　　　✕

좋은 코드를 만들기 위한 팁

1. 내가 또는 우리 회사가 작성한 코뜨임을 주석문이 없어도 한눈에 알아볼 수 있는 나만의 또는 우리 회사만의 코딩 포인트를 만들라. 예를 들어 class의 이름만 봐도 내 코드임을 알 수 있게 하라.

2. 가독성이 좋으면서도 최고의 성능을 낼 수 있는 코드 작성법을 훈련하고 터득하라. 성능 중심의 코드를 짜면 생산성과 가독성이 떨어질 수 있다. 충분히 훈련하고 몸에 배면 문제가 되지 않는다.

3. 컴파일되는 코드든 주석문이든 왜 그게 거기에 있어야 하는지 먼저 생각하고, 무슨 일을 어떻게 하는지 작성하라. 불필요한 코드가 줄어든다.

이것도 훈련하면 몸에 배어 당연히 그렇게 된다.

4. 처음부터 버그 없는 코드를 작성하라. 컴파일러가 알려주고 테스트로 잡아주는 것에 의존하면, 프로그램의 품질이 떨어지고 완성하는 데 시간이 훨씬 더 걸린다.

5. 열었으면 닫고 할당하면 해제하는 습관이 뼛속에 박히도록 하라. 프로그래밍의 시작과 끝이다. 짝이 안 맞으면 엄청난 대가를 치른다. 컴파일러와 테스터가 잡아주지 못한다.

6. 주석문에 의존하지 말고 코드 자체가 다른 프로그래머에게 설명되도록 하라. 코드는 업데이트되었는데 그에 맞게 주석문을 업데이트하지 않은 경우가 너무 흔하다.

프로그래머의 일생
몰입

이전 세 편의 글에서 프로그래머가 '공부'하고 '생각'하고 '편집'하는 일상의 단면을 살펴보았다. 평생의 업業으로 공부, 생각, 편집하며 사는 프로그래머의 일생을 한마디로 표현하면 '몰입'이라 할 수 있다.

'몰입이론沒入理論, flow theory'이란 게 있다. 네이버 지식백과에 나오는 설명은 이렇다.

"몰입이론은 원래 창조적인 활동을 하는 사람들이 자신의 일에 몰입할 때 경험하는 현상에 대한 연구에서 처음 언급되었다. 미하이 칙센트미하이Mihaly Csikszentmihalyi에 의해 제시된 몰입의 개념은 본래 예술가나 과학자 같이 창조적인 일을 하는 사람들 중 높은 수준의 성취를 이룬 사람이 자신의 일을 어떤 다른 것을 얻기 위한 수단으로 삼지 않고, 그 자체의 즐거움을 위해 일을 한다는 것을 발견하게 된 데에서 유래되었다."

이렇게만 보면, 우리가 흔히 '몰입'이라고 하면 떠오르는 것과 별 다르지 않다. 이게 무슨 거창하게 프로그래머의 일생일까 싶다. 칙센트미하이는 몰입 개념을 창시한 미국의 심리학자다. 이 분이 쓴 《몰입의 즐거움》(해

넘, 2007)이란 책에서 개념을 이해할 수 있다. 핵심을 요약해보자.

몰입이란 삶이 고조되는 순간에 물 흐르듯 행동이 자연스럽게 이뤄지는 느낌을 말한다. 대상에 완전히 몰입된 경지를 나타내는 '물아일체物我一體'나, 정신이 한 곳에 빠져 스스로를 잊어버리는 경지를 말하는 '무아지경無我之境'과 같은 상태이다.

명확한 목표가 주어져 있고 활동의 효과를 곧바로 확인할 수 있으며, 과제의 난이도와 실력이 알맞게 균형을 이루면 정신을 체계적으로 집중하여 몰입 상태에 빠져들 수 있다. 예를 들어 뛰어난 실력을 지닌 피아니스트가 그의 실력에 걸맞은 난이도 높은 곡을 집중하여 연주하면서 무아지경에 이른 상태를 말한다.

삶을 훌륭하게 가꾸어주는 것은 행복감이 아니라 깊이 빠져드는 몰입이다. 몰입해 있을 때 우리는 행복하지 않다. 행복을 느끼려면 내면의 상태에 관심을 기울여야 하고, 그러다 보면 정작 눈앞의 일을 소홀히 다루기 때문이다. 암벽을 타는 산악인이 고난도의 동작을 하면서 짬을 내어 행복감에 젖는다면 추락할지도 모른다. 일이 마무리된 다음에야 비로소 지난 일을 돌아볼 만한 여유를 가지면서 자신이 한 체험이 얼마나 값지고 소중했는가를 다시 한번 실감하는 것이다. 말하자면 몰입 후에 되돌아보면서 행복을 느낀다.

물론 몰입하지 않고도 행복을 맛볼 수 있다. 고단한 몸을 눕혔을 때의 편안함과 따사로운 햇살은 행복을 불러일으킨다. 모두 소중한 감정임에는 틀림없지만 이런 유형의 행복감은 형편이 안 좋아지면 눈 녹듯 사라지기에 외부 상황에 대한 의존도가 높다고 볼 수 있다. 그러나 몰입에 뒤이어 오는 행복감은 스스로의 힘으로 만든 것이어서 우리의 의식을 그만큼 고양시키고 성숙시킨다.

프로그래머에게 몰입이란 프로그램의 난이도와 프로그래밍 기량이 고도로 균형을 이룬 상태에서, 깊은 생각에 잠겨 머릿속으로 얼개를 만들고 집중적인 코딩의 과정에서 느끼는 황홀한 상태를 말한다. 프로그래밍에 몰입해 있을 때는 행복감을 느끼지 못한다. 몰입이 끝나고 여유를 찾았을 때 성취감과 함께 행복감이 밀려온다.

다음의 그림은 과제와 실력과의 관계를 나타내는데, 몰입을 정점으로 성장하는 프로그래머의 일생을 보여준다.

왼쪽 위 '불안' 항목부터 시계 방향으로 훑어보자.

불안anxiety: 처음 프로그래머에 입문하면 프로그래밍 실력은 낮다. 그런데 짜야 할 프로그램(주어진 과제)의 난이도는 상대적으로 높다. 절대적인 기준으로는 난이도

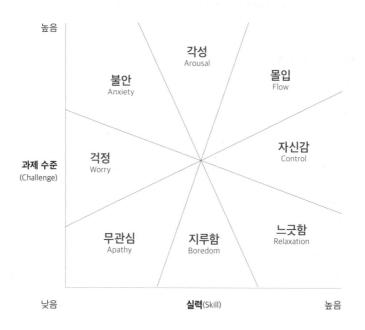

가 낮은 프로그램이라고 해도 아직 경험이 없는 초보자에게는 수준이 높은 것이다. 동료와의 소통도 쉽지 않다. 그래서 마음이 '불안'한 상태에 있게 된다. 꾸준한 공부와 자기계발 그리고 동료와의 소통으로 실력을 길러야 이 상태를 벗어날 수 있다.

각성arousal: 생각을 깊게 하고 프로그래밍에 집중해보지만 아직은 실력이 부족해 몰입을 맛볼 수는 없다. 더욱 '각성'하여 실력을 끌어올려야 하는 상태이다. 프로그램을 완성하려면 좀 더 실력을 연마하는 데 힘써야 한다.

몰입flow: 드디어 주어진 프로그램을 짤 수 있는 실력을 갖추었다. 동료와 소통도 원활하고 설계 문서도 완벽히 이해한다. 정신의 집중력을 최대로 끌어올리고, 머릿속에 프로그램의 얼개가 선명히 그려지고, 뇌와 손과 눈이 하나가 되고, 나와 키보드와 모니터가 혼연일체가 되어 완전히 '몰입'한 황홀한 상태이다. 그런 상태에서 코딩해야 좋은 품질의 프로그램이 완성된다. 일이 끝나면 성취감이 올라오고 행복감이 밀려온다.

자신감control: 똑같은 난이도의 프로그램이 과제로 주어지더라도 이미 올라온 프로그래밍 실력에 비하면 과제의 수준이 상대적으로 낮아졌다. '자신감'이 충만한 상태이다. 하지만 과제에 대한 집중도와 밀착도가 떨어져 자신이 중요한 일을 하고 있다는 의식이 약해진다. 이 상태에서는 프로그램의 품질도 떨어질 수 있다. 프로그램의 수준을 한 단계 높여야만 몰입할 수 있다.

느긋함 relaxation: 프로그램의 난이도가 높아지지 않은 상태에서 실력만 쌓게 되면 상대적으로 과제의 수준은 더 떨어지게 된다. 아무런 생각 없이도 프로그램을 완성할 수 있는 '느긋함'이 마음속에 자리잡는다. 프로그램의 수준을 몇 단계는 더 높여야 내 실력에 맞아 몰입할 수 있다.

지루함boredom: 느긋한 상태가 계속되는데 프로그래밍 실력 쌓는 걸 게을리하게 되면, 이제 프로그래밍에서 '지루함'을 느끼게 된다. 다시 실력 연마에 매진하고 과제의 수준도 획기적으로 높여야 몰입 상태에서 좋은 프로그램을 완성할 수 있다.

무관심apathy: 지루한 상태에서 실력 연마를 중단하면 아예 '무관심'한 상태가 된다. 프로그래밍도 재미없고 무기력해진다. 동료와 소통도 안 한다. 이 상태로는 코딩해도 결과가 나오지 않는다. 다시 소통하고 공부하고 훈련하고 실력을 쌓아야 하며, 프로그램 수준도 높여야 이 상태를 벗어날 수 있다.

걱정worry: 실력은 쌓지 않고 프로그램 난이도만 높이면 이제 '걱정'이 된다. 감당이 안 된다. 우선 열심히 실력을 쌓아 자신감을 회복해야 한다. 그런 다음 프로그램 난이도를 높여야 몰입 상태에 이르게 된다.

프로그래머는 평생 이런 8가지 상태에 놓이게 된다. 모든 상태에서 몰입에 이르는 길은 프로그래밍 실력을 연마하고 그에 걸맞게 프로그램의 난이도를 높이는 것이다. 그런 몰입의 상태에서 좋은 품질의 프로그램이 만들어진다. 그 이후에 느끼는 행복감은 그 무엇과도 바꿀 수 없는 소중한 경험이다.

공부하고 생각하고 편집하고 몰입하여 행복한 게 일하는 프로그래머의 일생이다.

20

프로그래머
청조 씨의 하루

《소설가 구보 씨의 일일》이라는 1930년대 시대 상황을 엿볼 수 있는 박태원의 자전적 소설이 있다. 고등학교 교과서에 언급되어 있어서 책을 읽어보지 않았더라도 제목을 기억하는 사람은 많을 것이다. 이 제목을 빌려 30여 년 전인 1992년 3월 첫째 주 토요일을 이 소설처럼 3인칭과 1인칭이 뒤섞인 시점으로 써보려 한다. 실제로 하루 동안에 벌어진 일은 아니고 그 시절의 기억을 더듬어 양념을 좀 쳐서 엮은 것이다. '구보仇甫'는 소설의 저

자 박태원의 호號이다. '청조靑鳥'는 내 블로그 필명인 파랑새를 한자로 적은 것이다.

청조 씨는 아침 5시가 조금 넘어 눈을 뜬다. 알람 시계가 없어도 그 시간쯤이면 절로 눈이 떠진다. 6년이 넘은 직장 생활에서 몸에 밴 습관일 게다. 상쾌한 토요일 아침이다. 모든 직장인이 그러하듯이 토요일의 청조 씨 마음은 한결 가볍다. 내일은 옭아맨 끈이 잠시나마 풀어지는 날. 세면대에서 전기면도기로 코와 턱의 수염을 제거한다. 어젯밤에 샤워하면서 감은 머리털이 하늘로 솟아 물에 축여 자존심을 죽인다. 세수를 하고 간단히 입을 헹구면 세상과 통할 기본 준비는 된 것이다.

현관문을 열고 조간신문을 챙긴다. 콘플레이크를 그릇에 담고 냉장고에서 우유를 꺼내 붓는다. 천천히 먹으면서 신문을 펼쳐 든다. 제목을 죽 훑어본다. 온통 얼마 안 남은 총선 얘기다. 볼 게 없다. 광고 읽는 게 더 재미있다. 양치질하고 출근할 옷으로 갈아 입는다. 청조 씨가 다니는 회사는 원래 정장을 입는 게 규정인데, 청조 씨는 넥타이 매기도 싫어하고 토요일이라 캐주얼 복장이다. 6시 50분 회사 통근버스 시간까지는 좀 여유가 있다. 동네 한 바퀴 산책하고, 집 근처 큰 도로 버스 정류장에서 예정 시간보다 조금 일찍 도착한 통근버스에 오른다. 회사 통근버스는 출근할 때만 운행하고 퇴근할 때는 없다.

청조 씨가 사무실에 도착하니 7시 30분이 채 안 되었다. 근무시간은 8시부터다. 일찍 출근한 서너 명의 동료와 가볍게 인사하고, 부서에 비치된 전자신문을 읽는다. 7시 45분이 되니 방송 스피커에서 나직한 여자 아나운서 목소리가 흘러나온다. 명상의 시간이다.

"담담한 마음을 가집시다. 담담한 마음은 당신을 굳세고 바르고 총명하게 만들 것입니다."

누가 처음 만들었는지는 모르겠고, 이 회사의 창업주인 회장님이 좋아하는 문구라고 한다. 청조 씨도 마음에 든다. 눈여겨 보면 벽에 붓글씨로 멋지게 쓴 액자가 걸려 있기도 하고, 아침마다 명상하듯 들으니 직원들은 이게 사훈이려니 한다. 마음을 다지고 나니, 벽 위쪽에 매달린 TV화면에서 회사 뉴스가 나온다. 다들 출근해서 인사하고, 선거 얘기들 하는지 삼삼오오 잡담이다. 곧 근무 시작이다.

청조 씨는 큰 건설회사의 전산실에 근무하는 프로그래머다. 회사의 정규 직원은 7천 명쯤 되고, 전산실 직원은 1백 명에 좀 못 미친다. 전산실은 다섯 개의 팀으로 나눠져 있고, 한 팀은 15명에서 20명 사이이며, 국내외 건설 현장에서 근무하는 전산 직원도 10여 명 있다. 각 팀은 현업 부서를 나누어 맡고 있고, 그중 대표적인 부서 명칭에서 팀 이름을 정한다. 인사부, 총무부 등을 맡은 팀은 인사팀이고, 회사의 주요 전산 장비와 DB 등 기간 시스템을 운영하는 팀은 운영팀이다. 청조 씨 소속 팀은 기술팀으로 18명이다. 주로 기술부서와 설계부서의 장비와 프로그램을 운영하고 개발한다. 다른 팀과는 운영하는 장비나 보급하는 프로그램도 다르고, 개발하는 프로그램도 달라서 다른 네 팀과는 다른 독립된 공간에서 근무한다. 다른 팀의 프로그램은 사칙 연산만 하면 되지만, 청조 씨 팀은 코사인 cosine, 사인sine, 행렬matrix 등 어려운 게 등장한다. 모르는 사람이 들으면 제일 중요한 팀 같다. 사실 어느 조직이나 그렇듯이 말은 안 해도 다들 느끼는 암묵적인 서열이란 게 있다. 그래서 사내社內 정치란 것도 있고. 청조 씨가 느끼기에는 이 팀이 다섯 팀 중에서 꼴찌다. 청조 씨는 얼마 전까지 운영팀에서 근무했는데, 이번 조직 개편에서 기술팀으로 옮겼다. 말하자면 좌천인 셈이다. 외주로 전문 개발 업체에 맡긴 전자 메일 시스템 구축 프로젝트의 발주사 측 담당자였던 청조 씨는 말하자면 갑甲인데, 수행사인 을乙과 서로의 의견 차이로 대립하는 상황에서 상대방 을의 편을 들다가 높은 분에게 찍혀서 한직으로 밀려난 것이다. 보통 이런 사람에게는 애물단지 프로젝트가 맡겨진다. 다들 맡기 싫어하는 일이다.

근무 시간이 시작되었는데 뒤에서 담배 연기 냄새가 난다. 청조 씨가 돌아보니 팀장이 아침부터 뻑뻑 피워댄다. 담배를 피우지 않는 청조 씨는 고역이다. 콜록콜록 기침으로 신호를 해보지만 팀장은 못들은 척 아랑곳하지 않는다. 다른 팀이 근무하는 큰 사무실에서는 담배를 피우지 않는데, 여기로 옮겨오니 사무실에서 담배를 피우는 이들이 있다. 우선 팀장이 피우니 그 밑에 과장 하나도 그러하고 대리 하나도 그런다. 담배를 피우지 않는 사람은 밖에서 담배 피우고 들어오는 사람의 그 냄새를 먼 거리에서도 느낀다. 이 팀은 비교적 자유로운 근무 분위기가 좋긴 한데, 청조 씨는 이 문제가 골칫거리다. 머리가 지근거린다. "절간이 조용해서 마음 달래며 쉬긴 좋은데, 법당에서 담배 피우는 중들이 있으니 떠나야 한다. 내년에는 반드시 탈출하리라" 하고 청조 씨는 다짐한다.

오늘 할 일을 정리해본다. 10시에 주택사업본부에서 의뢰한 '아파트 골조물량산출 프로그램' 개발을 위한 첫 회의가 있다. 이게 바로 청조 씨가 올해 개발해야 할 애물단지 프로젝트다. 원래 다른 팀에서 하던 일인데 개발 참여자가 몇 번씩 바뀌면서 실패한 프로젝트다. 당연히 현업 부서에서는 전산실을 신뢰하지 않는다. 그러니 개발자는 다들 도망을 간다. 같이 할 동료도 없다. 혼자서 하는 프로젝트다. 큰 기간期幹 시스템을 개발하는 게 아니라서 혼자라도 문제될 건 없다. 오히려 아무도 관심이 없으니 걸리적거리는 사람이 없어 마음이 편해서 좋다. 그 회의가 끝나면 오늘의 회사 일은 끝이다.

청조 씨는 다른 팀에서 넘어온 개발 기획서를 검토한다. 전혀 진도가 나가지 않은 실패한 프로젝트라 고작 A4 용지 3쪽의 기획서와 10여 장의 부재 도면으로 보이는 그림이 문서의 전부다. 오늘 회의에서 불신이 가득한 현업 담당자를 어떻게 안심시킬지 궁리하며 안건을 적어본다. 이런 프로젝트가 실패하는 이유는 딱 하나다. 데이터 모델링이 어려워서 그렇다. 보통의 프로그래머는 스프레드시트의 행과 열에 정보를 적을 수 있어야 하고, 이를 토대로 DB 테이블을 설계하는 일에 익숙하다. 그런데 이런 류의 프로그램은 틀에 박힌 그런 정형의 정보를 뽑아내기가 어렵다. 각종 계산식과 도면 정보를 프로그래밍할 수 있는 데이터 모형으로 만들려니 머리에 쥐가 나는 것이다.

약속 시간 10분 전에 주택사업본부의 담당자 신 대리가 도착했다. 회의실로 옮겨서 차 한잔하며 탐색한다. 신 대리는 청조 씨와 나이가 엇비슷해 보이고 키가 크고 웃는 인상이다. 일단 까다롭지 않은 파트너라는 느낌에 청조 씨는 마음이 놓인다. 그래도 웃으면서 던지는 첫마디에 뼈가 있다. "어떻게 또 바뀌었네요. 허허" 하기에, "제가 마지막입니다. 저는 더 이상 도망갈 데가 없어서. 하하" 실없이 대꾸한다. 분위기는 괜찮다. 원래는 신 대리 위에 책임자인 과장 한 사람과 같이 일할 사원 한 사람, 이렇게 3명이 참석하려 했는데 과장이 가봐야 뻔하다며 신 대리 혼자 참석하라고 한 것이다. 개발을 의뢰하게 된 배경과 궁극적으로 원하는 게 무엇인지 설명을 차근차근 듣는다. 청조 씨는 모르는 걸 묻고 적고 확인한다. 1시간 정도 얘기하다 보니 무얼 하려는지 윤곽은 잡힌다. 10분 쉬었다가 20분 정도 마무리 논의를 하고 결론을 냈다.

"개발 기간은 6개월 정도 걸립니다. 오늘이 3월 초이니 8월 말에 마치도록 합시다." 청조 씨가 결론부터 말한다.

"그렇게 빨리요? 청조 대리 혼자 한다면서, 그게 가능해요? 그렇게 쉬운 걸 여태까지는 왜 못했죠?" 신 대리가 놀라서 의심의 눈초리로 묻는다.

"쉬운지 어려운지는 해봐야 압니다. 사실 아파트 공사의 골조물량 산출이 뭔지는 직접 해보신 신 대리님이 잘 알지, 저는 모릅니다. 그래서 이 프로젝트가 성공하느냐 실패하느냐는 신 대리님한테 달려 있습니다."

"나요? 나는 전산을 전혀 모르는데 뭔 소린지?"

"전산은 제가 아니까 걱정할 거 없고요. 신 대리님은 우선 물량 산출이 필요한 부위와 타입을 정리하고, 알기 쉽게 도면도 그리고, 거기에 어떤 값들을 입력해야 하는지, 그에 따른 산출 계산식을 꼼꼼하게 정확히 적어주셔야 합니다. 그 결과물을 어떻게 봐야 하는지 필요한 화면도 그리고, 인쇄할 내용이 있으면 그 양식도 빠짐없이 그려주세요. 그렇게 하는 데 3개월쯤 걸릴 겁니다. 3백 페이지짜리 책 한 권 쓴다 생각하십시오."

"어이쿠 이거, 공부하느라 머리 빠질 거 같네요. 우리 과장님은 그냥 형식상 책임자일 뿐이고 내 밑에 사원은 입사한 지 얼마 안 돼 아직 실무에 서툴러서, 결국 다 내 몫인데 걱정이네요. 그동안 청조 대리는 뭐할 건데요?"

"저야 뭐 신 대리님 진도 잘 나가나 감독하며 놀아야죠. 하하. 만약에 제 맘에 안 들거나 진도가 더디면 주택사업본부장님 앞으로 공문 보냅니다. 신 대리가 농땡이 피워서 개발이 안 되고 있다고. 하하. 신 대리님이 써놓으면 저는 그걸 제 식대로 살을 붙이고 다듬어서, 2개월쯤 같이 하다가 어느 정도 완성되면 프로그래밍 시작할 겁니다."

"정말 책 한 권은 충분히 나올 거 같네요. 현장에서 노가다만 했는데 이게 될까요? 허허."

"맨날 하시던 일, 정리하는 건데 왜 못해요. 처음에 머리가 조금 아프겠지만. 하하. 7월 마지막 주에 신 대리님은 휴가 다녀오세요. 그러면 7월 말이면 프로그램은 완성되어 있을 거고, 8월에 테스트도 하고 수정하고 매뉴얼도 만들고, 결과 발표도 하고 9월부터 실무에 적용하면 됩니다."

"이야, 일사천리로 다 해버렸네. 완전 돌관공사구먼. 허허."

"그런데요, 여기서 중요한 게 있어요."

"뭔데요?"

"테스트를 신 대리님이 부서의 다른 분들과 같이 해주셔야 하고요, 매뉴얼도 신 대리님이 만들어야 하고, 사람들 모아놓고 발표도 신 대리님이 해야 합니다."

"예? 테스트야 그렇다 쳐도 매뉴얼을 내가 쓰고 발표까지 해요?"

"아니 그럼, 아무것도 모르는 제가 해요? 이미 책 한 권 만들어놓았는데, 매뉴얼 만드는 것쯤이야 뚝딱이죠. 매뉴얼 저자에 신 대리님 이름을 명시해서 가보로 남기시고, 거기에 제 이름도 슬쩍 끼워주면 우정이 싹트죠. 하하. 본부장님 비롯해서 전체 부서직원 모아놓고 대대적으로 발표 행사를 해야죠. 거기서 폼 한번 잡으면 신 대리님 올해 인사고과는 거저 먹긴데, 저한테 감사해야죠. 하하."

이런 업무용 프로그램 개발의 성공은 그 분야 전문가^{domain expert}의 머릿속에 들어 있는 지식과 경험을 얼마나 잘 끄집어낼 수 있느냐에 달려 있다. 청조 씨는 이에 대한 나름의 방법, 즉 전문가에게 자부심과 명예욕을 불러 일으키는 것을 일찍이 터득했다. 어찌 보면 프로그래머가 편하기 위한 생존 본능이다. 회의한 내용을 20분 정도 정리하고 2부를 인쇄하여 서로 나눠 갖고 마치니 정오가 거의 다 되었다. 신 대리는 기분이 좋은지 청조 씨에게 점심을 사겠다고 한다. 보통 점심은 구내식당에서 먹는다. 근사한 반찬이 많이 나오는 한정식 집에 가자는 신 대리의 권유를 사양하고, 청조 씨는 간단히 먹을 수 있는 칼국수 집으로 가자 한다. 둘은 사골 칼국수 한 그릇씩을 먹고 헤어졌다.

청조 씨가 점심을 먹고 사무실에 돌아오니 12시 30분이다. 이미 퇴근한 사람도 있고 다들 퇴근하려 준비 중이다. 토요일 근무시간은 오후 1시까지다. 이 회사 사정을 모르는 이는 밥만 먹고 퇴근하는데, 12까지로 하지 무엇하러 돈 써가며 밥도 주고 1시까지 붙잡는지 모르겠다 할 것이다. 청조 씨가 근무하는 전산실이나 정상적으로 퇴근하는 사람이 많지, 현업 부서에서는 대부분 토요일에도 오후까지 일하는 직원이 많고 야근까지 하는 직원도 제법 있다. 어차피 야근할 바에야 당구치고 놀다가 오후 느지막이 일하러 들어가는 직원도 있다.

청조 씨는 오늘 할 회사 일을 모두 마친 터라 퇴근해도 되지만, 오후 2시에 외부에서 손님이 방문하기로 되어 있다. 개인적인 볼 일이다. 기다리는 동안 주간업무일지를 작성한다. 이번 주에 한 일과 다음 주에 할 일을 전산실에서 정해준 양식에 따라 적는다. 월요일 아침에 열리는 팀 주간회의에서 발표하고 제출해야 한다. 대개는 월요일 아침에 출근해서 작성하는 사람이 많다. 일주일에 한 번씩 10분에서 길어야 20분 안에 끝나는 일인데, 거의 모든 전산실 직원은 이 주간업무일지에 스트레스를 받는다.

이제 모두 퇴근하고 사무실에는 청조 씨 혼자 남아 있다. 청조 씨는 부서에 비치된 컴퓨터 잡지를 뒤적이며 손님을 기다린다. 목차에서 관심이 가는 기사를 읽으며 시간을 보낸다. 광고도 유심히 본다. 광고 속에서 트렌드를 읽는다. '고성능 CAD 전용 386 컴퓨터'라는 광고가 눈에 익어 자세히 본다. 청조 씨는 하드웨어에는 관심이 없는데, 얼마 전 지인이 아는 회사라며 같이 들렀던 그 회사에서 파는 물건이다. 양재동 어느 건물의 지하실에서 조립 라인을 갖추고 컴퓨터를 만들고 있었다. 그걸 보통 PC보다 비싼 값으로 CAD^computer aided design 하는 사람들한테 판다고 했다. 그때는 이게 팔릴까 의심했는데 이리 광고까지 하는 걸 보니 신기하다.

전화 벨이 울린다. 청조 씨가 받으니 회사 건물 로비인데 손님이 왔다고 전하고는 끊는다. 밖으로 나가 손님 두 사람을 모시고 들어와 회의실에 마주 앉았다. 명함을 교환하고 차를 권했다. 외국의 PC용 코볼 컴파일러를 가져다 파는 회사의 영업하는 김 상무와 기술 지원하는 이 과장이다. 며칠 전에 청조 씨를 만나고 싶다는 김 상무의 전화를 받았다. 2년 전에 청조 씨와 같이 전산실에 근무하다가 이직한 ○○컴퓨터 박 과장에게 소개를 받았다고 한다. 팔고 있는 컴파일러로 만든 프로그램에서 한글 입력이 제대로 안 되는 문제로 찾아온 것이다.

"코볼의 창시자로 알려진 분이 얼마 전에 작고했다네요." 서먹하고 어색한 분위기를 바꾸려고 청조 씨가 먼저 얘기를 꺼냈다.
"그래요? 우리가 코볼 컴파일러를 팔고 있는데 누가 코볼을 처음 만들었는지 모르고 있었네요." 김 상무가 멋쩍어 한다.
"미군 최초의 여성 해군 제독이었다는데, 버그도 처음 발견했대요. 컴퓨터 회로에 나방이 들어가 오동작을 일으킨 걸 이 분이 발견했답니다. 말하자면 최초의 디버깅인 셈이죠."

"허허. 재미있네요." 모두 가볍게 웃고 나니 분위기가 한결 좋아진다.

"이제 일 얘기해보죠." 청조 씨가 재촉한다.

"전화로 말씀드렸듯이, 이번에 새 버전이 나와서 팔기 시작했는데 한글 입력에 문제가 있습니다. 이미 구입한 고객이 못쓰고 있으니 시급히 해결해야 하는데, 수소문 끝에 이리 찾아오게 되었습니다." 김 상무가 전화로 했던 얘기를 꺼낸다.

"본사에 얘기하면 되지 않나요?"

"해봤는데 걔네는 영어만 쓰니 전혀 문제가 없고, 우리의 판매량이 그리 많지 않아서인지 반응이 뜨뜻미지근합니다. 아마 다음 버전에나 고쳐질 것 같아요."

"우리 전산실도 쓰고 있을 텐데, 그런 문제는 못 들었는데. 다른 제품 쓰는 건가?"

"아, 옛날 버전을 쓰고 있습니다. 예전에는 문제가 없었고요."

"모든 한글이 그런 게 아니고 일부만 그렇다고 했죠? 어떤 글자들입니까?"

"대표적인 게 '행'자고요, '긍', '녀', '멘', '약' 같은 글자입니다." 이 과장이 끼어든다.

"샘플 프로그램 가져오셨죠? 한번 봅시다."

이 과장은 네 장의 플로피 디스크를 건넨다. 하나는 이 회사에서 팔고 있는 코볼 컴파일러고, 또 하나는 한글 입력이 안 되는 샘플 프로그램과 소스코드 파일이 들어 있다. 나머지 두 장은 복사본이다. 청조 씨가 미리 준비해 달라고 얘기한 것들이다. 청조 씨는 PC 본체에 디스크를 넣어 예제 프로그램을 실행시킨다. 껌벅거리는 커서 위치에 영문자와 한글을 입력해보고, 문제가 되는 '행궁녀'도 입력해본다. 화면에 '행궁녀'가 아니라 이상한 기호가 표시된다. 문제 파악이 되었는지 청조 씨는 다시 회의 책상 앞으로 돌아온다.

"왜 그런 거죠? 금방 해결할 수 있을까요?" 이 과장이 다급하게 묻는다.

"네. 감은 잡히는데, 정확한 건 디버깅해봐야 압니다."

"얼마나 걸리죠?"

"보통은 하루 이틀이면 되는데, 재수 없으면 일주일 넘게 걸립니다."

"소스 없이 실행파일만 있어도 고칠 수 있다는 얘기를 듣고 신기했어요. ○○컴퓨터 박 과장 말로는 어셈블리어를 할 줄 알아야 한다면서요? 나도 배워서 이런 문제 생기면 직접 해결하고 싶은데, 청조 대리님이 어셈블리어 교육도 한다고 들었어요." 얘기가 샛길로 빠진다.

"어이쿠. 우리 이 과장님이 제 밥그릇을 뺏을라 하네. 하하. 학원에도 하는 데 있을 걸요. 그런데 다음 버전에는 고쳐서 나오겠죠. 그리고 앞으로 DOS는 지고 윈도우 시대가 올 텐데 거기서는 이런 문제 없어요. 힘들게 어셈블리어 알 필요도 없고."

"그래도 우리 회사에서도 누구 한 사람 할 줄 알면 좋죠. 교육비는 얼마나 받나요? 우리는 이 과장하고 다른 사원 하나, 두 사람만 받으면 되는데." 김 상무가 진지한 표정으로 끼어든다.

"인원 수하고는 상관없고요. 얼마 전에 어느 언론사 전산실에서 의뢰했었는데, 토요일과 일요일 오후 4시간씩 했고, 시간당 10만 원씩 80만 원 받았습니다."

"그렇군요. 생각해보겠습니다." 김 상무가 한 발 뺀다. 보통 이런 말은 비싸서 못 하겠다는 뜻이다. 청조 씨는 이런 일에 깎을 걸 생각해서 높게 부르고 그러지를 못한다. 며칠 전 김 상무와의 통화에서도 이번 일의 수고비가 얼마면 되겠냐고 묻길래, 이틀 정도 걸릴 것 같고 보통 하루에 60만 원씩 120만 원을 받는다고 했더니, 80만 원으로 깎자고 해서 그러자고 했다.

"청조 대리님은 코볼 안 쓰나요?" 이 과장이 얼른 말을 바꾼다.

"네. 저는 코볼 안 쓴 지 좀 되었습니다."

"그럼 요즘은 어떤 언어로 개발하나요? 어셈블리어요?"

"아뇨. 그걸로 업무 프로그램 개발은 못 하죠. C로 합니다."

"C 컴파일러는 볼랜드 거 씁니까?"

"아뇨. 마이크로소프트 거 씁니다."

"아 참, ○○컴퓨터 박 과장한테 들었는데, 청조 대리님이 개발한 코볼에서 쓸 수 있는 화면 편집기가 있다면서요? 그거 쓰면 SCREEN SECTION을 대체할 수 있어 엄청 편하다고, 박 과장은 그거 지금도 잘 쓰고 있다고 자랑하던데."

"이런, 그거 회사 자산인데 그만두었으면 가지고 나가면 안 되는데. 하하."

"그거 우리가 상품화해서 팔면 안 돼요? 컴파일러에 끼워 팔면 잘 팔릴 텐데."

"에구. 그거 개발은 제가 했지만 엄연히 회사 거고, 이미 소스까지 다 공개해서 누구나 쓸 수 있어요. 팔 거까지는 안돼요."

"그럼, 우리가 그냥 공짜로 나눠줘도 되나요?"

"글쎄요, 회사 자산이긴 한데 저작권 등록이 된 것도 아니고 소스도 모두 공개되어 있고, 회사 그만둘 때 모두 가지고 나가 써먹고 있으니. 하여튼 저는 모르는 일이니, 공개적으로 하진 마시고 암암리에 필요한 사람한테 주세요. 뭐 별것도 아닌데."

"그럼, 우리가 급해서 그러니 수고 좀 해주고, 내일이라도 해결되면 연락 주세요." 김 상무가 다시 본론으로 돌아간다.

"알겠습니다. 내일 일요일이라 시간이 나니 해결될 겁니다."

"아, 그리고 수고비는 80만 원으로 했는데, 세금 제하고 하면 청조 대리님도 내년에 국세청에 신고도 따로 해야 하고 복잡할 겁니다. 50만 원 이하로 하면 저희도 회계처리하기가 쉽고 하니, 그냥 원천징수 안 하는 걸로 하고 50만 원에 하면 어떨까요? 대신 제가 오늘 바로 드리겠습니다." 하면서 일방적으로 돈 봉투를 내민다.

"에구, 120만 원이 어느새 50만 원이 됐네. 하하. 그럽시다 뭐." 청조 씨는 속으로 '복잡할 거 하나도 없는데, 깎는 방법도 가지가지네' 하며 웃는다.

청조 씨는 손님을 배웅하고, 오늘 끝내야겠다는 생각에 바로 작업에 들어간다. 그래야 내일 여유 있게 쉴 수 있다. 우선, 이른바 완성형 한글인 KSC 5601의 코드표에서 '행궁녀멘약'을 찾아본다. 완성형 한글은 2,350자다. 그러다 보니 표현하지 못하는 글자가 너무 많다. 몇 년 전에 재미있게 봤던 〈똠방각하〉라는 드라마가 있는데, '똠'자가 2,350자 안에 없어 표기하지 못한다. 세종대왕께서 알면 통탄할 일이다. 여기서는 그 문제가 아니다. 확인해보니 뒤쪽 바이트가 모두 16진수로 'E0'로 끝나는 글자들이다. 어떻게 해결할지 감이 온다. 잘하면 오늘 중에 쉽게 끝날 것 같다. 쉽게 끝날 것으로 예상해도, 가끔은 복병을 만나 오래 걸릴 때도 많다.

일하는 절차는 이렇다. 먼저 실행파일의 바이너리 코드를 디버그할 수 있는 툴인 'debug.exe'를 실행한다. 샘플 프로그램을 메모리에 로딩한다. 키보드 관련 인터럽트를 탐색한다. 인터럽트는 OS에서 제공하는 주요 입출력 API라고 이해하면 된다. INT 09h, INT 16h, INT 21h, 이 세 개가 키보드 관련 인터럽트다. 뒤에 붙은 h는 16진수^{hexadecimal}를 뜻한다. 어셈블리어를 오래 하다 보면 16진수에 익숙하다. 그래서 어떤 크기를 정할 때 16 이나 8의 배수를 많이 쓴다. 예를 들어 DB 테이블을 설계할 때 보통은 직원코드 20자리, 이메일 주소 50자리, 집주소 100자리, 이렇게 하는데, 청조 씨는 16자리, 48자리, 96자리, 이렇게 하는 습관이 있다.

'INT 09h'는 키보드의 흐름을 제어할 때 주로 쓰는데, 오늘 해결 대상인 코볼 컴파일러에 쓰였을 것 같지는 않다. 'INT 21h'는 DOS의 여러 기능을 포함하고 있고, 그중 문자 입력은 AH 레지스터에 '01h' 값을 할당하고 호출한다. 만약 이게 쓰였으면 INT 21h를 모두 찾고 그중 앞에 AH 값이 01h로 할당되는 부분을 찾아야 한다. 보통 INT 21h는 엄청나게 많이 쓰이므로 이것을 추적하는 데는 시간이 많이 걸린다. 여기서는 경험상 'INT 16h'가 쓰였을 확률이 높다고 청조 씨는 판단한다. INT 16h를 검색하고 그 결과로 AL 레지스터 값이 'e0h'(행긍녀멘약 등에 있는 두 번째 바이트 코드값)와 비교하여 어떤 행위를 하는 지점을 찾으면 된다. INT 16h의 코드 값을 갖고 있는 위치를 검색한다. 27군데가 나온다. 다행히 그리 많지는 않다. 하나씩 해당 위치의 10h 전부터 확인하여 데이터 영역은 제외하고 코드 영역에 있는 것만 추려낸다. 6군데밖에 없다. 재수가 좋다. 그곳에 중단점break point을 찍는다. 디버깅을 시작한다. 멈춘 중단점에서 한 문장씩 실행하여 문제의 현상이 일어나는 위치를 찾아나간다. 키보드를 세 번 치는 '행'보다는 두 번 치는 '녀'가 테스트에 적당하다. 이 과정에서 중단점을 풀었다 찍었다를 반복해서 디버깅이 이어진다. 단순 무식 지루한 공방전이다.

드디어 4번째 중단점에서 원하는 결과를 찾았다. e0h 값과 비교하여 분기하는 'JE' 명령 코드가 나온다. 분기하지 못하도록 그 명령의 바이트 수만큼, 아무런 작동이 없는 명령인 'NOP'를 채워넣는다. 이제 처음부터 실행해본다. 키보드 입력을 기다릴 때 '녀'자를 입력한다. 제대로 표시된다. '행'자도 입력해본다. "됐다." 긴장이 풀리며 머릿속이 맑아진다. 이게 끝이 아니다. 이제 진짜 컴파일러에서 이 부분을 찾아내서 고쳐야 일이 끝난다. 4번째 중단점 뒤의 JE 명령이 나오기 전까지 30h 바이트의 어셈블 코드를 인쇄해둔다. 컴파일러가 들어 있는 디스크의 파일 목록을 살핀다. 문제의 코드가 들어 있을 만한 파일 이름을 골라 디버깅할 순서를 정한다. 'debug.exe'를 실행하고, 차례로 그 파일들을 로딩하고, 30h 바이트의 코드값과 일치하는 게 있는지 검색한다. 없다. 범위를 20h로 줄여서 해본다. 다행히 일치하는 한 개의 파일이 있다. 샘플 프로그램을 디버깅할 때처럼 'JE xxxx' 부분을 'NOP'로 모두 채운다. 이제 샘플 프로그램의 소스코드를 컴파일해서 새로운 샘플 프로그램을 만들어낸다. 이 프로그램을 실행하여 한글이 제대로 표시되는지 확인한다. "와! 된다."

남들이 보기에는 대단한 기술인 듯하나 알고 보면 단순 반복의 연속이라 속된 말로 완전 노가다라 하겠다. 오늘같이 추정한 대로 쉽게 발견되면 좋은데, 최악의 경우는 처음부터 찾을 때까지 계속 반복하며 디버깅해야 한다. 시간도 엄청나게 많이 걸린다. 단순 무식한 반복 작업을 견디는 끈기가 필요하다. 그래서 청조 씨는 이런 일을 싫어한다. 프로그램 짜는 게 재미있지, 남이 짜놓은 걸 뒤집어 헤치는 건 정말 재미없는 일이다. 그래도 가끔씩 난감한 상황에 처해 난감한 얼굴로 찾아오는 이들을 보면 짠한 마음이 앞선다. 돈에 약한 속물인지라, 그만해야지 하다가도 조금 참으면 돈 생긴다는 생각에 또 하게 된다. "뒤집기는 이번만 하고 그만해야지" 또 다짐해본다.

벌써 시간이 6시가 다가오고 있다. 청조 씨는 정리하고 서둘러 퇴근을 준비한다. 사무실을 나서 로비에서 경비 직원에게 인사하고 현관문을 나서

려는데 "청조 대리" 하며 누가 부른다. 얼마 전까지 같은 팀에서 일했던 문 대리다. 문 대리는 청조 씨보다 입사가 늦고 대리도 늦게 달았는데, 나이는 청조 씨보다 네 살이나 많다. 나이가 많다는 생각에서인지, 자기보다 입사 선배 직원에게도 반말 투로 말한다. 그래서 문 대리를 싫어하는 직원이 많다. 청조 씨는 문 대리가 좋다. 알고 보면 부드럽고 유능하고 순진하고 푸근한 형 같아서 친하게 지낸다. 본부장이 이번 주까지 끝내야 하는 일을 시켜서 이제 마치고 퇴근하는 길이라 한다. 할 말이 있는데 잘됐다며, 야근 식권으로 저녁 먹고 얘기하다가 자기 차로 데려다 주겠다고 한다. 청조 씨는, 오늘은 내가 한턱 내겠다며 문 대리와 함께 간판 없는 맛집인 한정식 집으로 갔다. 항상 붐비는 집인데 오늘은 토요일이라 사람이 많지 않다. 음식점 전화기로 밥 먹고 들어가겠다고 집에 알리고, 운치 있는 한옥의 작은 방에 자리를 잡았다.

나물 반찬에 생선조림, 돼지불고기, 쌈 야채, 그리고 갓 지은 밥으로 한 상이 차려졌다. 회사 건물 근처에 한옥이 많은데, 보존지구라 함부로 뜯어 고치지 못하고 당국의 허가를 얻어야 한다. 이런 한옥에서 음식점을 하기도 하는데 대개 한정식 집이다. 간판이 없어도 직원들이 모두 알고 있으니 항상 붐빈다. 회식도 하고 접대도 하고, 오늘처럼 돈 들어오는 운수 좋은 날에는 한턱내기도 한다. 청조 씨와 문 대리는 배가 고팠는지, 연신 "맛있네" 하며 빠른 속도로 입을 놀린다. 한동안 말없이 먹기만 하다가 허기를 좀 채웠는지 청조 씨가 말을 꺼낸다.

"노총각이 황금 주말에 데이트를 해야지, 일에 처박혀 있으니 장가는 언제 갑니까?"

"그러게 말이야. 사실 회사 일도 아냐. 본부장 개인적인 일이지."

"개인적이든 아니든 상사가 시키는 일은 다 회사 일이죠. 하하."

"허, 참. 뭐가 그래. 청조 대리 보기와 다르게 구식이네. 저번에는 출근하다 차가 퍼졌다고 나더러 고쳐서 주차장에 갖다 놓으래. 기가 찼지만 별 수 있나 뭐."

"그분이 아침에 중요한 회의가 있어 그랬겠죠. 그 일도 회사 일 맞네. 그것도 문 대리님이 잘하니까 시키는 거죠. 나처럼 어리바리하고 운전면허증도 없는 사람한테는 안 시켜요. 좋겠수. 높은 분한테 인정받아서. 과장은 나보다 먼저 달겠네. 하하."

"허, 그게 그렇게 되나. 허긴 내가 봐도 그런 일은 내가 센스 있게 잘해. 올해 고과는 좀 나오겠지?"

"그럼요. 툴툴거리지 말고 열심히 하세요. 복 받을 거예요. 하하."

"그려, 알았어. 좋구먼. 하하. 야근하라고 주차증도 주셔서 차를 가지고 왔어. 이따 태워다 줄게. 근데, 무슨 좋은 일 있어? 야근 식권으로 먹으면 되는데, 뭘 한턱 쏜다 그랴."

"야근도 안 하는데 야근 식권 축내면 안 되죠. 그래도 내가 문 대리님보다는 월급이 쪼끔 많을 걸요. 하하. 그러니 내가 사야죠."

한상차림이 바닥을 보이자 청조 씨는 주방으로 가 누룽지 숭늉을 부탁한다. 문 대리는 흡족한 듯 "잘 먹었다" 한다. 청조 씨는 아까 문 대리가 할 말이 있다 한 걸 기억하고 묻는다.

"할 말이란 게 뭐예요? 장가라도 가나요? 하하."

"장가는 무슨. 이번 국회의원 선거에 경북 ○○시에서 민자당으로 출마한 분이 있어. 그 양반 비서로 일하는 사람을 내가 좀 아는데, 선거 끝나고 국회에 들어가면 보좌관으로 간다네."

"거야, 해봐야 아는 거 아녀요?"

"야, 무슨 소리야. 경북에서 민자당이면 작대기를 꽂아놓아도 된다는데, 100%지."

"그래서요? 뭐 문 대리님도 이 참에 그쪽으로 나가게요? 하하."

"그게 아니고, 그 비서가 그때 되면 유권자 관리 프로그램을 좀 개발해달라고 해. 원래 이번 선거 전에 개발해서 써먹으려고 했는데 바빠서 시기를 놓쳤대."

문 대리는 가방에서 서류를 하나 꺼내서 청조 씨에게 내민다. A4 용지 20장 정도로, 개발하기 원하는 내용에 대한 설명과 대표적인 화면, 인쇄 양식 등으로 되어 있다. 청조 씨는 촘촘히 읽어 내려간다. 유권자 관리라고 했는데 명함 관리나 고객 관리라고 해도 다르지 않다. 그중 핵심은 우편 발송인데, A4 용지에 분할되어 있는 여러 장의 스티커에 주소와 이름이 인쇄될 수 있도록 하는 여러 편집 기능이다. 여기서 인쇄한 다음 스티커를 떼서 발송할 봉투에 붙이고 유권자에게 편지를 보낸다. 다 읽고 나서 청조 씨가 얘기를 이어간다.

"유권자 관리 프로그램이라고 하면 좀 거창하고, 명함 관리? 아니 그냥 우편 발송 프로그램이네."

"그렇다고 봐야지. 근데 우선 그 양반한테 팔고, 다른 보좌관 소개받아 더 팔 수 있지 않을까?"

"그건 그때 가서 얘기고, 꿈이 너무 크네. 하하."

"야, 돈 드는 것도 아닌데 꿈도 못 꾸냐? 국회의원이 299명인데, 출마자가

1,000명이라 치고, 100만 원씩만 받아도 얼마냐? 백만, 천만, 억, 10억이네. 와, 겁나네. 히히.”

“아이고, 턱없이 김칫국 마시지 말고요. 우선, 그분한테만 팔 수 있게 잘 얘기해봐요.”

“이미 얘기 다 됐다니까. 국회 개원하면 바쁘니까 9월쯤에 만나서 구체적인 얘기하기로 했어. 그러니 생각날 때 시나브로 만들어 둬.”

“뭘 벌써 해요. 나중에 만나서 인터뷰하고 개발하면 2주, 거기다 문 대리님 일할 거 더하면 20일이면 되겠네.”

“내가 일할 거라니?”

“테스트하고 매뉴얼 만들어야죠. 그리고 개발비 둘이 나눠 먹어야 하니 이왕이면 넉넉히 받도록 잘 협상하고요. 하하.”

“알았어. 흐흐. 근데, 얼마 받아야 돼?”

“20일 걸리니 최소 200만 원은 받아야죠. 그중 문 대리님이 반 가지세요. 영업하느라 고생했어요. 하하.”

“100만 원? 야, 좋다. 히히.”

“자, 이제 우리의 ‘신파발’ 프로젝트는 이렇게 정리가 됐고, 그만 집에 갑시다.”

“신파발은 또 뭐냐?”

“우편 발송하니까, 파발마가 생각나고, 파발마 하니까 구파발이 생각나서, 우리 프로그램 이름은 신파발로 합시다.”

“야, 좋다. 신파발로 10억 벌자. 흐흐.”

음식점을 나서니 벌써 어둠이 깔렸다. 청조 씨는 문 대리 차를 타고 집에 도착했다. 문 대리에게 잠깐 들어가 차 한잔하고 가라고 권하니, 늦었다며 그냥 간단다. 문 대리 차가 어둠 속에 사라지는 걸 보고 청조 씨는 집 안으로 들어간다. 식구들이 TV 드라마를 보고 있다. 청조 씨도 욕실에서 씻고 나와 TV 앞에 앉는다. 주인공이 대발이라는 특이한 이름으로 나오는 드라마 〈사랑이 뭐길래〉가 방송 중이다. 청조 씨는 드라마를 즐겨본다. 드라마가 끝나고 9시 뉴스 시간이다. 첫머리에 방송되는 주요 뉴스만 보고, 작은방 책상 앞에 앉아서 요즘 읽고 있는 책을 꺼낸다. 청조 씨는 집에 PC가 있지만 집에서는 웬만하면 프로그래밍 작업을 하지 않으려고 한다. 돈벌이 일거리가 들어오면 어쩔 수 없지만. 특히 회사 일을 집에까지 가져와 하는 경우는 드물다. 회사 근무시간에는 개인적인 돈벌이 일을 하지 않는다. 집에서는 틈나는 대로 프로그래밍 관련 공부를 하려 애쓴다.

청조 씨가 요즘 하는 공부는 새로운 운영체제인 윈도우에 대한 것이다. 사실 새로운 건 아니고, 나온 지는 꽤 되었다. 아무래도 현재 청조 씨에게 익숙하면서 기술적으로 축적된 DOS 환경의 프로그램은 앞으로 하나씩 사라지고, 윈도우 환경에서의 프로그램으로 바뀔 것으로 보인다. 그래서 올해 하반기부터는 본격적으로 윈도우 프로그램을 짜보려 한다. 윈도우는 DOS와 많이 다르다. 우선 DOS는 텍스트 기반 운영체제인 반면, 윈도우는 GUI(그래픽 사용자 인터페이스) 기반이다. 이것은 별 문제가 되지 않는다. DOS 환경에 익숙한 프로그래머를 당황스럽게 하는 것은 윈도우 운영체제에서 실행되는 프로그램이 메시지 구동message-driven 방식으로 동작한다는 점이다. 이는 프로그래머가 정한 순서대로 차례대로 실행되는 프로그램 짜기에 익숙한 DOS 프로그래머가 넘어야 할 첫 번째 난관이다. 윈도우는 "내가 너를 부를게. 너는 내가 부를 때까지 준비하고 기다려" 하고 말한다. DOS에 젖은 프로그래머는 "무슨 소리야, 내가 왜 널 기다려. 내가 부르면 네가 와야지" 한다. 사람들은 정들고 아끼며 익숙한 걸 버리기 싫어한다.

그러다가 정든 그것과 함께 사라져간다. 메인프레임 개발자가 PC로 넘어올 때도 많은 프로그래머가 그대로 주저앉았거나 그만두었다. 아마도 어셈블리어와 C 언어로 무장하고, 알아주는 DOS의 고수라는 프로그래머도 반쯤은 적응하지 못하고 서서히 사라져갈 것이다.

청조 씨는 책을 덮는다. 밤 11시가 넘었다. 잠자리에 들 시간이다. 청조 씨는 밤새 프로그래밍하는 올빼미족 프로그래머가 아니다. 자고 일어남은 거의 규칙적이다. 왜냐하면 내일이 또 기다리고 있기 때문이다.

해킹의 유혹

모든 직업이 다 그렇듯이 프로그래머도 사회적으로 용인되지 않거나 권장하는 규범이나 윤리가 있다면 지켜야 한다. 나는 지켜야 할 것보다 하지 말아야 할 기본을 정해두고 그 이외에는 비교적 폭넓게 인정하는 편이다. 그래서 프로그래머로 살아가면서 하지 말아야 할 세 가지 행위를 정해두고 있다. 그것은 이렇다.

- ⚙ 지불된 대가에 현저히 못 미치는 품질의 기술을 제공하는 행위
- ⚙ 정당한 대가를 지불하지 않고 남의 기술을 탈취하는 행위
- ⚙ 해킹 등 프로그래밍 범죄에 가담하는 행위

지불된 대가에 현저히 못 미치는 품질의 기술을 제공하는 행위

대가에 현저히 못 미치는 품질의 기술을 제공하는 행위는 논란의 여지가 많다. 고객이 지불한 대가와 내가 개발하여 제공한 프로그램의 품질 사이에서 발생하는 문제이다. 객관적인 기준을 정하기 어렵기 때문에 궁극에는 프로그래머가 느끼는 양심의 영역일 수 있다. 여기서 고객과 의견 차이

로 소송이 벌어지기도 한다. 그래서 꼼꼼한 계약서 작성이 중요한데, 소프트웨어의 특성상 이견이 많은 게 현실이다.

　30년도 넘은 오래전에 어느 중소기업에 회계 프로그램을 개발해주었다. 몇 달 쓰다가 고객으로부터 너무 느리다고 연락이 왔다. 처리해야 할 데이터가 워낙 많다 보니 당시 사양이 낮은 PC로는 감당이 안 되는 상황이었다. 프로그램의 로직도 바꿔보고 이런저런 수를 써봐도 크게 나아지진 않았다. PC를 조금 좋은 걸로 바꿔보자고 했더니 그냥 달래가며 쓰겠다고 했다. 그래서 그러려니 잊고 있다가 몇 달이 지나 생각이 나서 전화해보니, 안 쓰고 있고 앞으로도 쓸 계획이 없단다. 그때 받은 돈을 돌려주어야 하나 갈등했는데, 결국 나는 할 만큼 했다고 자위하며 모른 체하고 말았다. 나중에 좀 더 실력을 쌓고 보니, 그때 고객에게 현저히 떨어지는 품질의 프로그램을 개발해준 게 분명하다는 생각이 들었다. 오랜 프로그래머 생활에서 유일한 오점이라 아픈 기억으로 남아 있다.

　창업 후에는 제품이 아니라 소스코드를 팔기도 했다. 이때 코드의 품질이 중요한데, 사 가는 측이 이 코드를 이용하여 충분히 효과를 낼 수 있도록 지원해주어야 한다. 특히 디버깅이 어려운 멀티스레드나 비동기 또는 서비스 프로그램(백그라운드 프로그램)은 디버깅 방법까지 잘 전수해주어야 한다. 개발 시간을 단축하기 위해 남의 소스코드를 사서 쓰기도 했다. 지불한 돈에 비해서 큰 효과를 보기도 하고 크게 도움이 되지 않을 때도 있었다. 한번은 괜찮게 팔리는 제품이라고 해서 소스코드를 샀는데, 내 부주의로 큰돈만 날리고 소스코드의 단 한 줄도 써먹지 못하고 폐기하고 말았다. 현저히 떨어지는 품질이라는 기준은 서로 이견이 있을 수 있다. 그렇다 해도 작동하는 소프트웨어의 소스코드를 팔면서 소스에 대한 충실한 설명은 물론이고 그 소스를 빌드하여 해당 프로그램을 만들어낼 수 있어야 하고, 이를 설치할 수 있어야 하며, 디버깅할 수 있어야 한다는 것은 계약서에 그런 조항이 미주알고주알 있느냐 없느냐를 떠나서 상식이며, 프로그래머로서 양심이고 자부심이다.

정당한 대가를 지불하지 않고 남의 기술을 탈취하는 행위

정당한 대가를 지불하지 않고 남의 기술을 탈취하는 행위는 프로그래머라면 누구나 알고는 있는데, 어디까지가 통상적으로 용인되는 범위인가의 문제이다. 범위를 넘어서 심하면 저작권 침해 행위로 처벌을 받을 수도 있다. 특히 근무하던 직장에서 그만두고 다른 곳으로 옮길 때 쌓은 기술이나 결과물이 내 것인지 회사 것인지 애매한 경우가 있다. 여기서도 가끔 법적 다툼이 벌어진다.

내가 아는 회사의 대표는 대기업과 10년 넘은 저작권 침해 소송으로 기업 활동을 거의 할 수 없는 지경에 이르렀는데, 끈질기게 버텨서 승소하여 우리나라 소프트웨어 저작권 침해 사건에 의미 있는 몇 가지 판례를 남겼다. 이 사건의 발단도 그 회사를 그만둔 직원이 그 회사에서 판매하는 소프트웨어를 몽땅 가지고 나가 이직한 대기업에서 그대로 구축하면서 문제가 되었다.

우리 회사도 오래전에 어떤 고객이 어느 회사 홈페이지 제품 홍보 내용이 우리 제품과 너무 비슷하다고 알려왔다. 알아보니 역시 그만둔 직원과 관련이 있었다. 다행히 사건이 크게 확대되진 않았고 원만하게 해결되었다.

해킹 등 프로그래밍 범죄에 가담하는 행위

해킹 등 프로그래밍 범죄에 가담하는 행위는 보통의 프로그래머가 마주치는 상황은 아니다. 만약, 다니는 직장에서 내가 개발하는 프로그램이 내 양심에 비추어 허용하기 어려운 목적으로 사용되는 것임을 알게 되었다면 어떻게 해야 할까? 일단 다니던 직장은 그만두는 게 맞다. 그리고 사회적으로 용인할 수 없는 명백한 범죄라면 신고하는 게 맞다.

앞 절에 어셈블리어로 돈벌이하는 얘기가 나온다. 문제는 운영체제의 깊은 곳을 알게 되어 해킹의 유혹을 받을 수 있다는 점이다. 프로그래밍에 입문하고 쑥쑥 성장하다 보면 자신의 실력을 과시해보고 싶기도 하고, 쓸데없는 공명심에 사로잡힐 때가 있다. 스스로 고수라며 우쭐대는 프로그래머가 자신의 실력을 시험한다며 해킹의 유혹에 빠진다면 돌이킬 수 없는 범죄의 어둠에 던져질 수 있다. 내게도 초보 프로그래머 시절에 아찔한 기억으로 남아 있는 두 가지 사건이 있다.

그런 행위가 해킹인지 모르고 저질렀는데 나중에 알고 보니 그게 바로 해킹 범죄에 해당하는 행위였다. 첫 직장에 입사하고 프로그래밍을 시작한 지 1년쯤 지났을 때의 일이다. 그때는 전산실이 아니라 해외건축부서에서 근무했는데, 큰 해외 공사 프로젝트에 입찰하기 위해서는 회사가 보유한 주요 장비와 프로젝트에 참여할 주요 인력의 경력 사항 등 수많은 서류를 작성해야 했다. 이런 자료를 얻기 위해서는 부서 내에서 먼저 결재를 받고, 인사부나 회계부 등 관련 부서의 협조 결재를 얻어 전산실 담당자와 DB 관리자에게 의뢰하는 다소 복잡한 절차를 거쳐야 했다.

하루는 이런 지루한 과정을 거치고 마지막으로 전산실에서 가장 실력 있다고 알려진 메인프레임 시스템과 DB를 관리하는 선배 직원이 원하는 정보를 뽑아주면 일이 끝나는 순간이었다. 나는 아무 생각 없이 무심코 그 직원이 작업하는 모습을 보며 옆에 앉아 있었다. 갑자기 그가 나를 쳐다보며 "이거 보면 안 돼요. 저쪽에 가 있어요"라고 말했다. 순간, 상황이 어색하게 이어졌고 나는 기분이 조금 나빴다. 그렇지 않아도 보안 때문에 어쩔 수 없는 절차라고 이해했지만 번거롭고 귀찮다는 생각을 하던 참이었다. 그래서 갑자기 머릿속에 "네가 관리하는 컴퓨터에서 내 마음대로 자료를 빼내서, 앞으로 이런 번거로운 절차와 부탁하는 일은 없도록 하겠다"는 생각이 들며, 한번 해보자는 묘한 승부욕이 일었다. 곧바로 회사 시스템의 깊은 곳을 공부하고 실험하고 궁리를 거듭한 끝에, 회사 주 전산망에 침투하는 프로그램을 짜서 흔적을 남기지 않고 원하는 정보를 빼내오게 되었다. 그때의 기분은 짜릿한 쾌감이라기 보다는 "알고 보니 별거 없네" 하는 허탈함이었다. 그 뒤로 다시는 이런 번거로운 절차는 필요가 없어졌다.

이렇듯 처음 시작은 업무의 편리함을 얻고자 별다른 죄의식 없이 이루어졌다. 문제는 그다음인데, 필요한 정보만 얻어오는 걸 넘어서 호기심에 인사고과나 급여 등 개인 인사정보에까지 미치게 되었다. 특히 직원들이 가장 궁금해하는 인사고과나 승진 정보를 빼내 친하게 지내는 동료에게 알려주곤 했다. 다행히 그 뒤 1년 후 담당업무가 바뀌고 개발해야 할 환경도 PC로 바뀌었다. 더 이상 그런 정보를 빼내야 할, 내 멋대로 부여했던 명분이 사라진 것이다. 그때 미련을 버리지 못하고 계속했다면 결국 발각되어 큰 문제가 되었을 것이다.

보통 우리가 '해킹'이라 하면 컴퓨터 네트워크상의 보안 취약점을 이용하는 행위를 떠올린다. 그런데 상업용 프로그램의 실행파일을 변조하여 자신의 이익을 취하거나 제품 개발자에게 불이익을 주는 행위도 크게 보면 해킹이다. 한번은 정말 위험한 일을 겪었다. 어느 날 근무하던 부서의 상사한 분이 외국의 유명 회사에서 개발한 락(복제방지장치) 걸린 정품 소프트웨어가 담긴 플로피 디스크를 가져와서 락을 풀어달라고 했다. 꺼림직한 마음에 이유를 물으니, 회사 내 관련 팀에서만 사용하고 절대로 밖으로 유출하지 않을 것이니 걱정 말고 락을 풀어 복제가 가능하도록 하라고 강하게 요구했다. 그때의 락이라는 게 정상적인 디스크의 트랙과 섹터를 변조하여 OS가 보통의 읽는 방식으로는 다른 디스크에 복사한 프로그램을 실행하지 못하도록 하는 것이었다. 따라서 당시에 어셈블리어를 잘하는 실력자에게 이런 락을 푸는 것은 그리 어려운 일이 아니었다. 상사의 요청을 거부하지 못하고 락을 풀어주었는데, 며칠 후에 담당 직원이 허겁지겁 심각한 얼굴을 하고 찾아왔다. 다시 락을 걸어 복제할 수 없게 해달라고 한다. 사태를 파악해보니, 락이 풀린 프로그램을 직원 누군가가 유출했는지 벌써 용산에서 불법으로 유통되고 있다는 것이다. 부랴부랴 다시 원상태로 복구하여 담당 직원에게 건네주었다. 다행히 그 소프트웨어를 개발한 회사에서 복제방지 장치를 다른 방식으로 바꾸고 개정판을 내놓는 신속한 조치로 별 탈 없이 넘어갔다. 당시 어린 마음에 감옥에 가는 게 아닌가 하는 두려움에 떨기도 하고, 경찰한테 쫓기는 악몽을 꾸기도 했다. 그 이후로는 절대로 해킹 등 프로그래밍 범죄에 가담하는 행위를 하지 않는다는 원칙을 세워서 지키고 있다.

30년도 넘은 일이라 다행이지 요즘에 이런 일을 벌였다가는 100% 걸린다. 현재 우리나라에서는 남의 서버를 허락 없이 들여다보기를 시도하는 것 자체가 불법이다. 따라서 공인되지 않은, 좋은 일하는 화이트 해커가 존재할 수 없다. 이를 잘 모르는 젊은 프로그래머가 실력을 과시해볼 공명심에 해킹을 시도했다가는 행위의 경중을 따져 법의 대가를 치를 것이고 심하면 손해배상을 해야 하고 쇠고랑을 찰 수 있다. 소프트웨어 업계는 전도 유망한 실력 있는 프로그래머를 잃게 되는 손실이 발생한다.

아마도 대다수 프로그래머에게 해킹은 먼 나라 이야기라 생각할 것이다. 그런데 경력이 조금 쌓이다 보면 해킹을 당하는 입장에서 방어 실력을 키워야 할 수도 있다. 큰 회사는 이를 위한 전문 인력을 팀으로 두기도 한다. 요즘은 웹 프로그래밍이 대세다. 그래서 웹 프로그래머가 많다. 자기가 개발한 프로그램이 서버에 설치되어 운영 중일 때 해킹 당하지 않도록 방어책을 마련해두어야 한다. 소프트웨어 개발 회사에서는 평소 프로그래밍 습관 자체를 이에 맞게 하도록 규칙을 정해두기도 한다. 웹 프로그램이 완성되면 보안 테스트를 거친다. 규모 있는 회사는 전담 요원이 있으나, 작은 회사는 개발한 프로그래머가 한다. 이때 일반적으로 보안 테스트 툴을 사용하게 된다. 그런데 해킹과 보안은 창과 방패인지라 보안 툴을 잘못 사용하면 해킹 툴로 돌변할 수 있다. 운영 중인 남의 서버에 아무 생각 없이 보안 테스트 툴을 잘못 돌렸다가는 한 번쯤 들어봤을 사이버수사대의 수사를 받게 될 수도 있다. 이렇듯 해킹이란 게 방어적인 의미로 보면 프로그래머에게 더욱 가까이 있다.

사실, 회사에서는 프로그래머든 아니든 모두 해킹 예방에 관심을 기울여야 한다. 내 PC에 별다른 정보가 없어서 해킹해본들 별 무소득이라는 생각에 OS나 브라우저 등의 업데이트에 소홀했다가는 자기 PC만 망가지는 게 아니라 여러 다른 서버의 공격에 사용되는 좀비 PC가 될 수 있다. 이게 무섭다. 그래서 스마트폰을 포함한 어떤 컴퓨터든 인터넷에 연결되어 있다면 해킹 피해로부터 자유로울 수 없다.

원래 해커hacker는 컴퓨터에 강한 집착과 흥미를 가지고 몰두하는 사람을 의미하여, 프로그래밍에 정통한 프로그래머도 스스로를 해커라고 부르기도 했다. 요즘 우리가 해커로 알고 있는 다른 시스템에 불법으로 침입하여 피해를 주는 범죄자를 일컫는 말은 크래커^{cracker}라고 한다. 해커가 하는 일이 해킹인데, 원래는 나쁜 의미가 아니었다는 얘기다. 그래서 해커와 크래커를 구별하고, 그들이 하는 행위인 해킹과 크래킹을 구별해서 써야 한다는 사람도 있다. 여기서는 그렇게 하지 않고, 요즘 일반적으로 알려진 부정적인 의미로 사용했다.

프로그래머가 해킹이 아니어도 실력을 발휘할 일은 많다. 만약 그런 쪽에 너무 끌리고 특기가 있다면 창이 아니라 방패가 되어야 한다. 개인에게도 국가에도 큰 이득이 될 것이다. 공인된 보안업체나 국가기관에 취업하는 것도 좋고, 일반 기업에서도 보안 관련 일은 많다. 아니면 보안 관련 도구를 개발하여 창업하는 것도 좋은 일이다.

22

게임 프로그램의 추억

나는 컴퓨터 게임을 좋아하지 않는다. 따라서 게임 프로그램에도 큰 관심이 없다. 다만, 신기한 게임을 보면 그 프로그램을 어떻게 개발했을까 찬찬히 살펴보고 구조를 생각해본다. 순전히 프로그래머로서의 호기심인데, 여기서 좋은 기능이라 생각되면 내 프로그램 개발에도 참고한다. 그나마 2000년대 들어서는 게임 산업이 어마어마하게 커지고, 게임 프로그램 또한 엄청 방대해지면서 그런 관심조차 완전히 없어졌다.

내가 처음 접한 컴퓨터 게임은 〈행맨hangman〉이란 것으로, 영어 단어 맞추기 게임이다. 정답인 영어 단어의 문자 수만큼 빈 칸이 표시되고, 한 글자씩 입력하여 맞추어 나간다. 입력한 글자가 틀릴 때마다 교수대에 사람 모양이 머리부터 발까지 하나씩 표시된다. 완성되어 교수형 당하기 전에 단어를 맞춰야 이긴다. 이게 1986년도의 일인데, 다니던 직장에서 어느 선배 직원이 메인프레임에서 이런 것도 할 수 있다고 보여주기 위해 개발한 듯하다. 업무용 프로그램만 짜다가 이걸 처음 보니 신기했는데, 막상 몇 번 해보니 논리가 너무 단순하고 나도 쉽게 짤 수 있겠다는 생각이 들어 금세 흥미를 잃었다.

1987년에 회사의 사무자동화(OA) 정책으로 IBM-5550이라는 PC가 보급되면서, 개발 도구로 코볼과 GW 베이직이 개발자에게 주어졌다. PC용 업무 프로그램 개발에 코볼을 쓰라고 해서, "이걸로 짤 만한 프로그램이 뭐가 있을까요?"하고 선배 직원에게 물으니 "점심시간에 심심풀이로 하게 포커나 한번 짜봐라" 했다. 지금 생각해보면 코볼로 게임 프로그램을 짠다는 게 웃기는 얘기지만, 당시 나는 경력이 1년밖에 안 된 초보 프로그래머라 프로그램은 아무거나 하면 다 되는 줄 알았다. 그렇게 포커 게임을 코볼로 짜려고 보니 카드 모양을 어떻게 그려야 할지 난감했다. 무슨 수가 없을까 하고 시스템 매뉴얼을 읽어보니, 한글과 같은 2바이트 문자에 비어 있는 영역이 있고 여기에 원하는 폰트 모양을 그려 넣어 저장할 수 있도록 되어 있었다. IBM-5550 기종의 한글 한 문자 폰트는 24×24비트라서 호환 기종의 16×16비트에 비하면 모양이 상당히 예뻤다. 이렇게 그려 넣은 폰트는 부팅할 때 같이 올라오고, 해당 문자 코드를 화면에 출력하면 표시된다. 그래서 카드 테두리의 가로선 세로선, 네 군데의 둥근 모서리, 그리고 하트, 다이아몬드, 스페이드, 클로버 모양 등 총 10개의 폰트를 그려 넣고 문자 코드를 할당했다. J, Q, K 카드 그림은 어쩔 수 없이 포기하고 11개, 12개, 13개의 모양으로 표시했다. 즉, 하트 K 카드는 왕 그림 대신 하트 모양 13개를 표시했다. 그리하여 포커 프로그램을 완성해보니 생각보다 카드 그림이 볼만했다. 혼자서 컴퓨터와 게임할 수도 있고, 여러 명이 실제 포커 게임하듯 할 수 있도록 했다. 한동안 점심 식사를 일찍 마친 직원들이 PC 앞에 모여 앉아 포커를 즐겼다. 내친 김에 누가 벽돌깨기 게임도 한 번 해보라고 해서 GW 베이직으로 짰는데, 포커보다는 재미없는지 하는 사람이 많지 않았다. 나중에는 포커도 시들해졌는지, 어느 과장이 "이제 이거 재미없다. 블랙잭은 안 되냐?" 해서 그냥 웃고 말았다. 이때 말고는 지금까지 게임을 개발해본 적은 없다.

1980년대 말 초보 프로그래머 시절 컴퓨터 게임은 논리가 워낙 단순하고, 그래픽 카드의 한계로 그래픽 처리도 조잡한 편이었다. 그중 가장 인기 있었던 게 '테트리스'다. 원래 러시아에서 개발된 게임이어서, 시내 오락실을 지나가다 보면 배경 그림인 모스크바의 성 바실리 성당이 인상적이었다. 세계적으로 가장 많은 아류작이 개발된 게임이라는 기록이 기네스북에 올랐다는 얘기가 있다. 우리나라에서도 프로그래머라면 한 번쯤 개발에 도전해보는 사람이 많아서 아류작이 많이 쏟아져 나왔다. 1989년에 나온 아래아한글 초기 버전에서조차 테트리스 아류작이 포함되어 있을 정도였다. 나도 몇 번 해보았지만 별 재미가 없어 아류작 개발에 동참할 생각은 전혀 해보지 않았다.

1990년 즈음에 프로그래머의 눈길을 사로잡은 게임이 있었다. '페르시아의 왕자'다. 일본에서 개발한 것으로 기억한다. 왕자가 공주를 구출한다는 큰 줄거리는 단순하지만, 그 과정의 시나리오 구성이 탄탄하여 그 이전의 테트리스류의 게임과는 확연히 달랐다. 무엇보다도 그 시절의 PC 성능을 감안하면 그래픽과 사운드가 놀라웠다. 특히 당시 값싼 흑백 그래픽인 허큘리스 카드에서도 충분히 실감나는 화면을 보여줬다. 게임을 좋아하지 않아 몇 번 해보고 파악되면 그만하던 나도 이 게임은 신기해서 일주일 정도는 했던 것 같다. 나는 게임에 소질도 없고 키보드 움직임도 유난히 느려서, 한 번도 제한된 시간 안에 공주를 구출하지 못하고 낭떠러지에서 추락하거나 꼬챙이에 찔려 비참하게 죽었다.

당시 C/C++로 업무용 프로그램을 쉽게 개발할 수 있는 텍스트 UI 기반의 프레임워크를 제작하여 전산실 직원이 모두 쓸 수 있도록 했는데, 이 게임을 해보고 나서 텍스트 UI를 그래픽 UI로 모두 바꾸었다. 텍스트를 주로 사용하는 프로그램이라 무슨 차이가 있을까 싶었는데, 그래픽 모드로 바꾸니까 자유자재로 선이나 원을 그려 넣을 수 있고 회사 로고도 넣을 수 있어 산뜻하고 예쁜 화면으로 바뀌었다.

1992년 말에 다니던 회사의 높은 분이 큰 선거에 출마했다. 투표일을 일주일 정도 앞둔 날 팀장이 나에게 "터치스크린으로 게임을 만들어서 그분 선거에 지원해야 한다"며 기획자를 만나 얘기 듣고 개발해주라고 했다. 터치스크린하고 게임이 무슨 상관이며 선거에 게임은 왜 필요한지 의아했다. 알고 보니 소속당의 깃발을 든 마스코트 호돌이, 그분의 유세 장면, 당의 높은 분들의 사진 등으로 몇 개 시나리오의 동영상을 만들고, 큰 화면에 비추어 투표일에 여러 사람이 볼 수 있도록 언론에도 노출한다는 얘기였다. 그걸 터치스크린 화면의 버튼으로 조종하여 '게임처럼' 움직이도록 해달라는 말이 '게임'으로 와전된 것이다. 터치스크린은 그 전에 회사 빌딩 로비에 설치한 안내 시스템을 만들어본 적이 있어 어렵지 않았다. 터치했을 때 좌표 값을 이벤트로 넘겨주는데, 프로그램에서 이를 받아서 어떤 버튼을 눌렀는지 판단하고 해당 시나리오의 영상을 움직이는 것처럼 돌려주기만 하면 끝난다. 하나의 그림이 화면에서 일정한 속도로 움직인다거나, 서서히 떠오르기도 하고, 사라지기도 하고, 사방으로 접히듯 사라지면서 다음 그림이 서서히 교체되어 나타난다든가 하는 다양한 애니메이션 기법은 이미 공개된 라이브러리를 구할 수 있어서 함수만 호출하면 쉽게 구현할 수 있었다. 그래서 터치스크린과 성능 좋은 컬러 그래픽 카드를 장착한 PC를 주문하고 20여 장의 그림과 사진을 준비해 달라고 했다. 실제 프로그래밍은 별 기능이 없으니 금방 끝났다. 개표하는 날 밤에 집에서 TV를 보니, 호돌이가 당의 깃발을 들고 움직이는 영상이 보이면서 당사 안의 표정을 아나운서가 전하는 화면이 나왔다. 다음 날 그분은 선거에서 떨어졌지만, 내가 만든 게임 아닌 그림만 다양하게 움직여주는 단순한 프로그램은 호평을 받았다.

1990년대 초중반 즈음에 일본에서 만든 〈삼국지〉라는 게임이 유행한 적이 있다. 나는 듣기만 했지 한 번도 해보지 못했다. 어느 날 친구한테 전화가 왔는데 대뜸 "너 요즘 게임에 빠져 산다며?" 했다. 무슨 소린지 어리둥절할 수밖에 없었고, 어찌된 일인지 알아보았다. 신문사 기자로 있던 아는 선배가 삼국지라는 게임이 유행하던 당시 세태를 주제로 기사를 쓰면서, 마치 나를 만난 듯이 인터뷰한 짤막한 내용을 창작하여 신문 기사 속에 넣었다. 문제는 익명으로 했으면 좋은데, 허락 없이 내 이름과 다니던 회사명을 실명으로 한 것이다. 그 이후 한동안 그 신문 기사를 읽었던 친구를 만나면 "요즘도 게임 많이 하냐?"는 질문을 받곤 했다.

1994년, 미국 플로리다주의 올랜도에서 열린 '시그라프SIGGRAPH' 행사에 갔다. 다니던 회사에서 일주일 출장으로 다녀왔다. 전시장을 둘러보거나 관심 있는 몇몇 세션에 참여했는데, 영어를 알아듣기 힘드니 재미가 반감되었다. 대신 영화사 테마파크, 케네디 우주센터, 망망대해 대서양 앞바다 등의 방문은 너무 신나고 재미났다. 행사 마지막 날 오후 늦은 시간에 야외에 사람들이 모여 있어 가보니, 돋보기 같은 둥근 모양에 손으로 잡을 수 있는 막대가 달려 있는 물건을 하나씩 나눠준다. 잠시 후 앞쪽 단상 위의 커다란 화면에 몇 개의 둥근 원이 나타나고, 관중은 두 패로 나뉘어 나눠준 돋보기 같은 막대로 화면의 원을 하나 골라 상대편으로 움직여 오른쪽이나 왼쪽 끝에 도달하면 된다. 나중에 모든 움직임이 끝나고 오른쪽 왼쪽 원의 개수를 세어보면 어느 편이 이겼는지 알 수 있다. 아주 단순하지만 이렇게 집단으로 많은 사람이 참여하여 한꺼번에 게임을 할 수 있다는 게 신기했다.

시내를 관광하던 중 성인용품 가게에 전시된 성인 게임 디스크를 발견했다. 이건 어떻게 개발했을까? 호기심이 발동하여 하나를 사려 했더니 같이 간 동료가 귀국할 때 세관 검열에 압수당할 수 있다고 했다. 뺏겨도 할 수 없다 생각하고 구입했다. 무사히 귀국해서 실행해보고 엄청 충격을 받았다. 너무 야하고 내용이 노골적이라 그런 게 아니라, 화려하고 실감 나는 그래픽과 신음 소리의 생생함에 놀란 것이다. 내가 이전에 보았던 어떤 게임보다도 수준이 높았다. 그때 느꼈던 게 발전하는 IT 신기술의 실제 적용은 성인용품 산업에서 시작되는 게 아닐까 싶었다.

1998년 즈음 전 직장을 그만두기 전이었는데, 회사의 그룹웨어에 쓰인 편집기와 폼빌더^{form builder} 기능이 예사롭지 않아 보였다. 나도 1980년대 DOS 시절에 비슷한 기능을 개발했던 적이 있어 관심이 갔다. 상당히 잘 개발된 제품으로 느껴져 담당자에게 누가 개발했는지 무엇으로 어떻게 개발했는지 물었다. 회사에서 자체 개발한 게 아니라, '엔씨소프트'라는 그룹웨어 SI를 하는 회사에서 개발한 것이라 했다. 그 후 창업을 하고 잊고 있었는데, 인터넷에 〈리니지〉라는 게임 얘기가 너무 많이 떠돌고 엔씨소프트라는 유력 게임 회사가 코스닥에 상장했다는 기사를 읽었다. 처음에는 내가 알던 그룹웨어 회사와는 같은 이름의 다른 회사인가 했다. 알고 보니 그룹웨어 솔루션 개발하던 그 엔씨소프트가 맞았다. 그룹웨어 사업하다가 언제 게임 회사가 되었는지 놀라웠다. 그 후 인터넷 언론에서 그룹웨어 사업 부문이 분사해서 나가고 게임 전문 회사가 되었다는 기사를 읽었다.

게임 프로그램은 IT 신기술이 가장 빨리 적용되는 분야이고, 우리나라가 세계적인 경쟁력을 갖고 있는 몇 안 되는 소프트웨어 중 하나다. 그래서 프로그래머로 살면서 항시 관심은 갖고 있었지만, 내 능력을 벗어나는 일이라 직접 개발에 뛰어들지는 못했다.

2000년 이후에는 내 사업이 바빠 게임을 해본 기억이 없다. 한때 어딜 가나 스마트폰에서 애니팡 게임하는 소리가 들려왔다. 얼마나 재미있길래 다들 그러나 하고 옆에서 유심히 봤더니, 옛날 DOS 시절의 테트리스 게임이 약간 진화된 걸로 보였다. 이제는 그 게임을 어떻게 만들었는지 프로그래머로서의 호기심도 잊은 지 오래라서, 내려받아 설치해본 적도 없다.

23

프로그래밍 언어 배틀

종교 전쟁

"초보가 처음 프로그래밍하기에는 어떤 언어가 좋을까?"

가끔 이런 질문을 던지는 사람이 있다. 대답하기 난처하다. 정답은 "그때그때 달라요"인데 "그게 뭐냐?"고 물으면 설명이 길어진다. 개발하려는 프로그램의 목적과 개발 환경에 따라 다르다. 주로 데이터를 다루는 프로그래밍에는 뭐가 좋고, 게임 개발에는 뭐가 좋고, 웹 프로그래밍에는 뭐가 좋고, 안드로이드 앱 개발에는 뭐가 좋고, 아이폰 앱 개발에는 뭐가 좋고. 이렇게 나열하면 "그래서 결론이 뭐야? 뭐가 제일 좋다는 거야?"라고 한다. 세상 많은 일들이 그렇듯, 여기에도 정답은 없다. 그저 복잡한 사실과 다양한 해석이 있을 뿐이니 아무거나 좋아 보이는 거 하나를 붙잡고 해보면 터득하게 된다.

'티오베 인덱스TIOBE Index'라는 게 있다. 티오베라는 소프트웨어 코드 품질 관리 업체에서 매달 업데이트하여 공개하고 있는 것으로 프로그래밍 언어의 인기도를 나타내는 순위이다. 평가는 전 세계의 숙련된 엔지니어, 교육 강의, 제3자 공급업체를 기반으로 하며 구글, 마이크로소프트 빙, 야후, 위키백과, 아마존, 유튜브, 바이 등과 같은 대형 사이트가 등급을 계산하는 데 사용된다고 한다. 20여 년 동안 데이터를 수집하고 분석해온 신뢰도가 있어 나름 유용한 자료라고 한다. 사이트[3]를 방문해보면 2023년 6월 현재 파이썬이 가장 인기 있는 언어로 나온다. 이어서 C, C++, 자바, C#이 뒤따르고 있다.

이 밖에도 프로그래밍 언어의 인기도를 볼 수 있는 몇 개의 사이트가 있다. 대표적으로 국제기구인 IEEE[Institute of Electrical and Electronics Engineers]('I triple E'로 발음, 전기전자공학자협회)에서 발행하는 'IEEE Spectrum' 사이트[4]에 보면 매년 조사한 순위가 있다. 순위는 깃허브, 구글, 엑스(구 트위터), 스택 오버플로 등의 소스에서 가져온 9개 측정 항목에 가중치를 부여하여 만든다고 한다. 2023년 현재 여기서도 파이썬이 가장 인기 있는 언어로 나온다. 이어서 자바, C++, C, 자바스크립트 순이다.

앞선 두 사이트보다 프로그래머에게 더 관심을 끌 만한 곳이 있다. 프로그래머가 많이 찾는 사이트 '스택 오버플로[Stack Overflow]'[5]에서는 1년에 한 번씩 개발자 설문조사를 실시한다. 참여자가 지난 1년 동안 사용했다고 응답한 언어의 통계를 확인할 수 있다. 2023년 5월에 실시한 조사에서는 180여 개 나라의 9만여 명이 참여했는데, 자바스크립트를 가장 많이 사용한다고 응답했다. 이어서 HTML/CSS, 파이썬, SQL 순이다. 흥미로운 것은 그 언어를 쓰는 개발자의 연봉에 대한 조사이다. 참여자가 직접 입력한 연봉을 토대로 한 결과를 보면, C언어를 기반으로 Rust의 장점을 취한 것으로 알려진 지그[Zig]가 연봉 $103,611로 1등이다. 가장 많이 쓴다고 응답한

---

3 https://www.tiobe.com/tiobe-index/

4 https://spectrum.ieee.org/the-top-programming-languages-2023

5 https://insights.stackoverflow.com/survey/

자바스크립트의 평균 연봉은 $74,034, 요즘 가장 인기 있다는 파이썬은 $78,331로 한참 아래 순위에 있다. 이는 달리 해석해볼 여지가 있다.

이 사이트들의 내용은 이런 언어들이 요즘 많이 쓰이나 보다 하고 재미 삼아 보면 된다. 이게 프로그래밍 언어의 좋고 나쁨의 순위를 말하는 건 아니다. FORTRAN이나 코볼처럼 나온 지 60년도 넘은 오래된 언어가 지금도 쓰인다는 게 신기하다.

내가 처음 사용한 프로그래밍 언어는 PL/1으로 메인프레임 프로그램 개발에 썼다. PC의 DOS 환경에서 처음 사용한 언어는 코볼로 꽤 많은 업무용 프로그램을 이걸로 개발했다. 1980년 중·후반에 메인프레임과 중형 컴퓨터 환경에서 동작하는 것으로, DBMS를 장착한 이른바 4세대 언어인 아르테미스^{Artemis}란 게 있었다. 원래는 건설공사처럼 대형 프로젝트 관리용으로 나온 제품이었는데, 여기에서 제공되는 언어로 프로젝트 관리 외에 인사, 급여 등 웬만한 업무용 프로그램은 다 개발할 수 있었다. 이 정도는 아니지만 PC에서도 이와 같은 제품이 있어서 한동안 많이 썼던 게 dBase III다. 단점은 인터프리터라 속도가 좀 느렸다. 나중에 이를 컴파일할 수 있는 클리퍼^{Clipper}라는 것도 나왔다. 당시에는 거의 텍스트 UI로 프로그램을 개발했는데, 가끔 그래픽 화면이 필요한 프로그램은 GW 베이직으로 개발했다. C와 어셈블리어는 DOS 시절 내가 가장 많이 사용했던 언어다. 당시 제약이 많던 DOS에서 강력한 힘을 발휘하던 언어였다.

1990년대 초중반 윈도우 환경으로 바뀐 이후 지금까지 가장 많이 사용한 언어는 비주얼 C++이다. MFC^{Microsoft Foundation Class Library}도 함께 썼다. 당시 다니던 회사에서는 C++로 업무용 프로그램을 개발하기에는 어렵고 생산성이 떨어진다고 하여, 공동 작업에는 비주얼 베이직으로 개발했다.

1990년대 말, 홈페이지의 간단한 게시판 같은 프로그램은 내가 할 줄 아는 웹 개발 언어가 없어 C/C++로 개발했다. 2000년대 중반에 본격적으로 시작한 웹 프로그램 개발에는 C#을 사용했다. 10년쯤 C#을 사용하다가 7년 전쯤부터 자바로 바꿨다.

지금 현재 가장 많이 사용하는 언어는 자바와 자바스크립트/HTML/CSS 그리고 SQL이다. 이렇게 나열해보니 그동안 참 여러 언어를 사용해왔다. 그런데 내가 이 언어가 좋다고 느껴서라기보다 그때그때 필요에 의해서 자연스레 쓰게 되었다.

간혹 프로그래머들은 자기가 쓰는 언어와 다른 사람이 쓰는 언어를 비교하며 이게 좋으니 저게 좋으니 논하기도 한다. 말하자면 프로그래밍 언어의 배틀이다. 재미 삼아 그러기도 하지만 때로는 은근히 다른 언어를 쓰는 프로그래머를 무시하는 태도를 보이기도 한다.

프로그래밍 언어는 프로그래머에게 종교와도 같은 것이다. 따라서 이런 언어 배틀은 종교 전쟁이라 할 만하다. 이 글을 쓰는 나도 내가 믿는 종교(언어)가 있으니, 나는 객관적으로 쓴다 해도 특정 종교에 치우칠 수밖에 없다.

"PL/1이 좋을까, 코볼이 좋을까?"

이 질문은 내가 처음 프로그래밍하던 1980년대 중반의 메인프레임에서 개발하던 언어의 대표적인 두 가지 중 선택이다. 내가 다니던 직장에서는 IBM에서 만든 언어인 PL/1(피엘 원)을 썼는데, 대부분의 다른 회사에서는 코볼을 썼다. 두 언어 모두 만들어진 지 오래되었는데, PL/1Programming

Language/One이 좀 더 나중에 만들어져서 그런지 코볼보다는 요즘 프로그래 밍 언어에 가깝다. 코볼common business oriented language, COBOL이란 이름에서 알 수 있듯이 사무처리를 위한 언어로 DB를 다루는 업무용 프로그램에 많이 쓰였다. 그런데 영어 문법을 그대로 사용하는 방식이라 요즘 프로그래머라면 적응하기 어려울 수도 있다. 예를 들어 'y= x;' 같은 간단한 문장을 'MOVE x TO y.'처럼 써야 한다. 그래서 나는 내가 짠 전체 코볼 코드를 보고 한 편의 영문 편지를 작성했다고 느꼈다. 프로그래밍 언어라는 게 기계가 알아먹을 수 있게 하는 인공 언어라 할 수 있는데, 코볼은 내가 써본 것 중에서 가장 인간이 쓰는 자연어에 가깝다. 메인프레임에서 PL/1으로 개발하다가 PC 환경에서 하려니 PC에서는 PL/1 컴파일러가 없었고 코볼만 있었다. 큰 어려움 없이 금방 코볼에 적응했다. 1년 정도는 PL/1과 코볼을 같이 썼는데 헷갈려 했던 기억은 없다. 그저 회사에서 정한 대로 쓰면 되지 내가 선택할 문제는 아니었다. PL/1은 2년 정도, 코볼로는 4년 정도 개발했다.

"Turbo C가 좋을까, MS C가 좋을까?"
"Turbo C＋＋가 좋을까, 비주얼 C＋＋가 좋을까?"

이 논쟁은 1980년대 말에서 1990년대 초·중반에 볼랜드와 마이크로소프트의 제품을 쓰는 개발자 사이에서 흔히 있었던 말이다. 볼랜드 사의 Turbo- 시리즈는 사용의 편리성과 아기자기한 기능으로 신도가 많았다. 특히 IDEintegrated development environment, 통합 개발 환경는 마이크로소프트 제품보다 먼저였던 걸로 기억한다. 내 기억에 IDE가 처음 선보인 것은 터보 파스칼이었다. 그것에 매료되어 Turbo- 시리즈의 광신도가 주변에 많았다.

나는 마이크로소프트 제품(MS C, 비주얼 C++)을 썼는데, 늦게 시작했지만 IDE(비주얼 스튜디오)의 발전 속도가 무척 빨랐다. 무엇보다도 비주얼 C++ 컴파일러는 엄청난 옵티마이징(최적화) 실력을 자랑한다. 초보자가 대충 길게 여기저기 중복된 코드로 짜도 다 알아서 최적화해서 최고 성능의 실행파일을 만들어낸다. 너무 최적화를 잘해서 간혹 디버그 모드로 컴파일하면 문제가 없던 게 릴리스 모드로 실제 배포할 실행파일을 만들면 문제가 발생하기도 한다. 이런 버그는 초보자가 잡아내기 쉽지 않다.

"C#이 좋을까, 자바가 좋을까?"

현재 우리 회사에서 판매하고 서비스하는 웹 제품인 그룹웨어를 처음 만들 때 서버 측 개발 언어로 C#을 선택했다. 비주얼 스튜디오Visual Studio 에 익숙한 나에게는 당연한 결정이었다. 우선 생산성 면에서 자바와 비교하여 월등했고 유지보수도 쉬웠다. 그런데 막상 제품을 팔다 보니 문제가 하나 있었다. 가격 경쟁력이 떨어진다는 점이다. 경쟁 업체와 우리 회사가 같은 가격에 팔아도 우리가 불리했다. 왜냐하면 자바로 개발된 제품은 제품 가격만 지불하면 되는데, C#으로 개발된 제품은 OS와 DBMS 비용이 추가로 들기 때문이다. 처음부터 그 생각을 좀 더 깊게 했으면 좋았겠지만, 하루아침에 바꿀 수는 없어서 그런 제약을 안고 10년 정도 팔았다. 일부 기능은 C#으로 개발하여 리눅스와 MySQL에서도 작동하도록 해보았다. 별 문제 없이 잘 작동했으나 전체 기능을 모두 그렇게 하기에는 확신이 서질 않았다. 그래서 2016년부터 자바로 바꾸어 개발을 시작했는데, 역시나 생산성이 많이 떨어졌다. 그래도 사업성이 우선이니 자바로 개발한 새 제품으로 지금까지 먹고살고 있다.

자바 환경으로 바꾸어 개발하면서, 초창기부터 오랫동안 자바를 써왔던 프로그래머인 잘 아는 자바 신도에게 "자바가 나온 지 20년이 넘은 걸로 아는데, 왜 이리 진화가 더디냐? 훨씬 뒤에 나온 C#보다 한참 떨어진다"고 불평을 늘어놓았다. 그랬더니 "조금 쓰다 보면 익숙해진다. 그게 그거다"라고 한다. "IDE는 뭐 이리 후지냐?" 했더니, "공짜만 쓰지 말고 돈 좀 들여라. 비주얼 스튜디오에 견줄 만한 것도 있다"라고 한다. "C++나 C#을 쓸 때는 MSDN^{Microsoft Developer Network}만 찾아보면 다 나오는데, 자바는 좀 어려운 거 알아보려 구글링해보면 죄다 쓰레기 정보만 나온다" 했더니, "구글링 실력을 길러라. 잘 찾아보면 뭐든 다 나온다"라고 한다. 이제는 익숙해진지 오래고 나도 자바 신도가 되었지만, IDE만큼은 비주얼 스튜디오를 따를 게 없어 생산성이 떨어지는 게 사실이다. 한때는 비주얼 스튜디오에서 자바를 쓸 수 없나 열심히 찾아보고 궁리해 봤지만 마땅한 해결책을 얻지 못했다. 2019년 이후로 비주얼 스튜디오 코드^{Visual Studio Code}(비주얼 스튜디오가 아니다) 편집기에서는 자바 개발을 지원한다고 하던데 써보진 못했다.

그런데 C/C++를 오래 써온 나에게, C#이든 자바든 VM^{virtual machine}을 필요로 하고 중간 코드를 뱉어내는 언어에 대해서 못마땅하고 때로는 불편한 게 하나 있다. 바로 GC^{garbage collection}라는 것이다. C/C++에서는 메모리를 내 책임하에 내가 알아서 잡았다가 해제하면 깔끔한데, C#이나 자바는 알아서 해준단다. 그래도 프로그램의 메모리 구조를 아는 편인데, 과연 제대로 해줄까 하는 의문을 가졌다. 아직 광신도는 못되고 믿음이 덜해서 그럴지도 모른다. 아니나 다를까 C#은 그런대로 괜찮은데 자바는 메모리 누수^{memory leak} 현상이 발생하지 않으려면 어찌어찌 해야 한다, GC 튜닝이니 뭐니, 조금 깊게 들여다보니 복잡하다. 그럴 바에야 그냥 프로그래머에게 믿고 맡기는 게 낫지 않나 싶다. 프로그래머가 그리 바보는 아닌데 말이다. 물론 실수할 가능성을 원천봉쇄하고 프로그래밍의 원래 목적에만 집중하라는 고마운 배려인 줄은 안다. C/C++ 프로그램 버그의 70%가 메모리 안정성에 관한 문제라 C/C++를 사용하지 말아야 한다는 사람도 있긴하다. 그리고 깊게 들여다보면, C/C++에서도 빈번히 메모리를 잡다가 GC를 쓰는 언어의 프로그램처럼 성능이 떨어지는 순간도 발생할 수 있다.

"PHP가 좋을까, 자바가 좋을까?"

오래전에 PHP를 할 줄 아는 직원이 있어 간단한 아이디어의 웹 프로그램을 개발했다. 어느 공기업에서 이 웹 프로그램이 괜찮아 보였던지 4천만 원에 납품하기로 하고 설치해줬다. 그런데 서버가 PHP로 짠 걸 알고 찜찜하다며 자바로 바꿔달라 했다. 원래 PHP로 개발된 제품이라 어쩔 수 없다고 설득해서 넘어갔다. 그때 PHP는 자바에 비해 등급이 낮은 언어로 인식하고 있는 사람들이 있다는 걸 알았다. PHP를 믿는 종교로 가진 프로그래머에게는 큰일 날 소리다.

얼마 전에 아는 선배가 하는 회사에 갔더니, 규모가 상당히 큰 시스템을 설계해두고 이를 감당할 자바 프로그래머를 찾고 있었다. 지금 쓰고 있는 PHP로 개발한 시스템이 있는데, 이를 대폭 보완하고 확대하여 새로운 버전을 만드는 데 자바로 하겠다는 것이었다. 나도 개인적으로 자바를 선호하는 편이긴 하지만, 지금 능수능란하게 PHP를 다루는 직원들이 있는데 굳이 새로 직원을 채용하면서까지 자바로 바꿀 필요는 없다고 말해주었다.

PHP가 자바에 비해 어떤 약점이 있는지 써보지 않아서 잘 모르지만, 어떤 것이 되었든 목적하는 바를 빨리 달성하고 돈을 많이 벌어주는 게 좋은 언어 아닐까? 목적에 부합하면 수단에 집착할 필요는 없다.

"자바스크립트, 뭐 이런 게 다 있어?"

C/C++나 자바 또는 C# 같은 프로그래밍 언어를 쓰다가 자바스크립트를 하는 경우 잘 적응하지 못하는 사람을 많이 본다. 심지어 자바스크립트는 왠지 언어 같지 않고, 이를 사용하는 프로그래머도 왠지 정통 프로그래머는 아닐 것이라 생각하는 사람도 있다. 그런데 이는 대단한 착각이다. 아마도 정적 타입 언어에 너무 익숙해서 동적 타입 언어가 생소하고 불편해서 그럴 것이다. 자바스크립트야말로 내가 써본 언어 중에 가장 진화한 언어이고, 우리가 흔히 알고 있는 객체^{object}의 본질에 충실한 언어라고 생각한다. 심지어 함수마저 하나의 자료형이다. 나는 웹 프로그래밍의 꽃은 단연 자바스크립트라고 생각한다. 웹 서버 프로그램은 어떻게든 서버에서 빨리 벗어나는 게 좋은 프로그램이다. 그래야 트래픽도 적다. 그러면 서버에서 못다 한 일은 누가 할까? 바로 클라이언트의 자바스크립트다. 아마도 SI 프로젝트에서 서버 사이드 렌더링에 익숙한 개발자라면 공감하지 못할 수 있다. 그러고 보니 나는 자바스크립트 광신도가 틀림없다.

자바는 잘하는데 자바스크립트를 못하는 사람이 의외로 많다. 어디로 튈지 모르는 동적 언어의 자유분방함이 보통의 프로그래머 성격과 맞지 않아서 그럴 수 있다. if(! x && !y){ x =1; y=2;} 이런 문법에만 익숙한 프로그래머가, 자바스크립트의 x ¦¦ y ¦¦ (x =1, y=2); 이런 문법에 당황한다. 자바스크립트에서는 둘 다 같은 결과의 다른 표현이다. 나는 주로 앞쪽보다 뒤쪽 표현을 즐겨 쓰고, 우리 직원에게도 그렇게 하도록 권장하는 편이다. 그럴 만한 몇 가지 이유가 있다.

자바스크립트는 잘하는데 자바를 못하는 사람은 별로 못 봤다. 처음에 좀 답답하다고 느낄지 몰라도 금방 적응하고 쉽게 익힌다. 아마 학교에서 프로그래밍 언어를 배운다면 정적 언어를 먼저 익히고 동적 언어를 나중에 할 것이다. 그게 개념을 설명하기에 알맞기 때문이다. 그런데 사람들은 머릿속에 어떤 규정이 한번 만들어지면 그걸 쉽게 바꾸려 하지 않는다. 그래서 오히려 동적 언어를 먼저 익힌 사람이 나중에 정적 언어를 배우는 게 더 쉬울 수 있다. 그렇지 않다고 할 사람도 있겠지만 내 경험으로는 그렇다. 현재 우리 회사 개발팀장을 뽑을 때 "자바스크립트는 제가 상위 1% 안에 듭니다. 왜냐면 저보다 잘하는 사람을 아직 본 적이 없거든요. 그래서 100명 중 1명에는 충분히 들지 않을까요?" 한다. 이 정도 자신감 있는 사람이 자바든 SQL이든 못할 리가 없다.

우리 회사에서 판매하는 그룹웨어는 처음부터 전용 브라우저가 있었다. 전용 브라우저라고 하면 일반 웹 브라우저와 호환되지 않는 부분이 있어 어쩔 수 없이 따로 개발했다고 오해하는 사람이 있다. 우리가 무슨 재주로 브라우저를 개발하나? 예전에 IE^{Internet Explorer}가 브라우저 표준이다시피 했던 때는 MFC의 CHtmlView 클래스를 이용하면 쉽게 내 제품 전용의 브라우저를 만들 수 있었다. 설치되어 있는 윈도우의 IE 컨트롤을 부르는 방식이다. 이제는 크롬이 대세다. CEF^{Chromium Embedded Framework}를 이용하면 나만의 브라우저를 만들 수 있다. 요즘 네이버의 웨일이든 IE를 버린 Edge든 다들 CEF로 만든다. 그런데 CEF가 C/C++로 되어 있어 전용 브라우저도 C/C++로 짜는 게 제격이다. 그래서 우리 회사에서는 나만이 C/C++를 할 줄 아니까 내가 개발했다. 게다가 메신저와 통합하고 화면 아래 작업표시줄의 트레이 영역에 아이콘도 표시해야 하므로 더욱이 C/C++가 제격이다. 그러나 이제 자바스크립트만 알아도 이것을 다 할 수 있다. 브라우저 안에서만 노는 줄 알았던 자바스크립트가 브라우저를 탈출해서 node.js가 되었다. node.js는 서버 만들 때만 쓰는 줄 아는 사람도 있는데,

이걸로 전용 브라우저나 메신저를 만들면 C/C++로 하는 것보다 더 좋은 게 있다. 소스코드를 윈도우에서 컴파일하면 윈도우용 데스크톱 애플리케이션이 되고, 매킨토시에서 컴파일하면 매킨토시용 애플리케이션이 되고, 우분투에서 컴파일하면 우분투용이 된다. 슬랙Slack 같은 세계적인 제품이 그렇게 개발된 것이다. 컴퓨터 자원을 너무 많이 소비하는 단점이 있기는 하다.

30년 넘은 C/C++ 개발자인 나보다 3년밖에 안 된 자바스크립트 웹 개발자가 이런 일을 할 수 있게 되었다. 웹 프로그램만 하는 개발 회사에서는 어쩌다 한 번 쓰이는 네이티브 언어 개발자를 따로 보유할 필요가 없어졌다.

코드란 무엇인가?

"나는 프로그래머다. 코딩을 한다."

"그래서? 설계에 따라 그대로 구현하는 코더에 불과하지 않나?"

"나는 소프트웨어 엔지니어다", "나는 분석, 설계 전문가다", "나는 PM^{project} ^{manager}이다", "나는 제조업 ERP^{enterprise resource planning} 컨설턴트다", "나는 애자일 코치다", "나는 소프트웨어 아키텍트다", "나는 CTO^{chief technology officer}다"…. "코딩은 안 한다."

"그래서? 코딩할 줄도 모르고, 코드를 볼 줄 몰라도 되나?"

프로그래머 생활을 하다 보면 가끔은 보거나 듣는 말이다. 개발하는 소프트웨어나 프로젝트가 대형화되면서, 그에 따라 개발자의 역할이 세분화되었기 때문이다. 결론은 프로그래머가 다 할 수 있는 일이다. 실제로 작은 프로젝트나 제품 개발은 프로그래머가 이런저런 역할을 다 해야 한다. 그리고 언급된 모든 역할은 코딩을 할 줄 알아야 하고, 설령 코딩하지 않아도 코드는 볼 줄 알아야 하는 게 맞다.

코드란 무엇인가? 프로그램의 설계 도면이다. 그리고 프로그램의 재료

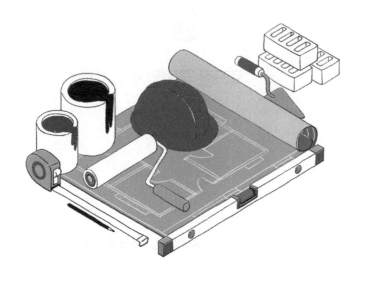

(원료)이다. 이게 실물 프로그램으로 만들어지는 것이다. 프로그램의 근원이 된다는 의미에서 '소스source' 또는 '소스코드'라고 한다. 코드는 프로그램(실행파일, 바이너리 코드, 그 집합체로서 소프트웨어)을 만들기 위해서 근간이 되는 가장 중요한 문서이다. 다른 문서는 모두 부차적이고, 최악의 경우 없어도 된다. 그러나 코드가 빠진 문서로는 프로그램을 만들지 못한다. 재료가 빠져서는 어떤 물건도 만들지 못하는 것과 같다. 그렇다고 해서 소스코드 외의 문서는 중요하지 않다는 말로 오해하면 안 된다.

프로그래밍 행위는 프로그램을 만들어가는 과정에서 개발자가 하는 일이다. 프로그래밍은 곧 코딩이라고 말하기도 한다. 코딩이 가장 중요한 일이기 때문이다. 따라서 소프트웨어 개발 과정에서 어떤 역할을 하든, 코딩을 할 줄 알고 코드를 볼 줄 알아야 더 좋은 품질의 결과가 나올 확률이 높다. 설령 본인이 개발 프로젝트에 참여해서 코딩을 안 하고도 잘 되어간다 해도, '코딩을 할 줄 알고, 코드를 볼 줄 알아야 더 좋다'는 사실은 변하지 않는다.

어떤 주제를 설명할 때, 잘 알려진 비슷한 주제에 비유^{比喩}함으로써 쉽게 이해할 수 있도록 한다. 비유는 어려운 과학적 개념을 이해하는 데 좋은 방법이듯이, 소프트웨어 개발 문제를 이해하는 데에도 큰 도움이 된다. 소프트웨어 개발에는 비유가 유난히 많다. 비유를 얼마나 잘 하고 잘 이해하느냐가 소프트웨어 개발을 얼마나 잘 이해하느냐를 결정한다는 말까지 있다. 소프트웨어 분야의 유명인은 대부분 비유하는 말을 남겼다. 소프트웨어 개발은 '과학이다'라는 말부터, '예술이다', '프로세스다', '정원을 가꾸는 것과 같다', '자동차를 운전하는 것과 같다', '시장과 같다' 등 심지어 〈백설공주와 일곱 난쟁이〉를 촬영하는 것과 같다'고도 했다.

코드가 무엇인지 앞에서 미리 밝혔지만, 이 또한 비유적 표현이라 할 수 있다. 그런데 이 표현과 앞으로 설명할 '코딩', '설계', '구현' 등 관련 용어에 대한 비유가 기존의 소프트웨어 개발에 관한 책이나 전문가의 생각과 다소 다를 수 있다. 아마 평소에 코딩은 벽돌 건물을 지을 때의 '벽돌 쌓기'와 같다고 생각하는 사람이라면 이 글이 불편할 수 있다. 나는 다르게 해석하며 다르게 비유하기 때문이다.

공학적 원리에 의해 소프트웨어 개발을 연구하는 분야인 소프트웨어 공학^{software engineering}이 언제부터 대학에서 가르치고 연구하는 학문이 되었는지 정확히 모르겠지만, 1960년대 이후로 추측된다. 아직 100년이 채 안 된 학문이다 보니 여러 용어를 다른 학문에서 빌려다 쓴 게 많다. 특히 결과물을 만드는 과정이 비슷해서인지, 주로 설계 분야를 배우는 건축학이나 시공 분야를 배우는 건축공학에서 차용한 게 많다. 용어뿐 아니라 소프트웨어 개발 과정의 여러 가지 일을 건축과 비교하여 설명한다.

우선, '아키텍트architect'라는 말부터 건축에서 왔다. '건축가'를 뜻하는 'architect'의 어원은 그리스어 'arkhitekton'으로, 'archi(우두머리)'와 'teckton(만드는 일)'의 합성어다. 말하자면 건축물이나 회화, 조각, 장식 등 예술 작품을 만드는 장인 중 우두머리를 뜻한다. '소프트웨어 아키텍트 software architect' 또한 소프트웨어 만드는 일을 총괄한다는 의미로 붙인 것이다. 어떤 프로그래머는 "아키텍트라는 직업이 실제 있느냐?"고 묻기도 한다. 아마 주위에서 그런 직책으로 명함에 찍어 활동하는 사람을 본 적이 없어서 일 것이다. 주로 큰 회사에 있는 직책이다. 하는 일은 한마디로 소프트웨어의 큰 그림을 그리는 것이다. 자세하게 나열하면 말하는 사람마다 조금씩 다르고 다양해서 여기서는 구체적인 언급을 하지 않겠다. 마이크로소프트의 창업자 빌 게이츠가 회장으로 있던 시절, 공식 직책이 'Chief Software Architect(최고 소프트웨어 아키텍트)'였다고 한다.

사실 경력이 좀 있는 프로그래머라면 아키텍트라는 직책이 아니어도 인식하지 못한 채 아키텍트 일을 할 때가 많다. 나 또한 프로그래머로서 30년 넘게 아키텍트 일을 수행해왔다. 그렇지만 한 번도 '아키텍트'라는 직책을 사용해본 적은 없다. 그냥 '프로그래머'가 나한테는 맞는 것 같다.

건축가는 자신이 큰 그림을 그린 건축물의 창작자로서 '건축가 아무개의 작품'이라고 하지만, 소프트웨어는 자신이 큰 그림을 그렸다 해도 '아키텍트 아무개의 작품'이라고 하지는 않는다. 그것보다는 '프로그래머 아무개의 작품'이라고 하는 게 더 현실성 있다. 물론 규모가 큰 시스템은 그리 말할 수 없다.

소프트웨어의 '코딩'은 건축으로 말하자면 무엇일까? 건축물을 짓는 과정은 '계획-설계-시공'의 단계를 거친다. 소프트웨어 개발은 '분석-설계-구현'의 과정을 거친다. 코딩은 '구현'에 해당하므로 건축의 '시공'이라고 생각하기 쉽다. 그래서 건축의 벽돌공처럼 프로그래머를 '코더coder'라고 비하하는 뜻을 담아 말하는 사람도 있다. 그런데 건축의 시공과 소프트웨어의 코딩은 정확히 일치하는 행위가 아니다. 코드는 건축물의 재료에 해당한다. 하지만 벽돌 시공은 벽돌이라는 재료를 만드는 게 아니라 벽돌쌓기이고, 코딩은 코드라는 재료를 만드는 행위이다. 따라서 '코딩'과 '벽돌쌓기'는 전혀 다른 행위다.

그리고 코드는 프로그램(바이너리 코드)의 재료이면서, 건축의 '설계 도면'이다. 즉, 코딩은 건축의 시공이 아니라 설계 행위라는 말이다. 건축은 결과물인 3차원 구조물을 미리 분해하여 평면도, 입면도, 단면도, 배치도 등 주로 2차원 설계 도면으로 만든다. 건축물의 모든 부분의 가로 세로 길이와 높이, 지름 등 치수와 재료를 도면에 상세히 기록한다. 이 도면대로 시공하면 건축물이 완성된다. 즉, 설계 도면은 건축물의 가장 중요한 없어서는 안 될 궁극의 문서이다. 코드는 소프트웨어의 가장 중요한 없어서는 안 될 궁극의 문서이다. 프로그래머와 벽돌공은 완전히 다른 영역의 일을 한다. 즉, 프로그래머는 설계를 하고 벽돌공은 시공을 한다.

그렇다면 소프트웨어 개발에서 코딩하기 전에 하는, 우리가 보통 '설계'라고 말하는 행위는 무엇이란 말인가? 설계 도면인 코드를 만들기 위한 문서 작업이다. 설계 도면과 구별하려면 보조 설계 문서가 된다. 즉, 코딩이 실제의 설계 행위이고, 우리가 알고 있던 설계는 코딩을 위한 보조적인 설계 행위라 할 수 있다.

건축의 '시공施工'에 해당하는 소프트웨어의 행위는 무엇인가? 바로 '컴파일'이다. 건축물은 시공 행위를 통해 완성되고, 소프트웨어는 컴파일 행위를 하는 컴파일 도구(컴파일러, 링커, 인터프리터, 빌더 등)에 의해 프로그램(실행파일, 바이너리 코드)으로 만들어진다. 건축에서 설계 도면 없이 시공이 가능할까? 큰 건축물은 설계 도면이 없으면 불가능하지만, 작은 건축물은 간단한 스케치와 머릿속 궁리로 만들 수도 있다. 그러나 재료가 없으면 어떤 건축물도 불가능하다. 벽돌집을 짓는 데 벽돌이라는 재료가 없으면 당연히 못한다. 그런데 코드라는 설계 도면이 없으면 그 어떤 프로그램도 컴파일이 불가능하다. 그래서 코드는 설계 도면이면서 건축 시공에 해당하는 컴파일의 재료가 되는 것이다.

신기한 것은 시공 행위를 하는 컴파일 도구 또한 소프트웨어이고, 설계 행위를 하는 코딩 도구인 편집기^{editor} 역시 소프트웨어라는 점이다. 더 신기한 것은 다음 버전의 편집기를 만드는 편집기는 현재 버전의 편집기이고, 다음 버전의 컴파일러는 현재 버전의 컴파일러로 컴파일하여 만들 수 있다는 점이다. 예를 들어 다음 버전의 C++ 편집기는 현재 버전의 C++ 편집기로 편집하고, 다음 버전의 C++ 컴파일러는 현재 버전의 C++ 컴파일러로 컴파일하여 만든다.

'디자인 패턴^{design pattern}'도 어느 건축가가 고안한 걸 소프트웨어에 가져다 쓰는 용어인데, 일종의 설계 기법이다. 그래서 소프트웨어에서 우리가 알고 있는 설계에 적용하는 게 아니라 실제 설계인 코드에 적용해야 한다.

어떤 사람은 'UML^{unified modeling language}'이 건축의 설계 도면에 해당한다고 예를 들기도 한다. 그렇지 않다. UML은 개발에 참여한 사람들 사이의 의사소통을 위한 모델링 언어로, 코드(설계 도면) 작성에 도움을 주기 위한 보조 문서 중의 하나일 뿐이다.

'비계^{飛階, scaffolding}'도 건축 용어인데, 높은 곳에서 공사를 할 수 있도록 임시로 설치한 가시설물을 말한다. 집 근처 동네를 산책하다 보면 공사현장에서 한 번쯤 봤을 것이다. 소프트웨어에서는 테스트할 때 코드를 쉽게 검사하기 위해 짜는 임시 코드이다.

'프로젝트 관리project management' 방법이나 용어도 건축(건설)공사에서 가져온 것이 많다. 보통 소프트웨어 공학의 목적은 '최소의 시간에 최소의 비용으로 좋은 품질의 소프트웨어를 만드는 것'이라고 한다. 이는 '어떤 목표에 도달하기 위해 제한된 시간과 자원을 써서 양질의 성과를 만들어내고자 하는 일회성 사업 활동'이라는 프로젝트의 정의와 일치한다.

원래 현대의 프로젝트 관리 방법론은 1950년대 냉전시대의 미국 국방 프로젝트에서 시작되었다. 이것이 민간에서 건설공사에 활발히 쓰이면서 정착되었다. '업무 분업 구조work breakdown structure, WBS'나 '간트 차트Gantt chart'는 건설공사에 쓰이는 고전적인 방식이다. 'PMproject manager'은 건설공사에서는 보통 시공 현장의 총 책임자를 말하며, 설계 책임자는 아니다. 설계 책임자는 건축가architect다. 소프트웨어 프로젝트의 PM은 설계를 포함한 모든 과정을 총괄하는 책임자다.

소프트웨어 개발의 여러 개념이나 용어를 건축에서 가져오고 비유하는 것은 유용하다. 그런데 차이도 있음을 알고 쓰는 게 좋다. 개념의 다름을 설명하지 않고 단순 비유를 하다 보니, 소프트웨어 개발 행위 전체가 혼란스럽고 의견이 분분한 게 아닌가 싶다.

이런 논란의 바탕에는 소프트웨어의 '비가시성非可視性, invisibility'이라는 특성이 있다. 즉, 우리 눈으로 확실히 인지할 수 있는 3차원 공간에 나타낼 수 없다는 얘기다. 그러다 보니 건축의 시공이란 개념이 소프트웨어에서는 모호해지고, 눈에 가장 확실하게 보이는 코드를 만드는 행위인 코딩을 시공으로 오해한다. 그렇게 되면 건축 시공으로 만들어지는 최종 결과물이 건축물인데, 소프트웨어 개발의 최종 결과물이 코드란 말인가? 당연히 아니다. 프로그램(실행파일, 바이너리 코드) 또는 소프트웨어이다. 그래서 '프로그래머는 벽돌공이고 코딩은 벽돌쌓기와 같다'는 비유는 잘못된 것이다. 나처럼 프로그램을 실행파일(바이너리 코드)과 같은 의미로 쓰지 않고, 프로그램과 코드를 동의어로 사용하는 사람도 있다. 그렇다고 해서 이 비유가 맞는 건 아니다.

'시공施工'의 영어 표현은 'construction'으로 '건설'한다는 뜻이다. 즉, 무언가를 만드는 실질적인 작업이다. 소프트웨어는 비가시성 때문에 '소프트웨어를 만든다는 것은 곧 코드를 만드는 작업'으로 인식하고, 코딩은 '구현'이 되고 'construction'이 되어 버린 것이다.

요즘 '노코드no-code' 기술에 대한 얘기가 많다. 코딩 없이 일반인도 간단히 애플리케이션을 개발할 수 있는 도구들이 여기저기서 등장하고 있다. 우리 회사에서 서비스하는 그룹웨어에도 '노코드 앱' 기능이 들어 있다. 사용자가 PC든 모바일이든 화면을 디자인하고 데이터나 업무 처리를 위한 속성을 지정하면 간단히 업무용 앱을 코딩 없이 만들 수 있다. 노코드에는 프로그래머들이 전통적으로 사용하는 프로그래밍 언어에 의한 코드는 없다. 여기서는 사용자가 디자인한 화면 정보, 업무처리 속성, 데이터 처리 정보 등을 코드라고 할 수 있다.

그렇다면 노코드 기술이 발전하면서, 가끔 언론에서 거론하는 것처럼 개발자를 완전히 대체할 수 있는 시대가 올 것인가? 사실 소프트웨어에서 프로그래머의 역할을 없애거나 줄이려는 노력과 도구(소프트웨어)의 개발은 이미 50여 년 전부터 끊임없이 있어 왔다. 그런데도 프로그래머의 역할은 계속 확대되면서 그 수도 계속해서 증가해왔다. 이번에는 다를 것인가?

아직은 노코드로 만들 수 있는 영역이 전통적인 프로그래밍 영역을 침범하는 것으로 보이지는 않는다. 즉, 아직까지는 또 다른 사업 영역으로 보인다. 그러나 요즘처럼 개발 인력이 부족하고 개발 비용이 가파르게 상승하는 현실에 대한 충분한 대안이 될 수 있다. 또한 AI 분야의 발전 속도가 워낙 빨라서, 바둑에서처럼 소프트웨어에서도 노코드 플랫폼으로 생산하는 프로그램을 어떤 개발자도 능가할 수 없는 시대가 올 수 있다고 보는 사람도 많다. 나는 아직 잘 모르겠다.

코드는 프로그램의 근원인 설계 도면이면서 재료이다. 모든 소프트웨어 개발 행위는 코드를 향하고 있고, 모든 문서는 부차적이고 코드를 위한 보조 문서다. 플라톤이라면 '코드는 소프트웨어의 이데아다'라고 했을까? 그래서 나는 개발에 참여하는 사람은 그 역할에 관계없이 크게 보아, 모두 '프로그래머' 또는 '개발자software engineer'라고 해도 무방하다고 본다. 그리고 프로그래머가 아키텍트 역할을 해도 전혀 이상할 게 없고 당연히 해야 할 일이다.

25

디버깅 못하는
고수는 없다

1962년 7월 미국 NASA의 1,850만 달러짜리 금성 탐사선 마리너 1호가 발사 직후 폭파되는 사고가 있었다. 언론 보도에 따르면 명령 코드 중에 하이픈 한 글자를 빼먹은 버그가 있었다고 한다. 요즘 생활의 필수품인 자동차에는 수많은 컴퓨터 프로그램이 들어 있다. 심지어 전기자동차의 대명사인 테슬라는 자동차라기보다는 스마트 기기에 가깝다고 한다. 이 프로그램에 치명적인 버그가 있다면 끔직한 사고로 이어질 수 있다. 은행의 입출금 프로그램에 버그가 있다면 어떤 일이 벌어질지는 누구나 상상할 수 있다.

세상에 완벽한 소프트웨어는 없다며 버그는 삶의 당연한 공리로 받아들이라는 사람도 있다. 하기야 가계부 앱에 버그가 있다고 세상이 망하지는 않는다. 그러나 은행의 계정 시스템에 버그가 있다면 프로그래머 인생이 망가질 수도 있다.

'버그bug'는 '벌레'라는 뜻으로 컴퓨터 오류나 오작동을 일으키는 프로그램의 결함을 말한다. 1946년 마크Ⅱ라는 컴퓨터가 계산 도중 수치에 오류가 발생했다. 미국 해군 제독이었으며 코볼의 창시자로 알려진 전설적인 여성 프로그래머인 그레이스 호퍼Grace Hopper 박사가, 원인을 찾아보려고 기계를 뜯어봤더니 스위치 소자에 걸려 있는 나방을 발견했다. 이 벌레를 제거하니 컴퓨터가 정상 작동되었다. 최초의 디버깅이다. 이 나방은 아직도 워싱턴 D.C에 있는 스미스소니언 박물관Smithsonian Museum에 소장되어 있다고 한다.

프로그램 오류를 찾아 수정하는 것, 즉 버그를 제거하는 프로그래머의 행위를 '디버깅debugging'이라 한다. 말하자면 프로그램을 완전하게 만드는 가장 중요한 일이라 하겠다. 따라서 프로그래머의 실력을 가늠해볼 수 있는 척도가 되기도 한다.

그런데 이리 중요한 디버깅을 학교에서 가르쳐주지 않고 전문 책자도 많지 않다. 이는 디버깅이 개발하는 프로그래밍 언어와 사용하는 개발 도구에 종속되어 있어서 그럴 것이다. 물론 일반적인 디버깅 원리나 경험으로 쌓인 지식이 있긴 하다. 어찌되었든 디버깅은 실전에서 익힐 수밖에 없다. 특히 자신이 개발하고 있는 프로그램의 디버깅 도구인 디버거debugger를 능숙하게 다룰 줄 아는 것도 디버깅 실력에 큰 영향을 미친다.

소프트웨어 분야의 유명인 중에는 디버거를 사용하지 말라고 권고하는 사람도 있다. 디버거에 의존하기보다는 발생한 문제에 대해 깊이 생각함으로써 더 빠르고 정확하게 문제를 해결할 수 있다는 것이다. 물론 디버거가 프로그래머의 두뇌를 완전히 대신해주지는 않는다. 그렇다고 아무리 뛰어난 프로그래머의 두뇌라도 뛰어난 기능을 가진 디버거를 능가할 수는 없다. 그래서 프로그래머는 머리로도 생각하고 디버거를 잘 사용하는 것이 가장 효과적이다.

오래전 다니던 회사에서 교육센터를 만들고 C++, 비주얼 베이직 등 프로그래밍 언어 과목을 개설했다. 처음에는 대학원 석사, 박사 과정에 있는 전공자에게 강의를 맡겼다. 이론 교육에 이은 간단한 코딩과 컴파일까지는 별 문제가 없었다. 그런데 실전 프로젝트 과정에서 문제가 생겼다. 특히 디버깅을 어떻게 하는지 모르는 강사가 대부분이었다. 얼마 후 프로그래머 경력자로 대부분의 강사를 교체했다.

디버깅은 때로는 소프트웨어 개발의 성패를 좌우한다. 뛰어난 프로그래머는 디버깅의 고수이고, 디버깅 못하는 프로그래머 고수는 없다.

26

같이 일하기 힘든, 뛰어난 개발자

입개발자, 손개발자, 뇌개발자

프로그래머란 직업으로 오래 일하다 보니 여러 성향의 많은 개발자를 만나게 된다. 특히 창업 후에는 회사는 작지만 20년이 넘다 보니 개발자를 채용하여 일을 맡겨보면서 다양한 경험을 하게 된다. 그런데 내 능력이 부족해서인지 아직도 면접만으로는 그 사람의 실력이나 나하고 같이 일하기에 어울리는 개발자인지 알기 어렵다. 그동안 겪었던 프로그래머 중 나름 뛰어난데 같이 일하기에는 힘들었던 개발자 유형에 대해 적어보겠다. 나하고 맞지 않거나 내가 하고 있는 일에는 맞지 않았다는 것이지 개발자를 가르는 기준이 아니라는 점을 오해해서는 안 된다.

입개발자

아는 게 많은 개발자다. 박식하고 달변이다 보니 동료가 물어보면 막힘이 없다. 말만 들으면 틀림없는 고수다. 문제는 프로그램을 맡겼을 때 답이 없다. 아무리 기다려도 제대로 된 성과를 얻을 수 없다. 코드를 보면 깜짝 놀라게 된다. 말하는 것하고 너무 다르기 때문이다. 이런 사람이 프로그램을 못 짠다고 뛰어나지 않은 것은 아니다. 조금 큰 회사나 규모 있는 프로

젝트에서 기획이나 분석, 사양서 작성 등 직접 코딩하지 않는 일에 능력을
발휘할 수 있다.

아는 것과 짜는 것은 다르다.

손개발자

코딩하는 키보드 소리가 경쾌하고 빠르다. 동료는 이 소리에 집중이 안
될 수도 있다. 프로그램 만드는 속도도 빠르다. 초보는 아니다. 경력이 제법
있어야 한다. 신입이라면 회사에서 일한 경력이 없을 뿐 어릴 때부터 오랫
동안 프로그래밍을 해온 개발자일 수 있다. 이른바 SI 프로젝트에서 이런
사람은 보배다. 주어진 시간 안에 빨리 만들어내는 게 최고이기 때문이다.
SI 프로젝트는 검수만 통과하면 된다. 검수에서 나온 문제는 바로 땜질하
면 통과된다. 누구도 코드를 들여다보고 잠재적 문제를 찾아내지 않는다.
더군다나 검수 당시에는 극소수의 자료만 입력하여 테스트하는 게 대부분
이어서 요행히 성능 이슈는 발생하지 않는다.

문제는 버그 없고 완성도 높은 제품을 만들 때 일어난다. 실행 속도는
느리고 끝없이 버그를 만들어내다가 결국 다른 사람이 처음부터 다시 개
발하게 된다. 생각할 틈도 없이 먼저 키보드를 두드리는 습관이 몸에 배어
있다. 결과를 빨리 확인하고 싶은 마음에 복사와 붙여넣기가 계속 빠르게
이어진다. 역시 코드를 보면 깜짝 놀라게 된다. 잠재한 버그가 수두룩하고
복사와 붙여넣기에 의한 정리되지 않은 코드가 어지럽다.

회사에서 이런 직원에게는 습관을 바꾸도록 계속 잔소리를 해준다. 종

이에 로직을 그리고, 생각을 적은 다음 천천히 코딩하고 코딩한 내용을 종이에 인쇄하여 정독하고 될 수 있으면 키보드를 멀리 하라고. 이런 잔소리에 회사를 그만두기도 한다. 습관만 바꾼다면 좋은 개발자가 될 수 있다.

프로그램은 생각으로 짠다. 키보드는 천천히 두드려도 된다.

뇌개발자

정말 머리가 좋은 개발자다. 하나를 가르치면 열을 알고 그 명석함에 무릎을 친다. 어떻게 저런 생각을 할까 신기할 따름이다. 문제는 아무리 기다려도 프로그램이 100% 완성되지는 않는다는 점이다. 명석함을 요하는 핵심 로직만 가지고 프로그램이 완성되지는 않기 때문이다. 지엽적이고 지루하게 허드렛일로 보이는 코딩이 훨씬 많다. 폼 나는 코딩만 하고 싶지 이런 지겨운 코딩은 견디지 못한다. 그렇다고 해서 그 사람의 코드에 살을 붙이는 작업을 다른 사람에게 맡기는 방식으로 영역을 나누기도 애매하다.

대개 이런 사람은 동료와 협력해서 프로그래밍하기가 어렵다. 특히 우리 회사처럼 업무용 프로그램을 개발하는 경우, 고객이 요구하는 일반적인 비즈니스 로직이 기본으로 담겨야 하는데 본인의 명석함으로 만든 창작이 문제가 되기도 한다. 아마 본인하고 맞는 분야의 프로그램에는 뛰어난 재능을 발휘할 수 있을 것이다.

좋은 프로그램은 끈기와 인내로 완성된다.

프로로 고되게 살기,
아마추어로 편히 살기

"당신은 프로입니까, 아마추어입니까?"

"경력 16년의 특급 기술자이므로 아마추어는 아닙니다."

"프로로서 당신의 스코어는 어떻게 됩니까? 지금까지 당신이 짠 프로그램으로 벌어들인 돈이 얼마인지 생각해본 적 있냐는 뜻입니다."

"한 번도 생각해보지 않았습니다."

"당신의 인생작은 무엇입니까?"

"회사에서 하는 프로젝트에만 참여해서 딱히 내 작품이라고 할 만한 건 없습니다."

"본인의 스코어도 모르고 대표작도 없다면 프로는 아니군요."

내가 회사에서 개발 책임자를 뽑을 때의 대화 내용을 요약했다. 우리는 프로그래머로 밥벌이를 시작한 후 흐른 시간을 두고 '몇 년 차' 프로그래머라고 한다. 또한 이에 따라 초급, 중급, 고급, 특급으로 등급을 나누고 몸값을 정하기도 한다.

여기서 좀 엉뚱한 생각이 든다. 연차에 따라 급과 가격이 매겨진다면, 이를 이용해서 실력 없이도 평생 편히 살아갈 수 있지 않을까? 다행히도 할 수 있다. 경력이 쌓이면 속된 말로 짬밥이 쌓이고 좋은 말로 처세술이 몸에 붙는다. 실력을 들키지 않는 기술이다. 프로그래머가 갈 수 있는 길 career path은 생각보다 다양해서 가능하다. 우선 인사를 잘하고 겸손한 태도로 무장해야 한다. 윗사람의 가려운 데를 긁어줄 수 있는 특기 하나쯤 있다면 더욱 좋다. 작은 회사는 안 된다. 실력이 금방 드러나기 때문이다. 큰 조직이 적당하고, 특히 개발자가 많이 동원되는 큰 프로젝트를 찾아 다닐 수 있으면 확률이 높다.

지나온 세월의 길고 짧음은 실력과는 무관하다. 프로그래머를 실력으로 평가한다면 고수, 중수, 하수가 있다. 그런데 급을 나누듯이 계량할 수 있는 기준은 없다. 다만 우스갯소리로 이런 분류가 있다. 하수는 시키는 일도 누가 도와주지 않으면 못하고, 중수는 시키는 일은 곧잘 하고, 고수는 스스로 알아서 잘한다.

12절에서 프로 프로그래머를 정의한 바 있다. 나는 이런 공식으로 판단한다.

매우 뛰어난 기술 1 < 매우 뛰어난 태도 + 적당히 뛰어난 기술 1 + 적당히 뛰어난 기술 1

부등호의 왼쪽은 어떤 요소 기술 하나에 뛰어난 사람으로 고수다. 오른쪽이 프로다. 매우 뛰어난 태도는 기본으로 갖춰야 한다. 기술이 '적당히'가 아니라 '매우' 뛰어나다면 고수이면서 프로다. 그리고 적당히 뛰어난 기술은 많으면 많을수록 좋다. 그렇기에 프로가 훨씬 큰 능력을 발휘하고 성과를 내며, 작은 소프트웨어 개발 회사에는 꼭 필요한 존재다. 그러나 프로의 길은 험난하다. 폼 나지 않은 허드렛일부터 누구도 할 수 없는 고단한 일까지 책임감으로 이루어낸다. 수많은 실전 프로젝트와 돈을 만들어

내는 제품 개발로 끈기 있게 몰입하여 단련해야 한다.

프로그래머 세계에는 99%의 아마추어 프로그래머와 1%의 프로 프로그래머가 있다. 무난한 아마추어의 길이 편하고 행복할 수 있다. 그러나 비록 험난해도 프로의 길이 성취에 의한 행복감이 더 크지 않을까? 이 또한 선택의 문제다.

프로 프로그래머 훈련법

12절에서 프로 프로그래머를 '상업용 소프트웨어 제품을 정해진 기한 내에 개발 인력에 상관없이 만들어내는 사람'이라고 정의한 바 있다.

내가 프로 프로그래머라는 개념을 생각한 것은 이미 30년이 넘었다. 당시 대기업 전산실에 근무했는데, 고객인 현업 부서의 의뢰를 받아 개발한 프로그램 중에서 1년이 넘어서까지 활발히 사용되고 있는 것이 생각보다 많지 않았다. 그래서 고객이 1년 이상 쓰지 못하고 폐기하는 프로그램을 실패한 프로젝트로 규정하고 헤아려보니 놀랍게도 50% 가까이 되었다. 반 정도는 실패한 프로그램 개발이라는 얘기다. 그런데 좀 더 눈여겨 살펴보니 흥미로운 게 있었다. 어떤 사람이 주도한 또는 참여한 프로젝트는 거의 성공했는데, 반대로 어떤 사람이 참여한 프로젝트는 실패한 게 많다는 점이다. 즉, 성공하는 프로그램을 개발하는 프로그래머는 정해져 있더라는 얘기다. 난이도와 상관없이 말이다. 그리고 프로젝트를 성공으로 이끄는 사람이 누구인지는 공식적으로 말은 안 해도 다들 암묵적으로 알고 있었다. 나는 그때부터 그런 사람, 즉 어떤 프로젝트든 성공률 100%가 보장된 사람을 '프로'라고 규정했다. 나도 프로가 되려고 노력했고 프로가 되는 것을 목표로 삼았다.

내가 초보 시절을 벗어나 어느 정도 경력자가 되었을 때, 나와 같은 팀에서 일하는 팀원은 모두 프로 프로그래머가 되는 것을 목표로 훈련시켰다. 팀에 처음 합류한 초급 직원은 코딩을 시키지 않았다. 무려 2년 정도를 허드렛일로 보이는, 프로그래머가 대체로 하기 싫어하는 일을 시켰다. 그중 가장 많은 부분을 차지하는 일이 문서 작업이다. 나는 프로의 출발은 '쓰기writing 능력'이라는 생각을 갖고 있다. 프로그램 개발에는 여러 가지 기획서, 기안서, 계획서, 분석서, 설계서, 매뉴얼 등 써야 할 일이 많다. 이를 위한 도구인 워드프로세서와 스프레드시트, 프레젠테이션 툴은 자유자재로 다룰 수 있어야 한다. 그런 과정에서 요구 분석과 설계 능력을 익히게 된다. 특히 데이터 모델링과 DB 설계는 가장 중점으로 익히도록 했다. 1년 이상을 문서 작업만 해대니, 다음 조직 개편 때 대부분의 직원은 다른 팀으로 도망을 갔다. 문서 작업이 익숙해지면 다음 단계는 테스트와 고객(현업부서) 지원을 시키고, 거기에 익숙해지면 유지보수를 위해 다른 사람이 짜놓은 코드를 보도록 했다. 이렇게 2년의 훈련 과정을 거치고 그때까지 나와 같은 팀에 남아 있는 직원은 비로소 본격적으로 자기 코딩을 하게된다. 확실히 이런 과정을 견뎌낸 직원이 코딩도 잘한다. 예상할 수 있듯이 이런 직원은 이후 어떤 프로젝트를 맡겨도 거의 100% 성공하며, 모든 팀장이 자기 팀으로 데려가려고 난리다.

창업하고 나니 대기업에 있었을 때와 같은 방식으로 직원을 훈련시킬수는 없었다. 그렇게까지 오래도록 중요하지만 허드렛일로 여기는 작업에만 매달리게 할 시간의 여유가 없다. 또한 그리했다가는 작은 회사에 오래붙어 있을 직원이 없다. 그래서 보통 일주일, 길어야 2주 정도 회사의 라이브러리와 프레임워크를 교육하고 바로 실전 프로젝트에 투입하는 방식으로 바꿨다. 모든 걸 실전을 통해 익히도록 한 것이다. 성과를 내는 것이 가장 중요하다. 예전 대기업에서 했던 방식과 비교해보니 프로그래밍은 빨리 익히는 장점이 있는데, 확실히 쓰기 능력은 뒤떨어졌다.

오랫동안 여러 프로그래머와 이런 방식으로 일해보니, 머리 좋고 뛰어난 프로그래밍 실력을 지녔는 데도 프로그램 완성을 못하고 성과가 나지 않는 직원이 더 많았다. 반면에 어딘지 모르게 어설퍼 보이는 데도 맡겨놓으면 정해진 시간 내에 반드시 확실하게 완성하여 끝내는 직원이 있다. 이런 직원을 '프로'라고 한다. 두 그룹 사이의 차이는 어디서 오는가? 요약하면 목적의식과 끈기의 차이다.

프로그래머가 프로를 지향한다면 그에 걸맞는 실력을 쌓는 게 중요한데, 무엇보다도 많은 프로젝트를 경험해보고 많은 프로그램을 짜서 고객에게 보급하고 그들로부터 여러 평가를 받아봐야 한다. 그런데 자신이 소속된 회사에서 마음대로 원하는 프로젝트에 참여하고 원하는 프로그램을 개발해보는 기회를 갖기가 쉽지 않은 게 현실이다. 특히 프로 프로그래머로 성장하려면 돈이 되는 소프트웨어를 개발하여 냉정한 시장의 평가를 받으면서 단련되어야 하는데, 이런 경력은 가만히 회사 일만 하면 저절로 쌓아지지는 않는다. 이럴 때 할 수 있는 방법이 회사 일을 마치고 퇴근 후와 휴일에 개인적인 돈벌이 프로젝트를 수주하여 개발해보는 게 큰 도움이 된다.

프로그래머는 회사 일을 떠나 돈벌이에 관계없이, 혼자서 또는 마음에 맞는 사람과 팀을 이루어 프로젝트를 만들어 수행하기도 한다. 이 또한 실력 향상에 큰 도움이 된다. 개인이 자유롭게 좋아하는 아이템을 잡아서 개발해보는 것을 '펫pet 프로젝트'라 하며, 회사 업무 외 시간에 회사 밖에서 팀을 만들어 진행하는 개발을 '사이드side 프로젝트'라 한다. 펫 프로젝트든 사이드 프로젝트든 프로그래머라면 한 번쯤 경험해보는 것도 좋다.

이런 프로젝트와 유사하지만 목적이 다른 프로 프로그래머 훈련법을 소개하고자 한다. 이 방식은 창업 전에 대기업에 다닐 때 많이 해봤고, 창업 후에도 회사 프로젝트를 종종 같은 방식으로 진행했다. 그렇다고 남다른 거창한 비법이라고 할 수는 없다. 그저 프로로 단련되겠다는 의지가 중요하다.

먼저, 개발하려는 적당한 아이템을 하나 잡아야 한다. 뭘 해야 할지 막막하다면 모바일 앱 스토어에서 이것저것 검색해보고 적당한 걸 하나 고른다. 아이템을 정했으면 당연히 기획서도 쓰고 요구 분석도 해야 한다. 기획서는 자신이 프로젝트의 발주자라고 생각하고, 왜 이걸 만들려고 하는지 그게 한마디로 무엇인지를 적는다. 이번에는 요구 사항을 개발하고 분석하고 확정한다. 이 과정은 자신이 발주자 입장도 되어 보고 개발팀의 입장도 되어 보고, 결국 어떤 프로그램이 만들어져서 시장에 어떻게 팔릴 것인지 상상해가며 머릿속에 그림이 그려져야 한다. 간단히 해도 되지만 자꾸 하다 보면 문서 작성은 물론이고 기획이나 분석 실력도 는다. 이후 설계하고 개발하는 과정은 모든 프로그래머에게 익숙할 것이다.

예를 들어 모바일 앱 스토어에 가계부가 여럿 눈에 띈다. 본인의 능력으로도 충분히 개발할 수 있다고 느낄 것이다. 무엇보다도 이미 올라와 있는 앱을 내려받아 써보면 기획과 요구 분석은 쉽게 할 수 있다. 아마도 대부분의 프로그래머는 이 대목에서 카피캣을 만드는 게 꺼림직하고 불편할 수도 있다. 그렇다면 기존의 가계부와는 다른 무언가 획기적인 기능과 접근으로 새로운 장르의 가계부를 창조하겠다는 생각을 가지면 마음이 덜 불편할 것이다. 불편은커녕 의욕이 넘치면 더 좋다.

여기서 중요한 게 두 가지 있다. 바로 브랜드와 가격이다. 즉, 개발하려는 프로그램의 이름과 완성되었을 때 얼마를 받고 팔 것인가이다. 이름이야 당연히 정해야겠지만 가격을 정하는 데는 생각이 많을 것이다. "다른 가계부는 모두 공짜인데 내 것만 돈을 받는다면 과연 팔릴까?" 하는 등의 고민이 될 것이다. 그렇다고 그냥 무료로 하고 광고를 집어넣어 돈을 받는 식으로 타협하지 않는 게 좋다. 왜냐하면 이 프로젝트를 진행하는 목적이 프로가 되기 위함이라는 것을 잊지 말아야 한다. 실제로 해보면, 같은 프로그램을 무료로 보급하는 것하고 다만 얼마라도 받는 것하고는 고객의 반응이 완전히 다르다. 고객은 크게 중요하지 않은 실수에 무료라면 너그럽지만, 유료는 작은 버그에도 "이런 걸 돈 받고 파느냐?"며 비난이 빗발칠 수 있다. 그래서 개발에 임하는 태도도 달라야 하며 프로그램의 완성도가 높아야 한다. 또한 유지보수에 임하는 자세도 달라질 수밖에 없다. 무엇보다도 고객이 보기에 마땅히 대가를 치를 만한 그 무언가를 프로그램에 녹여넣어 차별화해야 한다. 그래서 얼마가 되었든 반드시 가격을 정하라는 얘기다. 이게 프로가 되는 훈련 과정이다.

또 하나 중요한 게 모든 프로젝트 과정을 혼자 해야 한다는 점이다. 기획에서부터 분석, 설계, 코딩, 디버깅, 테스트, 매뉴얼 만들기, 판매, 유지보수 등 모든 것을 처음부터 끝까지 혼자 해봐야 한다. 아마도 작정하고 하면 뭐든 못할 건 없는데, 디자인에서 막힐 수 있다. 나도 내가 아무리 노력해도 전문 디자이너의 감각을 따라갈 수는 없었다. 그래서 미적으로도 수준 높은 아름다운 프로그램을 만들고 싶다면, 전문 디자이너의 도움을 받는 것은 예외로 한다. 디자인이 크게 품질에 영향을 미치지 않는 프로그램이라면, 상업적으로 써도 괜찮은 저작권 없는 무료 이미지나 캐릭터 등을 활용해서 혼자서 하는 게 좋다. 웹 프로그램은 이른바 백엔드와 프론트엔드뿐 아니라 관련 DB 프로그램 등도 가리지 말고 다 혼자 해야 한다. 모바일의 경우도 안드로이드와 iOS 모두 혼자 개발해야 함은 물론이다.

혼자 프로젝트를 여럿 해보면, 우선 기획력이 생긴다. 쓰기 능력도 좋아지고, 자신만의 설계 방법도 생기고 코딩 스타일도 만들어진다. 무엇보다도 제품으로 만들어 파는 과정에서 시장과 고객이 무엇인지 확실히 느끼게 된다. 영업과 마케팅에 대해서도 생각하게 된다. 혼자서도 얼마든지 감당할 수 있는 능력을 기르는 게 프로의 첫걸음이다. 나는 한 사람이 하나의 기술에 매우 뛰어난 것보다 여러 기술에 모두 적당히 뛰어난 게 훨씬 큰 능력을 발휘한다고 생각한다. '매우 뛰어난 기술 1 < 적당히 뛰어난 기술 1 + 적당히 뛰어난 기술 1', 이 공식을 믿는다.

그렇다고 혼자만의 프로젝트를 계속하라는 건 아니다. 팀을 이루는 프로젝트도 많이 경험해봐야 한다. 회사에서 하는 크고 작은 프로젝트에 참여도 해야 하고, 본인이 주도하는 프로젝트도 가능하다면 많이 해보는 게 프로 프로그래머로 길러지는 길이다.

마지막으로 꼭 실천해야 하는 게 있다. 프로젝트를 기획할 때 개발 일정을 정하고, 제품을 완성해 시장에 출시하는 날을 확실히 정해야 한다. 그리고 반드시 그 일정 안에 끝내는 훈련이 매우 중요하다. 아무리 좋은 프로그램도 기한을 넘겼다면 쓰레기통에 처박는다는 각오로 해야 한다. 프로는 어떤 어려움이 있어도 약속한 날짜를 지킨다.

그리고 당연한 얘기지만, 개인적인 프로젝트는 회사 일에 지장을 주지 않도록 철저히 분리해야 한다. 이 또한 프로의 기본이다.

프로 프로그래머가 되려면

1. 쓰기 능력을 기른다.

2. 요구 분석과 설계 능력을 익힌다. 특히 데이터 모델링과 DB 설계 능력이 가장 중요하다.

3. 어떤 언어든 코딩의 달인이 된다.

4. 수많은 프로젝트를 경험한다.

5. 돈이 되는 소프트웨어를 개발하여 시장의 냉정한 평가를 받으면서 단련한다.

6. 하나의 기술에 매우 뛰어난 것보다 여러 기술에 적당히 뛰어난 게 낫다.

혼자서 할 수 있는 프로 프로그래머 훈련법

1. 시장에 팔 목적으로 개발할 아이템을 선정한다.

2. 브랜드와 가격을 정한다. 무료로 보급해서는 안 된다.

3. 개발하고 제품을 만들고 파는 모든 과정을 혼자서 한다.

4. 제품을 완성하고 시장에 출시하는 날을 미리 정하고 반드시 그 일정 안에 끝낸다.

5. 개인적인 프로젝트는 회사 일에 지장을 주지 않도록 철저히 분리한다.

프로그래머는 좋은 직업인가?

놈놈놈

"프로그래머, 그거 할 만한가?"

프로그래머가 직업으로서 괜찮은가를 묻는 질문이다. 50대 이상 나이 든 관점으로는 "돈은 되나? 먹고 살 만한가?"이고, 30대 이하 젊은 시각으로는 "폼 좀 나나?"이다. 내가 보기에는 그럭저럭 돈도 되고 그냥저냥 폼도 난다.

요즘 우리의 일상 생활에 쓰이는 것 중 대부분은 소프트웨어가 들어 있다. 거의 모든 산업에서 소프트웨어가 쓰인 지는 오래되었다. 이에 따라 직업이 없어지기도 하고 새로 생겨나기도 한다. 세상을 바꾸고 산업을 뒤집는 혁신의 중심에 소프트웨어가 있다. 오죽 했으면 '소프트웨어가 세상을 잡아먹고 있다Software is eating the world'고 했을까? 그러니 그 앞줄에 서 있는 프로그래머라면 엄청난 부富도 이루고, 허름한 청바지를 입어도 빛이 난다. 꼭 앞줄이 아니어도 너무 뒷줄만 아니라면, 그럭저럭 먹고 살 만하고 그냥저냥 입어도 똥폼은 아니라는 얘기다.

실제 내 주위를 둘러봐도 경력 20년, 30년 넘은 개발자가 많이 있는데, 다들 큰 부자는 아니지만 그런대로 잘 산다. 얼마 전에 아직도 큰 개발 프로젝트에 투입되어 일하고 있는 50살이 넘고 60살도 넘은 옛날 직장 동료들을 만났다. 잘 살고 있고 노후도 걱정 없고, 내가 보기에는 같은 나이 또래에 비해 젊어 보이고 폼 나 보였다.

앞선 글에서 프로그래머는 공부가 숙명이고 생각이 운명이라 했듯이, 머리 쓰는 직업이다. 그래서 돈 되고 폼 나는 걸 떠나서, 어릴 때부터 힘쓰는 걸 싫어했던 나 같은 사람에게는 딱 맞는 직업이라 생각한다. "무슨 소리야? 하드 코딩의 중노동에 시달리고, 사무실에서 컴퓨터도 옮기고 무거운 생수통도 번쩍 들어야 하는데. 머리쓰기는 개뿔" 하는 사람도 있을 것이다. 그거야 뇌도 신체의 일부이니 너무 쓰면 피곤한 건 당연하고, 사람 사는 어디에나 가끔 힘쓸 일은 있다.

세상에 머리 쓰는 직업은 프로그래머 말고도 여럿 있다. 대표적인 게 음악가나 작가 같은 창작하는 사람이다. 프로그래머는 이들에 비해 이른 바 창작의 고통에 시달리지 않아서 좋다. 프로그래밍은 어찌 보면 남의 코드에 살짝 내 것을 얹는 행위다. 남의 코드를 모방하지 않고 완전히 처음부터 새롭게 창작하는, 이른바 무에서 유를 창조하는 프로그래머를 본 적은 없다. 또 그럴 필요가 전혀 없다. 창작자에게 대중은 독창성을 요구하지만, 프로그래머에게 고객은 그걸 요구하지 않는다. 나만의 독창성을 추구하는 창작자도 남의 작품을 많이 봐야 새로운 게 나온다. 나만의 독창성이 요구되지 않는 프로그래머는, 더욱이 남의 코드를 많이 보고 잘된 코드를 따라 해야 새 작품이 나온다.

머리 쓰는 직업 중에는 교수로 대표되는 연구자도 있다. 그런데 연구와 프로그래밍은 머리 쓰는 방식이 다르다. 연구는 명확하지 않아도 추정하지 않고 가정할 수 있으며, 결정하지 않고 결론을 내린다. 프로그래밍은 가정하면 안 되고 명확히 하거나 추정하며, 결론을 내리는 게 아니라 결정을 해야 한다. 프로그램은 모든 게 결정되어야 하고, 그 결과값은 고객이 요구하는 것과 일치하는 명확한 값이거나 허용되는 추정치다. 사실 프로그램이 뱉어내는 결과값은 엄밀히 말하면 모두 추정값이다. 고객이 현재 보고 있는 값이 정확하다고 해도 모든 상황에서 항상 정확한 값을 보여주리라는 보장이 없기 때문이다.

프로그래머가 다른 머리 쓰는 직업과 다르고 힘든 것 하나를 꼽으라면, 고객이 의뢰한 작업의 분야에 대해 알아야 한다는 점이다. 그 분야에 반﹡전문가가 될수록 좋은 프로그램을 만들 수 있다. 프로그래밍을 오래하다 보면 여러 분야의 프로그램을 만들어야 할 수 있다. 이때마다 그 분야 전문가와 소통하고 그 분야를 익히는 게 프로그래밍 공부보다 더 힘들다.

"프로그래밍을 좋아하지 않는데 잘할 수 있을까?"

가끔 "나는 프로그래밍에 소질이 없나 보다" 하고 자책하는 프로그래머를 본다. 그러면 프로그래밍이 "싫으냐?"와 "재미없느냐?" 그리고 "잘 안되느냐?"하고 물어본다. 세상에는 내가 좋아하는 일과 내가 잘할 수 있는 일이 있다. 직업을 택할 때 어느 쪽이 더 성공할 확률이 높을까? 경험적 통계에 의하면, 잘하지는 못하는데 좋아하는 일은 상위 15% 안에 들 수 있다고 한다. 그리고 좋아하지는 않는데 잘할 수 있는 일은 상위 3%, 좋아하면서 잘할 수 있는 일을 하면 상위 1% 안에 들 수 있다고 한다. 그러니 프로그래밍을 좋아하거나 잘할 수 있으면 상위권 안에 들고, 싫거나 재미없어도 잘할 수 있으면 문제가 없다는 얘기다. 물론 좋아하지도 않고 잘할수도 없는데 억지로 하고 있다면, 한 번쯤 냉정히 짚어봐야 한다.

그런데 좋아하는지 잘하는지 모르겠고 그저 '목구멍이 포도청이다' 하는 심정으로 하고 있는 사람도 있을 것이다. 그렇다면 이왕에 하고 있으니 그런 거 따지지 말고, 지금부터라도 그 일을 좋아해보려 애쓰는 게 좋다.

"지금 회사 일이 너무 싫다. 그만두고 싶은데, 회사가 주는 월급과 안정감을 포기할 용기가 없다"라는 고민을 요즘 인터넷에서 흔히 본다. "당장 그 불행의 감옥에서 탈출하라. 돈 좀 없다고 죽지 않는다. 드넓은 행복의 세상을 누려라"라는 말도 심심치 않게 본다. "다니던 회사를 1년 만에 과감히 그만두고, 그동안 모아놓은 돈을 몽땅 들고 세계 일주 여행에 나섰다. 설렘가득 좌충우돌 심장쫄깃 우여곡절 자유만끽 사진찰칵 동적영상 흥미진진 여행기를 블로그에 올린다. 언론에 소개되고 SNS에 일파만파 퍼진다. 사람들이 열광한다. 책으로 나온다. 베스트셀러가 된다. 멋지게 성공한다"라는 식의 스토리도 많다. 문제는 이런 성공한 소수에 나도 낄 수 있느냐에 있다. 성공 요인이라는 멋진 대담함이 실패하면 어리석은 무모함으로 돌변한다. "하기 싫은 일을 하면서 오래 사는 거, 짧게 살아도 하고픈 걸 하면서 사는 거, 뭣이 중헌디?"는 결국 선택의 문제다.

나는 백수로도 지내보고, 대기업도 다녀보고, 작은 회사도 다녀보고, 창업도 두 번 해보았다. 대기업 다닐 때 정장을 해야 하는 규정을 무시하고 편한 복장을 하고, 야근이 일상이었던 시절에 다들 일하는데 혼자서 5시 30분에 퇴근하는 등, 꽉 짜인 회사 생활을 벗어나려는 몸부림이 일상이었다. 우연히 시작된 프로그래머란 직업도 머리를 써야 한다는 점은 마음에 들지만, 세세하게 따지고 들면 적성에 맞지 않는 점이 훨씬 많았다. 그래도 할 만해서 했고, 밥벌이는 숭고한 일이니 그냥 했다. 우선 회사가 싫은 건지 프로그래머라는 직업 자체가 싫은 건지 생각해보고, 죽기보다 싫

은 게 아니라면 내 방식대로 좋아해보려 노력하는 것도 성취라고 생각한
다. 물론 프로그래머고 나발이고 죽기보다 하기 싫다면 하루라도 빨리 다
른 길을 가는 게 좋다.

미국 대학의 졸업식에는 유명인사가 축사를 하고, 그중에서 인상 깊었
던 말이 명언이라고 인터넷에 떠돈다. 2005년 스탠퍼드 대학교 졸업식에서
의 스티브 잡스 축사도 그중 하나인데, 'Stay Hungry, Stay Foolish(항상 갈
망하고 우직하라)'라는 명대사로 잘 알려져 있다. 그런데 이 연설에는 이런 말
도 있다. 'You've got to find what you love(당신이 좋아하는 일을 찾아야 한
다)' 그리고 더 중요한 말은 이것이다. 'the only way to do great work is
to love what you do(위대한 일을 할 수 있는 유일한 방법은 당신이 하는 일을 사랑
하는 것이다)'

일단 프로그래머의 길에 들어섰다면 적성이니 소질이니 따지지 말고,
프로그래밍을 사랑하고 즐기도록 세뇌시켜 보자.

오래전에 〈좋은놈 나쁜놈 이상한놈〉이라는 영화가 있었다. 일명 〈놈놈
놈〉이다. 1966년 우리에게 〈석양의 무법자〉로 알려진 유명한 서부극의 원
제인 〈The Good, the Bad and the Ugly〉를 패러디한 영화다. 서부극이
라는 장르는 볼 때는 재미있는데 나중에는 특별히 기억에 남는 건 없다.
적어도 내게는 그렇다. 주인공 삼총사가 왜 좋은 놈이고 나쁜 놈이고 이상
한 놈인지 알 수 없다. 그저 이러저러하게 총질을 해댄다는 것만 기억에 남
아 있다.

미국판 놈놈놈은 선악추善惡醜 개념을 제목으로 정한 것인데, 한국판에
서 'the Ugly(추한 놈)'를 'the Weird(이상한 놈)'로 바꿨다. 그런데 사실 여기

프로그래머 세계에도 놈놈놈이 있다. 뛰는 놈, 나는 놈, 질긴 놈이다.

서 'the Good'은 '좋은 놈' 또는 '착한 놈'이 아니라, 교활하고 영악하고 질긴 놈이다. 그래서 최후의 승자는 'the Good'이다. 만약, 삼총사 중 프로그래머의 모델을 하나 고르라면 'the Good'이다. 좋은 프로그래머는 영리하고 질겨야 하지 않을까?

세상을 살아가는 인간관계에서 보면 좋은 놈, 나쁜 놈, 이상한 놈이 아니라, 나와 잘 맞는 놈, 잘 안 맞는 놈, 맞는지 안 맞는지 잘 알 수 없는 놈이 있다. 그래서 유유상종^{類類相從}이요, 끼리끼리 노는 것이다. 다른 사람과의 소통이 중요한 프로그래머 세상도 다르지 않다.

프로그래밍을 잘하려면 일단 부지런히 뛰어야 한다. 남들처럼 그냥 걸어서는 기술이 발전하는 속도를 따라잡을 수 없으니 잘한다는 소리듣기는 글렀다. 적어도 남들과 비슷하게는 뛰어야 한다. 좀 더 프로그래밍을 잘하려면 머리를 써서 날아야 한다. 그래야 기술이 발전하는 속도를 넘어설 수 있다. 뛰는 사람이 날려면 열심히 공부하고 깊게 생각해야 한다. 한마디로 머리를 굴려야 한다.

　진짜 좋은 프로그램은 끈질긴 사람에게서 나온다. 프로그램은 어려운 논리를 풀어내는 것도 중요하지만, 단순 반복 지겨운 허드렛일을 견뎌야 완성된다. 때로는 뛰고 때로는 날면서 포기하지 말고 질기게 완전함을 추구해야 한다. 어떤 일을 잘할 수 있는 가장 좋은 방법은 잘할 때까지 계속하는 것이다. 뛰는 놈 위에 나는 놈 있고, 나는 놈 위에 질긴 놈 있다. 질긴 놈이 이긴다.

　공자의 논어에 많이 알려진 구절이 있다. '知之者不如好之者, 好之者不如樂之者(지지자불여호지자, 호지자불여락지자)' 어떤 일을 아는 사람은 그것을 좋아하는 사람만 못하고, 좋아하는 사람은 즐기는 사람만 못하다는 뜻이다. 여기에 '즐기는 사람은 질긴 사람보다 못하다'는 구절을 추가하고 싶다. 질기다는 표현에 가장 알맞은 한자를 꼽으라면 忍(참을 인, 질길 인)이다. 그런데 인지자忍之者하면 일본의 전통 직업인 닌자忍者(첩보원)가 된다. 그래서 靭(질길 인)이 좋겠다. 靭之者(인지자)는 가죽처럼 질긴 사람이다.

　　知之者不如好之者, 好之者不如樂之者, 樂之者不如靭之者
　　(지지자불여호지자, 호지자불여락지자, 낙지자불여인지자)

　프로그래머는 돈도 되고 폼도 나고, 건강만 잘 챙기면 질기게 오래할 수 있는 좋은 직업이다.

프로그래머는 무엇으로 사는가?

돈 이야기

30년도 넘은 오래전에 〈여자는 무엇으로 사는가〉라는 다소 철학적인 냄새를 풍기는 드라마가 있었다. 나도 보긴 했는데 너무 오래전이라 줄거리는 기억나지 않는다. 그 후로 '○○은(는) 무엇으로 사는가'라는 제목의 글이 많다. 원조는 톨스토이의 《사람은 무엇으로 사는가》일 것이다. 내 직업의 세계에도 '프로그래머는 무엇으로 사는가?' 또는 '개발자는 무엇으로 사는가?' 하는 물음이 종종 눈에 띈다. 무어라 답해야 할까? '프로그래밍으로 산다' 또는 '프로젝트로 산다'가 적당해 보인다.

그렇다면 '나에게 프로그래밍이란 무엇인가?' 또는 '나에게 프로젝트란 무엇인가?'라고 물을 수 있다. 나는 한 번도 이 질문에 다른 답을 해본 적이 없다. '단지 일, 그 이상도 그 이하도 아니다'라는 게 내 유일한 답이다. 대가가 없으면 일하지 않는다. 결국 돈이라는 얘기다.

돈이라고 하니 개발에 성공했을 때의 뿌듯함과 성취감에서 오는 행복감을 모르는 저급한 사람이라 생각할 수도 있다. 생각해보니 정말 그렇다. 이런저런 수많은 프로그램을 개발하면서 뿌듯함이나 성취감 그리고 행복감 같은 걸 느끼지만 대가의 크기와 비교하고 금세 묻어버린 적이 많다. 더욱이 창업하고 나서는 개발을 마치고 테스트와 매뉴얼 제작, 검수까지 프로젝트가 완료되었어도 해냈다는 기분보다는 "이제 어떻게 팔아야 하나?",

"다음 버전을 준비해야 할 텐데…", "무상 하자보수 기간이 잘 지나가야 할 텐데…" 하는 걱정이 앞섰다. 잠시 느끼는 성취감도 "쉴 수 있어 좋구나" 하는 안도감에 묻혔다. 그런 걸 보면 나는 훌륭한 프로그래머는 아니다.

즐겁고 신나게 놀이하듯 일한다면 당연히 성과는 좋을 것이다. 어떤 동기가 있어야 그렇게 할 수 있을까? 모든 사장님의 고민이고 이에 관한 책도 많다. '매슬로의 동기이론Maslow's motivation theory'을 들먹이며 높은 단계인 타인에게 인정받고자 하는 '존경의 욕구esteem needs'와 자기만족을 느끼는 '자아실현의 욕구self-actualization needs'를 거론하기도 한다. 그리 보면 돈이란 가장 낮은 단계인 '생리적 욕구physiological needs'로 취급될 수 있다. 하지만 이런 모든 욕구의 바탕에는 돈이란 게 깔려 있지 않을까? 최고의 동기부여는 돈이란 얘기다.

'선부후교先富後敎'란 말이 있다. 백성을 가르치려면 먼저 풍족하게 살도록 해야 한다는 뜻이다. 존경이든 자아실현이든 우선 돈이 채워져야 가능하다는 얘기다. '호리지성好利之性(이익을 추구하는 게 사람의 본성)'이라 했듯이, 돈을 쫓는 것은 인간의 본성이다.

미국 돈 달러에는 'IN GOD WE TRUST(우리는 신을 신뢰한다)'라는 문구가 쓰여 있다. 돈을 믿으라는 뜻일까, 아니면 믿지 말라는 얘기일까?

평생 돈을 얼마나 벌 수 있을지 생각해본 적 있는가? 한 번쯤 대충이라도 계산해본 적 있는가? 삼포세대를 넘어 N포세대란 신조어가 있는 마당에 무슨 뚱딴지 같은 소린가 싶지만, 나는 이게 꼭 필요하다고 생각한다. 평생 일만 하다 죽을 수 없으니, 은퇴하기 전까지 모은 돈으로 은퇴 후를 살아야 한다. 은퇴라고 하니 20대, 30대 젊은 사람에게는 아득히 먼 훗날의 얘기로 다가올 수 있다. 그런데 그렇지 않다. 사실 은퇴 설계는 50대 이후에 하면 늦다. 빠르면 빠를수록 좋고 적어도 40대 초반에는 해두어야 한다. 30대 40대에 조기 은퇴를 추구하는 이른바 '파이어 운동FIRE movement'도 유행하고 있지 않은가!

현재 우리나라는 직장에서 보통 만 60세에 정년퇴직한다. 다행히 프로그래머는 관리만 잘하면 정년까지 일하는 건 문제없다. 이른바 신의 직장이라는 데도 있지만, 프로그래머의 길은 다른 직업보다 다양해서 유리하다. 또한 은퇴 후에 소일거리로 일하기에도 나쁘지 않다. 은퇴 후에 일하지 않는다면, 연금과 저축해둔 돈으로 살아야 한다.

자, 이제 프로그래머 생애에 벌 수 있는 돈 계산을 한번 해보자. 꼭 프로그래머가 아니라도 상관없다. 모두 현재 가치로 계산하며, 편의상 월급쟁이로 가정한다.

우선 '생애 총 소득'이다. 은퇴 전까지 '얼마나 벌 수 있나'이다. 일 시작하는 해부터 은퇴하는 해까지의 연봉을 모두 더하면 되는데, 여기서는 평균 연봉 추정치를 일하는 연수에 곱하여 산출한다. 예를 들어, 만 25세에 돈 벌기 시작하여 만 60세에 은퇴한다고 하자. 평균 연봉은 대략 40세 초반에 받을 수 있는 보통의 중소기업 연봉으로, 6천만 원이라고 하자. 계산하면 이렇다.

- **일 시작 나이**: 25
- **은퇴 나이**: 60
- **총 일하는 연수**: 36

- **평균 연봉**: 6천만 원
- **총 생애 소득**: 21억 6천만 원 = 36 * 6천만

총 21억 6천만 원을 번다. 세금과 국민연금, 건강보험, 고용보험을 제하지 않은 금액이다. 여기서 공제금액을 빼고 실제로 내 수중에 넣을 수 있는 '총 생애 수입'을 계산해보자. 국민연금, 건강보험, 고용보험은 회사와 직원이 반씩 부담하는데, 2022년 직원이 내는 요율로 해본다. 세금은 평균 연봉일 때의 실효세율(실제로 부담하는 세액의 과세표준에 대한 비율) 추정치로 한다.

- **실효세율**: 5.0%
- **국민연금 요율**: 4.5%
- **건강보험 요율**: 3.9%
- **고용보험 요율**: 0.9%
- **공제율 합계**: 14.3%
- **총 생애 수입**: 18억 5112만 원 = 21억 6천만 * (1 - 0.143)
- **평균 저축률**: 30%
- **은퇴시점 액면 자산**: 5억 5534만 원 = 18억 5112만 * 0.3

약 18억 5천만 원을 손에 넣을 수 있다. 소득 전체가 과세 표준은 아닌데, 여기서는 같다고 보았다. 따라서 실제는 수입이 좀 더 많을 수 있다. 저축률은 수입 중에서 저축하는 금액 비율이다. 우리나라 가구 평균 저축률보다는 다소 높은 30%를 적용하면, 은퇴 시 약 5억 6천만 원이 자산으로 남는다. 이는 아무런 돈 불리기를 안 하고 쌓아둔 금액이다. 이 돈으로 예

금할 수도 있고, 살 집을 마련할 수도 있고, 주식이나 채권 등에 투자할 수도 있다. 따라서 재테크 능력에 따라 실제 자산 금액은 편차가 있을 것이다.

이제 은퇴 후에 받을 수 있는 연금을 계산해보자. 직장에 다니면서 아무런 개인 연금에 가입하지 않으면 국민연금과 퇴직연금만 받을 수 있다. 여기서는 국민연금과 퇴직연금 외에는 받을 게 없다고 가정한다.

우선 은퇴하면 받을 수 있는 국민연금의 월 금액을 살펴보자. 아직 만 60세가 되지 않은 대부분의 사람은 만 65세부터 받을 수 있다. 따라서 은퇴 시점과 연금개시 시점과의 공백이 발생한다. 이를 '소득 크레바스income crevasse'라고 한다. 이 기간은 더 일하거나 다른 소득으로 채우거나 저축한 돈으로 메꾼다고 가정한다.

- **국민연금 월수령액 산출식**: (소득대체율상수)*(A + B)*(1 + 0.05n)/12
- **소득대체율 상수**: 1.2(국민연금 가입기간별 소득대체율에 따른 소득대체율 상수. 가입기간에 따라 다르다. 여기서는 편의상 가장 최소인 2028년 이후의 1.2를 적용한다. 현재의 직장인들은 이보다 큰 값이다)
- **A값**: 268만 원(전체 가입자의 3년간 평균소득 월액. 해마다 오른다. 여기서는 2022년의 268만 1724원을 적용한다)
- **B값**: 500만 원(가입기간 중 수령자 본인소득 월평균. 2022년 최대는 553만 원. 여기서는 편의상 최대치와 평균월급이 적은 금액을 적용한다)
- **n**: 16년(20년 이상 초과하여 가입한 년수 = 36 - 20)
- **국민연금 월수령액**: 약 138만 원

보시다시피 조금 복잡하며, 실제로는 다소 차이가 날 수 있다. 원래 계산식은 이보다 더 복잡하기 때문이다. 그리고 정부정책에 따라 바뀔 수도 있다. 평균 연봉 6천만 원의 직장인이 은퇴하고 매달 받을 수 있는 국민연금은 대략 138만 원 정도이다. 계산에서 보듯이 국민연금은 내가 낸 금액을 그대로 반영하지는 않는다. 소득 재분배 기능이 들어 있어, 많이 낸다고 그것과 똑같이 비례하여 많이 받지는 못한다. 국민연금 고갈의 이슈가 있기는 하지만, 은퇴 후 받을 수 있는 가장 큰 연금이다.

마지막으로 퇴직연금을 보자. 사실 대부분의 직장인은 이직할 때 퇴직금이나 퇴직연금을 그대로 두지 않고 인출하여 써버린다. 나는 나중을 위해서 그냥 두는 게 좋다고 생각한다. 여기서는 은퇴할 때까지 한 푼도 찾지 않고 그대로 두었다는 걸 전제로 한다. 퇴직연금은 가입 유형이나 적립 요율에 따라 다르다. 여기서는 가장 기본적인 요율 '1/12'을 적용하여 최소 금액으로 한다. 불어난 이자가 있을 수 있으므로 실제는 더 많을 것이다.

- **퇴직연금 월수령액**: 약 75만 원 = 총 소득(21억 6천만 원)/12개월/20년/12개월
- **은퇴 후 월수령액 합계**: 약 213만 원 = 138만 + 75만

은퇴 후 만 65세가 되면 매달 213만 원의 연금을 받을 수 있다. 여기서도 세금을 뗀다. 퇴직연금은 20년 동안 분할하여 받을 수 있다. 따라서 만 85세를 넘어서 같은 생활비가 필요하다면 다른 걸로 충당해야 한다.

금융감독원 통합연금포털에서 본인이 가입한 모든 연금의 상세 내역과 매달 받을 수 있는 금액을 확인할 수 있다.[6]

자신의 상황에 맞게 금액이나 요율을 바꿔보고 산출된 금액을 해석해 보면, 직장 선택이나 앞으로의 경력 경로career path의 설계에 참고가 될 수 있다. 또한 소비생활의 씀씀이를 점검하는 데도 도움이 된다. 그리고 여기에서 계산했던 방식을 참고하여, 자신이 이미 쌓은 재산 상태와 앞으로 이룰 것으로 나누어 상세히 기록하면, 좀 더 실제에 가까운 금액을 산출할 수 있다.

그런데 여기까지의 과정을 보면, 아마도 보통의 프로그래머로 일만 해서는 안 되겠구나 하는 생각이 들 수 있다. 그래서 소득을 더 높이거나 재테크의 필요성을 크게 느낄 수도 있다. 보통은 프로그래머가 코딩을 덜하거나 안 하는 역할로 나아가는 게 좀 더 돈을 많이 벌 수 있다. 오너프로그래머도 프로그래머를 버리고 오너에 전념하는 게 훨씬 돈을 많이 벌 수 있다. 그리 잘 아는 나는 왜 지금까지 프로그래머라는 직업을 놓지 못하고 살았을까? 배운 게 도둑질이라고 잘하는 게 그것뿐인 걸 어쩌겠는가?

나도 직장생활 초기에는 막연히 일찍 은퇴해야겠다는 생각은 있었으나, 마흔 살 이전에는 은퇴니 노후니 딴 나라 얘기로 여기고 살았다. 그런데 대기업에 다니다가 그만두고 창업하고 보니, 그동안 안정감을 주던 보호막이 사라졌다는 생각이 들었다. 그때까지 내가 사는 집 한 채 외에는

---

6 https://www.fss.or.kr/fss/lifeplan/lifeplanIndex/index.do?menuNo=201101

주식이나 부동산 등 어떤 재테크도 해본 적이 없었다. 그래서 은퇴할 때까지도 특별한 재테크 없이 할 수 있는 준비의 원칙을 정해두었다.

- ⚙ 사는 집과 매달 나오는 연금만 준비한다. 소득공제 용도 말고는 따로 개인연금이나 질병 보험에도 들지 않는다. 열심히 저축해서 혹시 모를 상황에 대비한다.
- ⚙ 우리나라 물가는 대개 25년마다 2배가 된다. 연금이나 예금도 물가보다 못하지만 일부는 물가를 반영한다. 그래서 연금의 가치는 대략 40년이면 반토막 난다.
- ⚙ 요즘 100세 시대라고 하니 은퇴하고 40년을 더 산다고 하면, 한 달에 쓰고 싶은 생활비의 최소 1.5배, 적정하게는 2배를 준비하면 혹시 모를 상황까지 대비할 수 있다고 본다. 예를 들어, 한 달 생활비를 300만 원 쓰고 싶으면 한 달에 450만 원에서 600만 원 정도 나올 수 있는 구조를 만든다. 사는 집은 70세가 넘어 주택연금으로 바꾸면 제법 많은 생활비가 나온다는 점도 고려한다.

1990년대 말에서 2000년대 초에 세계적으로 재테크 열풍을 일으켰던 《부자 아빠 가난한 아빠》라는 책에 따르면, 나는 철저히 가난한 아빠다.

경력 관리

이전 글에서 프로그래머의 생애 돈 계산을 해보면 여러 생각이 들 것이다. 평생직장에 얽매어 프로그래머로 살기에는 그 결과가 조금 초라해보인다. 재테크를 해야 한다는 생각이 들고, 월급을 많이 주는 직장에 다녀야 한다는 생각도 든다. 검소하게 산다면 만족하고 사는 데 별 지장이없을 수도 있다. 그런데 재미있는 즐길 거리가 너무 많은 요즘 세상에, 근검절약을 생활신조로 삼고 평생을 코딩만 하며 살기에는 억울하다는 생각이 든다. 그래서 월급은 많이 주는지, 일이 빡세지는 않은지, 야근은 없는지, 휴가는 맘대로 갈 수 있는지 등을 따진다. 한마디로 적게 일하고 많이받고 싶다. 이게 이른바 '양질의 일자리'다.

다른 직업과 마찬가지로 프로그래머도 첫 일자리를 가진 후 세월이 흐르면서 '경력'이란 게 생긴다. 그 세월의 무게를 '연차'라 한다. 그리고 신입을 1년 차로 하여 대개 4년 단위로 '급'을 나눈다. 초급, 중급, 고급, 특급 등이다. 경력 6년 차라면 중급 기술자다. 여기에 초급은 얼마, 중급은 얼마 등으로 가격까지 매기기도 한다. 연륜에 따라 자동으로 얼마짜리 프로그래머가 되는 것이다.

실력하고는 관련이 없다는 얘기일까? 그렇지는 않다. 다만 업계의 관행이 여기서 출발한다는 점이다. 경력이 많다는 건 경험이 많다고 인정된다. 그런데 실력을 좌우하는 경험은 시간의 길이와 일치하지 않는다. 같은 6년 차라도 개발한 프로그램의 난이도나 완성도, 숙련도, 자기계발의 정도, 타고난 재능 등 여러 요소에 의해 경험의 폭과 깊이가 다르며, 이에 따라 실력도 천차만별이다. 그러나 억울해도 내 실력을 모르는 사람에게는 도매금으로 얼마짜리가 되는 것이다. 그래서 내 실력을 알아주는 데를 찾는 게 경력 관리의 기본이다. 알아주는 데가 없으면 본인이 직접 만드는 것도 하나의 방법이다.

소프트웨어산업협회^{KOSA}에서는 해마다 소프트웨어 기술자의 평균임금을 공표하고 있다. 이는 소프트웨어 개발 프로젝트의 비용 산출 기준을 정하는 데 참고자료로 많이 사용된다. 예전에는 기술자 등급별 기준을 발표했는데, 요즘은 직무별 평균임금을 조사하여 다음 해에 적용한다. 2022년 말에 발표한 자료를 참고하자.[7] 우선 눈에 띄는 게 직무(직군) 분류다. '이런 여러 직군이 있구나' 하고 느낄 수 있다. 실제로는 이보다 더 세세하게 분류할 수 있다. 여기서 프로그래머가 가장 관심 갖는 직군은 '응용SW 개발자'와 '시스템SW 개발자'일 것이다. 그중 가장 많은 프로그래머가 포함되었을 것으로 예상되는 '응용SW 개발자'의 월 평균임금은 약 642만 원(2023년 기준)이다. 이 금액은 프로젝트 수행사가 받을 수 있는 돈이므로, 개인이 실제로 받는 돈은 이보다 적다.

여기에서 분류한 직무에 따라 프로그래머의 경력을 관리해도 좋다. 응

---

7   https://www.sw.or.kr/site/sw/ex/board/List.do?cbIdx=304

용SW 개발자보다 평균임금이 높은 직군 중 프로그래머가 할 만한 직군을 나열해보자. IT 기획자, IT 컨설턴트, 업무분석가, IT 프로젝트관리자, IT 아키텍트, IT 품질관리자, IT 마케터 등으로 코딩하는 일에서 벗어날 때 임금이 높음을 알 수 있다.

흔히 커리어패스$^{career\ path}$(경력 관리 또는 경력 경로)라고 하면 크게 관리직군$^{managerial\ path}$과 기술직군$^{technical\ path}$으로 나뉜다. 우리나라 기업에서는 프로그래머가 기술직군으로 계속 경력을 쌓아가기가 어렵다고 말한다. 경력이 쌓이면 관리직군으로 바꾸도록 회사에서 요구한다는 것이다. 요즘은 얼마든지 기술직군으로 계속 일할 수 있는 길이 많다. 그리고 관리직군도 기술 경험을 바탕으로 한 직무가 많아서 꼭 부정적으로만 볼 필요는 없다. 무엇보다도 나이 들어가면서 그동안 쌓은 기술과 지식, 그리고 경험을 좀 더 돈을 많이 받을 수 있는 직무로 옮겨가는 것도 자연스러운 길이다. 영업을 한다 해도 프로그래머 경력이 소프트웨어 제품을 파는 데 큰 도움이 된다.

프로그래머가 경력이 쌓이면서 할 수 있는 좀 더 소득이 많은 직무를 몇 가지 추천해본다.

분석, 설계 전문가

좀 규모가 있는 프로젝트는 고객의 요구사항이나 시스템을 분석하고 설계하는 사람이 따로 있다. 큰 회사나 큰 프로젝트에서 계속 이 역할을 수행할 수 있다면 코딩은 하지 않아도 된다. 이 전문가가 완성한 설계 문서로 프로그래머가 코딩하면 된다.

그런데 좀 엄밀히 구분하면 분석 전문가와 설계 전문가는 다르다. 작은 프로젝트는 하나의 연속적인 과정으로 작업할 수 있지만, 큰 프로젝트는 분석 전문가가 고객의 요구사항을 분석하여 스펙software requirement specification, SRS을 만들어내면, 이를 토대로 설계 전문가가 여러 설계 문서를 만들어낸다. 따라서 스펙을 만들고 일정과 비용을 산출하는 작업까지 한 회사에서 맡고, 설계와 구현, 그 이후의 후속 작업을 다른 회사가 맡아서 개발할 수 있다.

아키텍트

가장 빠르고 효과적이며 안정적으로 소프트웨어를 개발할 수 있도록 전략을 짜는 사람이다. 소프트웨어의 큰 그림을 그린다. 큰 회사에는 이런 직책을 가진 사람이 있고, 큰 프로젝트에도 이 역할이 있다. 주로 하는 일은 소프트웨어의 뼈대가 되는 구조architecture를 설계하며, 코딩 표준, 플랫폼이나 프레임워크, 도구 등을 결정한다.

PM

소프트웨어 개발 프로젝트의 총괄 책임자다. 큰 프로젝트를 계속 하다 보면 이 직무로 살아가는 것도 좋다. 필수는 아니지만 인정받으려면 'PMP Project Management Professional' 자격증을 따는 게 좋다. PMP는 미국의 비영리단체인 PMI Project Management Institute가 인정하는 프로젝트 관리에 관한 국제 자격이다. 원래는 주로 건설 분야에 종사하는 기술자가 많이 따는 자격증이었는데, 이제 소프트웨어 분야에서도 일반화되었다. 'PMBOK Project Management Body of Knowledge'이라는 PMI가 정리한 지식체계를 공부해서 시험을 보게 되는데, 내 초창기 프로그래머 시절에는 영문으로 시험을 치렀으나 지금은 한국 지부가 있어 우리말로 시험 친다. 경력 자격 요건도 있다.

PMBOK에는 9가지 정도의 프로젝트 세부 관리 영역이 나오는데, 모든 분야의 모든 프로젝트에서 가장 중요한 관리는 일정 관리^{time management}와 비용 관리^{cost management}다. 여기에 소프트웨어 개발 프로젝트에서 중요한 관리를 하나만 더 들라면 당연히 품질 관리^{quality management}여야 하는데, 현실은 범위 관리^{scope management}라 하겠다.

컨설턴트

소프트웨어나 IT 기술에 대해 컨설팅을 하는 전문가도 있고, 소프트웨어를 개발하는 각 분야^{domain}의 컨설팅 전문가도 있다. 해당 분야에 상당한 경험과 지식이 깊다면 해볼 만한 직무다. 주로 전문 컨설팅 회사에 근무하기도 하고, 프리랜서로 활동하기도 한다.

CTO, CIO

프로그래머에게 익숙한 건 CTO^{chief technology officer}인데, 소프트웨어 회사의 기술과 개발을 총괄하는 책임자다. CIO^{chief information officer}는 일반 기업에서 정보기술과 시스템을 총괄하는 책임자인데, 주로 규모 있는 기업에 있는 직책이다. 둘 다 기업에서 임원급으로, 일반적으로 프로그래머가 올라갈 수 있는 최고의 자리라 할 수 있다. 특히 CTO는 작은 소프트웨어 회사에도 대부분 있는 직책으로, 소기업이라 할지라도 제법 많은 급여를 받을 수 있다.

오너프로그래머는 처음 창업하고 적당한 기간 CTO 역할을 병행하다가, 사업이 궤도에 오르면 CEO 역할에 비중을 두고 CTO 직책을 따로 두는 게 자연스런 방향이다. 오너프로그래머는 계속 CTO를 하고 CEO 직무를 수행할 사람을 영입할 수도 있으나, 그렇게 되면 오너라는 힘 때문에 CTO 밑에 CEO가 있는 부자연스러운 현상이 벌어질 수밖에 없다.

예전 직장에서 같이 근무했던 동료 중 아직까지 현역으로 일하고 있는 사람도 제법 있다. 다들 나처럼 환갑을 넘겼거나 앞두고 있다. 그들 중 나처럼 아직도 코딩하고 있는 사람은 거의 없다. 진즉에 앞에서 거론한 직무로 방향을 잡았다. 분석, 설계나 컨설팅 같은 직무는 나이 들어도 큰 프로젝트에는 여전히 필요한 존재라 불러주는 데가 있다고 한다. 이왕이면 젊은 사람을 쓰고 싶겠지만, 큰 프로젝트를 감당할 만한 사람을 찾기가 예전보다 더 어려워졌다고 한다.

같은 직군에서도 금융, 보안, 제조, 게임 등 업종에 따라 급여의 차이가 많이 난다. 그리고 직무에 따른 경력 관리보다는 실제 다음과 같은 사항이 프로그래머에게 더 관심 있고 현실적일 수 있다.

대기업과 중소기업, 스타트업과 작은 회사, SI 기업, 자체 제품 및 서비스 기업, 프리랜서, 큰 프로젝트와 작은 프로젝트, 급여 외 돈벌이, 회사 옮기기, 소프트웨어 개발 회사 창업 등. 이것이 선택해서 갈 수 있는 프로그래머의 길에 대한 일차적인 관심이 아닐까 싶다.

대기업과 중소기업

"대기업이 좋은가, 중소기업이 좋은가?"

아마 이런 바보 같은 질문을 하는 사람은 없을 것이다. 이미 말하지 않아도 정답이 나와 있으니 말이다. 그런데도 가끔 보면 이걸 진지하게 고민하는 사람도 있다. 이런 상황에서 그렇다.

"목표로 하던 대기업에 지원했다 떨어졌다. 그래서 안전하게 어떤 중소기업에 지원하여 합격했다. 한 해 더 공부해서 원하는 대기업에 가야 하나, 그냥 중소기업에 다녀야 하나?"

"중소기업에 다니면서 대기업으로 옮기려고 열심히 공부했다. 드디어 어느 큰 공기업에 합격했다. 지금 다니는 중소기업에서는 내년이면 과장을 달 수 있지만, 공기업은 신입사원으로 들어가야 한다. 중소기업에 남을 것이냐, 대기업으로 이직할 것이냐?"

"원하던 대기업에 다니고 있다. 그러나 일하는 게 너무 숨막히고 하루하루가 지옥 같다. 예전에 친했던 상사가 중소기업으로 옮겼는데 너무 행복하다며 자기 회사에 오라고 손짓한다. 안정된 급여와 복지, 그리고 누구나 알아주는 폼 나는 대기업을 뒤로 하고, 행복 찾아 중소기업으로 옮겨야 하나?"

사실 대기업도 대기업 나름이고 중소기업도 중소기업 나름이다. 규모도 다르고 일하는 방식과 조직 문화도 다르다. 그래서 대기업이 좋으냐 중소기업이 좋으냐는 별 의미가 없다. 대기업이든 중소기업이든 어떤 특정 기업에 들어가려고 할 때 이 회사가 나한테 맞느냐 안 맞느냐를 따지는 건 의미가 있다.

가끔 보면 인터넷에 구글이나 애플 등 세계적인 기업에 취업한 우리나라 사람의 이야기가 나온다. 어떤 과정을 거쳐 취업했는지, 어떻게 일하는지, 어떤 복지 혜택이 있는지, 일하는 문화는 어떤지 등을 읽으며 프로그래머들에게 선망의 대상이 된다. 이른바 '네카라쿠배(네이버, 카카오, 라인, 쿠팡, 배달의민족)'라고 일컬어지는 국내의 IT 대기업도 이에 못지 않다. 연봉이 높고 조직 문화가 자유로우며 복지가 탄탄하다고 들었다. 그런데 이런 꿈의 기업들의 직원 근속연수가 그리 길지 않다는 통계를 보고는 좀 놀랐다. 구글, 애플 등 외국 기업은 2~3년 정도이고 우리나라 IT 대기업은 4~5년 정도라고 한다. 실력이 있어 얼마든지 연봉을 높여가며 다른 기업으로 옮길 수 있어 그러나 보다 생각된다. 그래도 꿈의 직장이라는데 너무 짧게 다닌다.

예전에 우리 회사 직원이 "형이 삼성전자와 라인에 합격했는데 어디로 가는 게 좋을까요?"라고 묻는다. 행복한 고민이다. 그냥 동전 던지기 해도 된다. 그런데 답변하기 전에 걱정부터 들었다. "형이 폼 나는 회사에 다니는데, 폼 안 나는 회사에 다니는 동생이 배 아파도 잘 참고 이 회사에 열심히 다녀야 할 텐데…" 그래도 동생이 아니라 형이 그래서 조금 안심이 되었다. 나는 삼성전자가 더 낫다고 했다. 왜냐하면 우리나라 최고의 기업을 다녔다는 것은 아무나 할 수 없는 인생의 큰 경험이기 때문이다. 아마 요즘 젊은 사람들 시각으로는 좀 고리타분한 이유라 여길 것이다. 역시 나중에 물어보니 라인을 택했다고 들었다.

내가 처음 취업하던 시절에는 요즘 프로그래머가 가장 선호하는 네이버나 카카오와 같은 소프트웨어 서비스 대기업은 없었다. 삼성, 현대, LG, SK 같은 대기업을 여럿 거느린 이른바 재벌 그룹에 들어가면, 일단 폼 나는 취업으로 보았다. 나도 학교를 졸업하고 첫 직장이 이들 중 하나였다. 예전 글에서 작은 회사에 가고 싶었으나 어쩔 수 없이 이런 대기업에 들어갈 수밖에 없었던 얘기를 했다.

내가 이런 대기업에 들어가고 싶지 않았던 이유는 나처럼 생각은 많고 행동이 굼뜬 사람에게는 맞지 않을 것 같아서였다. 실제로 다녀보니 예상대로였다. 내가 겪었던, 그리고 아무리 맞추려 애써도 나에겐 항상 어색했던 대기업 문화를 적어본다.

❈ 입사하자마자 신입사원 연수라는 걸 한다. 2주는 합숙했고 2주는 출퇴근했다. 강의도 듣고 토론도 한다. 여기까지는 괜찮다. 장기자랑도 하고 집단으로 연습해서 공연도 한다. 여기서부터 힘들었다. 가장 힘든 건 이른바 극기 훈련이다. 눈 덮인 해발 1,000미터 산 정상에 쇠 사다리를 타고 오른다. 인솔자는 사고 날까 봐 "밑에 보지 마"하며 고래고래 소리를 지른다. 내려올 때는 밧줄에 온몸을 의지해서 누워서 내려왔다. 모든 근육이 아파서 일주일 넘게 고생했다. 5km 마라톤도 있고, 산에서 행군도 하고, 지도를 보고 무슨 미션을 수행한다고 온 산을 헤집고 다니기도 한다.

❀ 입사할 때 한 번으로 끝나면 괜찮다. 그런데 여름에는 하계 수련 대회라고 해서 비슷한 행사를 또 한다. 그리고 승진 연한이 다가오거나, 승진하게 되면 또 한다. 나름 연수 목표는 다르다고 하는데 내겐 다 똑같아 보였다.

❀ 무슨 행사가 그리 많다. 봄가을로 체육대회가 있다. 그것도 경쟁이라고 부서마다 열심히 준비한다. 어느 해 신입사원 채용은 다음 해 체육대회 축구 우승을 목표로 덩치 큰 사람만 뽑았다는 얘기도 돌았다. 야유회도 많다. 부서별로도 하고 팀별로도 한다. 평일에 하면 좋으련만 꼭 일요일을 끼고 한다. 거기다가 회식이나 집들이 같은 크고 작은 공식 비공식 모임도 잦았다.

❀ 1년에 두 번씩 영어 시험을 치른다. 시험 때가 되면 다들 일은 안하고 시험 공부에 열중이다. 고과에 반영되어 승진과 상여금에도 영향을 미치니 다들 스트레스를 많이 받는다. 내가 다닌 회사에는 없었는데, 승진 시험을 치르는 대기업도 있다.

❀ 복장 규정부터 비용 씀씀이에 대한 규정, 일하는 규정까지 관리가 세세하고 엄격하다. 입사한 해 한번은 머리가 길다고 자르라는 부서장의 지적을 받고 나름 짧게 잘랐는데도 그래도 길다고 해서 연속으로 두 번 이발한 적도 있다.

❀ 직급이 올라가면서 알게 모르게 파벌도 있고 사내 정치도 있다. 이런 거에 마냥 나 몰라라 손 놓고 있을 수도 없다. 내가 과장 때 이런 일도 있었다. 어느 해에 팀원 중에 대리 진급 대상자가 무려 4명이나 되었다. 아무리 우리 팀이 일을 잘한다 해도 같은 팀에서 모두 진급시켜 주지는 않는다. 그래서 추석이 다가오자 백화점에 가서 진급 심사에 관여하는 윗분 모두에게 선물 세트를 보냈다. 내 진급을 위한 것도 아닌데

팀원들 잘 봐달라고 100만 원이 넘는 내 돈을 쓴 것이다.

✿ 부장까지는 실력으로 올라갈 수 있다. 임원부터는 실력만으로 어렵다. 다녀보면 대기업 임원이 된다는 것은 굉장히 어려운 일이다. 어느 경영자 협회의 조사에 따르면 대기업 직원이 임원에 오를 확률은 0.7%라고 한다.

어찌 보면 "완전 군대로구먼" 할지도 모른다. 과거 경제 성장기에 만들어진 문화다. 그래서 대기업 체질인 사람이 따로 있다는 생각도 들었다. 그래도 용케 버티며 10년 넘게 잘 다녔다. 지금도 이런 문화가 남아 있는지 모르겠다. 아마 다 없어지지는 않았으리라 본다.

대기업에 다니면 일단 중소기업에 비해 급여가 많다. 내가 다닐 때는 차이가 그리 크지 않았다. 20~30% 많은 정도였다. 지금은 보통 두 배가 넘으니, 아무리 강소기업이니 히든 챔피언이니 떠들어봐야 선뜻 중소기업이 좋다고 말할 수는 없다. 급여 외에 한 가지 피부로 느끼는 차이는 은행에 대출받으러 가보면 알게 된다. 길을 걷다 동창을 만나 명함을 건네면 알게 된다. 그리고 명절에 친척집에 가보면 알게 된다. 내가 다니는 회사가 얼마나 폼이 나는지.

중소기업도 마찬가지겠지만 특히 대기업의 최대 단점은 언젠가 그만두어야 한다는 점이다. 자의라면 다행이지만 강제로 그리 되는 경우가 많아서 문제다. 이른바 '갑'으로서 대기업에 다녔던 경험과 창업 후 '을'로서 대기업과 일했던 경험으로, 지금 대기업에 다니고 있는 사람이라면 꼭 알아두었으면 하는 게 두 가지 있다.

첫째는 '을'의 위치에 있는 사람의 사정을 항상 살펴야 한다. 직급이 높아지면서 하청업체나 납품업체 사람을 상대할 일이 많아진다. 이때 이른바

'갑질'하는 사람이 생각보다 많다. 대부분 본인이 하는 짓이 갑질인지 모른다는 게 더 문제다. 겪어보니 IT 업계는 생각보다 좁다. 한 다리 건너고 두 다리 건너면 아는 사람일 때가 많다. 마치 대기업에 마르고 닳도록 다닐 수 있을 것처럼 행동하는 사람이 있다. 특히나 나중에 창업할 생각이 있는 사람이라면 정말 그러면 안 된다. 대기업에 다니는 게 무슨 벼슬이 아니다. 약자를 조금만 살펴주면 나중에 분명 크게 돌아온다. 사실 대기업 담당자가 실력 있는 작은 기업을 발굴해서 키우는 것쯤은 어려운 일이 아니다. 긴 안목으로 생각해보면 본인에게 큰 이득이다.

내가 대기업에 다닐 때 외주로 어떤 시스템 개발을 담당한 적이 있다. 내가 직접 개발하는 건 아니고 말하자면 수행사의 '갑'인 발주사 담당자였다. 개발 도중 불미스러운 일로 수행사와 대립하는 일이 생겼는데, 내가 사정을 아니까 우리 측 편을 안 들고 수행사 입장에서 윗분에게 얘기했다. 그랬더니 윗분은 격노했고, "당신은 어느 회사 사람이냐?"며 여러 사람이 모인 자리에서 공개적으로 큰 망신을 당했다. 그 일로 한직으로 좌천되었으나 인맥을 넓히는 효과는 있었다.

오래전에 대기업의 IT실장으로 있던 후배를 만났는데, 어느 하청업체와 소송을 생각하고 있다는 말을 들었다. 양쪽 얘기를 들어본 게 아니니 정확히 판단할 수는 없었지만, 후배 얘기만으로는 괘씸한 구석이 많았다. 그래도 웬만하면 하청업체 입장에서 생각하고 베풀어 주라고 충고했다.

또 하나는 주변의 자료와 정보를 잘 모아두는 것이다. 대기업에서 일하다 보면 여기저기 도처에 돈 되는 자료와 정보들이 널려 있다. 너무 흔해서 그게 가치 있는 것인지 알지 못하고 그냥 일에만 파묻혀 산다. 나중에 그만두고 나와서 깨달으면 이미 때는 늦었다. 일하는 프로세스와 각종 서식, 관리 문서, 각종 제안서, 기획서, 보고서 등 체계적으로 정리해두면 나중에 큰 도움이 된다. 중소기업에서는 보기 힘든 자료가 많을 것이다. 특히 나중에 창업을 생각한다면 소프트웨어 개발에 관한 것뿐 아니라 영업이나 관리에 관한 것도 잘 정리하고 파악해두면 큰 도움이 된다.

할 수만 있다면 당연히 대기업에 들어가는 게 좋다. 다만 대기업에 들어갈 수 있을지 불투명한 상황에서 여러 해 취업 재수를 하기보다는 자기 성향에 맞는 중소기업이 있다면 선택하는 것이 좋다. 자기 뜻대로 회사를 키워보겠다는 무모한 꿈도 나름 재미있을 것 같지 않은가? 그렇지 않다고 생각하면 할 수 없고. 프로그래머는 대기업보다 중소기업에서 수명이 더 길고 더 폼 나는 프로그램을 개발할 수 있다. 믿지 않으면 할 수 없고.

33

작은 회사와 스타트업

"스타트업은 일반적인 작은 기업과 어떻게 다른가? 벤처기업은 또 어떻게
다른가?"

사실 나도 정확히는 잘 모른다. 가끔 어떤 지인은 "너네 회사도 스타트
업이냐? 아니면 벤처기업이냐?"고 묻는다. 어디서 들은 풍월은 있어서일 게
다. "시작한 지 오래돼서 스타트업은 아닐 거고, 모험적인 일도 아니라 벤처
기업도 아닐 거야. 그냥 작은 회사야" 하고 답한다. 모를 때는 확실히 아는
것만 대답하는 게 좋다. 이 글을 써보려고 검색해서 읽어봐도 여전히 아리
송하다.

우선, 우리나라에서 일반적으로 통용되는 스타트업을 생각해보자. 스
타트업^{start-up}은 영어 단어의 뜻이 그렇듯이 신생 창업기업을 뜻하는 말로
미국 실리콘밸리에서 처음 사용되었다고 한다. 보통 혁신적인 기술과 아이
디어를 보유하고 있지만 자금력이 부족한 경우가 많고, 기술과 인터넷 기
반의 회사로 고위험-고수익-고성장 가능성을 지니고 있다 한다.

혁신 기술과 아이디어는 너무 주관적인 기준이고, 처음 창업하면서 자
금력이 풍족한 회사는 없을 것이고, 기술 기반은 맞는 것 같은데 꼭 인터

넷 기반일 필요는 없을 것 같고, 고위험-고수익-고성장 가능성도 크게 보면 모두 주관적인 생각이다. 남는 것은 창업한 지 언제까지냐인데, 이 또한 확실한 기준이 있는 건 아니어서 대체로 5년 정도라고 본다. 그렇다면 창업한 지 5년이 지나지 않은 기업은 모두 스타트업이라 해도 별 문제없지 않을까?

스타트업이라는 용어가 탄생했다는 미국에서 실제로 스타트업을 성공으로 이끈 유명인사들은 뭐라고 정의할까? 그곳에서도 사람마다 생각이 조금씩 다른 것 같다. 그중 캘리포니아 대학의 교수로 있으면서 여러 스타트업을 만들어 50%가 IPO에 성공했으며, 실리콘밸리의 수많은 스타트업을 지도하고 교육하고 있는 스타트업 바이블로 통한다는 스티브 블랭크Steve Blank의 정의를 보자.

"A startup is a temporary organization designed to search for a repeatable and scalable business model."
스타트업은 반복 가능하고 확장 가능한 비즈니스 모델을 찾기 위해 설계된 임시 조직이다.

우리가 가지고 있는 느낌과는 사뭇 다르다. 먼저 눈에 띄는 건 '임시 조직temporary organization'이라는 단어다. 결국 스타트업은 기업도 벤처도 아니며 더욱이 신생 기업도 아니란 얘긴가? 사실 나는 예전에 도대체 스타트업이 뭔지 알아보다가 이쯤에서 그만두었다. 나에게는 별 의미도 없고 알 필요도 없다고 생각해서 그렇다. 그런데 이번에는 글을 쓰려고 하니 조금 더 알아보자.

우리에게 만병통치약 같은 네이버에서 스타트업을 검색해보면 앞에서 설명한 것처럼 창업 초기의 벤처기업처럼 나온다. 그런데 이게 엉터리라는 얘기인가? 아, 창업 초기라는 말은 맞으니 아주 엉터리는 아니라고 해야 하겠다. 여기서 창업이란 업業을 시작했다는 얘기지 기업을 만들었다는 얘기가 아니다. 이 지점에서 우리가 혼동한 듯하다. 그래서 스타트업은 기업도 아니고 벤처도 아닌, 그저 비즈니스 모델을 찾기 위해 만든 임시 조직에 불과하다는 얘기다. 그리고 이런 임시 조직인 스타트업의 존재 이유는 지속했을 때 기업이나 벤처로 성장할 수 있는 비즈니스 모델을 찾아 검증하는 데 있다고 한다.

그렇다면 우리가 즐겨 쓰는 스타트업은 벤처라는 말이 더 정확한 용어라 할 수 있다. 미국에서도 보통은 그리 쓰이는 듯하다. 그래서인지 우리나라 정부 정책에서는 예전부터 벤처기업이라는 말을 쓰고 있고 스타트업이란 말은 쓰지 않는다. 벤처기업의 지정 요건을 법으로 정해 두고 있으며, 대부분의 IT 기업은 창업하면 벤처기업으로 등록한다. 창업한 지 20년이 넘어도 계속 벤처기업 지정을 받는 회사도 있다. 나도 창업 초기에 벤처기업에 등록도 하고 연구소도 만들고 했다. 그게 있어야 폼 좀 난다고 하는데, 그보다는 세금 혜택이나 좀 받아보려는 목적이었다. 그러다가 매번 심사하는 데 돈도 들고 서류 작성도 귀찮기도 해서 다 없애버렸다. 벌면 버는대로 세금내면 그만이다. 세금 잘 낸다고 모범납세자로 선정되기도 했다.

스타트업이든 벤처기업이든 이렇듯 복잡해서 잘 모르겠고, 내가 그래도 좀 안다고 할 수 있는 건 '작은 회사'다. 내가 작은 회사를 25년째 하고 있기 때문이다. 우리나라는 대기업, 중기업, 소기업 등으로 회사 규모가 법으로 정해져 있다. 정확한 건 검색해보면 나오겠지만, 그냥 우리가 느끼는 대로 받아들이면 된다. 이 중에서 소기업은 대개 직원 100명이 안 되는 회사로 보면 된다.

그렇다면 작은 회사란 어떤 건가? 이 또한 사람마다 다르게 느끼겠지만, 내 정의는 전체 직원이 20명 이하인 기업을 말한다. 한마디로 사장이 모두 관리할 수 있는 규모다. 실제로 해보면 오너프로그래머 사장 한 사람이 개발도 하면서 관리할 수 있는 규모는 10명 이하가 적당하다.

그래서 만약 작은 회사에 취업하려고 하면 일단 사장이 어떤 사람인지 알아보는 게 좋다. 작은 회사는 직원들에 의해 자발적으로 기업 문화가 만들어지기 어렵고 대개는 사장의 성향을 따라가기 때문이다. 사장이 어떤 사람인지 무슨 수로 아나? SNS 활동을 하는지 검색해보고, 소문도 추적해봐야지. 요즘 회사 뒷담화 사이트도 많지 않은가! 물론 다 믿을 건 못되지만. 면접 때 면접을 당하지 말고 사장을 면접한다고 생각하고 준비해야겠지. 아니면 회사로 전화해서 "당신 회사 사장, 또라이는 아니죠?" 하고 물어보든가. 혹시 아나, 전화받은 직원이 "또라이 맞아요" 하고 대답해줄지.

그 외에도 작은 소프트웨어 개발 회사에 취업할 때 알아보면 좋은 정보는 어떤 게 있을까? 설마 많은 급여와 넉넉한 복지를 생각하는 사람은 없지 싶다. 작은 기업이라 해도 급여가 너무 작다면 내키지 않을 것이다. 복지는 일단 없다고 생각하는 게 마음 편하다.

창업 초기 회사에 참여하면서 지분이나 스톡옵션이 주어진다면, 급여보다는 성공 가능성을 따져 결정하면 된다. 뜻대로 잘되어 대박이 나면 좋고, 안되어 쪽박 차더라도 인생에 좋은 경험이라 생각하면 된다.

취업하려는 작은 회사에 대해 잘 아는 경우가 아니라면, 일반적으로 알아봐야 할 것은 세 가지를 들고 싶다.

직원 1인당 매출액

요즘은 국민연금이나 고용보험, 법인세 등의 신고 내용을 어느 정도 공개할 수 있어, 작은 회사라도 직원수나 기본적인 재무상태를 알려주는 사이트가 있다. 직원 1인당 매출액을 알면 그 회사의 임금 수준을 가늠할 수 있다. 소프트웨어 회사는 비용의 대부분을 인건비가 차지한다. 경험으로 보아 1인당 연간 매출 1억 원이면 업계 중소기업 평균 임금은 넘을 것이다. 2억 원 이상이라면 작은 회사지만 좋은 회사다. 3억 원 이상이라면 대기업 못지않은 복지를 기대해도 좋다.

자기 제품이 아니라 남의 제품을 유통시켜 올린 매출이라면 이 공식은 맞지 않는다. 그래서 그 회사가 매출을 어떻게 올리는지도 살펴보아야 한다.

직원 1인당 자본총계

기업이 안정되려면 돈이 있어야 한다. 특히 빚이 아닌 순수한 자기 자본이 어느 정도는 있어야 한다. 이는 일반적으로 직원 1인당 자본총계를 보면 알 수 있다. 이 또한 경험으로 보아 1인당 자본총계가 1억 원이면 안정된 회사로 볼 수 있다. 2억 원 이상이라면 작은 회사지만 좋은 회사고, 3억 원 이상이라면 정말 탄탄한 회사다. 물론 부채비율이 너무 높다면 문제일 수 있다.

내가 잘 아는 분이 운영하는 소프트웨어 회사의 2022년 말 실적은 매출 79억 원, 영업이익 25억 원, 자본총계 102억 원이다. 전체 직원은 15명이다. 어떤가? 이 정도면 작은 회사라도 다녀볼 만하지 않은가? 나는 이분 앞에 서면 존경심이 절로 든다. 나는 아직 근처에도 못 갔기 때문이다.

휴가 쓰는 분위기

요즘 야근하는 회사는 없을 것이라 보면 얼마나 휴가가 많으냐와 마음대로 쓸 수 있느냐만 보면 된다. 만약, 주 4일 근무라든가 하루 7시간 근무라면 좋은 회사다. 1년 다니면 1개월 안식 휴가가 있는 회사라면 정말 좋은 회사다. 실제로 그런 회사가 있을까? 그리고 눈치 안 보고 휴가를 쓸 수 있는지는 무얼 보면 될까? 금요일이나 월요일 또는 연휴 앞뒤로 이어서 휴가를 낼 수 있는지 보면 되지 않을까? 회사마다 사정이란 게 있을 것이다.

작은 회사도 큰 기업과 마찬가지로 크게 보면 하는 일은 같다. 그래서 작은 회사는 한 사람당 해야 할 일이 많다. 힘이 들 수 있고, 본인이 원하지 않는 일도 가끔 할 수 있다는 얘기다. 그래 봐야 하루 8시간만 채우면 되는데 못할 건 없다. 야근을 밥 먹듯이 하는 회사라면 논외다.

감히 내 방식대로 작은 회사의 좋은 점이나 어떤 사람에게 어울리는지 좋은 말을 나열해보겠다. 턱없는 얘기다 싶으면 "저런 착각을 하고 사는 사람도 있구나" 여기면 된다.

"헐렁 티에 청바지 입고 운동화 신고 출근한다."

"프로그램 짜는 거 말고도 할 일이 널렸구나. 사지육신 멀쩡한데 아무려면 어떠리."

"세상에 일이 이렇게 많은 줄 몰랐다. 그중 몇 개는 참 재미있다."

"너무 작아서 그냥 남들 속에 묻어가기 힘들다. 그래서 내 색깔이 무언지 알았다."

"포기나 패배가 아니라 선택이다. 선택은 좋고 나쁨이 아니라 취향이다."

"나는 조금 다른 길을 간다. 어차피 도착 지점은 같다."

"남을 따라 하기보다 내가 주도하는 삶을 산다."

"작은 회사 속의 1인 기업, 그게 나다."

"큰 나무의 이파리보다 작은 나무의 뿌리가 되고 싶다. 언젠가 큰 나무가 되겠지."

"나는 절대로 길들여지지 않는다. 규칙은 내가 만든다."

"남이 만든 회사, 내가 키운다."

SI 기업

프로그래머에게 SI^{system integration} 하면 떠오르는 건 노가다, 지옥, 갑질, 개발자의 무덤 등 부정적인 이미지가 대부분이다. 그렇다 보니 SI를 주로 하는 기업 또한 기피 대상이다. 그런데 기업을 하는 입장에서 보면 이 시장이 너무 커서 발을 담그지 않을 수 없게 한다. 어느 정도 크냐 하면, SI 업종의 매출은 네이버, 카카오로 대표되는 유명 인터넷 서비스 업종과 게임 업계의 전체 매출을 합한 것보다 훨씬 크다. 작은 소프트웨어 회사가 이 시장을 외면하기에는 생존의 문제에 부딪칠 수 있다.

소프트웨어 개발 회사가 돈을 버는 방법은 크게 두 가지다. 스스로 제품을 만들어 팔거나 서비스하는 게 그 하나이고, 또 하나는 남의 소프트웨어를 개발해주고 대가를 받는 것이다. 일반 업종에 비유하면, 전자는 제조업 또는 서비스업이고 후자는 건설업이다. 후자는 보통 맡기는 입장에서 아웃소싱^{outsourcing}이라 한다. 우리는 이것을 SI라 한다. 해외에서는 SI라 하지 않고 'IT 아웃소싱'이라 한다. 소프트웨어 개발 회사에서 보면 외주 개발, 정확히는 수주 개발이다.

왜 SI라고 할까? 발주하는 정보시스템의 구축 규모가 커지다 보니, 여러 시스템^{system}을 통합^{integration}한다는 뜻일 게다. 통합 대상은 크고 작은 소프트웨어도 되고, 하드웨어도 되고, 네트워크 장비도 되고, 기타 모든 관련 시스템이 다 된다. 이 통합 또는 구축의 과정에서 긍정적이든 부정적이든 우리나라만의 독특한 SI 문화가 만들어진 것이다. 이제 우리나라에서 외주 개발 또는 수주 개발에 참여하는 개발자는 크든 작든 그 규모에 관계없이 모두 SI 개발자라 부른다.

생각해보면 기업에서 외주 개발을 맡기는 것은 좋은 선택이다. 소프트웨어 개발 회사에게도 좋은 일이다. 그런데 어찌된 일인지 발주하는 기업에게도 개발 회사에게도 모두 안 좋은 일이 되어버렸다. 더군다나 개발자에게는 더 안 좋은 일이 되었다. 이렇게 모두에게 안 좋은 일이 되어버린 이유는 발주-원청-하청-재하청-재재하청의 생태계가 만들어진 게 가장 크다. 여기서 품질을 보장할 수 없게 되고 부실한 소프트웨어가 만들어질 수밖에 없는 구조가 되어버렸다. 원래 유통 구조가 복잡하면 생산자나 소비자 모두가 손해 보게 되어 있다. 그리고 한번 생태계가 형성되면 그 구조에서 먹고 사는 사람들이 얽히고설켜 개선하기 힘들다. 하청을 금지하거나 하청은 인정하되 재하청은 금지한다면, 그 이하 먹이 사슬에서 먹고 사는 사람은 반발하게 된다.

SI 프로젝트의 특징들을 나열해보면, 프로그래머에게는 좋지 않은 면으로 보이는 게 보통이다. 우선은 앞에서 언급했듯이 돈 버는 생태계가 다르다 보니 기술의 깊이에 의한 실력을 쌓기가 어렵다. 직접 개발해서 제품을 팔거나 서비스하는 기술집약적 시장이 아니라 고객의 지시대로 개발해서 대가를 받는 수주 개발로 노동집약적 시장의 성격이 강하기 때문이다. 품질보다도 짧은 시간 내에 많은 기능을 만들어내는 게 목표인 상황에서 프로그래머의 역량은 얼마나 빨리 만드냐에 달려 있다. 개발 회사 입장에서 품질은 의미 없고 기능당 가격이 중요하므로 저렴한 인력이면 된다. 요구사항을 만족하고 검수에 통과하면 된다. 코드의 품질을 문제 삼는 사람은 거의 없다. 프로그래머는 빨리빨리 찍어내는 사람이 실력자다.

그렇게 하니까 유지보수에 문제가 발생하고, 시스템 수명도 짧다고 염려하는 사람이 많다. 그런데 이 또한 소프트웨어 개발 회사 입장에서는 문제될 게 없다. 무상 하자보수 기간을 마치면 유지보수 비용을 받을 근거가생기고, 얼마간 쓰다가 더 이상 사용할 수 없는 지경에 이르면 이른바 '고도화' 내지는 '차세대' 프로젝트가 나올 것이고, 그 생태계 안에서 먹고 살아갈 수 있기 때문이다. 오히려 너무 완벽해서 유지보수할 필요도 없고 튼튼하게 만들어서 수명이 길다면 개발 회사에게는 손해가 된다. 실제로 우리 회사에서 개발한 제품을 한 번에 구축하고 돈을 받은 경우, 그 이후 매년 유지보수 계약을 맺어야 하는데 별 문제가 없으니 이를 거부하고 그냥쓴다. 20여 년 전에 수주 개발로 구축해 준 어느 공기업의 시스템은 지금까지 우리의 도움 없이 잘 쓰고 있으니, 우리 회사에 득이 될 게 전혀 없다. 너무 잘 만들어도 탈이다.

SI 시장이 크고 생태계도 복잡하다 보니 SI 기업도 천차만별이다. 삼성SDS, SK CNC, LG CNS로 대표되는 대기업부터 중견기업(소프트웨어 개발 회사로 보면 이런 기업도 대기업)은 대개 수행사의 맨 위쪽인 원청 업체에 해당한다. 이런 회사 소속의 개발자는 SI 기업이라기보다는 대기업이라는 이점을누릴 수 있으므로 크게 문제될 건 없다. 문제는 하청 업체로 일하는 중소기업이나 작은 회사 소속의 개발자로, 많은 고민을 안고 있다.

그래서 프로그래머가 SI 기업을 선택할 때는 주로 원청을 하는 업체를고르는 게 좋다. 원청 업체는 수행 주관사로 대부분 대기업이라서 하나마

나 한 소리라고 할 텐데 꼭 그렇지는 않다. SI를 수주 프로젝트라고 한다면 SI에 꼭 큰 프로젝트만 있는 게 아니다. 프로젝트 발주 금액이 10억 원, 더 작게는 5억 원 이하의 비교적 작은 프로젝트는 작은 회사에서도 얼마든지 수행 주관사가 될 수 있다. 우리 회사도 작은 회사지만 지금까지 하청 업체로 일한 적이 거의 없다. 컨소시엄으로 수주한 경우에도 협력 회사가 우리보다 큰 회사였지만 모두 우리가 주관사를 맡았다. 프로젝트가 크든 작든 원청 업체 소속으로 일하는 게 낫다는 게 내 생각이다. 물론 하청이라도 큰 프로젝트를 경험하는 것은 나쁘지 않다.

SI 프로젝트에 단점만 있는 게 아니다. 무엇보다도 큰 시스템에 대한 경험을 쌓을 수 있다는 것이 가장 값진 일이다. 소프트웨어 수명 주기에 따른 여러 프로세스를 경험할 수 있다는 게 좋고, 발주사의 직원과 수행사인 원청 업체 직원, 하청 업체 직원, 프리랜서 등 다양한 인력들과 일한 경험도 귀하다. 기획자, 디자이너, 퍼블리셔, 개발자 등의 여러 역할과 PM, PL^{project leader}, 아키텍트, 사업관리, 감리 등 여러 직군의 사람과 일한 경험도 앞으로 경력 관리에 큰 도움이 될 수 있다.

프로그래머는 나중에 코딩을 덜하거나 하지 않는 분석 전문가, 설계 전문가, 아키텍트, PM, 컨설턴트 등으로 경로를 이동하면 개발자 수명을 길게 가져갈 수 있다. 특히 경력이 쌓여 프리랜서로 나서거나 소프트웨어 회사를 창업하는 데에도 도움이 될 수 있다. SI 프로젝트에 대한 경험보다도 그런 프로젝트를 수행하는 과정에서 쌓은 인맥이 더 큰 도움이 된다.

SI 프로젝트에서는 프로그래머의 할 일이 반복적인 코딩으로만 제한될 수 있다. 그래서 '프로그래머는 코딩이 생명이다'라는 생각으로 평생 코딩하겠다며 '100세 코딩'의 각오를 다질 필요는 없다. 코딩 경험을 바탕으로 개발자로서 더 큰 경험과 더 큰 돈이 되는 직무로 갈아타는 것도 현명한 선택이고 좋은 일이다.

● ● ●　　　　　　　　오너프로그래머 노트　　　　　　　　✕

SI 기업에서 일하면서 얻을 수 있는 것

1. 큰 시스템에 대한 경험을 쌓을 수 있다.

2. 소프트웨어 수명 주기에 따른 여러 프로세스를 경험할 수 있다.

3. 발주사와 원청 업체 직원, 하청 업체 직원, 프리랜서 등 다양한 인력과 인맥을 쌓을 수 있다.

4. 기획자, 디자이너, 퍼블리셔, 개발자 등의 여러 역할과 PM, PL, 아키텍트, 사업관리, 감리 등 여러 직군의 사람과 일한 경험이 경력 관리에 도움이 된다.

5. 코딩을 덜하거나 하지 않는 직군으로 경로를 이동하면 개발자 수명을 길게 가져갈 수 있다.

6. 경력이 쌓여 프리랜서로 나서거나, 소프트웨어 회사를 창업하는 데에 큰 도움이 된다.

자체 제품 및
서비스 기업

"그런대로 규모가 있는 SI 업체와 자기 제품을 개발하는 작은 회사 중에 어디가 나을까요?"

프로그래머는 아무래도 자체 개발한 제품을 판매하거나 서비스하는 회사를 선호한다. 소프트웨어 개발 회사라는 느낌이 SI 기업보다는 더 들기 때문일 게다. 그리고 무엇보다도 돈을 많이 주고, 복지도 좋고, 근무 환경도 좋은, 폼 나는 소프트웨어 대기업이 포진해 있기 때문이다. 그런데 이런 폼 나는 기업에 누구나 들어갈 수 없다는 게 문제다. 그래서 아쉬운 대로 폼은 안 나지만 자기 제품을 개발하는 작은 회사에 들어가서 실력 발휘를 하느냐, 아니면 그래도 좀 폼 나는 규모 있는 SI 회사에 들어가느냐를 고민하는 사람이 있다. 역시나 정답은 없다. 선택만 있을 뿐.

폼 나는 소프트웨어 기업은 대부분 서비스 회사이다. 일반 산업으로 말하자면 서비스업이지만, 다른 점은 소프트웨어에 의한 서비스이고 대개 직접 소프트웨어를 개발하는 기술 중심의 기업이라는 것이다. 그래서 프로그래머에게 최고의 직장이라 할 수 있다.

일반적인 산업분류로 보면 정보서비스업이라 할 수 있다. 주로 인터넷을 통해 정보매개 서비스를 하며, 다른 방식으로 정보를 제공하는 서비스를 하기도 한다. 세분하면 자료처리, 호스팅, 포털, 기타 인터넷 정보매개 서비스업, 기타 정보 서비스업 등이다. 대개 다수의 개인을 상대로 하는 B2C business to customer 사업이다. 사용하는 개인에게 직접 사용료를 받기도 하지만, 사용자는 무료로 쓰고 광고나 거래하는 기업에서 돈을 받는 방식이 더 많다. 네이버나 카카오가 돈 버는 방식을 보면 어떤 것인지 쉽게 답이 나온다.

크게 보면 플랫폼 platform 과 콘텐츠 contents 로 분류할 수 있다. 이름만 대면 알 만한 서비스 기업도 있지만, 이름 없는 크고 작은 포털, 커뮤니티, 쇼핑몰 등의 서비스 회사도 많다.

전통적인 산업에 IT 기술을 접목한 서비스 기업도 있다. 대표적인 것이 핀테크 fintech 인데 금융 finance 과 기술 technology 이 결합한 서비스라는 뜻이다. 송금이나 결제, 인터넷 은행, 금융상품 추천 등의 서비스를 한다. 부동산 자산 property 과 기술 technology 의 합성어인 프롭테크 proptech 는 부동산 중개, 사이버 모델하우스, 건물 관리 등의 서비스를 한다. 미국에서는 부동산 거래에 블록체인이 적용되고 있다고 한다.

게임 회사도 프로그래머가 선호하는 서비스 기업이다. 요즘은 온라인 게임이나 모바일 게임이 대부분이지만, 콘솔 게임이나 패키지 게임을 만드는 회사도 아직 있다. 게임을 즐기는 것과 게임 프로그래머가 되는 것은 다른 일이라는 것이 이제 많이 알려졌지만, 그래도 게임을 즐기는 사람이 게임 프로그래머로 유리하다. 제품을 만드는 과정이 다른 소프트웨어를 만드는 과정과 좀 다른 요소가 있다 보니 개발자 문화도 독특한 것이 많다고 알려져 있다. 그리고 다른 소프트웨어 분야와는 달라 기획이나 엔터테인먼트, 아트 등 특수한 직군이 있고, 이에 따라 연봉도 많은 차이가 난다.

전통적으로 소프트웨어 개발 회사라 함은 자체 제품을 개발하여 판매하는 기업을 말한다. 크게 보면 시스템 소프트웨어system software와 응용 소프트웨어application software로 구분된다. 시스템 소프트웨어는 하드웨어를 직접 제어하거나, 운영체제operating system나 컴파일러compiler와 같이 컴퓨터 시스템을 사용할 수 있게 도와주는 역할을 한다. 응용 소프트웨어는 사용자가 직접 사용하는 것으로 운영체제에서 실행되는 거의 모든 소프트웨어를 뜻하며, 우리는 이것을 애플리케이션, 또는 줄여서 앱app이라고 한다.

가장 많은 프로그래머들이 개발하는 게 응용 소프트웨어라고 할 수 있다. 그중에서 주로 기업 사이의 거래를 기반으로 한 B2Bbusiness to business 사업을 하는 소프트웨어 회사들이 주로 자체 제품을 개발한다. 메신저, 메일, 그룹웨어, 전사적 자원 관리enterprise resource planning, ERP, 고객 관계 관리customer relationship management, CRM, 회계 관리, 인사 관리, 근태 관리 등 각종 업무용 소프트웨어가 많다. 또한 시뮬레이션이나 캐드computer-aided design, CAD 등 엔지니어링 소프트웨어도 있다.

응용 소프트웨어는 라이선스license 판매 방식으로 제품을 공급했으나, 요즘에는 많은 제품이 서비스 방식으로 바뀌고 있다. 즉, 예전에는 고객이 구입 시 한 번에 제품 가격을 내고 나중에는 유지보수 비용을 내는 방식이었으나, 요즘은 정해진 기간에 정해진 요금을 내고 사용하는 임대 서비스 개념으로 바뀌었다. 말하자면 제조업에서 서비스업으로 바뀌고 있다. 데스크톱에서 실행되는 독립형stand alone 패키지 소프트웨어packaged software도 요즘은 라이선스 판매에서 월정액 구독 방식으로 전환한 게 많다.

기업용 소프트웨어는 개발된 제품 그대로 팔지 않고 해당 기업에 맞도록 커스터마이징customizing하는 경우도 많다. 이것이 심해지면 SI와 구별이 없어지기도 한다. 그래도 같은 수주 개발이라고 해도 발주사의 요구에서 출발해서 처음부터 개발하는 시스템보다는 자기 제품에 기반한 시스템 개발이 훨씬 낫다.

　프로그래머는 SI 프로젝트에 참여하는 것보다 자체 제품을 개발하거나 서비스하는 기업에서 더 나은 기술을 익힐 수 있다고 알려져 있다. 이는 SI가 노동집약적 개발 환경인 데 비해, 자체 상품 개발과 서비스는 기술집약적 생태계로 알려져 있기 때문이다. 실제로 SI와는 달리 개발 기간과 비용보다는 품질이 중요하며, 기술 부채를 남겨두지 말아야 한다. 특히 보급(서비스) 중에 발생한 버그는 회사에게 비용을 치르게 하며 개발자에게는 스트레스를 안겨준다. 그러나 이는 대부분 그렇다는 것이지 회사마다 환경의 차이도 많고 배울 수 있는 기술도 한정적일 수 있다. 회사마다 개발하는 기술 스택이 정해져 있기 때문이다.

　요즘 응용 소프트웨어의 대부분은 인터넷 기반의 웹 프로그램이다. SI 프로젝트에서 오랫동안 개발하던 프로그래머가 자체 제품을 개발하는 회사에서 적응하지 못할 수 있다. 일단 SI에서 많이 쓰는 이른바 전자정부 프레임워크를 쓰지 않는 개발 회사가 많다. 회사마다 나름의 개발 프레임워크가 있고 각종 라이브러리와 API가 갖춰져 있다. 우리 회사만 해도 자바로 개발하는 데 스프링은 안 쓰고, 자바스크립트만 쓰고 jQuery 같은 건 안 쓴다. 서버와 클라이언트의 역할 규정도 다를 수 있다. SI에서는 비즈니스 로직을 주로 SQL에 넣는데, 어떤 회사는 언어(자바) 차원에서 처리한다. 렌더링의 경우도 SI에서는 주로 서버에서 하는데, 클라이언트에서 처리하는 회사도 많다. 그러다 보니 오히려 신입 직원은 괜찮은데, 경력 직원으로 들어가면 적응을 못하는 수가 있다. 굳어진 습관을 바꾸기가 쉽지 않기 때문이다.

물론 이미 정해진 개발 환경이나 기술 스택도 본인의 노력과 능력에 따라 더 좋은 것으로 바꿀 수 있다. 따라서 작은 개발 회사라도 그런 가능성이 높은 회사에 들어가 실력 발휘를 한다면 기술도 쌓이고 경력에 큰 도움이 된다.

프리랜서

프로그래머가 현재 다니는 회사를 평생직장이라 생각하고 일하는 사람은 거의 없다. 내가 20대, 30대에 다녔던 대기업에서는 프로그래머의 수명이 10년을 넘기기가 힘들었다. 과장이 되면 관리할 일이 많아져서 자연히 관리자의 길을 걷게 된다. 내가 그만두기 전 마지막 직급은 팀장으로서 차장이었는데, 프로그래밍해야 할 회사 업무는 전혀 없었다. 지금은 그래도 여러 기술 직군의 일이 많아서 계속할 수 있다고 들었다. 코딩을 계속하고 싶으면 아무래도 대기업보다는 규모가 작은 회사가 낫다. 어쨌든 예전보다 프로그래머의 수명은 길어졌고 평생 직업으로 삼을 수 있게 되었다. 평생 직업은 가능한데 평생 다닐 직장이 마땅치 않으니 그게 문제다.

우리 회사 같은 작은 회사도 시니어(대개 40대 중반 이후) 직원을 뽑을라치면 애를 먹는다. 젊은 직원들이 싫어한다. 소통이 안 된다고 한다. 그러니 이를 잠재울 만한 출중한 실력과 훌륭한 어울림 능력을 갖췄다면 모를까 오래 일하기 힘들다. 그렇다면, 프로그래머가 40대, 50대를 넘어 평생직장으로 일할 수는 없는 걸까? 40살 이전에 자기를 알아주는 회사에 자리잡고 계속 실력 발휘하며 살면 되지 않을까? 아니면 창업을 하거나.

그런데 굳이 그럴 필요 없이, 프로그래머가 할 수 있는 괜찮은 길이 하나 있다. 그게 바로 프리랜서다. '프리랜서도 40살 넘으면 잘 안 불러준다고?' 꼭 그렇지는 않다. 소프트웨어 개발 프로젝트는 넘치도록 많고, 경험 있는 개발자는 항상 부족하다. 관리만 잘하면 60살 넘어서도 얼마든지 가능하다. 실제 내 옛날 직장 동료 중에는 40살 이후에 프리랜서로 전향하여 50대, 60대에도 계속하고 있는 사람들이 여럿 있다.

프리랜서는 어떤 회사나 조직에 소속되지 않고 자유 계약에 의해 일하는 사람이다. 영어로는 보통 'freelance(프리랜스)'로 표기하는데, 우리는 대개 프리랜서freelancer라고 한다. 원래 중세 유럽의 용병단에서 유래한 말이라고 한다. 어떤 영주에게도 소속되지 않은 자유로운free 창기병槍騎兵, lance이라는 뜻으로, 보수를 받고 이곳 저곳의 영주와 계약을 맺고 그 고용주를 위해 싸웠다고 한다.

영국의 역사 소설가인 월터 스콧Walter Scott이 쓴 중세 기사들의 모험담을 다룬 소설 《아이반호Ivanhoe》에 '특정 영주에게 충성 서약을 하지 않는 자'라는 의미의 'freelance'라는 단어가 처음 등장했다고 한다.

'프리랜서'는 뭐가 좋을까? 우선은 돈이다. 중세의 용병 프리랜서가 대의명분이나 고용주가 어떤 사람인지 따지지 않고 오로지 보수만을 위해 이리저리 옮겨 다녔듯이, 프리랜서 개발자도 돈 많이 주는 프로젝트에서 일하면 된다. 대개는 월급쟁이보다 한 달에 받는 보수 총액이 많고, 세금 3.3% 외에는 떼는 게 없으니 일단은 실수령액이 많다. 하지만 여기에는 4대보험과 퇴직금이 없다는 점을 감안해야 한다. 특히 건강보험료는 지역가입자라서 직장가입자에 비해 많이 나올 수 있고, 국민연금도 지역가입자로 따로 가입해야 한다. 또한 하나의 프로젝트가 끝나고 다른 프로젝트로 옮겨 일할 때 공백기간이 생길 수 있음을 감안하면, 월급쟁이 소득과 비교하여 그다지 큰 소득이 아닐 수도 있다. 물론 실력을 인정받아 월등히 많은 금액의 돈을 벌 수도 있다.

사실 프리랜서 하는 사람과 얘기를 나눠보면 가장 좋은 점은 돈보다도 인간관계에서 오는 스트레스가 적다는 것이다. 직장에서의 상하관계와 싫은 동료도 매일 봐야 하는 스트레스가 확연히 적다. 최악의 경우 그 프로젝트만 참고 마치면 그만이다. 일 못해서 피하고 싶었던 사람을 다른 프로젝트에서 또 만날 수도 있겠지만. 그리고 일에 대한 책임에서도 비교적 자유롭다. 자기에게 맡겨진 일만 깔끔하게 해낸다면 설령 프로젝트가 잘못되어 소송이 벌어진다 해도 발주사와 수행사 간의 문제이지 본인하고는 상관없는 일이다.

프로그래머가 프리랜서로 쉽게 일할 수 있는 곳이 SI 프로젝트다. 일단 수요가 많아서 한번 발을 들여놓으면 계속할 수 있다. 특히 요즘은 개발자 단가가 높아져서 상당한 보수를 받을 수 있다. 나이 들어서까지 오래 일하려면 코딩을 계속하는 것보다 분석이나 설계, 그리고 이런 일을 모두 포함하는 컨설턴트로 전문성을 쌓는 게 유리하다. 보수도 코딩만 하는 것보다 높을뿐더러 해당 분야의 경험과 전문성을 인정받으면 60살 넘어서까지 일할 수 있다.

SI 프로젝트를 꺼리는 프로그래머가 많다. 아무래도 '내가 개발했다'는 성취감도 덜하고, 좀 더 소프트웨어에 밀착된 기술과 경험을 쌓고 싶기 때문이다. 그렇다면 적은 인원으로 할 수 있는 외주 프로그램의 개발을 하면 된다. 특히 발주 금액 1억 원 이하의 단기 프로그램 개발은 혼자서도 얼마든지 할 수 있다. 문제는 프로젝트를 어떻게 계속 수주하느냐이다. 일단 첫 단추를 잘 꿰어야 한다. 요즘은 위시켓, 프리모아 등의 사이트에 가입해서 첫 시작을 할 수 있다.[8] 나중에는 이런 곳에 의존하기보다 본인의 이름값으로 일거리가 수주되도록 해야 돈을 더 벌 수 있다. 처음에 좀 고생이지, 하다 보면 인맥이 쌓인다. 무엇보다도 실력 있고 책임감 있는 개발자로 알려지는 게 중요하다. 깔끔한 일솜씨로 믿을 수 있는 프로 프로그래머로 평판을 얻는다면 일거리는 귀찮을 정도로 많이 들어와서 거절하는 데 애를 먹을 수도 있다.

경험으로 보아 발주 금액 3억 원 미만의 프로젝트는 혼자서도 할 수 있다. 영역이 다른 웹디자인 같은 일은 제외하고 말이다. 그런데 중요한 건 코딩만 잘해서는 이런 프로젝트를 마칠 수 없다는 점이다. 즉, 코딩은 프로그래밍의 일부일 뿐이고 분석과 설계 능력을 갖춰야 한다. 특히 대부분의 프로젝트에서 DB 설계 능력이 없으면 혼자서 개발할 수 없다. 그리고 가장 중요하게 요구되는 능력은 고객의 머릿속에 있는 전문지식을 어떻게 프로그램으로 개발할 수 있도록 끄집어내느냐이다. 사실 이게 진짜 커뮤니케이션 능력이다. 그런데 왜 혼자 개발해야 할까? 프로그래머 입장에서는 돈의 액수가 커서 좋고, 고객 입장에서는 품질이 높아서 좋다. 나는 작은 프로젝트는 여러 사람보다 혼자서 개발하는 게 품질이 낫다고 생각한다. 그 혼자가 누구냐에 따라 다르겠지만. 일의 양이 기한 내에 혼자 끝내기에 많다면 친한 동료와 같이 하되, 당연히 그 수가 적을수록 좋다.

프로그래머가 직장에 다니다가 프리랜서로 전업하려면 어떻게 하는 게

---

8   위시캣: https://www.wishket.com/
프리모아: https://www.freemoa.net/

좋을까? 직장을 그만두기 전에 먼저 개인적으로 돈 받고 프로그램을 개발하는 프로젝트를 몇 건 해보는 게 좋다. 그리고 나서 객관적으로 나를 냉정히 평가할 때 혼자서 1년 이내 2억 원 이하의 작은 프로젝트를 감당할 자신이 있는지 따져보는 게 좋다. 자신 있다면 혼자서 수주해서 할 수 있는 일이 좋고, 아니면 SI 프로젝트에 참여하는 게 낫다. 돈벌이 크기와 오래할 수 있는지를 따져볼 때 그렇다는 얘기다.

프리랜서와 1인 기업은 어떻게 다른가? 혼자 자유롭게 일한다는 점에서는 같다고 볼 수 있다. 표면적으로는 프리랜서도 사업자로 등록하면 1인 기업이다. 그런데 굳이 필요가 없다면 사업자 등록을 하지 않아도 된다. 다만 일감을 같이 일하는 프리랜서 그룹을 대표하여 한꺼번에 받아서 일하고 납품할 경우 사업자가 필요할 수도 있다.

1인 기업이 프리랜서와 확실히 다른 점은 자기가 하는 일에 대한 통제와 선택에 관한 것이다. 프리랜서는 일에 대한 선택이 자유로우나 자신이 통제할 수 있는 일의 폭이 좁다. 그에 비해 1인 기업은 본인이 모든 일을 기획하고 통제할 수 있다. 예를 들어 자바 프로그래머가 프리랜서라면 자바로 개발하는 프로젝트 중에서 선택해서 일할 수 있다. 1인 기업이라면 내가 자바 프로그램을 기획하고 개발하여 팔 수 있다. 자바 프로그래머가 자바 강의를 한다면 프리랜서는 자바를 가르치는 학원을 선택해서 일할 수 있다. 1인 기업은 내가 강의실을 빌려 수강생을 모으고 수강료를 직접 받고 강의할 수 있다. 말하자면 1인 기업은 혼자이지만 엄연히 기업이다. 그래서 사업자등록이 필요하다.

프리랜서는 자유롭다는 장점이 있지만 소속이 없는 데서 오는 불안정으로 인한 고독과 외로움을 견딜 수 있어야 한다. 생활하다 보면 백수처럼 바라보는 일부 주위의 시선으로부터도 당당할 수 있는 성격이어야 한다. 무엇보다도 수입이 월급쟁이처럼 일정하지 않아 씀씀이 조절에 애를 먹을 수도 있다. 특히 경기가 나빠지거나 코로나19와 같이 예기치 못한 상황이 발생하면 일하던 업종의 주요 기업이 발주하는 프로젝트가 상당 기간 끊길 수도 있다. 직장이 있으면 신경 쓰지 않아도 될 국민연금이나 건강보험료를 스스로 챙겨야 하고, 연말정산에 해당하는 종합소득세 신고도 알아서 해야 한다. 주변에서 얻을 수 있는 기술이나 정보도 직장인에 비해 불리해서 이 또한 뒤처지지 않도록 스스로 노력해야 한다. 이 모든 불리한 조건을 타파할 수 있는 것은 당연히 실력이다. 시장에서 내 가치를 알아주고 비싸게 쳐준다면 문제될 게 없다. 거기다가 같이 일할 여러 전문가와 네트워크를 이루고 개인적인 인맥을 쌓는다면 나이 들어서도 하고플 때까지 오래 할 수 있다.

나도 이전 직장에 10년 이상 다니면서 개인적인 돈벌이 일을 많이 했던 터라 그만두고 프리랜서로 살아갈 수 있는 조건은 갖추었다. 그러나 상황 속에서 고독을 견디는 데에는 능숙한데, 관계 속에서 외로움을 견디는 데에 익숙하지 못한 내 성격 때문에 프리랜서보다는 창업을 택했다.

37

이직

　가끔 경력자 면접을 보면 프로그래머는 다른 직업에 비해 너무 자주 직장을 옮긴다. 1년에 두 번 옮긴 사람도 흔하다. 한 직장에 3년 이상 다닌 경우가 흔치 않을 정도다. 2년 미만의 경력을 빼면 10년 경력자가 5년도 채 안 될 때 이 경력을 그대로 인정해야 할지 애매하다. 그렇게 짧게 다닌 이유를 물으면 생각보다 임금체불 때문이라는 답이 많았다.

　프로그래머란 직업은 프로그래밍 기술도 중요하지만 해당 프로그램 분야의 업무 지식도 중요하다. 업무 지식이 능숙해지려면 보통 3년 정도 걸린다. 적어도 한 직장에서 3년 이상 다니는 게 좋다. 너무 짧으면 업무 지식뿐 아니라 프로그래밍 기술을 익히기에도 지장이 있다.

　어떤 이는 프로그래머는 한 직장에서 10년 이상 다니지 않는 게 좋다고 권고한다. 기술이 정체되고 발전이 없어서 그렇다고 한다. 내 생각은 이와 다르다. 프로그래머의 자기계발이야 늘 해야 하는 것으로 회사와는 어느 정도 무관한 자기 몫이고, 한 직장에서도 여러 프로젝트를 경험할 수 있으니 꼭 발전이 없다고 단정지을 수는 없다. 안정된 직장이라면 한 곳에서 조직을 이끌면서 실력 발휘하고 사는 게 더 행복할 수 있다.

　프로그래머가 대개 경력 4년 차, 5년 차쯤 되면 하던 일이 너무 익숙해서 재미가 없고 다른 걸 해보고 싶다는 생각이 든다. 그래서 주위를 돌아보고 급여가 많으면서 근무 여건이 좋은 회사나 무언가 배울 게 많고 내가 할 일을 기다리고 있는 듯한 다른 회사 얘기에 귀 기울이게 되고 이직의 욕구가 쌓인다. 사실 나도 그랬다. 나는 창업 전 직장에서 10년 넘게 근무했는데, 중간에 회사를 한 번 그만두고 옮겼다가 다시 들어간 이력이 있다. 첫 직장에서 프로그래머란 직업으로 3년을 넘기니까 왠지 대단한 경지에 오른 듯하고 자신감이 충만했다. 무언가 한 차원 높은 일을 해보고 싶다는 생각이 들었다. 그러던 터에 어찌 알고 작은 벤처기업으로부터 개발 책임자로 오라는 제의가 들어왔다. 아파트 전세도 얻어주고 급여도 당시 다니던 대기업보다 더 주겠다고 한다. 지금 생각해보면 별거 아닌데 20대 후반에 아파트 전세를 얻어준다니 엄청 좋아 보였다. 결국 이직했다가 적응하지 못하고 1년 후에 같은 직장 같은 팀으로 다시 복귀하는 특이한 경험을 했다. 적응하지 못한 이유는 지금도 존재하는 회사라 밝히기 조심스럽고, 이전 글 33절 '작은 회사와 스타트업'에 답이 있다.

평생직장이라는 개념이 사라진 지 오래인데 프로그래머에게 이직은 당연한 의식이라 할 수 있다. 하지만 이직하려면 그 사유에 대해 곰곰이 생각해보고 결정하는 게 좋다. 우선 가장 많은 사유는 아마도 급여 때문일 것이다. 그런데 받을 수 있는 돈이 50% 이상 차이 나지 않는다면, 눈에 보이지 않는 이직에 따른 비용도 있으니 그대로 있는 게 낫다. 이직을 연봉을 올리는 수단으로 이용하라는 권고도 있던데, 나는 권하고 싶지 않다. 이전 직장보다 연봉을 높여서 뽑았는데 걸맞지 않게 실력이 형편없는 사람을 많이 봤다. 당연히 오래 못 버틴다. 아마 다음 직장에서 또 연봉을 높여 부를 테고 계속 피해보는 직장이 늘어날 것이다.

근무 환경이 열악하거나, 상사나 동료 등의 인간관계에서 오는 스트레스가 심하다면 옮기는 게 맞다. 또한 큰 불만이 없어도 새로운 발전을 도

모하거나 좀 더 폼 나는 일에 도전해보고 싶고 준비가 끝났다면 그만두는 게 맞다.

다니던 직장을 그만두려는 마음의 준비도 끝났고 이직할 직장도 구했다면 그 절차가 중요하다. 새 식구를 맞아들이는 새 직장의 입사 절차는 정해진 대로 따르면 되니 별 문제될 게 없다. 하지만 떠나는 옛 직장은 업무 공백이 생겨 지장을 줄 수 있으니 각별히 신경을 써야 한다. 사실 회사를 그만두면서 좋은 감정을 갖고 있는 사람은 드물다. 그래서 정해진 퇴사일까지 적당히 놀다가 훌쩍 떠나는 사람이 많다. 대개 퇴사일 1개월 전에 사직서를 내도록 하고 있다. 이는 업무 인수인계를 위해서다. 떠나는 사람은 대부분 인수인계할 게 없다며 귀찮아 한다. 만약 진짜로 인수인계가 필요 없다고 생각한다면 그 회사에서 월급만 축내고 동료에게 피해만 준 게 분명하다. 자기가 한 일에 대한 자부심도 없고 월급 받은 것에 대한 당당함이나 자존심도 없는 사람임을 드러내는 것이다. 한 달 동안 인수인계할 업무가 없다면 그만큼 회사에서 넘치게 급여를 받았다는 걸 감사하고 반성해야 하는데, 그런 사람은 드물다. 오히려 그 반대인 사람이 많다. 회사가 문제라고 핑계 대며 위안을 삼으며 정당화한다. 내가 보기에 회사가 문제 있는 것하고 인수인계하는 것하고는 별 관계가 없다. 회사는 떠나는 직원의 인수인계 과정을 보면 그 직원이 했던 일에 비해 너무 많은 급여를 지불했는지 또는 너무 대접이 소홀했는지 알 수 있게 된다. 때는 늦었지만.

몇 년 전에 입사한 우리 회사 직원은 옛 직장을 그만두고 오는 데 3개월의 시간을 달라고 했다. 이유를 물으니 인수인계할 게 너무 많단다. 드문 경험이라 느긋하게 기다리겠으니 잘 마무리 짓고 오라 했다. 좋은 직원을 뽑았다는 뿌듯함이 느껴졌다. 그만두었던 우리 직원 중에서도 그 정도까지는 아니어도 충실하게 마무리한 직원도 있다. 그중에는 나중에 재입사한 사람도 있다. 그런 직원이라면 나중에 다시 와도 자리의 여유만 있다면 안 뽑을 이유가 없다.

인계하려 해도 인수받을 사람이 결정이 안 되어 마냥 기다릴 수 없는 상황도 간혹 있다. 이럴 때는 상사와 협의하여, 최대한 문서로 남기고 나중에 퇴사 후에라도 후임이 결정되어 의문 사항이 있으면 언제든 전화로라도 협조하는 게 좋다. 떠난 후에도 이렇게 신경 써준다면 감동할 것이다.

직장을 그만두면서 근무하던 사무실의 물품, 특히 책이나 업무 관련 도서 등을 가지고 나가는 사람이 있다. 꼭 필요해서 그렇다면 본인 돈으로 사면 될 터이고 팔지 않는 문건이라면 상사의 양해를 구하고 복사해가면 된다. 퇴사하면서 하나밖에 없는 문건을 들고 가버리면, 남아있는 직원이 나중에 없어진 걸 발견하고 난감해할 것이다. 업무에 크게 지장을 준다.

그만두려는 회사와 경쟁이 될 만한 업체로 옮길 때 일정 기간 동종업계 이직금지 서약서를 썼다면 회사와 잘 협의하는 게 좋다. 헌법에 보장된 직업 선택의 자유를 들어 크게 문제가 되지 않을 거라 생각하는 사람도 많은데, 이에 맞서는 회사 측이 내세우는 헌법 조항도 있기에 문제를 삼는다면 그리 간단하지는 않다.

소프트웨어 개발 회사를 퇴사하면서 가장 조심해야 할 것은 소스코드를 가지고 나가서 유사한 제품을 만들어 문제가 되는 경우이다. 저작권법 위반은 비교적 저작권자인 회사 측에 유리하게 적용하는 것으로 보인다. 과거에는 벌금형으로 끝나는 경우가 대부분이었는데, 요즘은 배임 혐의가 적용되어 형사 구속되는 사례까지 있어서 특히 주의해야 한다.

대기업에 다니다가 중소기업이나 특히 작은 회사로 이직하려 할 때 한 번쯤 깊이 생각해봐야 할 게 있다. 대기업이 주는 편안함과 여러 혜택이 얼마나 큰 것인지 잊고 지낸다는 점이다. 대기업을 그만두고 은행에 가보면 대출이 거부되거나 금액이 깎인다. 작은 회사에 가보니 어쩌다 동료와 술한잔하려 해도 눈치가 보인다. 대기업에서는 회사가 다 해주었는데 작은 회사에서는 내 돈으로 해야 할 게 많으니 참 아깝다.

오래전에 대기업 부장으로 있다가 작은 회사의 임원으로 직장을 옮긴 지인을 만났는데 룸살롱에 못 가서 죽을 맛이라고 했다. 무슨 소리냐고 물으니, 새 회사로 출근한 첫날 사장이 법인카드를 주면서 하는 말이 "우리 회사에서 큰 술접대는 없으니 술 마시려거든 당신 돈으로 마셔라. 특히 직원들 꼬드겨 이 카드로 술 마실 생각일랑 아예 버려라" 했다는 것이다. 자존심 상해 당장 때려치우고 싶었지만 첫날부터 그럴 수는 없어 꾹 참았다고 한다. 그런데 이전 직장에서 적어도 한 달에 한 번 이상 룸살롱에 드나들었는데, 그게 몸에 배었는지 석 달이 넘어서부터 미치겠다는 거다. 그렇다고 내 돈 들여 그 비싼 데를 갈 수는 없는 노릇이니 죽을 맛이라는 얘기다. 그 지인은 그 회사에 오래 다니지 못했다. 그런데 재미있는 것은 그 지인이 몇 년 후에 창업을 했다고 해서 찾아가 만났다. "김사장네 회사 직원들은 좋겠네. 술집에서 마음대로 법인카드 긁을 수 있으니" 하고 나는 웃으며 농담을 건넸다. 그러자 지인의 입에서 바로 튀어나온 대답이 "무슨 소리야? 회사 돈과 개인 돈 구분 못하는 놈은 바로 해고야!" 한다. 사람이 이리 변하는 것도 세상 이치다. "내가 회사 돈 빼먹기 신공으로 무장된 사람이라 그 수법을 뻔히 다 아는데, 내 회사에서 그러는 꼴은 봐줄 수가 없지" 하면서 웃었다.

미국에서는 이직할 때 전 직장 상사의 추천서가 중요하다고 한다. 이런 관행은 좋게 보인다. 오래전에 우리 회사에서 2년 정도 근무했으나 별다른 실적을 내지 못해서 스스로 그만두고 이직한 직원이 있었다. 어느 날 이직하려는 회사의 인사책임자가 나를 만나러 찾아왔다. 그 직원이 우리 회사에서 어떻게 근무했고 왜 이직하려 하는지 알아보기 위해 왔다고 했다. 가끔 전화로 물어오는 경우는 있어도 직접 만나러 온 건 처음이었다. 참 난감한 상황이 아닐 수 없었다. 사실 그대로 얘기하려니 그 직원의 앞길을 막는 듯하여, 어쩔 수 없이 이런저런 말로 포장하여 둘러댈 수밖에 없었다. 다행히 새로 옮겨간 회사에서는 실적도 잘 내고 인정받고 잘 다녔다. 그런 거 보면 우리 회사나 나한테 문제가 있었던 게 아닌가 싶다. 아니면 그 회사가 워낙 훌륭한 시스템을 갖췄거나. 소프트웨어 업계가 어찌 보면 좁아서 한두 다리 건너면 아는 사이일 수 있다. 그래서 그만두는 회사가 마음에 안 들어도 상사나 동료와 잘 지내고 인수인계를 열심히 하고 마무리 짓는 게 여러모로 본인에게 좋은 일이다.

그리고 이직할 때 널리 알려진 유명 회사가 아니라면 업계에 오래 일해온 사람이나 그 회사를 아는 사람이 있으면 조언을 구하는 게 좋다. 한번은 지인이 이직하게 되었다며 인사를 왔다. 그런데 공교롭게도 옛 회사와 새로운 회사를 둘 다 내가 알고 있던 터라 말렸다. 다니던 회사 사장에게 싹싹 빌고 그냥 열심히 다니겠노라고 하고 눌러 앉으라 했다. 그렇게까지 하기가 쉽지 않았던지 결국 그만두고는 그때부터 예상대로 고난의 길을 겪는 걸 보고 안타까웠다.

좀 오래된(2008년) 자료이긴 한데, 잡코리아에서 직장인 1,700여 명을 대상으로 한 설문조사에서 응답자의 82.1%가 이직을 후회한다고 답했다. 그 이유는 '이전 회사보다 나은 것이 없어서'가 32.4%로 가장 많았고 '외부에서 보는 것과 달라서'(21.4%), '연봉이나 승진 등 입사 전 약속을 이행하지 않아서'(19.1%) 등의 순이었다.

　재작년 초에 전 직장에서부터 알던 오랜 지인이 퇴직했다며 나를 찾아왔다. 정년퇴임까지는 2년 정도 남았는데 갑자기 강제로 퇴직을 당했다며 분노에 차서 다녔던 회사 욕을 해댔다. 게다가 다니던 회사와 다른 회사 간에 소송이 있는데 도와달라 연락이 왔다는 것이다. "내가 왜 나한테 그리 모질게 한 회사를 도와야 하느냐?"며 흥분했다. 그래서 "25년 넘게 그 회사 덕분에 잘 살았지 않느냐?"며 달래고, 도와주는 게 맞다고 말해주었다.

　가끔 보면 그만둔 회사를 욕하고 비난하는 사람이 있다. 자의든 타의든 그만두었으니 감정이 안 좋을 수 있다. 그렇다고 여기저기 다니며 욕해봐야 제 얼굴에 침 뱉기다. 억지로라도 칭찬거리를 찾아 말해주는 게 정신 건강에 이롭다. 우리 회사를 그만둔 직원 중에도 다닐 때는 만족하지 못하고 크게 친하지도 않았는데, 우연히 회사 근처에 왔다가 인사하러 들르거나, 우리 회사 제품을 쓰도록 다니는 회사에 소개하는 사람도 있다. 정이 많은 사람이다. 퇴사 후의 이런 좋은 행동이 당장은 큰 보탬이 안 될지라도 언젠가는 크게 도움이 된다. 그게 세상 이치다.

큰 프로젝트와
작은 프로젝트

　내 첫 직장은 건설회사였다. 입사 몇 달 후 친한 선배가 현장소장으로 부임했다는 얘길 들었다. 당시 그 선배는 입사한 지 5년밖에 되지 않았고 직위는 대리였다. 그처럼 큰 건설회사에서 대리급이 현장소장으로 발령받았다는 게 의아했다. 여러 동의 다세대 연립주택 정도 되는 비교적 작은 규모의 공사라 해도 경력 10년 정도의 과장급 이상이 현장소장을 했다. 그리고 대개 해외나 국내의 수천 억, 수조 원 규모의 대형 공사에 투입되어 일하려고 하지, 작은 공사에서 일하는 걸 선호하지 않는다고 알고 있던 터라 혹시 무슨 잘못으로 좌천당한 게 아닌가 하는 생각도 들었다. 그래서 서울 중심가의 작은 빌딩 짓는 현장을 찾아가 선배를 만났다. 무슨 일 있느냐며 왜 이리 작은 현장을 맡았냐고 물었다. 큰 건설회사에서 큰 공사에 투입되어 일할 기회는 많은데 오히려 작은 공사를 맡아서 일해 볼 기회가 적어서 자원했다고 한다.

　큰 공사에 참여해 일할 경우 자기가 맡은 영역의 일에는 전문가가 되겠지만, 그 외의 일은 잘 모르는 영역으로 남는다. 예를 들어 자재 수급을 맡았다면 자재를 둘러싼 모든 일에는 빠삭하겠지만, 그 외의 수많은 공사의 절차와 기술은 익힐 수 없게 된다. 반면에 작은 공사의 현장소장을 하게 되면 공사에 관한 모든 절차와 기술을 알 수 있을 뿐 아니라 인허가 절차나 민원 처리 등 건축 기술 외의 지식과 경험도 얻게 된다. 그래서 혹시 나중에 사업을 할 생각이 있으면 큰 공사보다 작은 공사의 경험이 더 큰 도움이 된다고 한다.

프로그래머는 큰 프로젝트의 일원으로 참여하는 게 좋을까, 작은 프로젝트의 PM을 하는 게 좋을까?

건축 기술자처럼 프로그래머도 일하면서 크고 작은 프로젝트를 경험하게 된다. 소프트웨어 개발은 어떤 프로젝트가 작고 어떤 게 큰 프로젝트일까? 내가 처음 프로그래머로 일하는 시절에는 보통 개발할 프로그램의 본수(소스 파일 개수)를 기준으로 프로젝트의 크기를 가늠했다. 크고 작음에 대한 정확한 기준은 없었지만, 대개 100본 이상이면 큰 프로젝트로 여겼다. 그 밑으로는 작은 프로젝트라는 표현보다는 그냥 일반적인 프로젝트로 느꼈다. 언제부터인지 몰라도 정부에서 '소프트웨어 개발비 산정 기준'이 정해지면서, 이제는 개발에 드는 비용 또는 발주 금액으로 프로젝트의 규모를 인식하는 게 일반적이다. 외주 개발, 이른바 SI 프로젝트는 발주 금액으로, 자체 개발 프로젝트는 개발 비용으로 프로젝트 크기를 가늠한다. 역시 크다 작다에 대한 어떤 명시적인 기준이 있는 게 아니라 일을 맡았을 때 느낌으로 다가온다.

SI 프로젝트는 2000년대 초만 해도 발주 금액이 100억 원을 넘는 프로젝트가 흔하지 않았는데, 요즘은 그 규모가 방대해지면서 수백억 원에서 천억 원이 넘는 프로젝트가 제법 많다. 보통 SI 프로젝트는 발주 금액이 50억 원이 넘으면 큰 프로젝트, 10억 원 미만은 작은 프로젝트, 그 사이는 중간 규모의 프로젝트라 할 수 있다.

자체 개발 프로젝트는 초기 개발 비용이 10억 원 이상이면 큰 프로젝트라 할 수 있다. 그 미만은 작은 프로젝트라기보다는 그냥 일반적인 프로젝트로 느낀다. 첫 버전의 개발이 끝나고 판매나 서비스하면서 추가 비용이 든다. 대개 5년 동안 제품을 서비스하고 유지하는 데 드는 개발 비용은 초기 비용의 3배가량 투자해야 한다. 보통의 그다지 크지 않은 규모의 소프트웨어 제품을 만드는 데에는 첫 버전 개발 비용으로 3억 원 정도든다. 그 후 5년 동안 지속적으로 업그레이드하면서 판매나 서비스한다면 총 10억 원 가까운 개발 비용이 든다. 따라서 작은 소프트웨어 개발 회사가 감당하기에는 좀 벅차다. 그래서 어쩔 수 없이 SI 프로젝트에 참여하게 되는 회사가 많다.

프로그래머로 살아가는 데 큰 프로젝트에 참여하는 게 좋을까, 작은 프로젝트를 많이 경험하는 게 좋을까? 사실 이 선택은 현실적으로 의미가 없을 수 있다. 회사에 소속되어 일하는 프로그래머라면 스스로 어느 게 좋다고 선택할 수 있는 것이 아니라서 그렇다. 큰 SI 프로젝트를 경험해보고 싶어도, 일하는 회사가 SI를 하지 않거나 작은 프로젝트만 하는 회사라면 어쩔 수 없이 큰 프로젝트에 대한 경력은 쌓을 수 없게 된다. 작은 소프트웨어 제품을 혼자서 만들어보고 싶어도 큰 SI 프로젝트만 하는 회사라면 그런 경험을 할 수 없게 된다.

그리고 요즘 대세인 웹 프로그램에서는 작은 프로젝트라도 혼자서 여러 가지를 하지 않는다. 과거에는 작은 프로젝트는 프로그래머 혼자서도 개발하고, 여러 명이 같이 개발하더라도 분량을 나누어 개발했다. 이는 대부분 같은 프로그래밍 언어로 개발하는 프로젝트라서 그랬다. 요즘은 소프트웨어 개발 프로젝트의 규모가 커지면서 프로그래머가 맡은 일이 세분화되었다. 이른바 기술 스택별로 나누어 개발하는 게 일반적이다. 백엔드와 프론트엔드로 나누고, 웹 디자이너와 퍼블리셔를 따로 두기도 하고, DB 관리자도 따로 있고, 모바일 앱도 안드로이드와 iOS로 나눈다. 그러니 작은 프로젝트와 큰 프로젝트의 구별이 크게 의미 없게 되었다. 어떤 프로젝트에서나 하는 일은 같기 때문이다. 너무 세분화된 일 중에 하나만 해서 그런지, 스프링을 안 쓰면 자바 개발을 못하고 jQuery를 안 쓰면 자바스크립트 개발을 못하는 프로그래머도 있다.

오래전에 경력 직원 채용 면접을 보는데 '풀스택full-stack 개발자'라는 말이 나왔다. 나는 유행하는 IT 용어 중에 의미 없다고 생각되는 것에는 무신경한 편이라 언뜻 듣기는 했어도 직접 듣기는 처음이어서 이에 대해서 알아보는 대화를 나누었다.

"저는 풀스택 개발자입니다."

"그게 무슨 말인가요?"

"서버 프로그램과 클라이언트 프로그램을 다 할 줄 안다는 말입니다."

"경력이 10년이나 되었는데 당연한 거 아닌가요? 그리고 그 정도로는 풀full이라고 할 수 없을 거 같은데요. 우리 직원뿐 아니라 내가 알고 있는 개발자 대부분은 자바, 자바스크립트, SQL 다 할 줄 압니다. 거기에 안드로이드, iOS 모두 가능하고, 심지어 고장난 선풍기도 잘 고쳐요." (웃음)

"듣고 보니 저도 그렇네요. 그런데 요즘 인터넷에서 이에 대한 논란이 좀 있습니다. 저는 이게 왜 논쟁거리가 되는지 모르겠다는 입장이고요."

면접을 마치고 그 논란이란 게 뭔지 검색해보았다. '말이 안 된다'와 '돈 없는 회사에서 개발비 아끼려는 수작이다'로 요약된다. 내가 보기엔 둘 다 논쟁거리가 못 된다. '말이 안 된다'는 사람은 한 가지 기술이라도 확실히 익혀 그를 필요로 하는 프로젝트에 참여하면 되고, '말이 된다'는 사람은 하나라도 더 익혀 선택의 폭을 넓히겠다는 생각일 테니 그것 또한 나쁘지 않다. 이것이야말로 본인이 하고픈 대로 하면 된다. 다만, 경력이 올라가면서 프로젝트를 좀 더 폭 넓게 이해하고 문제를 해결하려면 아무래도 여러 기술을 알고 있고 할 줄 아는 게 더 유리하다는 걸 부정할 수는 없다. 그리고 특별히 뛰어나지 않은 보통의 프로그래머라도 여러 개의 기술을 익히는 게 그리 어려운 일도 아니다. 안드로이드 앱 개발자가 iOS까지 같이 개발하는 게 그리 어려운 일도 아니고, 할 수 있다면 그리 하는 게 좋지 않을까 싶다.

'돈 없는 회사에서 개발비 아끼려는 수작이다'라는 말은 맞다. 그런데 개발비를 아끼려는 것은 돈 없는 회사든 돈 있는 회사든 기본이다. 원래 프로젝트라는 게 같은 품질, 같은 기간이라면 최소 비용을 투입하는 것이다. 결국 제품 개발에 드는 비용을 줄이려는 노력은 자본주의의 기본 원리이면서 프로젝트의 정의定義다. 또한 소프트웨어 공학의 목적이기도 하다. 돈 없는 회사든 돈 있는 회사든 법에 정해진 휴일과 휴가에 다 쉬고 하루 8시간 근무한다면 똑같이 일해서 생산성이 높은 쪽을 택하는 건 당연하다. 이 당연함이 '수작'으로 변질된 회사도 간혹 있을 것이고, 그런 회사라면 미련 없이 그만두어야 한다. 하지만 큰 기업이라면 개이득으로 여기는 일도 작은 회사에서는 개수작이 되는 현실 또한 존재한다.

나는 프로그래머라면 할 수 있는 관련 기술은 모두 익히는 게 좋다고 본다. 크게 스트레스 받지 않는다면 말이다. 그래서 4명이 할 수 있는 일을 둘이 하면 좋고, 혼자서 하면 더 좋다. 예를 들어 웹 메일 제품을 개발하는 데 4명이서 각각 기술 영역을 나누어 6개월에 걸쳐 개발한다고 치자. 좀 더 많은 기술이 있고 솜씨 좋은 프로그래머가 투입된다면 2명이서도 가능하고, 혼자서도 기한 안에 개발할 수 있다. 정해진 휴일 휴가 다 쉬고 야근 없이 일한다고 해도 그렇다. 오히려 개발 기간이 4개월로 단축될 수도 있다.

프로그래머가 자신이 일하는 분야의 프로그램을 혼자서도 개발할 수 있다면 엄청난 무기를 갖춘 셈이다. 혼자란 물리적인 1인일 수도 있고, 자신의 주도하에 몇몇 다른 사람의 도움을 받을 수도 있다. 예를 들면, 프로그래머가 디자인까지 할 수는 없으니 웹 디자이너의 도움을 받을 수 있다. 이 같은 무기를 가졌다면 어느 길이든 갈 수 있다. 프리랜서를 하는 데도 유리하고, 1인 개발자로 살아갈 수도 있다. 무엇보다도 소프트웨어 회사를 창업한다면 생존하는 데 매우 유리한 조건이 된다.

프로그래머는 크고 작은 프로젝트를 골고루 경험해보는 게 좋다. 그런데 선택할 수 없는 환경이거나 하나에 집중해야 한다면 작은 프로젝트에서 적은 인원, 특히 혼자서 모든 걸 하는 경험이 낫다고 생각한다. 큰 프로젝트에서 하나의 기술로 한 가지 일만 맡아서 하는 것보다 작은 프로젝트에서 인원수에 관계없이 무조건 PM을 하라고 권하고 싶다. 특히 혼자서 북치고 장구치고 창뻬까지 하면 더 좋다.

PM을 하게 되면 우선 소프트웨어 개발의 전체 과정을 이해할 수 있게 된다. 그 과정에서 프로젝트에 참여하는 여러 직군의 사람과 소통하고 관리하는 능력을 갖추게 된다. 문제해결 능력이 쌓이고, 어떤 프로젝트라도 수행하는 데 두려움이 없어진다. 나중에 소프트웨어 회사 창업을 꿈꾼다면 절대적으로 유리한 조건을 갖추게 된다.

급여 외 돈벌이

요즘은 투잡을 넘어 N잡러 전성시대라는 말도 한다. 본업으로 다니는 직장에서 근무시간이 8시간을 넘지 않고, 매주 이틀의 휴일과 법정 공휴일이 더해지고 거기다가 근속연수에 따라 늘어나는 연차휴가까지 합하면 충분히 타당한 얘기다. 특히 인터넷 세상에는 크고 작은 다양한 돈벌이가 많다. 프로그래머라는 직업은 이런 인터넷 환경에 익숙하고 프로그래밍이란 무기가 있으니 다른 직업에 비해 투잡을 하기에 유리한 위치에 있다. 문제는 세상 일이 항상 그렇듯이 실행에 달려 있다.

나는 창업하기 전에 대기업에 12년 정도 다니면서 회사에서 받는 급여 외에 이런저런 돈벌이를 많이 했다. 역시 프로그램 개발이 가장 많았고, 소스코드 없는 실행파일의 문제를 분석하여 해결하는 이른바 리버스 엔지니어링reverse engineering 일도 많이 했다. 오피스 프로그램 사용법이나 프로그래밍 언어에 대한 강의도 많이 했다.

첫 돈벌이는 경력 2년 정도 되었을 때였는데, 직장 상사가 친구의 카센터에서 필요한 프로그램을 개발해 줄 사람을 찾는다고 소개해서 시작되었다. 강남의 작은 빌딩 한 채를 다 쓰는 큰 규모의 카센터였는데, 차량 용품도 팔고 세차장도 같이 있었다. 그곳 사장님이 작성한 간단한 프로그램 개요와 그에 대한 설명을 듣고, 코볼로 개발했다. 집에 PC가 없던 때라 퇴근 시간 후, 그리고 일요일에 회사에서 작업했는데 보름 정도 걸렸던 것 같다. 대가로 25만 원을 받았는데, 당시(1980년대 중반)에는 큰돈이라 느꼈다. 돈의 금액보다도 "야, 이게 돈이 되는구나!" 하는 들뜬 기분이었다.

한번 돈맛을 보니 카센터 사장님과 아는 지인들에게 그런 일이 있거들 랑 연락해 달라고 당부해두었다. 그렇게 시작된 일이 몇 년이 흐르자 귀찮 을 정도로 많아졌고, 한꺼번에 두 건이 동시에 들어와서 하나는 거절해야 할 때도 있었다. 아무리 회사에서 다른 직원이 퇴근한 후에 일한다 해도 야근하는 직원도 있으니 눈치가 보여, 그 일을 계속하려면 집에 PC를 장만 해야 했다. 당시 20 MB 하드디스크가 달린 PC 한 대를 마련하려면 100만 원이 훌쩍 넘었다. 35년이 지난 지금 PC 가격이 훨씬 싸다. 그래서 할 수 없이 회사에서 눈치보고 일하다가 한번은 컴퓨터 대리점 사장으로부터 프 로그램 개발을 의뢰받았다. 정확한 대가는 기억이 안 나는데 100만 원 정 도 받기로 한 듯하다. 일을 마치고 나니 돈이 없다기에 그곳에서 파는 PC 를 대신 주면 안 되겠냐고 했다. 마침 필요해서 살까 말까 망설이던 참이 라 그걸 받아서 집에서 돈벌이할 준비를 마쳤다.

그때 개발했던 프로그램 중에 가장 기억에 남는 건 1990년 초에 서울 시청 뒤편에 있는 프레스센터 건물의 한국언론재단에서 발주한 신문 전용 편집기를 개발한 일이다. 당시에 아래아한글 개발팀을 비롯한 워드프로세 서를 개발해본 경험이 있는 개발자에게 의뢰했는데 모두 거절했다고 한다. 발주 금액이 적어서 그랬다고 들었다. 덕분에 나한테 기회가 온 것이다. 프 로그램은 편집기와 편집된 기사를 서버에 보내고 받는 두 개였는데 400만 원 정도였다. 나는 그 금액이라도 고맙게 할 터인데, 그 예산은 작년에 정 해진 거라 늘릴 수 없고 대신에 그곳 전산실 직원이 유지보수하기 쉽게 교육하는 비용으로 100만 원인가 따로 더 주겠다고 했다. 개발 기간은 3개월 정도였다. 문제는 마지막 한 달은 그 회사 사무실에서 작업해야 한다는 조건이었다. 그럴 수 없는 사정을 얘기하고, 다니던 회사에서 그쪽 사무실까지 거리가 가까우니 자주 들러 진행 상황을 보고하겠다고 양해를 구했다. 정해진 기간보다 앞서서 무사히 잘 마치고 돈도 잘 받았는데, 이 일이 유독 기억에 남는 건 처음으로 원천징수를 하고 돈을 받아서이다. 거기다가 깜박하고 종합소득세 신고를 하지 않아 2년 후에 가산세가 붙어 30만 원 정도 세금을 납부하고 억울해했다.

과장으로 진급하니 회사 일이 많아졌다. 주로 관리 일이다. 프로그램 개발이나 리버스 엔지니어링 같은 일은 시간이 많이 걸리는지라 개인적인 돈벌이를 병행하기에 제약이 많았다. 그래서 주로 컨설팅이나 강의와 같은 머리를 덜 쓰고 시간을 많이 뺏지 않는 일로 돈벌이를 했다. 특히 회사의 교육센터에서 하는 C/C++ 강의는 회사에서도 공식적으로 허락하는 일이라 좋은 돈벌이였다.

한번은 유닉스 관련 원서를 번역하는 일을 의뢰받았다. 영어 원서와 이를 일본어로 번역한 책이 있었다. 나는 일본어 독해만 조금 가능한 터라 영어를 할 줄 아는 친구와 둘이 하겠다고 덜컥 수락했다. 우여곡절 끝에 1차로 번역을 마치고 읽어보니 부끄러운 생각이 들었다. 실력도 없는 주제에 겁도 없이 알량한 공명심과 돈에 눈이 어두워 뛰어든 걸 후회했다. 제대로 수정해서 완성도를 높이려고 처음부터 훑어가며 일하고 있는데, 의뢰인에게 날벼락을 맞았다. 벌써 시중 서점에 뿌려졌다는 거다. "뭐 이런 경우가 다 있냐?"며 항의할 틈도 없이, 정신이 번쩍 나서 부리나케 광화문 교보문고에 찾아갔더니 사람들 눈에 안 띄는 한쪽 구석에 두 권이 꽂혀 있었다. 이 정도면 그냥 두어도 팔리지 않겠다 자위하며, 한 권도 팔리지 않게 해달라고 마음 속으로 기도했다. 천만다행으로 거의 팔리지 않고 서점에서 철수했다. 나는 실력이 없는 사람이라 인정해도 함께 한 친구는 그렇지 않았기에 시간만 넉넉히 주어졌다면 이 지경이 되진 않았을 텐데 많이 아쉬웠다. 사실 의뢰인은 출판업자도 아니었고 책의 품질에는 전혀 관심이 없고 빨리 출간하여 돈 셀 궁리만 하는 사람으로 보였다. 일 처리가 너무 불합리해서 진행 과정에서 의견 대립도 많았고 대가도 제대로 받지 못했다. 그렇더라도 나와 친구의 이름이 나오는 것이니 분명 나에게도 책임이 있다. 함부로 욕심부린 대가를 톡톡히 치르고 마음 고생을 실컷 했다.

요즘에는 프로그래머가 직장에 다니면서 따로 개인적인 돈벌이할 수 있는 공간이 많아졌다. 무엇보다도 모바일 앱을 개발하여 돈벌이 할 수 있는 플랫폼이 있고, 수주 개발 프로젝트에 참여할 수 있는 플랫폼도 여럿 있다. 거기다가 프로그래밍 관련 전자책이나 영상, 강의 등 다양한 돈벌이가 내가 한참 활동하던 시절에 비하면 확실히 기회는 많아졌다. 물론 경쟁해야 할 프로그래머 인력 또한 그만큼 많아졌고, 나처럼 돈만 주면 뭐든 개발한다는 자세를 갖기에는 세상이 많이 풍족해졌다.

시간이 허락한다면 회사 일 외의 개인적인 프로젝트에 한 번쯤 도전해 보는 것도 실력 향상에 큰 도움이 된다. 다만, 가급적이면 돈벌이가 되는 프로젝트를 하라고 권하고 싶다. 왜냐하면 돈이 걸린 프로젝트를 해야 프로그래밍 실력 외에 깊이 있는 인생 경험을 할 수 있다. 간단해 보이는 건강관리 앱 하나를 개발한다 해도 작은 금액이라도 돈을 걸고 개발하는 것은, 그냥 부담없이 취미 삼아 개발하는 것하고는 차원이 다른 일이 된다. 어떻게 다른지는 직접 한번 해봐야 안다. 돈 앞에 너그러운 사람은 없다.

프로그래머가 직장에 다니면서 따로 개인적인 돈벌이를 할 때 조심해야 할 게 있다. 무엇인지 짐작하겠지만 직장 사무실에서 그 일을 하면 안 된다는 점이다. 동료가 알게 되면 안 된다. 상사는 한 번쯤 눈감아 줄 수 있어도 같은 직급이나 후배 동료들은 인정하지 못할 것이다. 또한 집에서만 하더라도 너무 집중하느라 회사 일에까지 영향을 미친다면 문제가 드러나게 되어 있다. 대부분의 회사는 겸직금지라는 사규 조항이 있어 문제 삼을 수 있다. 그런 점에서는 작은 회사보다 큰 회사에 다니는 게 유리할 수 있다. 맡은 일에 따라 다르겠지만.

가끔 우리 회사 직원 중에는 장차 프로그래머가 아닌 다른 직업을 꿈으로 가진 사람도 있다. 그런 직원은 대개 실력 쌓기를 거부하고 퇴근 시간만 기다린다. 퇴근 후에 하고픈 다른 일이 기다리고 있기 때문이다. 회사는 그저 호구지책이고 원하는 돈이 모일 때까지 머무르는 정거장이다. 꿈이 있으니 생활은 성실한데 일에는 성실하지 않고 시간만 때우는 게 확연히 표가 난다. 그런데, 어차피 회사에서 근무하는 시간에는 다른 일을 못하니 이왕 하는 거 성실히 하고 실력을 쌓는 게 낫지 않을까? 그 꿈이란 걸 위해서도 말이다. 아무리 작은 회사라도 소중한 경험이 되고 인맥이 된다.

프로그래머가 회사 일에 지장을 주지 않는다면 시간을 내서 따로 급여 외 개인적인 돈벌이 프로젝트에 도전하는 것은 좋은 일이다. 성취감도 얻고 자신감도 쌓고 실력도 기를 수 있어서 그렇다. 그러나 너무 돈맛에 취하면 분명 본업에 영향을 줄 것이고 득보다 실이 많을 수 있다. 무엇보다도 적당한 휴식이 없으면 건강을 잃게 된다.

40

프로그래머는
몇 살까지 할 수 있나?

전공을 한 것도 아니고 직장생활을 시작하면서 맡은 업무 때문에 프로그래머라는 직업을 갖게 되었다. 딱히 적성에 맞지는 않지만 밥벌이 수단으로는 괜찮은 직업이라 여기고 하다 보니 환갑을 훌쩍 넘겨 버렸다. 오래전에 건강 문제로 스트레스 받는 일을 하지 말라는 의사의 권고를 받고 진즉에 그만두고 싶었으나, 회사 사정이 여의치 않아 계속해왔다. 회사 사정이란 개발 책임자를 구하지 못한 탓이다. 뽑아놓고 한시름 놓으려 하면 감당을 못하고 그만두어 다시 할 수밖에 없는 상황이 반복되어 왔다. 다행히 몇 년 전에 진짜 적임자를 구했다.

프로그래머는 몇 살까지 일할 수 있을까? 이제 주위를 둘러보면 나보다 나이 많은 프로그래머를 만나기는 쉽지 않다. 다른 직업도 내 나이면 그만 둔 사람이 많기에 당연하다 싶다가도 예전에 외국의 80세가 넘은 개발자를 소개하는 글을 본 기억도 나고 자기관리만 잘하면 70살, 80살에도 할 수 있는 게 아닌가 싶다.

그래서 그렇게 많은 나이가 들어서까지 오래도록 프로그래머로 살아가려면 어떻게 해야 할지 생각해본다. 내 자신의 경험과 더불어 그동안 주위에서 보아왔던 것으로 프로그래머의 수명을 단축시키는 요소가 무엇인지 거꾸로 생각해보니 3가지로 압축이 된다. 바로, 꾸준한 공부와 안정된 직

장, 그리고 건강 관리다.

꾸준한 공부

잘 개발된 프로그램은 20년이 넘어도 작동이 되기도 하지만 프로그램이 동작하기 위한 환경이나 적용된 개발 기술이 대개 5~10년 사이로 계속 변한다. 프로그래머는 자기자신이 아니라 다른 사람이 쓸 프로그램을 개발하기에 이런 변화하는 트렌드에 적응하기 위해 계속 공부하는 수밖에 없다.

나는 큰 기업에서 사용하던 대형 컴퓨터 환경에서 개발을 시작했다. 그러다가 PC의 DOS라는 운영체제가 대세인 환경으로 옮아갔고 이어서 윈도우 환경으로 바뀌었다. 2000년이 넘어가면서 웹 환경이 대세가 되었고, 어느새 모바일 환경이 추가되었다. 세세한 기술 변화는 더 자주 일어난다.

이렇게 개발 환경의 큰 틀이 변하면서 많은 개발자가 적응하지 못하고 그만두는 것을 보아 왔다. 그렇다고 해서 나이 들어 감당 못할 정도로 공부할 것이 아주 많은 것은 아니다. 기초가 탄탄하다면 본질은 크게 변하지 않으므로 변화된 기술만 필요할 때 익히면 된다.

그런데 나이 들면서 점점 집중력도 떨어지고 새로운 것을 익히기도 벅찰 수 있다. 특정 분야의 프로그램을 개발해왔다면 그 분야의 축적된 지식과 프로젝트 수행 경험은 후배 개발자보다 낫겠지만, 프로그래밍 실력만 놓고 본다면 낫다고 장담할 수 없다. 특히 우리나라 소프트웨어 개발 시장의 가장 큰 규모를 차지하는 이른바 SI 프로젝트만 계속하다 보면 더욱 그렇다. 실무 경력이 10년이 넘었어도 동료나 상사에게 코드 리뷰 한번 받아보지 못한 프로그래머를 흔히 본다. 그러다 보니 자신의 실력이 어느 정도인지 알지 못하고, 다른 사람에게 지적받으면 자존심에 발끈한다. 내가 짠 코드를 남이 보고 많이 가져다 쓸 수 있게 하고, 남이 짠 코드도 많이 보고 배우고 익히는 게 가장 큰 공부다.

안정된 직장

당연한 얘기지만 프로그래머를 오래 하려면 계속 일할 직장이 있어야 한다. 다른 사람이 만든 회사에 취업하거나 자신이 직접 창업할 수도 있다. 소속 없이 프리랜서로 일거리를 얻어 할 수도 있지만 나이 들어서까지 하기에는 힘에 부친다. 여러 직장을 옮겨가며 일할 수도 있지만 아무래도 한 직장에서 오래 일할 수 있다면 그게 낫다. 그러려면 일하는 직장이 안정되어야 한다.

그런데 경력을 쌓아가면서 높은 직급에 올라가서도 계속 프로그래머로 일할 수 있는 직장을 찾기가 쉽지 않다. 그래서 나는 창업을 택했다. 내 능력으로 대박을 내는 것은 어렵겠다 싶어, 내가 직접 개발한 프로그램을 팔아서 적당히 먹고 잘살자는 마음으로 해왔다.

결론적으로 안정된 직장에서 일하려면, 나이 들어서까지 일할 수 있는 시스템이 갖춰져 있거나 본인의 힘으로 그렇게 만들 수 있는 직장에 자리를 잡아야 한다. 아니면 내 회사 만들어서 내 마음대로 마르고 닳도록 싫증날 때까지 일하면 된다. 경험이나 통계로 본다면 아무래도 창업보다는 취업하는 게 확률이 높아 보인다.

건강 관리

모든 여건이 갖춰져 있어도 건강이 받쳐주지 않으면 속된 말로 말짱 꽝이다. 내가 프로그래밍에 전념할 수 없게 발목을 잡은 것도 바로 건강 문제다. 나이 50이 넘어가면 기초대사량도 현저히 떨어지고 몸도 여기저기 고장이 난다. 나는 40대 중반부터 고장 나기 시작했다. 창업 후 10년 가까이 거의 휴일 없이 하루 15시간 이상 일한 게 원인이었다.

나이 들면 누구에게나 신경 쓰이는 게 건강 관리다. 다른 직업과 마찬가지로 규칙적인 생활과 운동이 중요하다. 당연히 일반 직장인처럼 출퇴근 시간이 일정한 게 좋다. 일반적인 것을 여기서 언급할 필요는 없으므로 프로그래머라는 직업과 관련해서 두 가지만 들겠다.

앉아서 집중하여 컴퓨터와 씨름하는 직업의 특성상 몸을 적게 움직이게 된다. 하루 일의 시작을 체조와 함께하고, 손가락과 손목을 풀어주고 코딩 도중에도 간단한 스트레칭을 자주 하는 게 좋다. 그러지 않으면 50살 이전에 오십견이 오거나 디스크에 시달린다. 살도 찌고 장^腸 건강에도 문제가 생긴다.

프로그래머의 가장 중요한 건강 챙기기는 눈인데, 프로그래머가 가장 실수하는 게 바로 눈을 너무 혹사한다는 점이다. 너무 집중하여 모니터를 보며 일하다 보니 그렇다. 머릿속으로 생각하는 코딩을 많이 하고, 종이에 알고리즘이나 프로세스를 끄적이는 습관을 들이고 가급적 모니터를 적게 보는 게 좋다. 밤에 코딩하는 습관도 좋지 않다. 프로그래머는 다른 직업보다 노안이나 눈 관련 질병이 빨리 올 수 있다. 그러니 눈의 피로를 줄일 수 있는 방법으로 일하고, 눈에 좋은 음식이나 영양제도 챙겨 먹는 게 좋다. 그렇지 않으면 프로그래머의 수명은 50세 이전에 끝날 수도 있다.

3장

소프트웨어 회사
창업자로 살기

소프트웨어 업계는

99%의 열 배 창업과 1%의 백 배 창업이 있다.

열 배 창업으로 생존할 것인가,

백 배 창업으로 성공할 것인가?

소프트웨어
개발 회사 창업

프로그래머가 지금 다니는 회사도 마음에 안 들고 이직하고 싶은 마땅한 회사도 없다면 어떻게 해야 할까? 말하자면 내가 원하는 내 방식대로 하고 싶은 회사가 이 나라에, 이 지구상에 없다면 말이다. 당연히 창업해서 본인이 원하는 회사를 만들면 된다.

틀림없이 대박날 아이템이 있어 "개발에 성공하면 매출의 10%를 나에게 달라"고 회사에 얘기했더니 "턱없는 소리 말고 그냥 시키는 일이나 열심히 하라"고 한다. 안목 없는 회사 탓해 봐야 나올 건 없고, 그리 자신 있고 성공을 확신한다면 그 회사 그만두고 창업하면 된다.

폼 나는 회사 좀 다녀보고 싶은데 폼 나는 회사가 나를 안 부른다. 그렇다고 폼 안 나는 이름 없는 회사에 들어가려니, 다가오는 명절에 할아버지 댁에 가서 폼 나는 회사 다니는 큰집 형과 마주칠 일이 걱정이다. 그래서 차라리 창업하면 "나 벤처회사 창업자야" 하면서 똥폼이라도 잡을 수 있다.

창업하는 상황을 조금 가볍게 표현했지만 창업이란 걸 너무 거창하게 생각할 필요는 없다. 그래서인지 미국에서는 "냉큼 하라. 생각은 나중에 하고(Launch first, think later)"라며 권하는 분위기가 있다고 한다. 우리 정부에서도 청년 창업에 많은 돈을 써가며 지원하고 있고, 여러 전문가가 창업을 외치고 있다. '창업 권하는 사회'가 되었다. 창업을 권하는 책도 많고 인터넷에 글도 넘치도록 많다.

그런데 창업을 권하는 베스트셀러 책이나 많이 읽히는 인터넷의 글은 창업을 한 번도 안 해본 사람이 쓴 것이 대부분이다. "무슨 소리야? 손정의, 마윈, 빌 게이츠, 스티브 잡스, 워런 버핏 등 쟁쟁한 창업자의 책이 얼마나 많은데" 하며 반론하는 사람도 있을 것이다. 그런 유명 사업가에 관한 책도 그들이 직접 쓴 게 아니라 대부분 창업을 해본 적 없는 다른 사람이 썼다. 워런 버핏에 관한 책이 세계적으로 2천 권이 넘는다고 한다. 그중 워런 버핏이 쓴 책은 딱 하나다. 그것도 엄밀히 말하면 버핏이 직접 쓴 게 아니다. 버핏이 매년 자기 회사 주주에게 알리는 보고서 내용을 버핏 전문가가 정리해서 책으로 낸 것이다.

나는 실제로 창업하여 오랫동안 경영해본 사람이 쓴 책을 좋아하고 즐겨 읽는다. 이런 책은 우선 문체가 간결하여 읽기 쉽다. 두리뭉실한 게 없고 실제적이고 구체적이고 재미있다. 실패를 반복한 오랜 경험에서 오는 큰 울림이 있다.

내가 앞선 05절에서 한번 인용했던, 재테크 분야 베스트셀러인 《아들아, 돈 공부해야 한다》라는 책에도 저자가 아들에게 "툭 까놓고 말하겠다"며 쓴 게 두 가지 있다. 그중 하나가 "서울 시내에 사업장을 가진 사업주가 되어라. 절대 잘리지 않는 직장은 네가 사장이 되는 방법밖에 없다"라며 창업을 권하는 대목이 있다. 그런데 구체적으로 어떻게 하라는 얘기는 없다. 그걸 보고 나는 금방 알아차렸다. 이 책의 저자도 실제로 창업해본 적은 없구나.

미국에서 부자 사업가를 대상으로 조사한 바에 따르면 자신의 사업체를 자녀에게 넘겨주겠다는 사람은 20% 미만이라고 한다. 사업의 실패 가능성을 너무 잘 알고 있기 때문이다. 그래서 그들은 자녀에게 의사, 변호사, 건축사, 회계사 등 자영업 전문가를 권유한다고 하며, 자녀를 의대나 법대에 보내는 비율이 일반 가정에 비해 4~5배 이상 높다고 한다.

그렇다. 문제는 창업해서 잘될 확률보다 망할 확률이 높다는 데에 있다. 우리나라나 미국이나 창업하여 10년을 생존할 확률이 과거보다 점점 낮아져 요즘은 10% 아래로 떨어졌다고 한다. 열 개 중 아홉은 10년 안에 망한다는 얘기다. 따라서 창업을 권하는 사회 분위기는, 창업하고픈 생각은 굴뚝같은데 너무 많은 생각만 하고 실제 실행을 못하는 사람이 많기에 "할 테면 빨리 하라"는 정도로 받아들이는 게 좋다. 사실 회사 만드는 것 자체는 쉽다. 요즘은 복잡한 절차를 대행해주는 데도 많아서 비용도 많이 안 든다. 그러니까 창업할 결심이 확고하다면 회사 만드는 건 어렵지 않으니, 준비를 철저히 해서 생존 확률을 높여야 한다. 관건은 무슨 준비를 어떻게 얼마나 하느냐이다.

내 경험으로 보아 창업하기 전에 꼭 해야 할 정신무장이 있다. 내가 처음 창업하고 1년도 안 돼 접으면서 전문가에게 들었던 평가는 '자본주의를 너무 모른다'였다. 그렇다. 자본주의의 원리(시스템)에 대한 이해 없이 창업에 뛰어들지 말라는 얘기였다. 요즘은 이에 대한 좋은 책이 많다. 그중 한 권만 꼽으라면 《EBS 다큐프라임―자본주의》(가나출판사, 2013)인데, 경제학 지식이 없는 사람도 비교적 쉽게 이해할 수 있다.

창업하기 전에 알아두어야 할 게 또 있다. 특정 기간의 사업 실적을 나타내는 손익계산서와 특정 시점의 회사 재무 상태를 보여주는 재무상태표(대차대조표) 정도는 볼 줄 알아야 한다. 기본적인 회계와 세금에 관한 상식도 알아두는 게 좋다.

프로그래머가 창업한다면 작은 소프트웨어 개발 회사일 것이다. 작은 회사란 직원 20명 이하의 소기업을 말한다. 이왕이면 크게 할 것이지 왜 작은 회사인가? 크게 할 수만 있다면 당연히 그리하는 게 좋다. 그러나 창업하면서 처음부터 20명 이상 고용할 수 있다면 대단한 능력자이고, 경험으로 보아 그리할 수 있는 창업자는 1% 정도밖에 안 된다. 그런 창업자는 이런 글이 시시껄렁하고 전혀 도움이 안 된다. 큰 자본을 갖지 않은 99%의 창업자는 열 배 창업을 목표로 시작할 수밖에 없다.

물론 처음에 열 배 창업을 목표로 시작했어도 궁극의 목표는 그 이상일 것이다. 당연히 그래야 하고. 가끔 주위에서 보면 3년 안에 열 배 창업에 성공하고 10년 안에 백 배 창업에 성공하는 사람이 있다. 정말 대단한 능력과 운이 따르는 사람으로 이런 분을 만나면 진심으로 존경심이 우러난다.

내가 창업하던 시절에는 작은 회사 경영에 관한 책이 거의 없었다. 2010년 이후 기업 경영에 관한 책이 쏟아져 나오면서, 1인 기업을 비롯한 작은 회사의 창업과 운영에 대한 책이 많아졌다. 창업하면서 이런 책을 보는 게 도움이 된다. 유튜브와 블로그 등 여러 소셜미디어에도 참조할 만한 영상이나 글이 넘치도록 많다.

그러나 실제 회사를 운영하면서 필요한 디테일은 인터넷에서 쉽게 얻을 수 없다. 왜냐하면 직장인, 즉 근로자 입장에서 마음대로 회사를 욕할 수 있는 공간은 흔하지만 사장, 즉 사업주 입장에서 문제를 풀고 정보를 공유해야 할 공간은 거의 없기 때문이다. 프로그래머가 창업한다는 것은 개발자 관점을 버리고 사업자 관점으로 바꾸는 일인데, 인터넷 공간에 넘쳐나던 그 많던 정보도 입장을 바꿔보면 쓸 만한 게 별로 없다. 억울한 일을 당해도 어디 하소연하고 조언을 구할 데가 인터넷에는 거의 없다. 눈에 띄는 한 곳은 '아프니까 사장이다'라는 네이버 카페[9]인데, 주로 음식점이나 편의점 등 자영업자들이 모이는 공간이다. 소프트웨어 회사도 처음에는 자영업자와 다름없기에 가끔은 도움이 되는 정보도 있다.

진짜 도움이 되는 건 오프라인에 있다. 먼저 시작하여 경험이 있는 선배 창업자와 친분을 쌓는 게 좋다. 또한 소프트웨어 회사면 더 좋고, 꼭 같은 업종이 아니더라도 경영자들의 오프라인 모임 하나쯤은 가입하여 활동하는 게 큰 도움이 된다. 활달한 성격이라면 직접 모임을 만드는 것은 더욱 좋다. 정보도 좋고 교류도 좋지만 진반농반으로 말하자면, 요즘 시대에 사장도 마음대로 직원 흉보며 떠들 수 있는 모임 하나 정도는 있어야 정신건강에 좋다는 얘기다.

창업할 때 보통 사업계획서를 작성한다. 하고자 하는 사업과 관련된 전반적인 개요와 계획을 체계적으로 정리한 문서다. 특히 투자받으려면 꼭 작성해야 하는 문건이다. 이 사업계획서가 정부 지원을 받는 심사를 통과할 수준이 아니라면 창업하지 말라고 하는 사람도 있다. 게다가 정부에서 창업에 쏟아붓는 돈이 얼만데 자기 돈 써서 창업하는 건 실력이 없는 사람이나 하는 거라는 얘기도 한다. 크게 잘못된 생각이다. 그런 식이면 세상에 창업할 사람 몇 없다. 그리고 하려는 사업이 남이 알아봐주지 않더라

---

9 https://cafe.naver.com/jihosoccer123

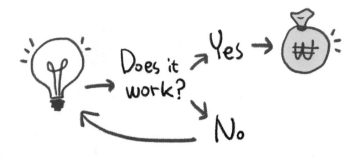

도 정말 확신이 있다면 자기 돈을 투자할 수 있어야 올바른 자세다. 혹시나 눈먼 나랏돈 좀 먹어볼까 하고 덤빈다면 세상에는 공짜가 없다는 말을 해주고 싶다.

물론 돈이 문제가 아니라 정부에서 지원하는 창업에 관한 여러 시스템을 이용하는 것은 좋다. 그리고 받을 수 있으면 돈도 받는 게 좋다. 그러나 거기에 너무 시간을 뺏기고 에너지를 낭비하지 말라는 얘기다. 차라리 남에게 보여주기 위한 골치 아픈 사업계획서는 작성하지 말라고 하고 싶다. 대신에 나 스스로 다짐하고 마음에 새길 창업 출사표를 적어 보는 건 어떨까? A4 용지 한 장짜리 창업 점검표라고 할까?

아마존 창업자 제프 베조스가 창업할 때 냅킨에 그렸다는 인터넷에 떠도는 그림 한 장을 봤을 것이다. 창업 계획이 거창하지 않고 이처럼 간단할 수 있다는 예로서 많이 거론된다. 실제로 그 어떤 문건도 작성하지 않고 냅킨 한 장의 스케치로 창업 계획을 끝냈는지 모르지만, 거창한 사업계획서는 필요 없다고 생각한다. 혹시 한 번도 보지 않았거나 궁금하면 구글 이미지 검색에서 'jeff bezos napkin sketch'라고 치면 금방 나온다.

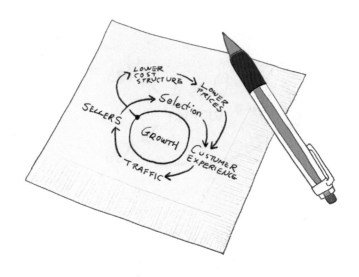

　창업은 설레는 일이다. 그러나 창업하기 전에 꼭 한번 깊게 생각해 봐야 할 게 있다. 바로 창업을 하고 회사를 운영한다는 것은 엄청난 스트레스라는 점이다. 망할 수 있다는 공포와 두려움이 근원적 스트레스고, 가장 큰 건 회사 내 인간관계에서 오는 스트레스다. 회사에서 월급을 받는 입장에서 겪는 스트레스와 월급을 주는 입장에서 겪는 스트레스는 그 강도가 확연히 다르다. 어느 입장에 있는 게 행복할지 냉정히 따져볼 일이다. 그게 싫으면 직원 없이 1인 기업가로 살아가는 것도 괜찮다.

　창업은 폼 잡을 일이 아니다. 그런 압도적인 스트레스를 능가하고도 얻을 게 무언지, 그만한 가치가 있는지 곱씹어 봐야 한다.

나는 창업한다

출사표

출사표出師表는 원래 고대 중국에서 전장에 나가는 장수가 자신의 뜻을 적어서 임금에게 올리던 글이다. 우리도 익히 알다시피 가장 유명한 것은 촉한의 재상 제갈량이 위나라를 정벌하고자 황제 유선에게 올린 글이다. 창업이라는 전쟁터 같은 험로에 나서면서 출사표를 작성한다면 창업하는 본인의 속마음을 들여다볼 수 있을 것이다. 제갈량의 출사표가 나라에 대한 걱정과 스스로에 대한 다짐이듯이, 창업 출사표는 가족에 대한 걱정과 본인의 장래에 대한 다짐이라고 보면 된다. 창업에 진정성을 담기 위한 것이지 다른 누구에게 보여주기 위한 것이 아니다. 써놓고 보니 너무도 명문이라 다른 사람에게 보여주고 싶어 죽을 지경이면 배우자나 부모님에게만 보여서 걱정을 잠재우면 좋다.

특별한 형식이 있을 수 없다. 누군가의 평가를 받아야 할 사업계획서가 아니다. 구체적이지 않아도 되고 막연해도 괜찮다. A4 용지 한 장이면 된다. 그렇다고 끙끙대며 어려운 제갈량의 출사표 문체를 빌어 작성하지는 말자. 제갈량은 그 명문의 출사표에도 끝내 그의 뜻을 이루지 못했다.

나는 첫 번째 창업할 때 사업계획서부터 작성했다. 두 번째 창업할 때는 사업계획서뿐 아니라 그 어떤 문서도 작성하지 않았다. 한 번 실패해봤으니 이번에는 어떻게 해야겠다는 생각이 머릿속에 선명해서 생각대로 그냥 했다. 지금 또 한다면, 손으로 종이에 몇 가지 나와의 약속과 다짐만 낙서하듯 적겠다. 출사표인 셈이다. 그때를 기억하며 지금 다시 창업한다고 했을 때 넣고 싶은 내용의 형식을 써보겠다. 꼭 필요하다고 생각되는 항목을 뽑고 간단한 설명을 덧붙인다. 어찌 보면 출사표라기보다는 창업 점검 사항^{check point}이다. 용지 한 장을 넘으면 글씨를 작게 해서 한 장에 넣는 게 좋다. 어떤 항목은 마음에 새겨두고 적지 않아도 된다.

나는 창업한다

왜?　　　　　　　　　누구랑?

　　　가족은?　　　　　　　　　　　쓸 돈은 어떻게?

　　　　　　　　　　　언제까지?

얼마나?　　　　　무엇을?

　　　열 배 창업? 백 배 창업?　　　　　누구에게?

나는 창업한다

제목인데 안 적어도 된다. 그냥 '출사표'라고 해도 되고 '창업 체크리스트'라고 해도 된다. 창업에 나서는 심정을 한 문장으로 적는다.

왜?

창업하는 목적이다. 이게 가장 중요하다. 솔직하게 적는다. 부자가 되고 싶다, 경제적 자유와 시간의 자유를 얻고 싶다, 사회적 모순을 해결하는 일을 하고 싶다, 더 이상 김 부장 밑에서는 일 못하겠다, 대감집 노비로 살고 싶지 않다, 더 이상 남의 회사에 돈 벌어 주는 일은 안 하겠다, 폼 나는 일을 하고 싶다, 그냥 재미 삼아 해보련다, 나를 알아주는 회사가 없다, 세상에 널린 게 사장인데 나도 사장 한번 해보자, 내 마음대로 프로그래밍 하고 싶다, 내 손으로 세계적인 소프트웨어를 만들어보고 싶다, 내가 일할 일터는 내가 만든다, 절대 잘리지 않는 내 회사를 만들겠다 등등 부 ^{富} 에 대한 욕심이든 사회적 열등감의 극복 수단이든 자아실현을 위해서든, 거창하든 소박하든 창업하려는 진짜 이유가 있을 것이다.

가족은?

결혼했다면 배우자가 지지하는 정도를 적어본다. 반대한다면 그 이유와 어떻게 설득할지 간단히 적는다. 가족 걱정 없이 마음 편히 사업할 수 있을지 생각해본다. 특히 괜찮은 직장에 다니고 있고 가족이 안정된 생활을 누리고 있다면 찬성하지 않을 확률이 높다. 배우자가 반대한다면 하지 않는 게 좋다.

얼마나?

평생 돈을 얼마나 벌고 싶은가? 개인적인 욕망을 구체적인 자산의 금액으로 적으면 좋다. '매년 온 가족이 해외여행을 가겠다'처럼 정량적인 목표가 아닌 표현이어도 괜찮다. 이 표현 안에 이미 돈 크기와 삶의 방식이 어떤 식으로든 머릿속에 들어 있을 것이다.

열 배 창업? 백 배 창업?

회사의 1차적 매출이나 이익의 목표와 기간을 적는다. 매출이나 이익 중 하나만 생각해서 열 배 창업을 목표로 하면 총 이익잉여금(순이익 누적

총액)을 적고, 백 배 창업을 목표로 하면 연간 매출액을 적는다. 열 배 창업은 수익 위주로 회사를 운영하는 게 좋고, 백 배 창업은 처음부터 매출 위주로 나아가지 않으면 달성하기 어렵다. '5년 안에 총 이익잉여금 10억 원 달성' 또는 '7년 안에 연간 매출 100억 원 달성'과 같이 적는다.

나는 현재 회사 창업 시 일단 5년 안에 이익잉여금 10억 원을 채우고 나서, 백 배 창업에 도전할 계획이었다. 그러나 첫 목표를 달성하는 데 10년이 넘게 걸렸고, 능력 부족을 절감하고 백 배 창업은 시도하지 못했다.

무엇을? 누구에게?

무엇을 누구에게 팔 것인지, 즉 사업 아이템을 말한다. 소프트웨어 회사를 만들려면, 회사를 만들기 전에 미리 완전한 제품을 만드는 게 중요하다. 가능하면 제품 두 개를 만드는 게 좋다. 하나는 창업 자금과 최소한의 초기 운영 자금을 마련하기 위해 제품의 소유권까지 팔아 넘길 수 있는, 이른바 버리는 카드가 될 수도 있는 아이템이다. 또 하나는 버리는 아이템과 바꾼 자금으로 궤도에 올릴 진짜 제품이다. "하나도 힘든데 두 개씩이나?" 하는 생각이 든다면, 똑똑한 하나만 잘 만들어도 된다. 반드시 공식적인 창업 전에 완전한 제품을 만들어야 한다. 창업하고 나서 만들기 시작하면 실패할 확률이 높고, 대개는 SI 프로젝트에 뛰어들게 된다.

누구랑?

같이 할 핵심 인력을 적는다. 동업자가 아니라 외로워서 함께할 사람이다. 처음에는 조금이라도 지분을 나누지 않는다. 오로지 사업의 미래만 보고 참여할 사람이다. 그런 사람이 어디 있느냐고? 없다면 혼자서 시작하고 외로움을 견디고 나중에 돈이 모이는 걸 봐가며 직원을 뽑는다.

오너프로그래머는 가장 큰 약점이 영업이다. 이를 해결해줄 사람이 진짜 인재^{人財}다. 아니면 해결 방안을 찾아야 한다. 보통 어느 순간 오너프로그래머에서 프로그래머를 떼고 오너의 역할을 해야 할 때가 온다. 빠를수록 좋다. 처음부터 그럴 수 있다면 더 좋다. 그래야 훨씬 돈을 많이 번다. 내가 아직도 오너프로그래머라서 20년 전이나 지금이나 우리 회사는 작은 회사다. 이에 만족하고 살면 문제는 없다.

사업을 하게 되면 '압도적인' 스트레스에 시달린다고 한다. 실제로 경험해보니 그렇다. 그중 가장 큰 스트레스는 인간관계에서 오고, 또 그중 가장 심한 게 직원한테서 온다. 이를 벗어나려면 빨리 직원이 20명을 넘도록 성장시켜야 한다. 여러 연구와 창업자들의 경험에 의하면 직원 10명 정도일 때 스트레스가 가장 심하다가 20명이 넘어서면 줄어든다고 한다. 사장으로서 폼 좀 잡으려면 50명을 넘겨야 하며, 그 정도 되어야 개인 비서를 둘 수 있고 직원과의 관계에서 오는 스트레스도 확연히 줄어든다고 한다. 요즘 같으면 1인 기업도 괜찮은 선택이다.

쓸 돈은 어떻게?

초기 3년 내의 자금 계획을 간단히 적는다. 회사의 생존 비용을 생각해야 한다. 먼저 연간 총비용을 계산해본다. 직원이 한두 명이면 인건비나 임대료 등 고정비 중심으로 산출하면 그리 어렵지 않다. 직원이 3명을 넘으면 인건비(총 급여+퇴직연금)에 1.25를 곱하면 대충 총비용이 나온다. 이 총비용을 넘어설 창업 자금이나 매출을 어떻게 마련할지 적는다.

언제까지?

어떤 상태면 실패를 인정하고 멈출 것인가를 말한다. 그리고 실패했을 때 또 도전할 것인지 그냥 취업하거나 다른 길을 갈 것인지에 대한 얘기다. 창업하면서 굳이 이걸 생각할 필요가 있을까 싶다. 나는 현재 회사 창업할 때, "돈 떨어지면 더 이상 빌리지 말고 미련 없이 손 털고 그만둬야지"하는 생각은 굳혔는데, "실패하면, 삼세 번이라는데 한 번 더 해봐야지"와 "두 번 해봤으면 됐지. 그냥 취업하자"라는 생각 사이에서 결정이 어려웠다. 그래서 생각을 하지 않기로 하고 "무조건 된다"를 계속 머릿속에 되새기며 세뇌시켰다.

사업이란 게 안 되려면 아예 처음부터 안 되는 게 낫다. 문제는 어중간하게 될 때이다. 계속 적자인데 매출이 들쭉날쭉 해도 그런대로 있는 상태를 말한다. 돈은 다 떨어져 가는데 멈추기가 너무 아깝다. 실제 이 상태가 되면 창업자는 냉정히 판단하기 어렵다. 십중팔구는 돈을 더 빌리거나 투자받아 계속하려 한다. 그래서 잘 되면 좋은데 망하면 크게 망한다.

실패하면 그것을 거울 삼아 또 하고 또 하고 성공할 때까지 계속하는 방법이 하나 있긴 하다. 무자본 창업이란 건데, 빌리지도 말고 투자 받지도 말고 내 돈도 쓰지 말고 하는 창업이다.

투자받고 돈 빌리는 창업

지렛대 효과 전에 지렛대가 먼저 부러진다

나는 일찍이 누구에게든 돈을 빌리는 인생을 살지 않겠다고 다짐했고, 지금도 그것을 실천하고 있다. 돈을 빌려서 이득이 될 게 100% 확실하다면 몰라도 이자를 지불하는 게 아깝기 때문이다. 딱 한 번 빌린 적이 있다. 우리나라 많은 가정에서 그러하듯이 나도 아파트 분양으로 처음 내 집을 마련할 때 은행에서 대출을 받았다. 5년 안에 벌어서 갚았다.

사실 나도 모르게 항상 빚지고 사는 게 하나 있긴 하다. 바로 신용카드다. 돈을 모으는 데에는 현금이나 체크카드를 쓰는 게 좋다고 알려져 있다. 나도 그리 생각한다. 그럼에도 내가 신용카드를 선택한 이유는 소비 지출을 완전히 통제할 자신이 있어서다. 무조건 일시불로 결제하고 내 소득 내에서 필요한 지출만 할 수 있다고 믿는다. 나는 젊을 때부터 나를 위해서는 돈 쓸 게 별로 없는 사람이었다. 옷이며 신발이며 뭐든 한번 사면 더 이상 못 쓸 때까지 사용한다. 물건은 뭐가 되었든 10년 이상 쓸 수 있게 만들어야 한다고 생각한다. 소프트웨어도 10년, 20년 쓸 수 있게 튼튼하게 개발해야 한다는 생각을 갖고 있다. 내가 창업하면서 만들었던 프로그램은 업그레이드를 멈춘 지 20년이 되었는데 아직도 고객이 쓰고 있다.

창업할 때도 똑같이 차입하지 않겠다는 원칙을 세웠다. 시작한 돈이 떨어지기 전에 매출을 일으켜 돈을 벌고, 그 돈 내에서 직원도 뽑고 비용도 쓰기로 생각한 것이다. 개인이 벌어들인 소득 내에서만 지출한다면 돈이 모자라 빌릴 일이 없듯이, 기업도 벌어들인 돈 내에서만 비용을 쓴다면 적자 날 일은 없다. 문제는 기업이 개인처럼 그리 간단한 이론으로 통제가 되지 않는다는 점이다. 무엇보다도 한번 뽑은 직원은 자발적으로 나가기 전에는 강제로 내보내기 어렵다. 게다가 임금은 해마다 계속 오른다. 개인은 내가 더 아끼고 안 쓰면 되지만, 기업은 인건비를 줄이기가 어렵다. 특히 소프트웨어 회사는 인건비가 전체 비용의 80% 정도를 차지한다. 사람이 거의 전부인데, 창업자 마음대로 늘렸다 줄였다 하기가 어렵다는 얘기다. 그래서 직원을 뽑을 때 비용을 감당할 수 있을지 긴 안목으로 신중하게 결정해야 한다.

창업하고 원칙에서 벗어나 딱 한 번 은행에서 대출받은 적이 있다. 개인적으로 아파트 분양받을 때와 마찬가지로 오래전에 현재의 지식산업센터(아파트형 공장) 사무실을 분양받았을 때였다. 서울시의 정책 지원에 따라 예금 금리보다 싼 이자로 융자해주길래 받았다. 몇 년 후 예금 금리가 대출 금리보다 낮아지자 모두 갚아버렸다.

차입하지 않겠다는 원칙을 세웠는데 돈이 다 떨어지면 사업을 접어야 한다. 그런데 실제로는 이게 애매하다. 가령 매출이 계속 일어나고 있어 장부상으로는 흑자인데 아직 돈을 받지 못해서 돈이 부족한 경우가 있다. 또는 돈이 남아서 다른 데 투자를 했는데 아직 회수가 안 된 상태에서 돈이 부족할 수도 있다. 일시적으로 빌려서 해결하면 별 문제가 되지 않는다고 판단된다. 실제 돈이 있는 데도 돈을 빌리는 경우는 많다. 이런 경우도 어떻게 해야 할지 원칙을 세워두어야 한다.

내가 창업했던 2000년대 초에 벤처기업으로는 최초로 코스피에 상장했던 우리나라 벤처 국가대표라고 불리던 회사가 부도를 맞았다. 그 회사로서는 비교적 소액인 어음 40억 원가량을 막지 못할 거라고 아무도 예상하지 못했던 것이다. 다른 데 투자하여 회수하지 못한 돈도 많았다. 창업자는 한 순간에 본인 손으로 일궈온 금쪽같은 회사를 잃었다. 차입 경영은 이렇게 우량기업도 무너뜨린다.

오래전 IMF 환란 시절에 중소기업 사장이 출연하여 회사 소개하고 공개적으로 투자자를 찾는 TV 프로그램이 있었다. 하나같이 뛰어난 첨단 기술을 가진 업체라는데 거기 나온 이유를 듣고 씁쓸했다. 대부분 정부 자금을 얻어 쓰고 갚아야 할 만기가 돌아와서 어렵다는 얘기였다. 정부 자금도 결국 빚이니 갚아야 한다. 그 어려운 시기에 그런 사연을 가진 회사에 누가 투자할까 싶었다. 게다가 마치 불우이웃돕기 성금처럼 ARS 유료전화로 도움을 요청하는 대목에선 묘한 기분이 들었다.

흔히들 '내 돈으로 사업하는 사람 없다'고 한다. 사실 자본주의를 지탱하는 것이 바로 빚이다. 아무도 빚을 지지 않는다면 자본주의는 멈춘다. 그리고 이른바 지렛대 효과leverage effect라고 해서 빌리거나 투자받아 사업하는 게 더 큰 수익을 올릴 수 있다. 문제는 그 지렛대 효과를 보기도 전에 지렛대가 먼저 부러질 수 있다는 점이다. 게다가 지지리 운도 없게 하필이면 그 부러진 지렛대를 갖고 있는 사람이 바로 나라는 사실이다.

나는 첫 창업 때 투자받는 것에 대해 정확한 개념이 없었다. 빌리지 않겠다는 원칙은 세웠는데 내 돈도 쓰지 않겠다는 생각을 했다. 대신에 투자금을 모아서 여러 명이 같이 시작하려 했다. 투자금은 빚이 아니라 지분하고 바꾸는 것이니, 결국 사업이 안 되어 망해도 내 돈을 잃는 게 아니라서 괜찮다는 생각이었다. 이게 바로 도둑놈 심보라는 거다. 끝이 좋지 않았음은 예상대로다. 처음에는 나름 괜찮은 사업계획서를 들고 투자 전문 기관을 찾아갔다. 나만 괜찮지 남들은 아무도 이해하지 못하는 사업계획서라는 걸 전혀 몰랐다. 부끄러운 줄도 모르고 아무도 거들떠보지 않는 숫자놀음에 불과한 문건을 내밀고 다녔다. 그게 안 되니 내 지인 중에 부자 순위를 적고 찾아다녔다. 인맥이 넓지 않은지라 몇 명 안 되었다. 결국 사업계획서에 적힌 원래 금액에 턱없이 모자라는, 내 돈도 좀 보태고 참여하는 사람과 그들의 지인이 투자한 돈으로 시작했다.

주식회사가 망하면 투자자들은 그들이 투자한 돈을 날린다. 창업자도 그가 투자한 돈만 포기하면 된다. 이론은 간단한데 실상은 그리 간단치 않다. 사업을 접는 과정에서 엄청난 스트레스를 받는다. 돈 잃고 "그래, 이해한다. 고생했다"라고 말할 사람은 없다. 무슨 일이 벌어질지는 내 돈 떼었다고 상상해보면 답이 나온다. 돈 앞에 장사 없다고 하지 않던가. 특히 지인은 투자할 때 투자라고 생각하지 않는다. 잘 되면 큰돈을 버는 것이고, 빌려준 것이니 언제든 필요하면 은행 이자 두 배 이상으로 갚아주겠지 생각한다. 요즘은 기관 투자도 순수하게 지분하고 바꾸는 투자를 하지 않는 경우가 많다. 잘 되면 지분으로 받고 안 되면 빌려준 돈으로 이자까지 쳐서 갚도록 한다. 엄밀히 말하면 투자를 받은 게 아니라 차입을 한 것이다.

투자는 차입으로 이어지기 쉽다. 투자를 받으면 돈이 들어오고 그에 맞게 씀씀이가 헤퍼지고 돈 떨어지면 또 투자를 받는다. 더 이상 투자받지 못하면 벌여놓은 사업을 접기 어려우니 빌리기 시작한다. 그래서 크게 할수록 망하면 크게 돈을 잃는다. 창업자에게는 큰돈이 빚으로 남겨지고 신용불량자가 된다. 빚 독촉에 시달리다가 잠적하기도 하고, 간혹 극단적인 선택을 하는 사람도 있다.

그나마 나는 돈 떨어지기 전에 일찍 결단을 내리고 그만두었다. 시작할 때는 화기애애해도 그만두는 뒤처리는 아름다울 수 없다. 욕을 먹고 마음의 상처를 받았지만 빨리 수습하고 새로운 방식으로 다시 창업했다. 돈이 들지 않는 방식, 망해도 내 돈만 잃는 방식으로….

알다시피 창업은 성공보다 실패할 확률이 높은 일이다. 그러니 남의 돈으로 사업하는 것은 불행한 사태를 초래하기 쉽다. 자기도 모르는 사이에 사기꾼이 되어 있을 수 있다. 성공을 확신한다면 자기 돈으로 하는 게 맞다. 웬만한 아이템이나 인맥으로는 기관에서 투자받기는 어렵다. 결국에 투자할 만한 사람은 이른바 '3F'밖에 없다. Family(가족), Friend(친구) 그리고 Fool(바보). 이나마 있으면 다행이다. 감언이설로 부풀릴 수밖에 없고 그래서 망하면 사기꾼으로 남는다.

할 수 있다면 투자받지도 말고 남에게 빌리지도 말고 자기 돈도 들지 않는 창업이면 더 좋다. 좀 오래 걸리더라도 꾸준히 할 수 있는 일 말이다. 이른바 무자본 창업이다.

프로그래머가 할 수 있는
무자본 창업

창업을 하기 위해서는 생존 자금이 필요하다. 이 돈을 어떻게 마련하느냐에 따라 3가지 창업 방식이 있다. 첫째는 남의 돈으로 하는 창업이다. 남에게 빌리거나 투자를 받아서 하는 방식이다. 사업을 크게 할 수 있는 장점이 있는 반면에 망하면 크게 망한다는 단점이 있다. 둘째는 내 돈으로 하는 창업이다. 빚 없이 내 돈을 꾸준히 모아 마련한 돈으로 하는 방식이다. 망해도 남에게 피해 주는 거 없이 나만 손 털면 그만이므로 바람직해 보인다. 그러나 열심히 모은 돈을 잃었으니 진이 빠지고, 다시 창업하려면 처음부터 돈을 다시 모아야 한다.

세 번째가 무자본 창업이다. 남에게 빌리지도 말고 투자받지도 말고 내 돈도 쓰지 않는 방식이다. 돈 없이 어떻게 창업을 하란 말인가? 먼저 벌어서 쓰라는 얘기다. 앞의 두 방식은 돈을 먼저 쓰고 나중에 번다. 돈을 벌려면 먼저 제품을 만들어야 하고, 거기에 인건비도 들고 재료비, 장비비 그리고 기타 경비가 발생하는데 어떻게 먼저 번다는 말인가? 먼저 판매하고 그 돈으로 나중에 생산하라는 얘기다.

무자본 창업은 대개 2000년대 초에 무점포 창업이란 개념으로 주목을 받았고, 그후 여러 방식이 책으로도 나오고 인터넷에도 많이 소개되었다.

그중 가장 참고할 만한 책을 꼽으라면 《해적들의 창업 이야기》(비전코리아, 2016)다. 무자본 창업의 필요성과 방법을 가장 잘 설명하고 있으며, 무엇보다도 여러 실제 사례를 통해 이해하기 쉽다. 사실 이 책 자체가 무자본 창업 아이템 중의 하나라고 볼 수 있다. 저자의 사업 아이템, 즉 무자본 창업 아이템을 연구하여 그 아이디어를 파는 것을 홍보하는 책이기도 하다.

프로그래머는 어떤 방식으로 무자본 창업을 할 수 있을까? 얼른 감이 오지 않는 사람을 위해 두 가지 예를 들어보겠다.

우선 하나는, 경력 3년을 넘긴 자바 프로그래머로서 그동안 해왔던 프로그래밍 관련 정보를 제공하고 강의하는 회사를 만든다고 해보자. 일단 자바 언어 강의 교재 하나를 전자책으로 만드는 것부터 시작한다. 여기서 이런 의문이 들 수 있다. 경력 3년이면 아직 초보인데 남을 가르친다는 게 말이 되나? 얼마든지 된다. 원래 왕초보는 초보한테 배울 때 더 잘 이해할 수 있다. 제목은 《초보한테 배우는 왕초보 자바 7일 완성》으로 한다. 본인이 처음 자바를 배우면서 어려웠던 걸 쉽게 설명하고 나중에 보니 쓸데없었던 내용은 과감히 생략하고, 중요도와 난이도를 매기고 그에 따라 이해하기 쉬운 코딩 예도 덧붙인다. 시중에 나와 있는 틀에 박힌 책과는 다른 톡톡 튀는 아이디어가 돋보이도록 하는 게 핵심이다. 전자책 파는 플랫폼에 비교적 싼 금액인 9,900원에 올린다. 이렇게 하는 게 사업의 시작이다. 되는지 안 되는지 일단 한번 해본다. 몸은 힘들어도 돈이 안 들고 공부도 많이 되니, 사업을 떠나서 의미 있는 일이다. 이를 토대로 블로그를 운영하고 강의를 시작한다. 만들어 파는 전자책을 기본 교재로 하고 실전 심화 학습이 될 만한 간단한 추가 교재를 더하여, 평일 저녁이나 휴일에 강의 시간을 잡고 강의료도 책정한다. 강의장이나 관련 장비는 근무시간이 아닌 지인 회사 사무실을 공짜로 이용할 수 있으면 가장 좋다. 아니면 요즘은 돈 주고 빌릴 수 있는 곳이 많다. 대여료는 강의료를 선불로 받아 정산하면 된다. 카드 결제도 문제없다. 이를 해결해주는 플랫폼이 있다. 여기까지만 성공하면 그다음 아이디어는 계속 떠오를 것이다. 좀 더 안정적인 강의를 위해 이미 운영중인 학원과 협력하는 방법도 있고, 단순한 자바 언어 강의가 아니라 저렴한 비용으로 다른 데서는 배울 수 없는 특정 분야 실전 프로젝트의 훈련을 익힐 수 있는 과목을 개설할 수도 있다.

실제 회사를 설립하는 것은 돈이 마련되는 과정을 봐가며 결정해도 된다. 처음에는 매출이 얼마되지 않을 것이므로 간단히 개업사업자로 시작해도 된다. 주식회사라도 요즘은 자본금 제한이 없으니 쉽게 설립할 수 있다. 주의할 것은 이런 회사 설립과 운영 자체에 비용을 최대한 들이지 않도록 하는 점이다.

하나의 예를 더 들어보자면, 내가 현재 운영중인 회사를 창업할 때 했던 방법과 유사한데 이를 응용하여 적어보겠다. 일단 공식적인 창업, 즉 회사를 설립하기 전에 소프트웨어 제품 두 개를 개발한다. 바로 팔 수 있는 완성품이어야 한다. 그런 다음 그중 한 제품을 팔아줄 회사를 찾는다. 그 제품과 관련된 제품을 파는 회사가 좋다. 그 회사와 판매 금액의 일정 지분을 나누기로 하고, 판매 대금의 일부를 선불로 받는다. 예를 들어 판매가를 300만 원으로 책정했고 판매회사와 반반씩 나누기로 했다면, 20개 분량 3천만 원(150만 원×20)을 보장된 금액으로 미리 받는다. 이후 21번째 판매부터 추가로 더 받는다. 이렇게 선매출을 일으켜서 창업한다. 실제 진행해보면, 이 제품은 그 과정에서 판매사와 다툼이 있을 수도 있고 이런저런 여러 가지 변수가 있다. 최악의 경우 버리는 카드가 될 수도 있다. 그래서 또 하나 개발해둔 제품은 처음에 좀 더디더라도 직접 팔도록 한다. 사업은 거창한 마케팅이 아니라 하나씩 파는 것으로부터 시작된다. 아이템 하나 개발하기도 어려운데 두 개씩이나 개발하는 데에는 시간이 너무 많이 걸릴 수 있다. 이때는 하나의 제품이 충분한 먹거리가 되는지 판매사와의 관계는 원활한지 판단해보고, 그것에 전념하거나 경우에 따라 창업 후에 주력 제품을 개발해도 된다.

나는 현재 회사를 창업할 때 큰돈은 아니지만 내 돈을 가지고 있었다. 하지만 이런 방법으로 창업 자금의 대부분을 모았다. 창업하고 1년은 제휴 회사에서 제공한 공간에서 더부살이하는 걸로 사무실 비용을 아꼈다.

여기에 간단히 적은 두 가지 예를 보면서 "창업이 별거 아니구나. 저 정도면 나도 할 수 있겠네" 하고 생각하는 긍정적인 사람도 있을 것이고 "말인즉 그렇다는 것이지, 실제는 저렇게 쉽게 될 리가 없다"고 생각하는 비관적인 사람도 있을 것이다. 그런지 안 그런지는 실제로 해봐야 안다. 무슨 일이든 성과를 내는 사람은 자신의 능력을 성과로 연결시키려는 끊임없는 노력, 즉 실행 능력을 갖고 있는 사람이다. 아무리 머리가 좋고 상상력이 풍부해도 실행할 능력이 없으면 아무 소용이 없다.

무자본 창업의 핵심은 비용을 들이지 않는 것이다. 이를 가능하게 하는 방법은 몸빵과 절약이다. 몸빵은 속된 말로 몸으로 때우는 일이고, 고상하게 표현하면 모든 일을 최대한 자신의 시간이라는 기회 비용으로 충당하라는 뜻이다. 앞의 예에서 보듯이 돈을 쓰는 대신에 본인의 몸빵으로 매출을 먼저 일으켜야 한다. 비용 없이 이윤을 먼저 낸다는 뜻인데, 사실 이게 경제학적으로는 말이 안 될 수 있다. 경제원론에 보면 이윤이란 총 수

입에서 명시적인 비용과 암묵적인 비용을 포함한 모든 기회 비용을 뺀 금액을 말한다. 하지만 우리가 알고 있는 이윤은 회계학적 이윤으로 총 수입에서 명시적인 비용을 뺀 금액을 말한다. 따라서 무자본 창업은 경제학적으로는 말이 안 되는데, 우리가 인식하는 회계상으로는 말이 된다.

몸빵 비용이 크면 클수록 창업해서 생존할 확률이 높다. 보통 5명이 개발해야 하는 프로그램을 오너프로그래머 혼자 개발한다면 비용을 크게 줄일 수 있으므로 당연한 얘기다. 따라서 초기에는 1인 기업으로 최대한 몸빵하고 돈이 충분히 쌓이면 직원을 뽑는 게 좋다. 직원을 뽑을 여력이 있는데도, 돈 욕심에 몸빵을 계속하면 몸이 고장난다.

소프트웨어 회사는 인건비가 전체 비용의 많은 부분을 차지한다. 그래서 창업자의 몸빵이 가장 중요하다. 여기에 다른 비용을 줄이는 방법은 절약하는 것밖에 없다. 우선 사무실을 얻게 되면 임대료와 관리비 등 고정비가 지출된다. 처음에는 이런 비용을 들이지 않는 게 좋다. 아는 사람의 작은 사무실을 얻어 쓰거나 적은 돈으로 활용할 수 있는 시설도 많다. 직원이 없으면 집에서 해도 된다. 세무 기장을 포함한 법인 창업에 필요한 비용도 모든 서비스를 저렴하게 한꺼번에 제공하는 곳도 있다. 직원을 뽑고 사무실을 마련하게 되면 모든 관리 업무의 프로세스 매뉴얼을 만들고 비용을 통제해야 한다. 한마디로 폼 잡지 않으면 비용은 절약할 수 있다. 망하지 않는 이론은 간단하다. 돈 버는 것보다 적게 쓰면 된다.

무자본 창업의 최대 장점은 하다가 실패해도 누구에게도 피해를 주지 않고, 본인 돈도 날리지 않는다는 점이다. 실패하면 그 요인을 피하고 과정에서 잘한 점을 살려 다시 창업하면 된다. 그러다 보면 성공에 이를 것이고 이 한 번의 성공이 이전 실패를 모두 덮을 수 있다.

프로그래머의 무자본 창업 사례 요약

1. 회사 설립 전에 바로 팔 수 있는 완성된 제품 두 개를 개발한다.

2. 그중 한 제품을 팔아줄 제휴 회사를 찾고, 판매할 대금의 일부를 선불로 받아 선매출을 일으켜 창업한다.

3. 또 하나 개발해둔 제품은 직접 판다.

4. 사무실은 1년 정도 제휴 회사에서 더부살이한다.

5. 직원은 이익이 나는 걸 봐가며 충원한다.

아이템 찾기 10계명

폼은 나냐? 돈은 되냐?

창업하기 위해서는 아이템이 필요하다. 아이템은 창업할 때뿐 아니라 사업을 확장하거나 변경할 때도 필요하다. 오너프로그래머에게도 가장 중요한 것은 아이템, 즉 무슨 프로그램을 개발할 것인가다.

내 경험에 비추어 오너프로그래머의 아이템 찾는 방법을 정리해본다. 이 글은 프로그래머의 평생 직업으로서 창업에 초점을 두고 있다. 따라서 흔히 스타트업이란 말로 표현되는 실리콘밸리식 창업을 생각하고 이 글을 읽는다면 실망할 것이고 시간 낭비일 수 있다.

여기서 아이템item은 단위 소프트웨어 하나를 의미하기도 하지만, 아이템을 둘러싼 연관 아이템 그룹을 말하기도 하고 때로는 회사의 전체 사업 내용을 의미하기도 한다. 이 글에서 일상에서는 쓰이지 않는 말은 내가 편의상 만든 조어造語다.

나는 세상 일을 다음의 두 가지 잣대로 본다. 사업 아이템을 보는 눈 또한 이와 같다.

폼은 나냐?

세상에는 폼 나는 일과 폼 안 나는 일이 있다. 사업 아이템 또한 폼 나는 아이템과 폼 안 나는 아이템이 있다. 폼이 나느냐 안 나느냐는 본인이 아니라 타인이 결정한다. 나 혼자 폼 잡는다고 폼 나는 아이템이 되지는 않는다. 내가 폼 잡지 않아도 남들이 폼 난다고 하면 폼 나는 아이템이다.

폼이 얼마나 나느냐에 따라 대략 세 가지 아이템으로 분류한다. 정성적定性的인 분류라서 계량화할 수 없으니 사람마다 하나의 아이템에 대해서 다른 평가를 할 수 있다.

진폼: 많은 사람에게 정말 폼 나는 아이템

매스컴이나 온라인에서 흔히 접할 수 있는 아이템이다. '미래', '혁신', '첨단', '차세대', '대세' 등의 수식어가 붙고 때로는 '핫hot'이라는 온도와 '블루blue'라는 색깔이 붙기도 한다. 쉽게 예를 들면 '플랫폼', '사물인터넷', '클라우드', 'AI', '빅데이터' 등과 같은 아이템이다.

무폼: 폼이 없거나 나는지 안 나는지 잘 모르거나 살짝 나는 아이템

개인 또는 기업에서 일상적으로 쓰이는 아이템이다. 이미 다 알려진 기술이라 새로울 것도 없고 때로는 한물간 철 지난 것이다. 패키지 프로그램, 각종 관리 프로그램, ERP, 그룹웨어 등 넓은 범위의 아이템이 이에 속한다.

똥폼: 폼이 나면 안 되는 아이템

공개적으로 드러내기 어렵거나 때로는 불법이기도 한 아이템이다. 인간의 음성적 욕구를 채워주는 아이템이 많다. 19금 성인물이나 도박 사이트 같은 아이템이다. 그리고 세상에 꼭 필요한 것이지만 대부분의 사람들이 꺼리며 드러나지 않기를 바라는 아이템도 있다.

돈은 되냐?

세상에는 돈 되는 일과 돈 안 되는 일이 있다. 사업 아이템 또한 돈 되는 아이템과 돈 안 되는 아이템이 있다. 돈이 되느냐 안 되느냐는 타인이 아니라 본인이 결정한다. 남들은 돈 안 된다고 해도 내가 만족하는 크기가 작으면 돈 되는 아이템이다. 남들이 아무리 돈 된다고 해도 내가 만족하지 못하면 돈 안 되는 아이템이다.

돈이 얼마나 되느냐(시장 규모)에 따라 대략 세 가지의 아이템으로 분류한다. 어느 정도 정량적定量的인 분류로 계량화할 수 있으나 사람마다 만족도에 따라 그 기준은 다를 수 있다.

IT 업종도 워낙 다양한 분야가 있어 일반적이지는 않지만, 순수한 소프트웨어 개발 회사의 경우 전체 비용에서 인건비가 차지하는 비중이 70~80% 정도 된다. 따라서 중소기업 평균 연봉으로 계산해보면 대략 1인당 8천만 원 정도의 연간 매출이면 수익이 나기 시작한다. 다음 설명에서의 인원은 이에 근거하여 1인당 1억 매출 기준으로 잡았다. 수익률이 20%로 상당히 높게 잡았다.

대박: 연간 매출 100억 원 이상으로 100명 이상의 인원이 필요한 아이템

이런 아이템은 오너프로그래머 혼자의 힘만으로는 성공하기 힘든 아이템이다. 소프트웨어 개발 회사로는 이미 대기업이라 해도 무방하다. 그래서 대기업 수준의 인력 구조가 필요하다.

만약 오너프로그래머가 관리할 수 있는 소수의 인원(20명 미만)으로 이런 규모의 매출을 올릴 수 있는 아이템이라면 왕대박 아이템이다.

중박: 연간 매출 100억 원 미만으로 100명 미만의 인원이 필요한 아이템

이런 아이템 또한 오너프로그래머 혼자의 힘만으로 성공하기에는 벅찬 아이템이다. 소프트웨어 개발 회사로는 중견기업이라 해도 무방하다. 실제로 보면 이 범위의 아이템을 가진 회사들의 수익률이 높지 않은 경우가 많다. 이는 규모를 키우기 위해 수익률이 낮은 단위 아이템을 추가하거나 인력구조나 복지정책을 대기업 방식으로 따라하려는 데서 온다. 돈이 안 되는데 폼을 잡으면 수익률은 떨어진다.

만약 오너프로그래머가 관리할 수 있는 소수의 인원(20명 미만)으로 이런 규모의 매출을 올릴 수 있는 아이템이라면 대박 아이템이다.

소박: 연간 매출 20억 원 미만으로 20명 미만의 인원이 필요한 아이템

이런 아이템은 오너프로그래머 혼자의 힘만으로도 성공할 수 있는 아이템이다. 실제로 도처에 널려 있어서 비교적 수월하게 찾을 수 있고 만들기도 쉽다. 대박, 중박 아이템에 비해 상대적으로 그렇다는 것이다.

만약 오너프로그래머가 혼자서 슈퍼맨이 된다면 수익률을 극대화할 수 있다. 극소수의 인원(10명 미만)으로 할 수 있다면 중박 정도의 아이템이라 할만하다.

이 밖에도 '쪽박'이란 게 있는데 시장이 거의 없는 아이템일 수도 있지만, 생존할 수 없는 아이템이라면 규모에 관계없이 쪽박이라고 봐야 한다.

'폼은 나냐? 돈은 되냐?' 이게 내가 세상 일을 보는 눈이다. 그래서 아이템도 이걸로 찾는다. 그런데 이것이 때와 장소, 입장, 상황, 능력, 노력 등 무수한 변수에 따라 성공할 수도 있고 실패할 수도 있다. 식당을 차린다고 해보자. 일반적으로는 이렇다.

- **강남 부촌에 고급 레스토랑**: 폼도 나고 돈도 된다.
- **우리 동네에 고급 레스토랑**: 폼은 나는데 돈이 안 된다.
- **우리 동네에 국밥집**: 폼은 안 나도 돈이 된다.
- **강남 부촌에 국밥집**: 폼도 안 나고 돈도 안 된다.

하지만 다른 여러 가지 변수를 생각하면 꼭 이렇다는 보장은 없다. 국밥집도 그럴싸하게 꾸미고 웰빙이니 뭐니 잘 갖다 붙이면 폼이 날 수도 있고, 우리 동네에 고급 레스토랑도 사람들 허영심을 잘 자극하면 돈이 될 수도 있다.

이제는 크게 성공한 아이템이 되었지만 약 8년 전으로 돌아가서 초기의 배달앱 아이템을 보자.

배달앱, 폼은 나냐?

진폼 누가 뭐래도 요즘 핫 아이템이요, 대세 아이템인데 정말 폼 난다.
무폼 포장을 잘해서 그렇지 폼은 무슨, 그냥 살짝 부러운 정도지.
똥폼 개 풀 뜯어먹는 소리하네. 자영업자들 삥이나 뜯는 주제에 똥폼 잡기는.

이처럼 사람마다 생각이 다를 수 있다. 하지만 내가 아닌 남, 즉 일반 대중의 생각이 중요하므로 오너프로그래머의 일반적 시각으로 볼 때 배달앱은 당시 진폼 아이템이 맞다.

배달앱, 돈은 되냐?

앞에 적은 내 기준으로 볼 때 배달앱은 대박 아이템이다. 하지만 남이 아닌 내 만족도가 기준이므로 중박도 소박도 될 수 있고 재벌 그룹 회장 생각으로는 쪽박일 수도 있다.

가장 좋은 아이템은 폼도 나면서 돈도 되는 것이다. 폼도 안 나고 돈도 안 되는 아이템은 당연히 피해야 한다. 그렇다면 폼은 나는데 돈이 안 되는 아이템과 폼은 안 나도 돈이 되는 것 사이에서 무엇을 할 것인가? 내 선택은 후자다.

벤저민 프랭클린Benjamin Franklin이 "먹는 것은 자기가 좋아하는 것을 먹되, 입는 것은 남을 위해서 입어야 한다(Eat what you like, but dress for the people)"고 했다. 입성衣은 폼이고 먹성食은 돈이다. 중국의 부자들은 겉모습만 봤을 때는 전혀 알 수 없다고 한다. 이는 입는 것(폼) 보다는 먹는 것(돈)을 중요시하는 중국인들의 실용적인 사고방식 때문이라고 본다. 우리 속담에도 "수염이 석자라도 먹어야 양반"이라 했듯이 폼 나기보다는 돈 되는 아이템이 낫다.

이런 관점에서 실제 아이템을 찾는 방법에 대해 접근해보자.

오너프로그래머의 아이템 찾기 십계명

쓰다 보니 10가지가 되었고 폼 좀 날까 해서 십계명이라 붙였다. 어찌 보면 꼭 오너프로그래머가 아니더라도 일반적인 창업 아이템 찾기로 활용해 볼 수 있겠으나 프로그래머가 바라보는 관점에 초점을 맞췄다.

여기서 각 항목마다 이해를 돕기 위한 설명으로 실전 예제로서 다음의 아이템을 사용한다.

예제 아이템 명: 고인故人 홈페이지 빌더 사업

사업 설명: 한때 개인 홈페이지도 유행했고 하다못해 애완견 홈페이지도 있는데 죽은 사람 홈페이지는 왜 없을까? 부모님을 비롯해 추모하고 싶은 조상에서부터 존경하는 이, 가슴에 묻은 자식이나 형제들. 그리운 사람을 그리워할 수 있게 하자.

---

1. 무폼에서 찾아라

진폼은 오너프로그래머가 접근하기 어려운 아이템이다. 웬만한 대기업도 성공을 보장할 수 없는 게 진폼 아이템이다. 때로는 내일이 오늘이 되면 사라질 아이템일 수도 있다. 또한 폼만 나지 실제로는 속 빈 강정이요 빛 좋은 개살구일 수도 있다. 이는 매스컴에 의해서 만들어진 헛폼 아이템이다. 지나치게 큰 진폼 아이템은 삼성전자, 구글, 애플, 마이크로소프트, 아마존 등 세계적 기업이거나 그 외에 네이버, 카카오 정도는 되어야 성공할 수 있는 게 많다. 예를 들어 아마존이나 구글에서 하는 방식의 클라우드 플랫폼 같은 아이템을 오너프로그래머가 선택했다면 말 그대로 뜬구름만 잡다 그만둘 확률이 100%에 가깝다.

현재 주변에서 일상적으로 쓰이는 무폼에서 아이템을 찾는 게 좋다. 폼이 안 나도 괜찮고 아는 사람이 보면 살짝 폼 나는 아이템이 좋다. 획기적으로 이른바 블루오션은 생각하지 말고 이미 시장에서 검증된 레드오션에서 비교적 유행에 덜 민감한 아이템을 찾는다.

예제 아이템은 기술적으로도 너무 흔하고 게다가 산 사람도 아니고 죽은 사람 홈페이지라니 정말 폼이 안 난다. 그러나 오너프로그래머 혼자서, 아니면 적은 인원의 팀으로도 얼마든지 구축할 수 있고, 홈페이지는 어떤 형태로든 계속 만들 것이고 죽은 사람도 계속 생겨날 것이니 유행을 덜 타는 아이템이라 볼 수 있다.

다행스러운 것은 오너프로그래머가 하는 아이템은 IT 업종으로 포장할 수 있어 무얼 하든 그나마 폼은 좀 난다는 사실이다.

똥폼 아이템 중에 돈 되는 것이 많다. 그러나 이를 실제 행하기에는 대단한 용기와 결심이 필요하다. 때로는 매우 위험하기까지 하다. 이른바 음지의 아이템일 수도 있다. 따라서 여기서 논하지 않는다.

2. 소박에서 시작하라

대박이나 중박 아이템은 오너프로그래머의 힘으로 만들어내기에는 역부족이다. 게다가 대부분 시간과 비용도 많이 들고 성공 확률도 높지 않다. 설령 능력이 탁월하고 운도 따라주어 개발에 성공했다 해도 안정 궤도에 오르는 데 난관이 많으며, 시장이 크다는 것이 노출되면 큰 기업에서 뛰어들 수도 있다. 그래서 소박 아이템으로 시작하는 게 좋다. 소박으로 시작하여 일단 궤도에 오르면 중박, 대박으로 넓힐 수 있는 여지가 있는 아이템이라면 더욱 좋다. 처음에 딱 보고 이게 소박인지 중박, 대박인지 정확히 알 수는 없다. 그러나 아이템을 찾고 수익 모델을 따져보는 습관이 붙으면 나름의 감각과 보는 눈이 생긴다.

소박 아이템 중에서 오너프로그래머 혼자 또는 그의 영향력 밑에 있는 조직의 힘으로 80%(100%면 더욱 좋다) 이상 만들어낼 수 있는 것을 찾는다. 나머지 20%도 외부 인맥의 충분한 조력을 이끌어낼 수 있는 오너프로그 래머의 힘이 미칠 수 있는 아이템이어야 한다.

예제 아이템은 오너프로그래머가 얼마든지 만들어낼 수 있는 것으로 소박은 되겠구나 하는 감이 딱 온다.

아이템을 골랐으면 다음은 돈을 만드는(매출을 일으키는) 아이디어를 검 토한다. 이때 머리를 쥐어 짜고 상상력을 총동원한다. 예제 아이템으로 한 번 해보자.

⚙ 영혼이 편히 쉴 수 있는 천국을 분양한다(홈페이지 초기 설치비).
⚙ 영혼이 영원할 수 있게 천국을 유지해야 한다(홈페이지 연간 관리비).
⚙ 천국을 꾸미는 소품을 개발한다. 이를테면 신비한 마법 향로나 촛불, 여 러 종교의 문양, 천국에 어울리는 그림 같은 것들(소품마다 가격을 매긴다)
⚙ 천국도 영혼마다 크기가 다르다(큰 평수는 더 받는다).
⚙ 영혼도 가정을 이루어야 한다. 이승의 인연이 그대로 이어지기를 바라 고 기리는 사람의 마음(고인 가족 홈페이지는 가격이 다르다)
⚙ 결혼 못 해본 외로운 영혼의 한도 풀어준다(결혼식 및 혼례용품 비용).
⚙ 세계 위인들의 천국을 만들고 '좋아요'를 누를 수 있고 헌화하고 존경 의 댓글을 적을 수 있게 한다. '좋아요'는 아무나 누를 수 있어도 존경

댓글은 꽃을 사야 한다. 어떤 인물이 가장 많은 '좋아요'를 받을지, 스티브 잡스는 얼마나 많은 꽃을 받고 얼마를 벌어줄지 궁금하다.

도대체 돈 나올 데가 뭐가 있을까? 처음에는 되든 안 되든 무조건 아이디어를 낸다. 그렇다고 해서 아이템 고유의 범주를 넘어서는 마구잡이식보다는 개발 가능한 기능 중심의 아이디어가 좋다. 예를 들어 장례용품 광고나 장례식장 연계 사업과 같은 것은 예제 아이템의 고유 범주를 넘어선다고 보고 처음에는 검토하지 않는 게 좋다.

아이디어가 나왔으면 각 아이디어에 돈을 매기고 안정 궤도에 올랐을 때의 연간 매출을 추정해본다. 예를 들어 예제 아이템에서 두 번째 아이디어인 홈페이지 연간 관리비는 1만 명을 안정권으로 보고 매년 1만 원씩 받으면 연간 1억 원 매출이다. 일단 남의 눈치 볼 것 없이 자기 생각대로 해본다. 남들 보기에도 현실성 있는가는 나중에 따진다. 내 방식대로 전체를 계산해보니 대략 연간 5억 원 정도 나온다. 10억 원 이상 나온다고 보는 사람은 대단한 능력자다.

여기에 이어서 9번째 항목(311쪽)의 시나리오를 짜보고 원하는 답이 나오지 않으면 아이템이 될 수 없다. 개발하고 유지하는 데 오너프로그래머 외에 3명 정도로 충분하다고 보면 수익률이 그리 나쁘지 않은 소박 아이템이다. "애걔, 이게 무슨 아이템이야? 이런 껌값 벌자고 창업하나?" 하는 사람도 있을 것이다. 그런데 나는 이런 소박한 아이템이 좋다. 잘만 구축하면 프로그래머로서 하고픈 일 하면서 웬만한 큰 기업의 임원급 연봉을 평생 벌 수 있으니 기쁘지 아니한가.

3. 남의 것을 탐하라

좋은 생각이 떠올라 쓸 만한 아이템이다 싶어 알아보면 이미 남들이 하고 있는 것이 많다. 이럴 바에야 아예 처음부터 남이 하는 것 중에서 나도 충분히 할 수 있는 아이템을 찾는 게 빠르다. 세상에 없는 나만의 아이템을 찾는 것은 어려워도 남이 하는 아이템에 몇 가지 다른 아이디어를 첨가하는 것은 비교적 쉽다. 나는 프로그래밍할 때도 남의 것을 많이 훔친다. 처음부터 내가 코딩하는 것보다 인터넷에 공개된 코드를 보고 하면 시간이 많이 단축된다. 어떤 때는 남의 홈페이지에 공개된 제품 스크린숏screen shot 하나에도 영감을 얻어 막혀 있던 프로그래밍이 일사천리로 풀린다. 그에 대한 보답으로 때로는 내 것을 공개하기도 했다.

처음부터 세상에 없는 아이템을 구상하긴 어려워도 남의 것을 보고 나만의 아이디어를 내는 것은 비교적 쉽다. 남의 것에 더하고 빼고 때와 장소를 달리하여 내 아이템으로 만든다. 세상에 전혀 새로운 것은 없다. 다만 조금 다른 게 있을 뿐이다.

4. 한물간 것을 살피라

IT 업계는 미래에 관심이 많고 현재의 뜨거운 흐름에 열광한다. 철 지난 것, 시대에 뒤떨어진 것, 즉 한물간 것에는 관심이 없다. 그러나 소박 아이템은 너무 흔해서 한물간 것처럼 보이는 곳에 의외로 많다. 이른바 미래와 현재의 대세 아이템은 누구나 주목하고 뛰어드는 사람이 많으니 경쟁이 치열하다. 한물간 아이템은 관심 갖는 사람이 적고 폼이 안 나서 능력자가 뛰어들지는 않을 것이니 비교적 성공 확률이 높다. 다들 한물갔다고 느끼는 아이템에서 남이 보지 못하는 시장이 남아 있다면 이게 정말 좋은 아이템이다.

내가 현재 하고 있는 아이템인 그룹웨어에 대해서 "그거 한물간 거 아냐?", "요즘 그룹웨어 없는 회사 있나?", "요즘 이런저런 무료 협업툴이 널려 있는 세상에 누가 이걸 쓰나?" 등의 말을 들으면 나도 한편으론 걱정이 되면서도 고맙기도 하다. 이런 분위기가 우리 같은 작은 기업이 버티는 힘인데, "그거 좋은데 나도 한번 해볼까?" 하는 사람이 많아지면 큰일이다.

예제 아이템은 일종의 홈페이지 빌더 사업으로 기술적으로 흔한, 한물간 것으로 볼 수 있다. 그러나 홈페이지라는 것은 여전히 만들어지고 있고 앞으로도 그럴 것이다. 그래서 어떤 영역이든 응용하면 시장을 만들어낼 수 있다.

인터넷 관련 아이템을 구상하고 검색해보면 이미 2000년대 초 닷컴 열풍이 불 때 누군가 시도했다가 거품이 꺼지면서 함께 사라진 아이템인 경우가 많다. 흥미로운 것은 그때보다도 오히려 지금이 더 그 아이템을 사업화하기 좋은 적기인 경우가 많다는 점이다. 따라서 이미 오래전에 실패하여 사라진 아이템도 잘 살펴보면 의외로 노다지를 건질 수 있다.

5. 쪼개어 비집고 들어가라

현재 잘나가는 아이템이거나 다른 사람이 안정된 수익을 내고 있는 아이템이라 해도 시장의 범위나 대상 고객층을 쪼개어 틈을 만들고 비집고 들어가면 좋은 소박 아이템이 될 수 있다.

전국의 모든 할인 판매 정보를 알려주는 사이트가 있다고 하면, 내가 살고 있는 지역의 할인 정보만 알려주는 사이트를 만들거나, 폐업하여 헐값에 처분하는 정보만 전문으로 알려주는 사이트를 만드는 식이다.

기업을 대상으로 하는 업무용 프로그램으로는 회계 관리가 시장이 매우 크다. 그런데 이미 대기업용, 중소기업용, 자영업자용 등으로 포화 상태다. 심지어 골프장 전용, 어린이집 전용 등으로 이미 세분화되어 있다. 그래도 쪼개어 비집고 들어갈 틈만 있으면 얼마든지 또 소박 아이템은 충분히 만들어낼 수 있다.

예제 아이템이 이미 잘나가고 있는 아이템이라면 쪼개어 소박 아이템이 될 수 있는 틈을 살핀다. 부모님만 추모하는 사이트라든지 꽃다운 나이에 피어보지도 못하고 요절한 영혼을 달래는 사이트라든지.

쪼갤 수 있는 있는 아이템은 이미 시장에서 괜찮은 아이템으로 검증되었다는 장점이 있다. 또한 전문성이란 이름으로 포장하기가 비교적 수월하며 시장이 작아서 큰 기업에서 눈독 들이지 않을 것이다. 작아도 소박 아이템 정도는 될 수 있고, 그 작은 왕국에서 왕 노릇할 능력이 되면 그것에 만족하면 된다. 게다가 힘센 외적의 침공마저 없다면 더욱 좋다.

6. 있는 것에 추가하라

아이템이 성공적으로 수익을 내며 안정 궤도에 오르면 사업 확장에 대한 욕심이 생긴다. 이때 새로운 아이템을 검토하기보다는 이미 하고 있는 아이템에 아이디어를 보태어 기능을 추가하는 게 낫다. 새로운 아이템은 비용도 많이 들고 무엇보다도 성공 가능성이 낮지만, 기존 아이템에 돈 되는 새 기능을 추가하는 것은 비교적 수월하며 설령 실패한다 해도 큰 상처를 받지는 않기 때문이다. 만약 새로운 아이템을 생각한다면 현재의 아이템과 연관된 것을 추가하는 게 좋다. 전혀 동떨어진 아이템은 회사의 역량을 분산시켜 오너프로그래머의 집중력을 떨어뜨린다.

예제 아이템에서 돈 되는 추가 기능의 아이디어를 내보자. 다음과 같은 스토리를 앞세워 살아있는 사람이 먼 훗날의 천국('메멘토 모리'라 명명)을 미리 만들어두는 트렌드를 이끌어낼 수 있다면 어떨까?

메멘토 모리|Memento Mori

사람은 누구나 죽습니다. 나이를 먹어가며 '죽음을 기억하라'는 이 말을 의식한다면 현재의 삶이 좀 더 진지해질 수 있습니다. 메멘토 모리는 이 시대를 살아가는 당신에게 힘겨운 몸과 마음을 쉴 수 있도록 하는 안식처입니다.

예로부터 수의를 미리 만들어두면 오래 산다 합니다. 이제는 메멘토 모리가 그 역할을 해줄 것입니다. 여기에 여러분의 유서를 미리 써두세요. 삶을 성찰하는 계기가 됩니다.

새로운 연관 아이템으로는 수의 쇼핑몰, 상조나 장례용품 광고 등을 생각해볼 수 있다. 장례식장이나 공원 묘지와의 연계 사업 등은 분명 연관 아이템이긴 하지만, 확대하면 오너프로그래머의 영역을 넘어설 수 있다.

7. 법적 검토를 하라

사업 아이템을 선정했으면 반드시 거쳐야 할 과정이 바로 법적 검토이다. 우선 사람들의 상식적인 잣대에 비추어 문제가 없는지 함께 의견을 나눠 보는 것에서 출발한다. 조금이라도 미심쩍은 점이 있다면 어떤 법적 규제나 제한은 없는지, 특허를 침해할 소지는 없는지를 집중 검토해야 한다.

소박 아이템은 상식적인 판단에서 확신이 들기도 하고 대부분 인터넷 검색만으로도 충분히 확인할 수 있다. 하지만 좀 더 확실히 해둘 필요가 있고, 중박이나 대박 아이템이라면 반드시 전문가의 검토를 거치는 게 안전하다. 혹시나 이 글을 읽고 실제로 예제 아이템에 도전해보려 한다면 이 문제를 먼저 짚고 가는 게 좋다.

법적인 검토는 꼭 규제나 제한을 피해 가기 위해서뿐 아니라 때로는 이를 이용하기 위해서도 필요하다. 법적으로 반드시 내가 만든 프로그램을 써야만 하는 상황으로 해석되는 조항이 있다면 어떻게 해야 할지는 말 안 해도 알 것이다.

여기서 한 가지 생각해볼 것은 진짜 대박 아이템은 기존의 틀을 깨는 데 있다는 점이다. 틀이란 전통이나 인습, 관례, 관습 등의 굴레이며 그 최고 정점에 있는 게 법이다. 그런 점에서 우버 택시 같은 아이템을 생각해보라. 틀을 깨면 대박이고 못 깨면 쪽박이기에.

나는 '창조는 틀을 깨는 데 있다'고 본다. 문제는 내가 창조할 능력이 없다는 점이다.

8. 비용은 몸빵하라

아이템이 성공하기까지는 이런저런 비용이 든다. 개발 비용은 물론이요, 제품 출시 후에도 수익이 나고 안정 궤도에 오르기까지 계속 돈이 든다. 따라서 비용은 최대한 몸빵할 수 있는 아이템이 좋다. 앞선 글에서도 썼듯이 몸빵 비용이 크면 클수록 성공 확률이 높다.

예제 아이템은 사이트 구축을 위한 거의 모든 프로그램을 오너프로그래머 혼자의 몸빵으로 할 수 있는데, 아마도 천국을 표현하는 각종 그림과 소품 캐릭터를 직접 디자인할 수는 없을 것이다. 따라서 디자인 비용은 따로 생각해두어야 한다.

온라인 아이템은 프로그램 개발에 필요한 몸빵보다 콘텐츠를 채워넣는 몸빵이 성공의 열쇠인 것도 있다. 콘텐츠가 중요한 아이템은 프로그램 개발 없이 네이버 카페와 같은 무료 플랫폼을 이용하여 안정 궤도에 올린 다음, 프로그램 개발은 사업 확장으로 이어갈 수 있으면 좋다.

9. 개발-생존-안정의 시나리오를 짜라

아이템은 개발 착수에서 안정 궤도에 이르기까지 총 3단계로 나눌 수 있다.

- **개발 단계**: 아이템의 개발 착수에서 제품 출시까지 걸리는 개발 기간
- **생존 단계**: 제품으로 출시되고 난 후 매출이 비용보다 많은 흑자 단계에 들어서기까지의 생존 기간
- **안정화 단계**: 흑자 단계를 넘어 성공 목표 수익에 이르는 안정 궤도에 도달하기까지의 안정화 기간

여기서 각 단계별 기간을 산출하는 게 중요하다. 그런데 이 기간은 예측치라기보다는 목표치라고 봐야 한다. 따라서 아이템의 개발과 생존 및 안정의 시나리오라 할 수 있다. 이 시나리오가 실제로 원하는 영화로 만들어지고 흥행에 성공하느냐는 감독인 오너프로그래머에게 주어진 숙제다. 시나리오는 얼마나 현실성 있고 오너프로그래머의 의지와 능력으로 실현 가능하게 짜느냐가 중요하다. 이 시나리오에서 만족할 만한 답이 나오지 않으면 아이템이라 할 수 없다.

소박 아이템의 개발 기간은 6개월 이내가 좋고 최대 1년을 넘지 않는 게 좋다. 1년이 넘으면 개발 단계에서 이미 실패할 확률이 높다. 개발 단계의 비용은 최대한 오너프로그래머의 몸빵에 의존하게 되는데 너무 길면 체력적인 한계도 있고 심리적으로 회의가 들기 때문이다.

소박 아이템의 생존 기간은 3년 이내가 좋고 최대 5년을 넘지 않는 게 좋다. 너무 길면 비용을 감당할 수 없어 생존이 어려워지고 결국 실패한다.

생존 단계의 비용은 실제 필요 인원으로 산출하는데, 여기서 중요한 점은 오너프로그래머의 몸빵 비용을 서서히 줄이고 실제 비용을 늘려가야 한다는 것이다. 오너프로그래머도 먹고 살아야 하지 않은가?

소박 아이템의 안정화 기간은 3년 이내가 좋다. 이미 흑자 상태에 들어섰기 때문에 기간이 문제가 되지 않는다고 생각할지 모르지만, 오너프로그래머가 목표로 하는 돈을 손에 넣을 수 있어야 몸빵에서 완전히 빠져나올 수 있다. 그래서 짧을수록 좋고 너무 길면 근근이 생존은 해도 성공했다는 만족감이 없다.

이제 알기 쉽게 예제 아이템으로 한 편의 시나리오를 짜보자. 비용 계산은 순수 소프트웨어 아이템으로 총비용에서 인건비가 차지하는 비중을 80%로 가정한다. 즉, 인건비 × 1.25 = 총비용이다.

- **개발 기간**: 1년(사이트 개발 6개월+콘텐츠 채우기 6개월), **투입비용** 1천만 원(디자인 비용, 디자인 외 비용은 오너프로그래머 몸빵)
- **생존 1년 차**: 목표 매출 5천만 원, 인건비 오너프로그래머 4천만 원+1명 4천만 원, 총비용 8천만 원×1.25 = 1억 원, 손익 -5천만 원
- **생존 2년 차**: 목표 매출 1억 원, 인건비 오너프로그래머 5천만 원+1명 4천만 원, 총비용 9천만 원×1.25 = 1억1천2백5십만 원, 손익 -1천2백5십만 원
- **생존 3년 차**: 목표 매출 2억 원, 인건비 오너프로그래머 6천만 원+2명 8천만 원, 총비용 1억 4천만 원×1.25 = 1억7천5백만 원, 손익 +2천5백만 원

따라서 생존 비용으로 4년간 4천7백5십만 원(1,000+5,000+1,250-2,500)이 필요하며, 초기 비용 2년치 6천만 원은 미리 마련하고 시작하는 게 좋다.

- **안정화 기간 2년 후**: 목표 매출 5억 원, 인건비 오너프로그래머 1억7천만 원＋3명 1억5천만 원, 총비용 3억2천만 원×1.25 ＝ 4억 원, 손익 ＋1억 원

이 정도 시나리오대로 만들어지면 6년 만에 안정 궤도에 진입하여 몸빵에서 자유롭게 되는데, 어찌 오너프로그래머로서 기쁘지 아니한가?

10. 글로벌은 처음부터 하라

국내의 소프트웨어 시장은 매우 작아서 오너프로그래머가 중박이나 대박 아이템을 만들기가 쉽지 않다. 그래서 아이템이 어느 정도 안정 궤도에 들어서면 영문판이나 중국어판을 만들어 해외로 진출해 봐야지 하는 생각을 많이 한다. 그런데 막상 국내에서 안정 궤도에 들어섰다 해도 해외판은 또 다른 아이템으로 성공으로 가는 가시밭길이 험하니 도전을 주저하게 된다. 이미 그리 크진 않아도 안정된 먹거리가 있으니 이걸 더 키우는 데 집중하는 게 속편하고 더 낫다는 생각을 하게 된다.

따라서 세계 시장을 겨냥한다면, 그리고 그럴 능력이 충분하다면 처음부터 글로벌 아이템으로 시작하는 게 좋다. 한국판은 아예 생각지 말고 프로그램뿐 아니라 아이템 관련 모든 내용을 처음부터 원하는 외국어로 만들어야 한다. 나중에 결국 한국에서 팔게 될지라도 한국 시장은 처음부터 고려 대상이 아니어야 한다. 처음부터 아예 한국이 아닌 원하는 해외로 나가 거기서 할 수 있으면 더욱 좋다.

보통 미국 시장은 국내의 100배 이상 된다고 한다. 중국의 인구가 13억이고 미국의 인구가 3억이니 중국 시장이 훨씬 클 거라고 생각하는 사람이 많다. 그런데 미국은 3억 명 시장이 아니라 70억 명 시장으로 봐야 한

다. 미국 시장이 곧 세계 시장이기 때문이다. 그래서 단순 인구 비교로만 봐도 미국 시장은 국내 시장의 100배 이상이다.

우리나라에선 쪽박 아이템도 미국에선 소박 아이템이 될 수도 있다. 예를 들어 간단하지만 매우 유용한 유틸리티 프로그램을 개발하여 아무 제한 없이 유통시킨다. 다만 다음과 같은 단서를 붙인다.

"이 프로그램이 도움이 되었다면 연간 1만 원을 아래 계좌로 넣어주시면 고맙겠습니다. 당신의 아름다운 마음은 지속적인 업그레이드로 보답하겠습니다."

이랬을 때 우리나라에 아름다운 사람이 그래도 1천 명은 있다고 보면 연간 1천만 원 아이템이다. 그래 봐야 쪽박이다. 그런데 미국은 우리보다 시장 규모가 100배 크다고 보면 연간 10억 원이다. 이쯤 되면 훌륭한 소박 아이템이다. 여기서 "우리나라에 그럴 사람이 1천 명이라니, 어림없는 소리"라고 말하는 사람이 많을 것이다. 그러나 너무 비관적으로 보지는 말자. 혹 누가 아는가? 우리나라를 대표하는 아름다운 기업인 삼성전자에서 어여삐 여겨 한 방에 1천만 원을 쾌척할지.

아이템 찾기 십계명

1. 무폼에서 찾아라.

2. 소박에서 시작하라.

3. 남의 것을 탐하라.

4. 한물간 것을 살피라.

5. 쪼개어 비집고 들어가라.

6. 있는 것에 추가하라.

7. 법적 검토를 하라.

8. 비용은 몸빵하라.

9. 개발-생존-안정의 시나리오를 짜라.

10. 글로벌은 처음부터 하라.

10-10 사업
오너프로그래머의 열 배 창업

06절에 열 배 창업의 개념이 있다. 넓게 보면 100명 미만의 소기업 창업을 말한다. 좀 더 정확한 좁은 의미로는 인원 20명 이내의 작은 회사를 창업하고 운영하는 것을 말한다. 그중에 특히 오너프로그래머가 할 수 있는 아주 작은 사업 모델small business model로 '10-10 사업Ten Ten Business'이 있다. 10-10 사업은 단일 아이템business item이 안정 단계에 들어섰을 때 다음의 조건을 가진다.

- 연간 순매출 10억 원 내외
- 직원 10명 이내

왜 10억 원인가?

요즘같이 돈의 단위에 무감각해진 시대에 연매출 10억 원의 사업이라는 것은 현재 사업을 하고 있거나 앞으로 사업을 꿈꾸는 사람들에게 만족을 줄 수 없으니 눈에 잘 들어오지 않는다. 그러나 내가 경험해보니 우리나라에서 작은 자본금으로 연매출 10억 원을 넘길 수 있는 아이템이 그리 흔하지 않다. 내 그릇이 작아 시야가 좁은 탓도 있겠지만, 내수 시장이 작은 데다가 그나마 그 시장도 대기업 위주라서 그렇다. 이런 현실 인식을 전제로 '연간 순매출 10억 원'을 따져 보자.

1. 매출이 아니고 순매출이다

10-10 사업에서 가장 먼저 나오는 것이 연간 순매출 10억 원 내외라는 말인데, 여기서 주의할 단어는 매출이 아니라 순매출이다. 간단히 말해 매출 중에서 비용(원가)이 그대로 포함되어 일어나는 것은 제외한다는 뜻이다. 예를 들어 8천 원짜리 물건을 사다가 1만 원에 팔았다면 순매출은 2천 원이다. 4천 원의 재료를 가공하여 1만 원에 팔았다면 6천 원이 순매출이다.

여기서 재료처럼 원가가 그대로 매출로 이어지지는 않지만 초기에 또는 간헐적으로 투자해야 하는 장비나 설비, 비품 등의 비용이 있는데, 이런 비용이 높은 아이템은 당연히 제외된다. 10-10처럼 작은 사업에 그리 많은 장치 설비에 투자할 사람은 없을 것이다. 따라서 남의 제품을 그대로 유통하거나, 재료를 가공하여 팔거나, 아니면 무언가를 직접 생산하거나, 어느 경우든 인건비의 비중이 높다.

비용 중에 인건비의 비중이 높다는 것은 사람이 중요하다는 뜻이며, 주로 머리 쓰는 일에 알맞은 아이템이다. 소프트웨어 사업, 인터넷을 이용한 작은 규모의 콘텐츠나 커뮤니티 사업, 스마트폰 앱을 이용한 정보 연결 사업 등 IT 연관 업종에서 많이 찾을 수 있는 아이템이다.

2. 10억 원 내외이지 꼭 10억 원이 아니다

10억 원 내외라는 말은 10억 원이 될 수도 있고 안 될 수도 있다는 뜻이다. 대개는 5억 원 이상이고 20억 원 이내다. 직간접의 경험으로 보자면 10억 원에 못 미치는 아이템이 더 많다. 20억 원에 가까울수록 10-10 사업의 또 다른 축인 10명 이내를 유지하기가 어려워진다.

10-10 사업이 안정 궤도에 오르면 연 매출 50억 원까지는 선택의 문제로 보인다. 조금 심하게 얘기하면 그냥 그대로 10억 원을 유지하느냐, 아니면 30억 원이나 50억 원의 사업을 하느냐는 얼마든지 선택할 수 있다는 뜻이다. 이미 궤도에 오른 사업에 이것저것 연관 아이템을 갖다 붙인다는 건 그리 어려운 게 아니기 때문이다.

문제는 수익이다. 10-10 사업에서 매출은 5억 원이든 10억 원이든 중요하지 않다. 얼마의 수익이 나느냐가 중요하다. 주위에서 분명 10-10 사업인데 매출이 30억 원 이상 하는 기업이 있다. 이런 회사는 수익률이 낮을 확률이 높다.

3. 대기업에서 뛰어들지 않는다

가끔 작은 기업에서 힘들게 일궈놓은 사업에 대기업이 뛰어들어 고사 직전이라는 뉴스 기사를 본다. 사업을 할 때 시장이 크다는 게 노출되면 큰 기업에서 뛰어들 수 있다는 점을 항상 염두에 두어야 한다.

10-10 사업은 큰 기업에서 뛰어들기에는 너무 작은 아이템이다. 가끔 분명 10-10 사업인데 대기업에서 뛰어드는 경우가 있다. 너무 걱정하지 않아도 된다. 일시적으로 시장 판단을 잘못한 경우이고, 생각보다 시장이 작아 유지하기 어려워지면 머지않아 철수할 것이기 때문이다.

그런데 시장이 작음을 아는 데도 계속 유지하는 경우도 있다. 이것도 너무 걱정하지 않아도 된다. 여러 관련 사업 구색 맞추기이거나, 주요 제품의 끼워팔기로 사용하거나, 작은 기업의 제품을 유통만 하는 경우 등인데,

일시적으로 위협으로 보일 수도 있지만 경쟁력만 갖춘다면 그들과 다른 시장을 만들어 낼 수 있기 때문이다.

4. 작은 자본의 후발 주자가 따라오기 힘들다

10-10 사업이 아무리 작은 사업이라고는 하지만, 그렇다고 아무나 뛰어들 수 있는 사업도 아니다. 10-10 사업의 아이템이 생산(개발)과 유통(판매)의 안정된 시스템을 구축하고 생존에 성공하기까지, 보통 약 5년의 기간과 약 5억 원 이상의 자금이 드는 아이템이 좋다. 그래야 자금력이 넉넉하지 못한 후발 주자는 생존 단계를 넘지 못할 확률이 높다.

그런데 문제는 나 스스로도 그런 생존 기간과 비용을 감당할 능력이 없다면 아무런 의미가 없다. 다시 말하자면, 보통은 그런데 나는 그렇지 않을 경쟁력이 있어야 한다는 것이다.

왜 10명인가?

흔히들 사업하면 떠오르는 게 드라마나 영화에서 많이 보는 본부장도 있고 여러 사업부서와 팀이 있는, 적어도 수십 명이 근무하는 그런 폼 나는 회사다. 그런데 10-10 사업은 연간 순매출 10억 원 내외와 더불어 '직원 10명 이내'가 또 하나의 축인데, 참 폼이 안 나는 사업이다. 어찌되었든 그 10명의 의미를 살펴보자.

1. 전체 인원이 10명을 넘지 않는다

창업자를 포함한 전체 인원이 10명을 넘지 않는 게 좋다. 적으면 적을

수록 좋다. 특히 초기 생존 단계에는 최소한의 인원을 유지해야 한다. 그런데 아이템의 특성에 따라 다르겠지만, 생존을 넘어 운영 단계에는 물리적으로 더 이상 줄일 수 없는 한계치가 존재한다. 아무리 관리 시스템을 잘 갖추고 서비스를 자동화해도 휴가도 겹치지 않게 가야 하고, 잘 드러나지 않는 허드렛일도 많다. 경험으로 보자면 5명이다. 따라서 5명으로 수익이 날 수 없는 아이템은 다시 생각해봐야 한다.

2. 10명을 넘으면 수익이 나지 않는다

10-10 사업은 사람 중심의 사업으로 인건비 비중이 높다. 따라서 연매출 10억 원 내외의 사업에 10명이 넘으면 만족할 만한 수익이 나지 않는다. 특히 창업자와 파트너의 인건비 비중이 높다. 이들의 급여를 어떻게 할 것이냐는 또 하나의 이슈인데, 지나치게 낮거나 지나치게 높지 않은 선에서 정해야 한다. 나중에는 수익의 대부분이 다시 창업자나 파트너에게 돌아가겠지만, 지급하는 인건비가 먼저이고 수익은 그 결과로 발생하는 것이기 때문에 이들의 적정 인건비를 어느 정도로 할 것인가는 매우 중요하다.

3. 인건비의 비중을 최대한 높인다

전체 비용에서 인건비의 비중이 최대한 높은 게 좋다. 이는 인건비 이외의 다른 관리비의 비중이 낮아야 하므로 관리 시스템을 최적화해야 한다. 따라서 어떻게 적은 인원으로도 잘 돌아가는 최적의 관리 체계를 만드느냐는 또 하나의 커다란 이슈다. 경험치로 보아 전체 비용에서 인건비 비중이 70% 이상을 차지하는 게 좋고, 80% 이상을 목표로 해야 한다.

4. 1인당 연간 순매출이 1억 원 이상이어야 한다

매출이 중요한 게 아니라 수익이 중요하다. 현재 우리나라 중소기업 급여 평균으로 볼 때 1인당 연간 순매출이 최소 8천만 원 이상은 되어야 수익이 나기 시작한다. 그리고 그런대로 만족할 만한 수익이 나려면 1인당 순매출이 1억 원은 되어야 한다. 창업자와 직원들의 급여 수준에 따라 다르겠지만, 일반적으로 1인당 순매출을 1억5천만 원 이상으로 목표를 잡는 게 좋다.

5. 10명 이내의 기업은 눈에 잘 안 띄는 혜택이 있다

사실, 좀 수익이 안 나더라도 많은 직원을 유지하는 게 국가의 고용 정책에 동참하는 큰 의미가 있다. 하지만 인원이 많아지면 조직의 움직임도 둔해지고, 소통과 관리에 드는 비용도 많아지게 되어, 수익률이 떨어진다. 특히 10-10 사업처럼 작은 사업에는 인원이 많으면 생존 자체가 어렵다. 그래서 같은 액수의 수익이 나는 사업에 매출도 크고 인원이 많이 필요한 사업을 할 것인가, 매출이 작고 인원이 적은 사업을 할 것인가는 선택의 문제라고 본다.

그리고 종업원 10명 미만의 업체는 법적으로도 몇 가지 혜택이 있다. 이는 자영업 범주에 드는 사업으로 여기기 때문이다. 그 외에 꼭 법적인 혜택이 아니더라도 눈에 잘 띄지 않는 이런저런 이점이 있다.

10-10 사업 | 왜 10억인가?

1. 매출이 아니고 순매출이다.

2. 10억 원 내외이지 꼭 10억 원이 아니다.

3. 대기업에서 뛰어들지 않는다.

4. 작은 자본의 후발 주자가 따라오기 힘들다.

10-10 사업 | 왜 10명인가?

1. 전체 인원이 10명을 넘지 않는다.

2. 10명을 넘으면 수익이 나지 않는다.

3. 인건비의 비중을 최대한 높인다.

4. 1인당 연간 순매출이 1억 원 이상이어야 한다.

5. 10명 이내의 기업은 눈에 잘 안 띄는 혜택이 있다.

비용의 통제

창업 후 가장 먼저 할 일은 비용의 누수를 막기 위한 안정된 관리 체계를 갖추는 것이다. 미래, 혁신, 기술 개발, 영업 마케팅, 매출 증대 등과 같이 진취적이고 폼 나는 말이 아니라, 왜 관리라는 고리타분한 단어가 먼저 나왔을까?

창업하자마자 회사는 돈 먹는 하마를 키우게 된다. 내일은 내일의 태양이 뜬다지만 생존은 오늘의 태양 아래 있다. 매출은 내일이고 비용은 오늘이다. 코딱지만 한 회사에 관리할 게 뭐 있을까 싶지만, 모르는 사이에 이런저런 구멍으로 돈이 줄줄 새어 나간다. 남 보기 좋게 폼 잡거나, 전문가에게 맡기면 다 알아서 해주겠거니 하고 신경 끄고 지내다가는 몇천 원, 몇만 원 푼돈에서부터 때로는 수백만 원, 수천만 원의 제법 큰돈도 실수로 날리는 일이 벌어진다. 아무리 작은 조직이라도 최적화하고 관리 체계를 안정화해야 이런 비용의 누수를 막을 수 있다.

사무실은 더부살이로 시작한다

창업하게 되면 가장 먼저 사무실 차리는 데부터 돈이 든다. 남 보기에 체면도 있고 폼 잡고 싶은 생각이 굴뚝같겠지만, 여기에 어떡하든 돈을 들이지 않는 게 좋다. 창업 초기에는 직원도 거의 없으니 살던 집에서 해도 되고, 가까이 알고 지내는 사람을 통해 돈들이지 않고 작은 공간을 마련하는 게 좋다. 그렇게 여기저기 알아보고 여의치 않으면, 최소한의 비용으로 공동 사무실을 쪼개어 임대해주는 시설에 입주하는 게 좋다.

그런데 더부살이도 오래할 수는 없다. 사업의 틀을 갖추려면 정말 체면이 필요한 때가 온다. 매출이 일어나고, 여러 기업 또는 단체나 개인과의 교류도 많아지고, 무엇보다도 직원이 늘어나게 되면 더부살이하기 힘들어진다. 그리고 혹시 부설 연구소를 설립하려면 작더라도 제대로 된 사무실을 갖춰야 한다.

더부살이는 1년이 적당하며 2년을 넘지 않는 게 좋다.

푼돈도 관심을 가져야 아낀다

회사를 운영해보면, 주부가 집에서 가계家計를 운영하는 것과 비슷하다. 여기저기 꼼꼼하게 관심을 가져야 푼돈을 아낄 수 있고, 이런 습관이 모여 큰돈을 절약하거나 모을 수 있는 바탕이 된다.

복사용지, 볼펜, 노트 등 사무용품이나 커피, 음료수, 기타 자질구레한 품목의 소비, 전열 기구 소등, 사무실 관리 등 모든 절차를 꼼꼼히 세워두고 아낄 수 있어야 한다. 하루하루는 푼돈이지만 이것도 쌓이면 제법 된다. 그리고 관심이 없으면 흘려버리게 된다.

인력 관리가 가장 어렵고 중요하다

어떤 사업이든 그렇겠지만, 10-10 사업은 인건비의 비중이 높으므로 사람이 가장 중요하다. 그래서 어떻게 적시에 사람을 뽑고 필요한 일에 적절히 투입하느냐가 자금 운용에 가장 큰 영향을 미친다. 특히 창업 초기에는 매출이 발생하는 일이 안정되어 있지 않아 들쭉날쭉하고, 이에 따라 필요한 인력도 일정하지가 않다. 그러니 직원을 섣불리 미리 뽑아놓을 수도 없고, 그렇다고 당장 필요해서 뽑으려면 생각처럼 쉽게 적임자를 구하기도 어렵다. 따라서 같은 업종 경험자의 조언도 들어보고, 프리랜서나 직원을 잘 구하는 정보도 알아두고, 인력 파견을 전문으로 하는 업체도 알아두는 게 좋다.

정부의 고용관련 지원정책도 알아두면 도움이 된다. 예를 들어 정부에서 급여의 50%를 일정 기간 지원해주는 정책 같은 게 있는데, 필요한 인력과 맞으면 큰 도움이 된다. 이는 매년 수시로 바뀌면서 정책이 생겼다가 없어졌다 하므로 필요할 때 관심을 가지고 검토해야 한다.

법과 친해져야 한다

기업을 운영하는 데 필요한 기초적인 법 내용은 잘 숙지해야 한다. 보통 연말이나 연초에 바뀌는 법 조항이 소개된다. 특히 고용에 관한 법률 조항은 잘 이해하고 지켜야 한다. 아니면 바쁜 와중에도 관계 기관에 불려 다닐 수 있다. 창업하는 순간 수백 가지의 이유로 범죄자가 될 가능성이 있다는 얘기가 있다. 그만큼 지켜야 할 게 많다는 뜻일 게다. 어쨌든 사업하려면 법과 친해지려고 노력해야 된다. 잘 몰라서 무심코 지나치다 보면 다시 바로잡기도 힘들고, 크고 작은 금전적 손해를 보기 때문이다.

세금에 민감하면서도 익숙해져야 한다

특히 세금에 민감할 필요가 있다. 어떤 감면 조항이 있는지, 몰라서 내지 않고 지나치기 쉬운 세금은 없는지 꼼꼼히 알아두어야 한다. 감면받아야 할 세금을 모르고 냈다가 나중에 수천만 원을 날렸음을 알게 되고, 번거로워도 되돌릴 수 있다면 다행이지만 시기를 놓쳐 바로잡을 수 없다면 속이 쓰리고 밤에 잠을 이루지 못할 것이다. 소액의 세금을 모르고 지나쳐 내지 못했는데, 나중에 세월이 흘러 불성실 신고 기간에 가산세가 적용되어 세금 폭탄이 되어 돌아오면 이 또한 억울하여 밤잠을 설칠 것이다.

그렇다고 세금을 너무 두려워해서도 안 된다. 세금은 돈을 벌었으니 나오는 것이다. 수입이 없는데 세금을 내라고 하지는 않는다. 세금은 당연한 것이라 여기고 익숙해져야 한다. 세금을 많이 내는 게 좋다. 그만큼 많이 벌었을 테니까.

전문가에게 맡겨도 다 알아서 해주지 않는다

법과 세금에 전문가도 아니고, 골치 아프고 복잡한 것을 일일이 조목조목 다 알 수는 없다. 다른 일도 바쁜데, 그럴 시간도 없고 그럴 필요도 없다. 하지만 관심을 갖고 익숙해지다 보면 머릿속에 저절로 개념이 잡힌다. 그래서 어떤 일이 생겼을 때 구체적으로 알아보는 감각이 생긴다.

여기서 법무사나 세무사에게 맡기면 다 알아서 해주는데 무얼 그리 고민하냐고 생각할 수도 있다. 그런데 법이란 게 수시로 바뀌며, 그 사람이 상대하는 회사가 수십 수백 개인데 꼼꼼하게 일일이 다 알아서 해주기에는 한계가 있다. 그리고 큰 틀에서 개념을 알고 맡기는 것과 전혀 모르고 맡기는 것에는 차이가 크다.

부지불식 간에 일어나는 실수에 대해 알아둔다

벌금, 과태료, 과징금, 연체료 등 부주의나 또는 몰라서 실수하기 쉬운 것에 대해 미리 알아보고 목록을 만들어두는 게 좋다. 예를 들어, 법인 기업은 대표이사가 이사를 가면 주소변경에 따른 등기를 변경해야 한다. 모르고 지나쳤다가는 나중에 벌금인지 과태료인지가 나온다. 회사 제품 홍보한답시고 무심코 메일을 잘못 뿌렸다가는 수백만 원의 벌금이 날아올 수도 있다. 돈 내는 것도 억울한 생각이 드는데 이런저런 뒤처리에 신경 쓰이고 엉뚱한 일로 시간을 뺏긴다.

세금 절감을 위한 관련 법을 알아둔다

중소기업은 세액 감면을 위한 여러 조세특례 관련 법이 있다. 세세한 것까지 알 필요는 없다. 안다고 해도 자주 바뀐다. 그래서 필요할 때 찾아보거나 전문가에게 물어보면 된다. 대개는 결산할 때 세무 조정을 맡은 세무사가 당시의 법에 맞게 적용해 잘 처리해준다.

여기서는 창업자들이 관심을 가질 두 가지만 살펴보겠다.

연구소

기업 부설 연구소를 설립하면 연구 개발비에 대한 세액 공제가 있다. 기업에서 법인세 감면을 받을 수 있는 가장 좋은 방법이다. 그런데 연구소 설립 요건이 있다. 사무실도 분리되어 있어야 하고 최소 연구 인원이 있어야 한다. 따라서 창업 초기에 설립하기는 어렵다. 우선 사무실 더부살이를 벗어나고 수익도 나기 시작하여 직원도 알맞게 늘어나면 신청한다. 창업하고 첫 목표를 부설 연구소 설립으로 하는 것도 좋다. 특히 수익이 증가하기 시작하면 필요하다. 여기서는 세금 절감 측면에서만 얘기했지만, 당연히 연구소의 원래 목적을 위해서도 필요하다.

벤처기업

벤처기업 인증을 받으면 법인세 등 몇 가지 세금 감면 혜택이 있다. 그런데 그 내용이 자주 바뀐다. 내가 창업할 당시에도 그랬지만, 여기서 핵심은 창업하고 나서 정해진 연도 안에 벤처기업 승인을 받아야 실제적인 혜택이 있다는 점이다. 이것을 모르고 창업 초에는 바빠서 어느 정도 회사의 틀을 갖춘 다음 법이 정한 기간을 지나서 받으면 별 실익이 없다. 몇 년마다 한 번씩 심사받느라 번거롭고 돈이 든다. 홍보 효과도 있고 한마디로 폼은 좀 난다고 하는데 실익이 없으면 별로 권하고 싶지 않다.

정책자금에 관심을 갖지 않는다

중앙정부나 지자체 그리고 관련 기관에서 주는 여러 가지 정책자금이라는 게 있다. 가끔은 혹시 눈먼 돈 없나 싶어 관심을 가져보기도 하고, 실제로 돈이 필요해서 알아보기도 한다. 그러나 세상에 공짜는 없다. 이 또한 빚이다. 빌리든 투자를 받든 회계에서 부채로 잡히는 돈에는 관심을 갖지 않는 게 좋다.

딱 한 가지 예외가 있다. 이 또한 그리 권하고 싶지는 않지만 이런 경우가 있다. 대출이자가 예금이자보다 싸고 중도상환 수수료도 없는 경우다. 자금을 받아서 은행에 그냥 넣어두면 된다. 그러다가 예금이자가 대출이자보다 떨어지면 갚아버린다. 아주 가끔은 정말 이런 정책자금이 있다. 하지만 돈의 속성이 그렇듯이 예기치 않은 변수가 있을 수 있으니 신중해야 한다.

회계 업무는 직접 한다

창업하게 되면 부가가치세, 법인세, 원천세 등 정해진 기간 내에 신고하고 납부해야 할 세금이 있다. 그 외에도 4대 보험과 퇴직연금 등 정기적으로 해야 할 일이 많다. 이런 일을 담당할 직원도 없고 세무 회계 관련 지식도 없고 바쁘고 시간도 없으니, 한 달 또는 석 달에 한 번 영수증을 모아서 세무사나 회계사 사무실에 맡겨서 처리하게 된다. 이를 흔히 '기장 대리記帳 代理'라고 한다. 따로 회계 업무를 하지 않으니 편하다. 그러나 이렇게 기장 대리를 맡기지 말고 회계 업무는 회사에서 직접 하는 게 좋다.

기장 대리의 가장 큰 문제는 재무 상태나 손익을 비롯한 주요 경영 지표를 실시간으로 확인해볼 수 없다는 점이다. 한 달 이상의 자료를 모아서 처리하니까 당연하다. 그러다 보니 자금 계획이라도 세우려 하면 따로 엑셀 자료를 만들어야 하고 금전출납부 같은 것도 기록하고, 창업자가 알 수 있는 방식으로 여러 가지 자료를 만들어 쓰게 된다. 신고하기 위해 맡겨버린 세무 회계와 회사에서 실제로 엑셀로 관리하는 내부 회계 사이에 차이가 발생하고, 결국에는 이중 삼중으로 일이 더 많아질 수도 있다. 여기에 월급날이면 몇 명 안 되지만 직원마다 엑셀로 급여명세서 만들어서 메일로 보내주는 등 이런저런 일이 많다.

시중에 나와 있는 매월 저렴하게 얼마씩 내고 쓰는 회계 관리 프로그램을 도입하면 이 모든 게 해결된다. 발생하는 대로 전표를 바로 입력하면 언제든 실시간으로 알고 싶은 재무상태나 손익 등 많은 자료를 정확히 확인할 수 있어 좋다. 처음에 좀 어려워 보여도 몇 번 해보면 금방 숙달되고, 무엇보다도 경영자로서 알아야 할 여러 가지 상식에 익숙해진다.

그렇다고 기장 대리를 맡기는 데 드는 비용을 아끼기 위함이 아니다. 사실 회계 업무를 직접 처리하면 따로 대행을 맡기지 않아도 되니 매월 드는 비용을 아낄 수 있다. 그렇더라도 세무사 사무실에 비용을 어느 정도 지불하고 관계를 맺는 게 좋다. 회사에서 직접 회계 업무를 한다 해도 전문가에게 물어봐야 할 일도 있고 상의해야 될 일도 있기 때문이다. 말하자면 기장 대리 비용이 아니라 컨설팅 비용으로 지불하는 게 좋다는 뜻이다. 이 비용을 아까워하지 말아야 한다.

비용을 통제하는 팁

1. 사무실은 더부살이로 시작한다.

2. 푼돈도 관심을 가져야 아낀다.

3. 인력 관리가 가장 어렵고 중요하다.

4. 법과 친해져야 한다.

5. 세금에 민감하면서도 익숙해져야 한다.

6. 전문가에게 맡겨도 다 알아서 해주지 않는다.

7. 부지불식 간에 일어나는 실수에 대해 알아둔다.

8. 세금 절감을 위한 관련 법을 알아둔다.

9. 정책자금에 관심을 갖지 않는다.

10. 회계 업무는 직접 한다.

매출 올리기

기업이 존재하기 위해서는 당연히 매출을 올리고 수익을 내야 한다. 비용을 통제하여 아무리 아끼고 절감한다고 한들 매출이 없으면 의미가 없는 일이다. 그래서 장기적인 전략을 세우고 꾸준한 영업과 마케팅을 비롯한 여러 판매 기법을 동원하여 매출을 일으키게 된다.

그런데 창업 초기에는 이런 영업과 마케팅을 펼칠 만한 돈이 없다. 우선 살아남는 게 최우선의 과제이므로 장기적인 전략보다는 빠르게 실적을 내는 단기적인 실천이 중요하다. 따라서 매출을 올릴 수 있는 모든 방안을 검토하고 실천 가능한 방법을 동원해야 한다.

직접 판매

당연한 얘기지만, 자기 제품을 직접 팔아 만족할 만한 매출을 올리는 것이 가장 좋은 방법이다. 그러나 영업, 마케팅, 판매 등의 제품 유통망을 갖추기에는 많은 시간과 돈이 든다. 또한 시장을 보는 안목이나 경험 부족으로, 노력해도 충분한 매출을 올릴 수 있는 아이템이 아닐 수도 있다. 대박날 것 같은 아이템이라 여기고 고생하여 만들었는데 뚜껑을 열어보니

10-10 사업 규모에도 미치지 못하는 경우가 허다하다. 시장을 냉정하게 제대로 보지 못한 게 가장 큰 원인이지만, 자금이 없어 시장을 만들지 못하는 측면도 크다. 돈을 쏟아부으면 잠재 시장을 실제 시장으로 만들 수 있는데, 그리 할 수 없는 게 현실이다.

따라서 생존에 급급한 초기에 직접 판매에만 의존하기에는 매우 위험하다. 영업과 마케팅에 돈을 쓰는 것에 신중해야 한다. 장기적인 전략 차원에서 큰돈을 투입하다가는 사업을 접어야 할 수도 있다. 다음과 같은 시나리오가 왕왕 일어난다.

광고 → 매출 발생 → 더 많은 광고비 지출 → 매출이 늘긴 하나 여전히 적자 → 광고비 축소 → 매출 감소 → 다시 광고비 증액 → 적자 누적 → 한계 상황 → 사업 중단

차라리 처음부터 매출이 발생하지 않으면 쉽게 포기하는데, 투자하는 광고비에 따라 매출이 늘었다 줄었다 하니까 유혹을 못 이기고 계속하다가 돈 떨어지고 더 이상 못 버티고 중단하는 예이다.

10-10 사업 초기에는 영업과 마케팅에 돈을 쓰지 말 것을 권고한다. 얼마가 팔리든 돈이 들지 않는 방법으로 하는 게 좋다. 직접 판매만으로 초기에 살아남을 수는 없다.

위탁 판매

직접 판매만으로는 원하는 매출을 올릴 수 없으므로 간접 판매를 병

행해야 한다. 이미 영업(판매, 유통)망이 갖춰진 업체에 맡길 수 있다면 영업 마케팅에 돈을 들이지 않아 위험 부담을 줄일 수 있어 좋다.

위탁 판매 방식은 누가 주도권을 갖고 있느냐에 따라 여러 가지 형식이 있을 수 있다. 말하자면 누가 갑^甲이냐에 따라 다르다는 얘기다. 우선 판매 액을 얼마씩 나눠 갖느냐가 가장 큰 관건이고, 사후 관리나 기술 지원 등 영업 마케팅 이외의 비용을 누가 부담하느냐도 중요한 문제이며, 심지어는 특허나 저작권 등을 나눠 갖기도 한다. 크게 보면, 내가 을^乙이고 나보다 큰 업체인 갑에게 끌려가는 방식이 있고, 내가 갑이고 나보다 작은 중간상 ^{中間商}을 통하는 방식도 있다. 두 가지 방식을 동시에 해야 하지만, 가끔 갑이 독점을 요구하기도 한다.

그런데 문제는 업체가 크든 작든 심지어 개인조차도 모두가 스스로 영향력이 있다고 갑 행세를 하고 나선다는 점이다. 여기서 가장 많이 등장하는 단어가 이른바 '원원^{win-win}'이다. 한마디로 누이 좋고 매부 좋다는 얘긴데, 현실에서 한 번도 원원을 경험한 적도 본 적도 없다. 따라서 흔쾌히 을이 되어주는 것은 어렵지 않은데, 요구 조건에 따라 그에 걸맞은 안전 장치로 보증^{guarantee}을 걸어야 하는 경우가 있다. 예를 들어 판매 금액의 80%를 갑에게 주는 대신에 매월 최소 1천만 원을 받는 조건(판매액의 20%가 1천만 원을 넘으면 20%, 1천만 원 미만이면 무조건 1천만 원) 등과 같이 계약하는 게 좋다.

위탁 판매로 흑자를 낼 만한 매출이 일어난다면 더 바랄 게 없어 보인다. 그래도 문제는 있다. 위탁을 맡긴 업체에 종속되어 있으니, 남 좋은 일만 시킨다는 상대적인 박탈감이 있을 수 있고, 스스로 운명을 결정할 수 없으니 앞날이 불안하다. 이런 점에 대한 대비가 있어야 한다. 현실에서 원원은 없다고 생각하는 게 좋다. 그래서 위탁 판매도 말처럼 그리 쉬운 일이 아니다.

용역

용역用役, service이란 일반적으로 생산이나 소비 과정에서 필요로 하는 노동을 제공하는 것을 광범위하게 포괄하는 개념이다. 대개 일거리를 수주受注하여 수행해주고 매출을 올리는 방식이다.

용역은 적은 투자로 비교적 쉽고 빠르게 매출을 올릴 수 있기 때문에, 10-10 사업의 생존에 가장 알맞은 방식이라 볼 수도 있다. 더불어 다양한 경험을 해볼 수 있으며 위기 관리 능력을 쌓을 수 있다. 그러나 결과물이 내 것이 아니며 깊이 있는 기술을 쌓을 수 없고, 무엇보다도 매우 소모적이라 창업자와 직원 모두의 심신을 지치게 만든다는 점이 문제다.

용역은 크게 세 가지로 나눠 생각해볼 수 있다.

제품의 커스터마이징

커스터마이징customizing이란 고객의 요구에 맞게 제품을 만들어주는 일종의 맞춤 제작 서비스를 말한다. 주로 IT 업계에서 개발된 솔루션이나 기타 서비스를 고객의 요구에 따라 원하는 형태로 재구성하여 판매하는 것을 이른다. 커스터마이징은 용역비에 제품 비용을 포함하여 매출을 올릴 수 있기 때문에 가장 좋은 방식으로 볼 수 있다. 하지만 고객이 늘어감에 따라 수많은 맞춤 변형 제품 또한 늘어나서, 제품 관리가 힘들고 투입되는 인력도 증가하여 수익률은 점점 떨어진다.

그리고 돈이 안 되는 가장 큰 원인은, 원래는 맞춤 제품 공급 후에도 유지보수 계약에 의해 지속적인 매출이 발생되어야 하는데 현실은 그렇지 못하다. 이는 현재 우리나라 기업(커스터마이징 고객)이나 시장의 풍토에서 어쩔 도리가 없다. 내 능력이 모자라서 그런 점도 있겠지만, 나는 지금까지 유지보수 계약을 맺어본 적이 별로 없다. 큰 기업이든 작은 기업이든 유지보수 계약 없이 지내다가 일터지면 무작정 해결해 달라는 식이었다. 결국 이유 없이 욕먹고 관계가 나빠지는 경우가 흔하다.

제품으로 일해 주기

제품이 어떤 일을 하는 도구인 경우, 그 제품으로 해당 일을 직접 해주고 매출을 올리는 방식이다. 예를 들어 어떤 분석을 해주는 제품을 개발했는데, 시장이 작아 직접 팔기보다는 그 제품으로 분석 일을 해주고 돈을 받는 방식이다. 또는 도표를 그리는 제품인데 해당 제품으로 도표를 그려서 납품하는 경우, 급여 관리 프로그램인데 이를 이용해서 급여 외주 업무를 수행하는 경우 등 여러 가지 방법이 있다.

자기가 만든 제품을 도구 삼아 고객이 원하는 일을 해줄 때 그것에 드는 비용 절감과 남보다 우수한 양질良質의 용역을 제공할 수 있다는 점이 경쟁력이라 하겠다. 하지만 제품 자체의 시장이 작아서 이 방식을 택할 경우 해당 용역 시장 또한 그리 크지는 않을 수 있어 만족할 만한 큰 매출은 기대하기 어려울 것이다.

일반적인 용역

그 외 우리가 알고 있는 모든 일반적인 용역이 있다. 가장 쉽게 접근할 수 있고, 심지어 자기 제품이 없어도 되고, 수주만 할 수 있으면 언제든 매출을 올릴 수 있다.

대개는 입찰에 참여해서 제안서를 제출하고 발표하여 평가받아 수주한 다음, 그 일을 수행하여 매출을 올린다. 또는 이미 수주한 다른 업체의 일을 하청받아 하기도 하고, 아는 업체에서 직접 수주하여 다른 업체에 하청을 주는 등 여러 가지 먹이 사슬의 형태를 띠고 있다.

용역은 내가 개발한 제품이 없어도 할 수 있다. 따라서 제품 개발에 드는 시간과 비용을 고려하면 굳이 내 제품을 먼저 개발할 필요가 있을까 하는 생각이 든다. 하지만 내 제품이 있으면 용역을 하더라도 여러모로 유리하다. 우선 해당 분야의 전문성을 인정받을 수 있어 수주에 유리하고, 수익률을 높일 수 있으며, 제품의 직접 또는 위탁 판매에도 효과가 있다. 그 외에도 여러 가지 사업 기회가 있을 수 있다. 그래서 설령 처음에는 내 제품 없이 용역에 뛰어 들었다 하더라도, 용역 수행으로 쌓은 기술을 모아 내 제품을 만드는 게 좋다. 여기서 제품이란 그대로 팔 수 있는 완제품을 말한다.

정부 과제

정부의 연구개발(R&D) 과제에 참여하는 것도 비교적 손쉽게 수익을 내는 좋은 방법이다. 어쩌면 용역보다도 더 선호하는 방식이 아닐까 싶다. 용역은 수행 과정에 변수도 많고 실패했을 때의 큰 위험을 안고 있지만, 정부 과제는 성공 실패를 가르는 기준도 정하기 어려울뿐더러 연구개발의 특성상 성실히만 수행한다면 그 결과의 책임에 대해서는 비교적 자유롭기 때문이다.

정부 과제는 그 자체로 수익을 낸다기 보다는 본래의 목적과 취지에 맞게 기술을 연구하고 이를 이용하여 원하는 제품을 개발할 수 있다면 큰 도움이 된다. 그러나 정부 과제에 너무 의존하게 되면 온실 속의 화초처럼 체력이 떨어지고 기술 축적이 안 된다. 초기에는 생존을 위해 수행할 수는 있으나 나중에는 손을 떼는 게 좋다.

기술료

기술료技術料, royalty는 지식재산권을 남에게 제공하는 대가로 받는 돈을 말한다. '기술료' 하면 흔히 특허를 생각하는데, 여기서는 내 제품이나 제품 관련 기술을 다른 업체가 이용하게 하고 그 대가로 매출을 올리는 방식을 말한다. 이미 개발이 완료되었고, 이를 위해 따로 들어가는 비용이 없으니 수익률이 가장 좋다고 할 수 있다. 나는 제품(소프트웨어)의 소스코드를 제공하고, 이를 이용하여 외주 개발을 수행하는 업체로부터 5년 정도 기술료를 받기도 했다.

이자 수익

이자 수익은 직접 매출로 발생하는 것은 아니다. 하지만 해가 거듭되고 수익이 쌓여가면 이를 어떻게 활용하느냐에 따라 영업 외 수익이 달라진다. 당연한 얘기지만 높은 수익이 나는 곳에 투자해두어야 한다. 회사 돈을 주식이나 펀드 등으로 굴리는 담당 직원을 둔 회사도 본 적이 있다. 하지만 10-10 사업에서 그리 큰돈은 쌓이지 않을 것이고 이런 데까지 신경 쓸 일도 없을 것이다. 그저 안전한 은행 중에서 그나마 금리가 높은 곳에 넣어두고 신경 끄는 게 좋다.

오너프로그래머 노트

매출 발생 방법

1 직접 판매

2. 위탁 판매

3. 용역 - 제품 커스터마이징, 제품으로 일해 주기, 일반적인 용역

4. 정부 과제

5. 기술료

소프트웨어 외주 개발
10년의 경험

우리 회사는 현재 외주 개발 용역은 하지 않고 자체 상품만 팔거나 서비스하고 있다. 하지만 창업하고 10년간은 자체 상품이 있었음에도 생존을 위해 어쩔 수 없이 외주 개발로 먹고 살았다. 과거 10년간 소프트웨어 외주 개발 용역 프로젝트의 수행 경험을 정리해본다.

발주 기관의 우선 순위를 정한다

소프트웨어 개발을 발주하는 가장 큰 기관은 정부와 공기업 그리고 대기업이다. 정부 기관도 중앙 부처에서부터 외청 기관, 지방 자치 단체에 이르기까지 그 수가 헤아릴 수 없이 많다. 공기업도 정부 기관만큼이나 그수가 많으며 대기업도 수천 개에 이른다. 이렇게 많은 기관 중 우리의 보유기술이나 솔루션, 또는 제품이나 서비스와 연관된 분야의 기관을 찾아서 공략해야 할 우선 순위를 정한다.

당연히 1순위는 정부와 공기업이다. 정부와 공기업에서 발주하는 소프트웨어는 차질 없이 제때 개발만 해낸다면 그 대가를 현금으로 받을 수 있기 때문이다. 어음도 없고 돈 떼일 염려도 없다. 2순위는 대기업인데 경험으로 보아 흔히 얘기하는 재계 서열대로 순위를 정하는 게 좋다. 꼭 그런 건 아니지만 재계 서열이 낮을수록 어음 금액이 크고 약속 기간이 길다. 대기업도 떼일 염려는 거의 없다.

그 외 중소기업이나 학교, 협회, 연구소, 사설 단체 등은 주위에서 이미 수행해본 업체로부터 경험을 들어보고 수주하는 게 좋다. '찬밥 더운밥 가릴 처지가 아니다'는 식으로 수주하다 보면 프로젝트를 성공시키기도 어렵고 돈 받아내기도 힘든 상황이 생길 수 있다.

보유 기술이나 솔루션을 완성된 제품으로 만든다

수주하려는 분야의 완성 제품을 보유하고 있어야 한다. 근사한 제품 이름도 짓고 저작권 등록도 하고 가격도 책정하여 홈페이지에 공개한다. 인터넷에 열심히 홍보도 한다. 실제 팔리든 안 팔리든 그렇게 한다. 어차피 외주 개발 용역으로 먹고 살 건데 해당 분야의 기술이나 솔루션만 있으면 되지 그럴 거까지야 뭐 있겠냐고 할 사람도 있을 것이다. 그러나 보유 기술이나 솔루션은 무얼 말하는지 애매할뿐더러 잠재적 능력에 불과하다. 반면에 제품은 발주업체에게 이미 실현된 능력으로 보인다.

사실 제품을 만들어야 하는 이보다 더 실제적이고 확실한 목적이 있다. 보통 소프트웨어의 외주 개발 가격을 산출하는 데는 공인된 소프트웨어 노임단가라는 게 쓰인다. 이 노임단가라는 게 프로젝트에 투입하는 개발자의 경력에 따라 초급, 중급, 고급 등으로 예정 가격에 꿰어맞추는 도깨비 방망이 놀음으로 원하는 답을 내기가 여간 어려운 게 아니다. 즉, 이런 방식의 가격 산정으로는 수행 업체에서 원하는 수익을 내기란 거의 불가능에 가깝다. 그래서 인원을 부풀리거나 실제 프로젝트 수행 시 낮은 등급의 개발자를 투입할 수밖에 없는 구조다. 하긴 등급과 능력이 비례하리라는 보장도 없으니 제대로 원하는 결과만 나온다면 수행 업체에서 그리한다고 크게 문제될 것은 없다. 여기서 완성된 제품이 있다면 이것을 해당 프로젝트의 필요 소프트웨어로 포함시킬 수 있다. 이것은 마치 필요한 하드웨어 장비나 OS, DBMS처럼 따로 구입해야 할 품목으로 가격을 책정할 수 있다는 뜻이다. 이렇게 한다면 수익을 내기가 한결 수월해진다. 우리 제품을 이미 만들어져 있는 구입해야 하는 품목으로 인정받기 위해서는 처음에 상당한 노력이 필요하다. 그런데 한 번 인정받기 시작하면 그다음부터 당연한 관행으로 만들기는 어렵지 않다.

우리 회사도 창업 초 4개월 안에 2개의 완성 제품을 만들고 열심히 홍보했다. 우리 제품을 사용할 만한 회사 중 마음씨 착하기로 소문난 사장님을 찾아가 읍소해서 1천만 원에 팔고 어느 대기업에서 5백만 원에 사주는 조건으로 간단한 프로그램을 개발해주었다. 그래서 1천5백만 원의 실적을 만들고 세금계산서를 증빙으로 붙이고 하는 여러 과정을 거쳐 필요 품목으로 인정받았다. 그리고 10년간 외주 개발 용역을 수행하면서 거의 대부분의 프로젝트에서 전체 가격의 최소 20% 이상을 제품 가격으로 포함시켜 따로 견적을 냈다.

같은 제품도 기능에 차이를 두고 여러 버전으로 나누어 가격을 책정해두는 게 좋다. 예를 들어, Lite 버전 2백5십만 원, Standard 버전 5백만 원, Professional 버전 1천5백만 원, 이런 식으로 나누어 놓으면 여러 조건에 맞게 견적내기에 좋다.

만약 완제품 형태가 아닌 반제품 개념의 라이브러리 형태로 가지고 있다면 어떻게 해야 할까? 이때도 무조건 완제품으로 브랜드를 만들고 유저당, 서버당, 프로세서당 얼마라는 가격을 매기고 이와 같은 방식으로 해야 한다.

소프트웨어 개발 회사로서 이러한 방식은 이미 투입된 비용에 대한 당연하고도 정당한 요구다.

SI와 같은 큰 프로젝트 하청보다는 단독 발주 소프트웨어의 원청을 한다

규모가 큰 SI 프로젝트의 하청을 받아 개발 용역을 수행하는 것은 통제할 수 없는 여러 위험 요소가 있다. 우선 하청의 단계가 많아지면 단가가 떨어지고 수익성이 나쁘다. 거기다가 프로젝트의 성공 여부에 우리가 영향을 끼치지 못하므로 개발 기간이 지연되고 돈 받기도 힘들어질 수 있다. 따라서 이런 방식의 개발 용역에는 하청을 주는 회사와 위험 요소를 감안하여 확실한 계약을 따로 맺는 게 좋다.

반면에 소프트웨어만 단독으로 발주하는 프로젝트는 규모가 작기 때문에 발주사로부터 직접 수주할 수 있다. 원청이 책임져야 할 위험 요소도 있지만 회사의 전반적인 프로젝트 수행 능력을 키울 수 있는 장점이 더 많다. 우리 회사는 원청이 아닌 하청으로 개발 용역을 수행한 적은 많지 않았다. 우리보다 큰 업체와 컨소시엄으로 수주했을 때도 우리가 주관을 맡아 프로젝트를 책임지는 대신 지분을 더 확보했다.

한 가지 좋지 않은 관행이 있었는데, 계열사로 SI 업체가 있는 대기업 그룹은 웬만한 규모 이상의 프로젝트는 계열 SI 업체를 거쳐서 계약하도록 되어 있다. 수주는 했는데 원청인지 하청인지 애매하고, 계약이나 돈 받는 절차도 복잡해지고 프로젝트 수행 과정에서 두 시어머니를 모시는 며느리처럼 시집살이의 고달픔이 배가된다. 요즘도 이런 관행이 남아 있는지 모르겠다.

입찰하는 큰 프로젝트 하나보다
여러 개의 작은 수의계약 프로젝트가 낫다

기관마다 입찰로 수행 업체를 정하지 않고 수의계약으로 발주할 수 있는 프로젝트의 금액이 정해져 있다. 대개 1억 원 미만인 듯하다. 정부나 공기업이 아닌 사기업에서는 상당히 큰 금액도 수의계약으로 하기도 한다. 입찰하는 프로젝트는 금액이 큰 만큼 절차도 복잡하고 만들어야 할 서류도 많으며 수행 과정에 개발 외적인 요소가 많다. 무엇보다도 개발 직원들이 발주사가 지정한 곳으로 파견을 나가야 할 때가 많다. 반면에 작은 규모의 수의계약 프로젝트는 절차도 간단하고 1~2명의 개발자로 짧은 기간에 수행할 수 있어 스트레스도 덜하고 수익률도 좋다. 따라서 입찰하는 큰 프로젝트보다는 수의계약하는 작은 프로젝트 여러 개가 수익성 면에서 더 나을 수 있다.

회사의 재무 능력이 감당할 수 없는 프로젝트는 참여하지 않는다

프로젝트의 금액 규모가 크면 그만큼 위험 부담도 커진다. 따라서 회사의 재무 상태를 감안하여 일정 금액 이상의 프로젝트에는 참여하지 않는 게 안전하다.

직간접 경험치로 보아 소프트웨어 외주 개발 프로젝트에서 최악의 경우 수주 금액의 두 배까지 비용이 들 수 있다. 즉, 1억 원에 수주했다면 최악에는 2억 원의 비용이 들어 1억 원을 손해 보게 된다. 설마 그렇게까지 손해를 보겠느냐 싶겠지만 프로젝트 규모가 커지면 수행 회사의 기술력과는 무관한 생각지도 않은 복병을 만나 큰 손해를 볼 때가 종종 있다. 실제로 주변에서 보면 잘나가던 회사가 갑자기 문닫는 경우가 있는데 큰 프로젝트의 실패가 원인인 경우가 꽤 있다. 예전에 내가 알던 한 회사는 기술력 있는 괜찮은 회사로 알려졌는데 7억 원짜리 프로젝트를 수주하여 14억 원에 수행하더니 결국 견디지 못하고 문을 닫고 말았다.

나는 우리 몫이 5억 원이 넘는 프로젝트에는 참여하지 않았다. 생각해 보면 수많은 크고 작은 프로젝트를 수행하면서 손해본 적이 거의 없는 데도 안전을 최우선으로 삼았다.

다음은 없다

이런 쪽 일을 하다 보면 다음 프로젝트에서 보상하겠다는 말로 이번에는 싸게 해달라고 하거나, '전략적 제휴'나 장기적으로 볼 때 'win-win'이라는 등으로 공짜나 단가를 낮출 것을 제의받을 때가 있다. 나는 이런 요구에 한 번도 응해본 적이 없다. 시야가 좁아서인지 몰라도 소프트웨어 개발 용역 시장에서 '다음은 없다'는 생각을 갖고 있다.

예전에 어느 회사에서 20억 원 프로젝트를 100원에 덤핑 입찰하여 수주하는 걸 보았다. 후속으로 2차, 3차가 이어질 프로젝트라서 처음은 공짜로 해주더라도 결국 실적도 쌓고 이득이라는 논리였다. 결과가 궁금해 눈여겨 보았는데 2년쯤 후에 2차 프로젝트는 그 회사가 아닌 다른 업체가 수주했다.

한번은 내게 대형 SI 업체로부터 80억 원 프로젝트에 참여해달라는 제의를 받았다. 우리 몫은 2억 원이 채 안 되었는데 그리 나쁜 조건은 아니었다. 문제는 아무 보장 없이 공짜로 10일간 제안서 작업에 인력을 투입하라는 것이다. 1차 프로젝트를 이미 자기 회사에서 수행했으니 이번 후속 프로젝트는 이미 따놓은 것이나 다름없다며 너무도 당당하게 요구한다. 사실 이런 일은 너무 흔하게 벌어진다. 그러나 나는 거절했다. 프로젝트를 수주한 다음 우리가 필요하면 그 때 정식으로 계약을 맺고 일할 수 있다고 했더니 '별 웃기는 놈 다 있네' 하는 식의 반응을 보였다. 예상하듯이 그 후 그 업체와 일한 적은 한 번도 없다. 그리고 그 프로젝트는 그 업체가 입찰에서 떨어져 수주하지 못했다. 1차를 수행했다고 2차 프로젝트를 수주하리라는 보장은 없다.

MM당 1천2백만 원 미만은 참여하지 않는다

개발 용역을 수행할 때 투입 인원 대비 수익률을 따지지 않을 수가 없다. 당연히 인원을 적게 투입하고 금액을 많이 받을 수 있어야 크게 남는다. 나는 받을 수 있는 프로젝트 금액을 투입 인원으로 나누어 보통 1MM^Man/Month당 1천2백만 원에 미치지 못하면 참여하지 않았다.

투입되는 직원의 직급에 따라 차이가 있을 수 있겠지만, 회사의 관리 비용과 프로젝트가 연속되지 못할 때의 노는 인력 등을 감안하여 계산해보니 이 정도는 되어야겠기에 그런 원칙을 세웠다. 앞의 두 번째 항목에서 얘기했듯이 노임단가로만 계산해서는 이 원칙을 지키기가 어렵다. 한마디로 답이 안 나온다. 그래서 두 번째 항목이 매우 중요하다.

다음 해에 발주할 프로젝트에 대한 기획을 미리 만들어준다

소프트웨어 발주 기관의 담당 부서(또는 팀)에서는 대개 발주하기 1, 2년 전부터 해당 프로젝트에 대한 기획과 자료 수집, 분석, 그리고 필요한 업무 파악을 통해 과업지시서를 만들어간다. 이 과정을 담당자나 발주사 자체 인력만으로 하기에는 현실적으로 한계가 있다. 그래서 관련 외부 업체의 협조를 통해 정보를 얻고 자료도 구하고 이런저런 도움을 받는다. 예상할 수 있듯이 이 과정에서 발주 정보를 미리 얻게 되는 업체는 해당 프로젝트를 수주할 확률이 높아진다.

그래서 첫 번째 항목에서 정한, 발주받고 싶은 기관의 관련 업무를 미리 파악하고 프로젝트 기획서를 작성하여 담당 부서에 전달할 필요가 있다. 어찌 보면 이게 사전 영업에 해당한다. 이것이 해볼 만한 좋은 기획으로 채택되면 당연히 발주 프로젝트를 만드는 과정에서 좀 더 구체적인 자료나 정보를 요구하게 될 것이다. 설령 나중에 이 프로젝트가 공정한 경쟁 입찰에 붙여진다 하더라도 공고 후 10여 일 남짓의 기간에 작성된 제안서가 미리 1년 전부터 준비하고 다듬어진 제안서를 이기기는 힘들다.

특히 1억 원 미만의 수의계약이 가능한 비교적 작은 프로젝트의 기획서를 여러 건 만들어두고, 이것을 그해 9월 정도에 발주기관 담당자의 손에 들어가도록 하는 게 중요하다. 그래야 다음 해 예산에 반영되고 발주 프로젝트가 만들어지면 수주할 확률은 거의 100%에 가깝다.

프로젝트의 성공은 발주사와의 인간관계에 있다

어떻게 해야 소프트웨어 발주 프로젝트를 성공적으로 수행했다고 말할 수 있을까? 발주사의 담당 부서 팀원이 만족해야 함은 물론이고 개발한 소프트웨어를 실제로 사용하는 현업 부서 사람들로부터 "잘 만들었다"는 얘기가 나와야 성공한 것이다.

그런데 프로젝트 성공은 기술력으로만 이루어지지 않는다. 기술력은 필요조건이고 거기에 발주사 사람들과의 좋은 인간관계라는 충분조건이 더해져야 성공할 수 있다. 소프트웨어라는 게 아무리 상세히 설계를 한다 해도 건축 설계도처럼 명확할 수는 없다. 따라서 발주 프로젝트의 과업지시서 한 줄이 보통 통념으로 프로그램 1본이면 충분하다고 해석되어도 발주사에서 이런저런 이유를 달아 50본으로 해석한다면 참으로 난감한 일이다. 발주사와 인간관계가 안 좋으면 이런 일도 왕왕 일어난다.

인간관계의 첫걸음은 인사성이다. 특히 발주사로 파견 나가는 직원은 어떻게 인사해야 하는지 철저히 교육시켜 보내야 한다. 아는 사람이든 모르는 사람이든 언제 어디서 마주치든 시도 때도 없이 무조건 인사하도록 한다. 모르는 사람에게는 어떻게 인사할 것인가, 아는 사람에게 상황에 맞는 적절한 인사말 멘트는 무엇인가 등의 인사법에 대한 회사의 규정을 만들어놓는 것도 좋다. 프로젝트에서 인사를 잘함으로써 얻어지는 효과는 생각보다 훨씬 크다.

발주사는 개발사가 열심히 일하는 것을 좋아한다. 발주사의 담당자는 일찍 퇴근해도 개발자는 일이 있든 없든 남아서 야근하기를 원한다. 눈치 껏 퇴근하려 해도 파견해서 일하면 여기저기 감시의 눈초리가 많다. 그래서 열심히 일하는 모습을 보여주기 위해서라도 야근이 필요할 때가 많았다. 요즘은 이런 관행이 많이 없어졌다.

발주사는 개발자가 해당 프로젝트 외의 다른 일을 하는 것을 싫어한다. 개발사 입장에서는 한 개발자가 두 가지 프로젝트를 해야만 할 때도 많다. 이럴 때 들키지 않게 요령껏 해야 한다. 겉으로는 그 프로젝트에 전념하여 열심히 하고 있음을 보여줘야 한다.

프로젝트 책임자는 친목 도모를 위한 적절한 접대 등 발주사와 좋은 인간관계 유지를 위한 이벤트에 항상 신경 써야 한다. 따라서 파견해야 하는 큰 프로젝트에 친화력이 없는 직원을 책임자로 하면 성공하기 힘들다.

개발 과정에 현업 전문가를 끌어들인다

개발 프로젝트를 수행하는 과정에서 나중에 실제로 이 소프트웨어를 사용할 부서의 현업 직원의 도움을 받게 된다. 그런데 단순한 도움으로 끝나지 말고 현업 부서에서 최고의 전문가로 인정받는 사람이 실제로 프로젝트를 같이 수행했다는 자부심을 느낄 정도로 확실히 끌어들이는 게 좋다. 예를 들어 업무를 분석해보니 두 가지 형태가 나왔고 각각 A-Type, B-Type으로 했다면 여기에 참여한 전문가의 이름을 같이 붙여준다. A-Type은 홍길동 과장이 설계한 방식이므로 'A-Type(GD형)', 이순신 부장의 도움으로 설계한 방식은 'B-Type(SS형)'으로 한다(GD는 길동, SS는 순신임을 눈치챘을 줄 안다). 이런 식으로 참여한 현업 전문가domain expert를 대접해 줄 요소를 잘 찾아봐야 한다. 이게 통하면 프로젝트의 반은 성공한 것이나 다름없다.

중간 발표나 최종 발표 등의 행사에도 참여한 전문가에게 의향을 물어 한 부문을 직접 설명하도록 하면 좋다. 프로젝트가 끝나고 완료 보고서에도 참여한 전문가의 이름을 일일이 거명하여 감사를 전하는 문구를 잊지 말아야 한다. 또한 소프트웨어의 사용 매뉴얼에도 저자로서 이름을 올려주어야 함은 물론이다.

완료 기한을 반드시 지킨다

모든 발주 프로젝트에는 완료일이 정해져 있고, 프로젝트 관리의 기본은 완료일을 넘기지 않고 마치는 것이다. 프로젝트가 지연되면 때로는 지체보상금penalty을 물어야 하고 예기치 않은 인력 투입 비용이 추가로 들어 회사 재정에 타격을 준다. 따라서 프로젝트 책임자의 제1의 능력은 무슨 수를 써서라도 약속한 기한 안에 마칠 수 있느냐에 있다.

완료 기한을 넘긴 프로젝트는 무조건 실패라고 봐야 한다. 실패의 원인은 기술력 부족보다는 앞에서 설명한 인간관계 소홀인 경우도 많다. 특히 현업 부서의 비협조로 프로젝트가 지연될 때가 많은데 이 또한 크게 보면 인간관계를 잘 풀지 못한 게 원인이라 할 수 있다.

기한 안에 마치지 못할 것 같으면 반드시 해야 할 기능의 우선 순위를 정하고 완료일까지 가능한 부분만 마치고 모두 마친 것으로 완료보고서를 쓰고 검수를 통과하는 능력도 필요하다. 사소하게 미진한 것들은 하자보수 기간에도 얼마든지 보충할 수 있다. 이런 데서도 회사의 프로젝트 관리 능력과 노하우가 드러나는 것이다.

4~6개월마다 중간 발표를 한다

10개월 이상의 비교적 긴 프로젝트는 일정 간격을 두고 중간 발표를 하는 게 좋다. 그런데 중간 발표라는 것이 하나의 행사이다 보니 문서 작업을 비롯한 여러 준비가 필요해서 여간 귀찮은 게 아니다. 그래서 개발이라는 프로젝트의 본질과 동떨어진 것이라는 생각에 꺼리는 사람이 많다.

그러나 중간 발표는 발주사 담당 부서의 체면을 세워주고 개발사의 존재를 부각하고 프로젝트가 순조롭게 진행되고 있음을 알리기 위한 중요한 이벤트이다. 이를 통해 발주사와 인간관계도 좋아지고 이것이 프로젝트 성공의 디딤돌이 될 수 있으므로 꼭 필요하다.

중간 발표에는 문서로만 프레젠테이션 할 게 아니라 그때까지 만들어진 소프트웨어의 결과를 보여주는 게 중요하다. 따라서 중간 발표에 맞춰 내부 로직이 완성되지 않았어도 현업 사람들에게 보여줄 수 있는 기능을 먼저 만들 필요가 있다.

연관 솔루션을 서비스하여 후속 프로젝트를 노린다

회사에서 보유하고 있는 솔루션 중에서 해당 프로젝트와 직접 관련은 없지만 서비스로 포함시키면 좋은 효과를 볼 수도 있다. 우리 회사에서는 팔지 못하는 여러 가지 간단한 유틸리티 프로그램 등을 가지고 있는데 이것을 발주 프로젝트에 적절히 포함시켰다. 마치 서비스로 더 많은 걸 해주었다는 인상을 주기 위해서지만 간혹 이것 때문에 후속 발주가 이어지기도 한다.

한번은 개발 완료한 소프트웨어에 이를 실제 누가 사용하고 얼마나 사용하는지 알 수 있는 프로그램을 서비스로 슬쩍 포함시켰다. 이에 대한 반응이 너무 좋아 이 기능을 확장하여 그 회사의 모든 프로그램으로 적용을 확대하고 부서별 팀별로 사용 시간을 측정하는 등 각종 통계 보고서를 낼 수 있는 프로젝트를 후속으로 발주했다. 당연히 우리가 수주하여 납품했다. 그런데 이 솔루션은 이미 우리가 실제로 다른 데 사용하고 있던 것이라서 힘 하나도 안 들이고 프로젝트를 거저 줍다시피 한 것이다.

돈 달라고 조르지 않는다

발주 프로젝트 계약을 하면 착수금과 진도에 따른 기성금, 완료 후 잔금 등을 언제 얼마나 어떻게 받을 것인지 정해진다. 그런데 발주사에서 일일이 개발사를 위해 꼬박꼬박 정해진 날에 돈을 주지는 않는다. 그렇다고 너무 돈 달라고 조르는 것은 좋지 않다. '일도 못하면서 돈만 밝힌다'는 인식을 주면 때로는 프로젝트 성공에 안 좋은 영향을 주기도 한다. 반면에 '일만 열심히 하고 돈 달라는 소리가 없다'는 인식을 심으면 묘하게 인간관계가 좋아진다.

정부나 공기업은 달라고 조르지 않아도 기다리면 무조건 주게 되어 있다. 아무리 늦게 받는다 해도 연말이나 프로젝트가 끝나면 받게 되어 있다. 문제는 사기업인데 어음을 주기도 하고 프로젝트가 끝나고 한참이 지나야 모두 받을 수 있을 때가 많다.

따라서 직간접 경험으로 해당 회사의 평판에 따라 돈 달라고 졸라야 할 때도 있다. 이 때 후속 프로젝트 수주가 가능한 발주사는 그쪽에서 미안해할 수 있는 분위기를 만들어서 졸라야 하고, 떼어 먹힐 염려가 있을 때는 악착같이 그야말로 수단 방법 가리지 말고 졸라야 한다.

프리랜서를 쓰지 않는다

프리랜서를 쓰느냐 안 쓰느냐는 회사마다 프로젝트마다 다를 것이다. 프리랜서를 쓰는 이유는 수주한 프로젝트가 자체 기술만으로 소화할 수 없거나 자체 인력만으로 수행할 수 없기 때문이다. 무엇보다도 발주 프로젝트가 끊임없이 이어진다는 보장이 없으니 회사 차원에서는 인력 관리 측면에서 프리랜서를 쓰는 게 유리할 수 있다. 우리 회사는 프리랜서를 쓰지 않았다. 프리랜서를 쓰면 당장의 프로젝트 수행에는 도움이 될 수 있어도 유지보수와 후속 프로젝트에 이르기까지 길게 보면 문제가 많다는 생각에서였다.

이때 큰 프로젝트를 수주하여 직원을 늘리고 늘어난 직원을 먹여 살리기 위해 또다시 프로젝트를 찾아야 하는 악순환의 고리를 조심해야 한다. 그래서 나는 프리랜서를 쓸 일 있으면 다른 회사와 계약을 맺고 하청을 주는 방식을 택했다.

하자보수 기간에 매달 보고서를 제출한다

보통 프로젝트가 끝나면 1년 정도의 무상 하자보수 기간이 있다. 대개의 개발사는 이 기간을 별로 달가워하지 않는다. 해당 프로젝트를 수행했던 인력이 이미 다른 프로젝트를 하고 있을 수도 있고 이미 끝난 일에 비용을 들이고 싶지 않기 때문이다. 그러나 다시 수주하고 싶은 발주사라면 이 기간을 어떻게 대처하느냐가 매우 중요하다. 특히 수행한 프로젝트의 후속 프로젝트 가능성이 있다면 더욱 그렇다.

우리는 매달 하자보수 보고서를 작성하여 발주사에 공문으로 보냈다. 그 달에 무엇을 고쳤고 고객에게 어떤 문의를 받고 어떻게 대처했는지 상세한 일지를 적어보냈다. 심지어 고칠 것도 없고 문의 전화도 없었으면 우리가 전화해서 잘 쓰고 있는지 불편한 점은 없는지 묻고 '앞으로 이런 기능이 추가로 있었으면 좋겠다는 의견이 있었다'는 식으로 적었다.

창업 초기에 공기업에서 처음으로 어렵게 제법 큰 프로젝트를 수주하고 마친 다음 위와 같이 '하자보수 보고서' 공문을 보냈더니 발주사에서 크게 감동받았다고 한다. 다들 프로젝트 끝나면 나 몰라라 하기 바쁜데 이런 회사는 처음이라며 과분한 칭찬을 받았다.

외주 개발의 성공을 위한 팁

1. 발주 기관의 우선 순위를 정한다.

2. 보유기술이나 솔루션을 완성된 제품으로 만든다.

3. SI와 같은 큰 프로젝트의 하청보다는 단독 발주 소프트웨어의 원청을 한다.

4. 입찰하는 큰 프로젝트 하나보다 여러 개의 작은 수의계약 프로젝트가 낫다.

5. 회사의 재무 능력이 감당할 수 없는 프로젝트는 참여하지 않는다.

6 다음은 없다.

7. MM^{Man/Month}당 1천2백만 원 미만은 참여하지 않는다.

8. 다음 해에 발주할 프로젝트에 대한 기획을 미리 만들어준다.

9. 프로젝트의 성공은 발주사와의 인간관계에 있다.

10. 개발 과정에 현업 전문가를 끌어들인다.

11. 완료 기한을 반드시 지킨다.

12. 4~6개월마다 중간 발표를 한다.

13. 연관 솔루션을 서비스하여 후속 프로젝트를 노린다.

14. 돈 달라고 조르지 않는다.

15. 프리랜서를 쓰지 않는다.

16. 하자보수 기간에 매달 보고서를 제출한다.

10-10 사업의 성공과 실패, 그리고 그 이후의 진로

창업의 첫째 목표는 생존에 성공하는 것이다. 살아남아서 계속 수익을 내고 성장할 수 있는 시스템을 만드는 것이다. 10-10 사업의 성공과 실패에 대한 조건, 그리고 성공이나 실패 후의 진로에 대해 알아보자.

창업에 실패한다는 것은 생존하지 못하고 사업을 중단한다는 말이다. 말하자면 망하는 경우다. 어떤 상태를 실패라고 규정하고 중단해야 할지는 창업자가 판단해야 할 주관적인 문제다. 여기서는 다음 조건 중 하나만 걸려도 실패했다고 여길 수 있는 두 가지 판단에 대한 기준을 제시해보겠다.

☑ 월급이 밀린다

빌리거나 투자받지 않는 것을 원칙으로 사업한다는 전제를 달면, 월급이 밀린다는 것은 돈이 떨어졌다는 얘기고 이런 전제를 지킬 수 없는 상황에 와 있다는 것이다. 아마도 이런 경우 가장 먼저 창업자의 급여를 희생할 것이고, 다음이 파트너, 그다음이 직원들 순으로 지급을 미룰 것이다.

이것이 만약 매출과 수금收金 사이의 시차에서 비롯된 일시적인 현금 흐름의 문제 때문이라면 다행이다. 하지만 이때도 심각한 문제로 인식해야 한다. 어찌되었든 이유 여하를 막론하고 월급이 밀린다는 것은 첫 번째 실패 조건을 충족하는 것이다.

☑ 10년을 해도 몸빵에서 벗어나지 못한다

성공하지는 않았어도 아직 돈이 떨어지지 않았다면 사업은 계속할 수 있다. 그런데 문제는 사람이 지친다는 점이고, 언제까지 계속해야 할지 회의를 느끼는 시점이 온다. 그래서 일정 기간(대략 10년) 노력해도 창업자가 여전히 몸빵(몸으로 때운다는 속된 표현이며 실제 비용이 아닌 시간의 기회 비용을 투자하는 것)에서 벗어나지 못한다면 실패로 규정해야 할지 고민해봐야 한다.

물론 열정이 남아있고 희망을 보았다면 아직 실패라고 하지 않을 것이다. 그렇더라도 현재의 사업은 실패로 규정하고, 남은 자금과 열정과 그동안의 경험으로 새로운 사업을 시작하는 게 나을지 판단해야 한다.

그러면 생존하지 못하고 실패한 후 어떻게 해야 할지 살펴보자.

☑ 중단

실패의 결과에 대한 당연한 수순이겠지만 최대한 손해를 덜 보는 방향으로 정리해야 한다. 그리고 파트너와 직원들 그리고 고객에게 어떻게 좋은 인상을 남겨줄 것인가 고민해야 한다. 이쯤 되면 인간관계가 좋기를 기대하기 어려운 현실이라서 더욱 그렇다.

정리한 후 특별한 계획이 없다면 취업하고 몸을 먼저 추스르는 게 좋다. 그리고 열정이 남아 있다면 실패를 거울삼아 좀 더 완벽하게 다시 창업을 준비하는 게 좋다.

☑ 매각

제품도 있고 그동안 쌓아둔 실적이 있다면 외부에 매각할 수도 있다. 이게 가장 좋은 방법이긴 한데, 실패한 회사의 사업 내용이 그리 좋을 수는 없다. 따라서 현실에서는 매수하려는 사람을 찾기가 어려울 것이다.

☑ 새 아이템으로 전환

아직 자금이 남아 있다면 기존 아이템을 버리고 새로운 아이템으로 다시 시작하는 것이다. 기존의 회사에서 사업을 전환하는 것이다. 물론 새 술은 새 부대에 담는다고 회사도 새로 만들어서 시작할 수도 있다.

☑ 지속

실패의 조건을 만족했음에도 연장하여 계속 운영하기로 결정할 수도 있다. 두 가지를 고려해보고 결정해야 한다. 먼저 자금을 더 투입할 수 있거나 빌려서 갚을 능력이 충분한지다. 돈이 떨어졌는데 창업자의 자금을 더 투입할 의향이 있다면 당연히 계속할 수 있다. 또는 일단 빌려서 계속할 수도 있다. 이때는 갚을 능력이 있는지 냉정하게 충분히 고민해보고 결정해야 한다. 또 하나는 몸빵할 열정이 아직 충분한지다. 아직 포기하기에는 희망도 있고 열정도 있고, 얼마든지 흔쾌히 몸빵할 자세가 되어 있다면 계속할 수 있다.

이제 10-10 사업 성공에 대해 알아보자. 어느 정도를 성공이라고 할 것이냐는 역시 창업자가 판단할 주관적인 문제다. 여기서는 다음의 조건을 모두 만족했을 때 성공했다고 여길 수 있는 두 가지 판단에 대한 기준을 제시해보겠다.

☑ 증가한 자본이 10억 원 이상이다

증가한 자본이란 투자한 종자돈으로 벌어들인 돈을 말한다. 회계 장부로는 대표적인 게 이익잉여금과 자본잉여금이다. 물론 실제적인 부채가 없어야 한다. 회사 소유의 사무실도 있고, 현금성 자산이 10억 원 이상이라면 더 이상 미생이 아닌 완생의 조건을 갖췄다고 본다.

☑ 최근 3년 이상 흑자다

이는 사업 아이템이 안정단계에 들어섰으며 꾸준히 수익을 발생하는 시스템이 만들어졌다는 것이다. 앞의 조건을 만족한다는 것은 이 조건도 함께 만족할 확률이 크다. 그러나 성공적으로 회사를 운영하다가 여전히 쌓아놓은 게 있어 앞의 조건은 만족하는데, 이 조건이 어긋나면 사업이 쇠퇴해가는 징조일 수 있으니 대책이 필요하다.

10-10 사업 생존에 성공한 후 가장 먼저 해야 할 일은 무엇일까? 바로 창업자의 충분한 수입이다. 창업자의 급여를 현실화하고, 이후에 발생하는 수익에 대해서는 곧바로 배당할 수 있다. 더 이상 몸빵을 해서는 안 되며 충분한 보상이 이루어질 수 있는 조건이라 하겠다.

그리고 이제부터 고민해야 할 것이 '백 배 창업으로 어떻게 도약할 것인가'이다. 이른바 '백 배 굴기屈起'라 하겠다. 이왕 시작한 거 백 배 창업의 꿈을 이루어야 하지 않겠는가! 백 배 창업은 열 배 창업과는 차원이 다르다. 열 배 창업은 수익과 안정을 추구한다면, 백 배 창업은 매출과 성장을 추구해야 한다. 열 배 창업은 단순한 생존의 성공이고 백 배 창업은 진정한 사업의 성공이다.

소프트웨어 업계는 99%의 열 배 창업과 1%의 백 배 창업이 있다. 열 배 창업으로 생존할 것인가, 백 배 창업으로 성공할 것인가? 나는 아쉽지만 능력도 부족하고 건강에 문제가 생겨 백 배 굴기는 포기하고 열 배 창업에 안주해서 편히 살기로 했다.

사업 다지기

10-10 사업의 생존 단계에서 벗어났다면 더욱 안정된 시스템으로 사업을 다져야 한다. 개발, 영업 마케팅, 유통 판매, 경영 관리 등 모든 업무를 체계적으로 구축해야 한다. 생존은 목표이고 지속은 시스템이다. 다이어트에서 '10kg을 빼겠다'는 목표지만, 달성 후 '계속 이 몸무게를 유지하며 건강하게 살겠다'는 시스템이 있어야 가능하다.

파트너가 필요하다

파트너는 기업의 임원 역할인데 명함에 찍히는 직위와 관계없이 실제적으로 창업자를 도와 회사를 함께 이끌어가는 직원이다. 우선, 창업자는 가급적 CEO 역할에 충실해야 하므로 CTO 역할을 할 파트너로 개발 책임자가 필요하다. 또한 영업과 마케팅을 책임질 파트너도 필요하다.

파트너의 자격은 적어도 5년 이상 근무한 직원이어야 한다. 최소한 5년은 같이 일해 봐야 그의 능력과 성품을 알 수 있다. 그리고 실력을 입증해 보여야 한다. 개발 책임자는 프로 프로그래머여야 하고, 영업 마케팅 책임자 또한 프로다운 성과를 보여주어야 한다.

파트너의 급여는 실수령액으로 월 1천만 원, 세전 연봉으로는 1억5천만 원 이상을 책정하여, 작은 회사일지라도 만족하고 열심히 일할 바탕을 만들어주어야 한다. 작은 회사에게는 상당한 금액이므로 회사가 성장하는 과정을 고려해서 파트너 수를 늘려야 한다.

비용 최적화 – 인건비 비중 80% 이상

소프트웨어 사업은 인건비의 비중이 높은 사업으로, 전체 비용에서 인건비가 차지하는 비중이 최대한 높은 게 좋다고 앞선 글에서 말했다. 이 말은 파트너나 직원의 급여를 최대한 높게 하라는 뜻이 아니다. 관리 체계를 최적화하여 비용의 누수를 막고, 인건비 이외의 다른 관리비의 비중을 최소로 하여, 상대적으로 인건비 비중을 높여야 한다는 뜻이다.

전체 비용에서 인건비 비중이 70% 이하로 떨어지면 아마도 만족할 만한 수익을 내기 어려울 것이다. 80% 이상을 목표로 해야 한다.

유통(판매) 시스템 구축

제품의 가치를 고객에게 어떻게 전달하고 유지하고 돈을 받아낼 것인지, 같은 방식을 어떻게 새로운 고객에게 적용할 것인지에 대한 체계가 필요하다. 말하자면 제품의 유통 또는 판매에 대한 시스템을 구축하여 시장에서 팔리는 제품이 되어야 한다.

사업을 처음 시작했을 때 제품 개발을 마치면 성공한 느낌을 갖게 된다. 그런데 사업의 실제 시작은 여기서부터이고, 팔리지 않는 제품은 처음부터 개발하지 않느니만 못하다. 따라서 제품 개발 전에 미리 유통(판매)에 대한 계획을 세워두어야 한다. 누울 자리를 보고 다리를 뻗어야 한다.

제품의 영업, 마케팅, 유통, 판매, 고객 지원 등 사업의 본보기가 되는 영업망 또는 유통(판매) 시스템을 확실하게 구축해야 한다.

개발 체계 안정과 인력 최적화

10-10 사업은 10명이 채 안 되는 인원으로 모든 업무를 처리해야 한다. 그렇게 작은 인원에 무슨 체계적인 조직이 필요할까 싶지만, 그렇기 때문에 더욱 체계적이고 안정된 조직으로 인력을 최적화해야 한다. 그래야 비용도 줄이고 야근 없이도 많은 업무를 처리할 수 있다. 특히 품질을 유지하고 지속적으로 기능을 개선하기 위한 안정된 개발 체계가 필요하다. 이는 인원이 적어 일반적으로는 제대로 된 개발 조직을 갖출 수 없는 상태에서 쉽지 않은 숙제이다.

그리고 개발뿐 아니라 인력을 적재적소에 배치하여 작지만 단단하고 최적화된 조직을 구축해야 한다.

업무 프로세스 정립

앞에서 말한 유통 시스템 구축과 인력 최적화와 함께 수행해야 할 일이 있다. 모든 업무의 프로세스^{process, 절차}를 수립하는 것이다. 모든 업무의 프로세스를 빠짐없이 정의한 다음, 이에 따른 업무 매뉴얼을 작성하고 알맞은 인력을 배치한다. 이것으로 회사의 관리 체계는 완성된다. 실전에서는 그리 녹녹한 작업이 아니다. 시행착오도 있고 시간도 많이 걸린다.

업무 프로세스 정립의 가장 큰 목적은 적은 인원으로도 잘 돌아가는 최적의 관리 체계를 만들기 위함이다. 그래야 10명 이내의 적은 인원으로 야근을 하지 않으면서, 휴가를 가거나 퇴사하고 새로운 인원으로 교체되어도 업무의 공백이 생기지 않는다.

창업자의 급여
필요급여와 충분급여

창업을 하는 목적에는 개인에 따라 여러 가지가 있을 수 있으나, 일반적으로 직장에 다니는 것보다 더 많은 돈을 벌 수 있다는 기대가 있기 때문일 것이다. 10-10 사업 또한 비록 작은 사업이지만 비교적 적은 위험을 안고 최대한 수익을 내자는 데 뜻이 있다.

사업을 하면서 가끔 '돈은 중요하지 않다'는 사람을 만난다. 직원을 채용할 때도 '급여는 중요하지 않다'는 지원자를 본다. 나는 오히려 그런 사람이 불편하다. 사실이 아닐 확률이 높거니와 거래나 협상을 지연시키기 때문이다. 처음부터 원하는 금액을 솔직하게 제시하는 게 훨씬 편하고, 그런 사람에게 더 신뢰가 간다.

작은 회사에서 비용의 많은 부분을 차지하는 창업자의 급여에 대해 살펴보자. 창업자 입장에서는 수입을 결정하는 방식에 대한 얘기다.

몸빵의 가치

몸빵이란 단어는 앞선 글에서 여러 번 언급되었다. 여기서 몸빵의 가치를 돈으로 계산해보자. 이렇게 하는 이유는 몸빵의 가치를 평가하는 과정에 창업자의 급여라는 어려운 숙제를 풀 수 있는 실마리가 있기 때문이다.

몸빵이란 '돈을 받지 않고 몸으로 때운다'는 속된 표현이다. 실제 비용이 아닌 시간이라는 기회 비용을 투입하는 것을 말한다. 따라서 몸빵의 가치는 투입한 노동의 가치 중에서 돌려받지 못한 대가다. 금액으로 계산하면 투입한 노동 가치 금액에서 지급받은 급여를 뺀 것이다.

예를 들어, 창업자가 창업 초기 10년 동안 매월 평균 5백만 원의 급여를 받고 일했을 때 몸빵의 가치를 계산해보자.

월간 평균 노동 가치	2,500만 원
연간 평균 노동 가치	30,000만 원
10년간 노동 가치	300,000만 원
10년간 지급된 급여	60,000만 원
미지급 급여	240,000만 원

이 표에서 '월간 평균 노동 가치'는 창업자 본인이 생각하기에 '그 정도 일했으면 한 달에 이 정도는 받아야 한다'는 금액이다. 계산을 해보면 최종적으로 24억 원의 급여를 아직 지급받지 못한 게 된다. 이 '미지급 급여' 24억 원이 바로 10년간 투입한 몸빵 총액이다. 창업 이전부터 투입한 몸빵의 가치까지 더한다면 더 많은 금액이 나올 것이다. 창업자는 이러한 몸빵의 가치를 향후 돌려받을 것으로 기대하며 사업을 계속하게 된다.

그러나 이것은 받는 입장에서 생각하는 몸빵의 가치다. 창업자는 회사의 대표로서 주는 입장에 있기도 한다. 그렇다면 주는 입장, 즉 회사 입장에서 생각할 수 있는 몸빵의 가치는 어떨까? 이는 실적에 따른다. 말하자면 수익이 나야 하고, 실제로 지급할 수 있어야 의미가 있다는 뜻이다.

예를 들어, 창업자가 10년 동안 매월 평균 5백만 원의 급여를 받고 10억 원의 수익을 올렸을 때 몸빵의 실현 가치를 계산해보자.

10년간 수익 총액	100,000만 원
10년간 지급된 급여	60,000만 원
10년간 노동 가치	160,000만 원
연간 평균 노동 가치	16,000만 원
월간 평균 노동 가치	1,333만 원

이 표를 보면 앞선 계산 방식의 역순으로 결정된다. 이미 실적이 나와 있기 때문이다. 여기서 맨 위의 '10년간 수익 총액' 10억 원이 바로 10년간 투입한 몸빵 총액이다. 이 금액이 현재 실현 가능한 몸빵의 가치다.

몸빵과 더불어 창업자에게 적용할 수 있는 또 다른 급여 관련 용어로 '필요급여'와 '충분급여'가 있다. 앞의 두 표에서 '지급된 급여'가 필요급여이고, 여기에 몸빵의 가치를 더한 금액인 '노동 가치'를 충분급여라 한다.

필요급여

필요급여란 창업자의 최소 급여다. 객관적으로는 창업자의 현재 재정 상태에서 감당할 수 있는 급여라 하겠다. 예를 들어 이미 부자라서 급여를 받지 않아도 사는 데 아무런 문제가 없다면, 필요급여는 0원이다. 맞벌이 부부로 배우자가 상당한 수입이 있어 조금만 보태도 문제가 없다면, 그 부족분이 필요급여 금액이다. 말하자면 형편에 따라 필요한 만큼만 받는 급여다. 그러나 실제로는 이 '형편'이란 게 매우 주관적이라 사람마다 다를 것이고, 크게 보면 받는 입장과 주는 회사 입장이 서로 다르다.

받는 입장에서는 자신이 원하는 생활 수준을 유지시켜 줄 수 있는 금액일 것이다. 말하자면 앞서 언급한 객관적인 형편에 어느 정도 희망하는 기대치가 더해져 있다. 여기에는 체면이란 것도 포함되어 있을 것이다. 그런데 회사 입장에서 보자면 어떤 보편적인 기준에 의해 정할 수밖에 없다. 가장 많이 사용되는 기준은 학력과 경력에 따른 같은 분야의 업계 평균 급여다. 여기에는 몇 가지 맹점이 있기는 하지만 나름 타당하기에 대부분의 기업에서 참고하고 보편적으로 사용한다.

이와 같은 의미를 가지고 있는 필요급여는 실제로 매달 지급되는 급여를 말한다. 앞의 조건을 상황에 맞게 고려하여 회사의 안정을 최대로 보장하는 범위 내에서 현재의 능력으로 지급할 수 있는 금액을 결정하면 된다. 결국 창업자는 충분한 몸빵을 각오한 상태이므로 회사의 재정 상태와 개인의 형편을 감안하여 결정한다.

충분급여

충분급여란 창업자의 최대 급여다. 객관적으로는 창업자가 충분히 만족하는 급여라 하겠다. 예를 들어 이미 지급받은 급여로 만족한다면, 필요급여는 곧 충분급여가 된다. 돌려받지 못한 몸빵의 가치 금액이 아직 남아있다고 생각한다면, 필요급여에 이 금액을 더해야 충분한 급여가 된다.

그러나 실제로는 이 '만족'이란 게 매우 주관적이라 사람마다 다를 것이고, 크게 보면 이 또한 받는 입장과 회사 입장이 서로 다르다.

받는 입장에서는 자신이 평가한 노동 가치에 대한 정당한 대가를 모두 받을 수 있는 금액이다. 여기에 더하여 과거의 몸빵에 대해서도 소급하여 받기를 원할 것이다. 예를 들어, 창업자가 매월 8백만 원의 급여를 받고 일했을 때 충분급여를 살펴보자.

월간 충분급여	3,000만 원
연간 충분급여	36,000만 원
연간 필요급여	9,600만 원
연간 불충분 급여	26,400만 원

이 표에서 '월간 충분급여'는 창업자 본인이 생각하기에 '그 정도 일했으면 한 달에 이 정도는 받아야 한다'는 금액인데, 과거 몸빵에 대한 소급까지 고려해 넣은 것으로 가정하겠다. 연간 충분급여는 3억6천만 원, 지급된 필요급여는 9천6백만 원이다. 따라서 불충분 급여 2억6천4백만 원이 아직 받지 못한 몸빵 총액이다.

회사 입장에서 보는 충분급여는 실제로 창업자가 받는 연간 수입 총액를 말한다. 창업자는 매달 지급받은 급여 말고 추가로 받을 수 있는 무언가가 더 있다는 애기가 된다. 그게 바로 배당이다. 배당은 수익이 발생해야 가능하고, 창업자가 가지고 있는 지분에 따라 금액이 결정된다. 예를 들어, 총 3억 원의 수익이 났는데 이 중 2억5천만 원을 배당하는 경우를 보자.

연간 배당 총액	25,000만 원
지분(60%) 배당	15,000만 원
연간 필요급여	9,600만 원
연간 충분급여	24,600만 원

이 표는 창업자가 60%의 지분을 가지고 있다고 가정했다. 따라서 '지분 배당' 금액이 1억5천만 원이고, 이게 실현된 몸빵의 가치다. 여기에 이미 지급된 필요급여 9천6백만 원을 더한 2억4천6백만 원이 실제 충분급여다. 만약 창업자가 100% 지분을 가지고 있다면 배당금은 2억5천만 원이고, 연간 충분급여는 3억4천6백만 원이다.

창업자의 지분과
생애 수입

"두 명이 공동으로 창업하는데 지분을 어떻게 나눠야 하나?"

창업할 때 파트너와 함께하면서 지분을 나누기도 한다. 이때 51% 이상의 지분을 갖는 파트너인 오너^{owner}가 반드시 있어야 한다. 모두 50% 이하의 지분을 배분하는 것은 바람직하지 않다. 오너가 절대적인 권한을 가질 수 있도록 적어도 80% 이상의 지분을 권장한다. 아니, 사실은 무조건 100% 지분을 가져야 한다. 파트너는 나중에 급여로 보상하면 된다. 그러면 참여할 파트너가 있겠냐고 묻는다. 없으면 혼자서 해야 한다. 우리의 창업은 열 배 창업이고 10-10 사업으로 시작함을 잊지 말자.

비상장 회사의 주식거래는 생각보다 복잡하다. 특히 파트너가 회사를 그만두고 이탈했을 때 대부분의 파트너는 갖고 있던 주식을 오너가 처리해주길 원한다. 이때 상법 규정에 따르지 않고 오너가 상식적으로 처리해버리면 나중에 큰 문제가 될 수 있다. 구체적으로 어떤 문제인지는 너무 복잡해서 여기서 거론하지는 않겠다.

이에 대해서는 직간접 경험이 많아서 쓸 얘기가 많지만 결론만 말하겠다. 나중에 골머리 썩고 싶지 않으면 함부로 지분을 나누지 말자. 사업의 세계는 죽고 못사는 형제 같은 사이라도 언젠가는 헤어지고, 돈 앞에 장사 없다는 게 진리다.

"창업자가 10-10 사업에 성공한다면 얼마나 벌 수 있나?"

역시 돈 이야기가 재미있다. 창업자의 생애 수입을 따져보자. 창업 초기에 창업자는 필요급여만 받고 완전히 몸빵한다. 처음 종자돈 말고도 10억원 이상을 벌면 생존에 성공한 것이다. 이후 사업은 그동안 받지 못한 충분급여를 회수하는 시간이다.

40살의 프로그래머가 소프트웨어 회사를 창업하고 오너프로그래머로 20년간 회사를 운영하고 은퇴했다면 얼마를 버는지 계산해보자. 다음의 조건으로 가정한다.

- 자본금 100만 원, 지분 100%로 창업
- 전반 8년 만에 성공하여 10억 원을 벌고 자본총계 10억1백만 원, 급여 월 평균 5백만 원
- 후반 12년간 연 평균 수익 2억 원, 유보금 5천만 원을 뺀 1억5천만 원 배당, 급여 월 평균 1천2백만 원
- 창업 20년 만에 은퇴, 남은 자본총계 16억1백만 원

다음 표가 창업자의 생애 소득이다.

단위: 만 원(세전)

기간구분	급여	배당	수입 총액	퇴직금
전반 1년 평균	6,000	0	6,000	1,200
전반 8년 합계	48,000	0	48,000	9,600

	후반 1년 평균	14,400	15,000	29,400	2,880
후반 12년 합계		172,800	180,000	352,800	34,560
20년 총계		220,800	180,000	400,800	44,160

20년간 총 40억8백만 원을 번다. 공제금을 빼기 전이고 특정 시점으로 단순 계산했다. 이 돈에서 뗄 거 떼고 생활하고 남은 모을 수 있는 돈은 20억 원 정도로 보인다. 퇴직금은 임원 퇴직금 상한선인 20%로 단순 계산했고, 은퇴하면 한꺼번에 찾거나 20년 이상 연금으로 나눠 받을 수 있다.

게다가 은퇴하면서 회사에 남긴 16억1백만 원에 대해서는 처분할 수도 있고 계속 배당을 받으며 유지할 수도 있다. 또는 회사를 매각할 수도 있다. 어느 경우든 상당한 추가 수익을 얻을 수 있다. 이를 감안하면 모을 수 있는 돈은 30억 원 정도 된다.

여기서 한 가지 생각해볼 것이 배당은 성과급 같은 급여 형태로 받을 수도 있다. 예전에는 배당으로 받는 게 실수령액으로 보면 나았는데, 요즘은 배당 같은 금융소득도 일정액이 넘으면 추가로 건강보험료까지 다 내야 하므로 번거롭지 않게 급여로 받는 걸 선호한다. 급여로 받으면 퇴직금도 같이 증가하고, 회사 수익이 줄어드니 법인세도 적게 낸다. 그런데 대외적으로 크게 수익이 나지 않는 회사로 보여 폼이 좀 덜 난다.

아마 현실성이 있는 얘기냐고 묻는 사람도 있을 것이다. 내가 보기엔 매우 실제적이다. 물론 이것도 성공했을 때 얘기다. 이와 비교하여 실제 많고 적음은 창업자의 능력과 운에 달렸다고 본다. 10-10 사업이 작은 사업이긴 해도 도전해볼 만하지 않은가?

54

10-10 사업은
할 만한 사업인가?

앞선 글에서 10-10 사업으로 얻을 수 있는 창업자의 생애 수입에 대해 살펴보았다. 설마 작은 사업으로 수백억 원을 벌 수 있을 거라 생각지는 않았을 것이다. 물론 열 배 창업 성공을 발판으로 백 배 창업으로 도약한다면 수백억 원 이상의 큰돈도 벌 수 있다. 그만한 능력과 운도 따라야겠지만….

그렇다면 과연 10-10 사업은 남에게 권할 만한 사업인가? 프로그래머에게 오너가 되라고 할 만한가?

부자가 될 수 있나?

10-10 사업에 뛰어들어 생존에 성공하고, 20년 이상 꾸준히 모을 수 있는 돈은 20억 원 내지 30억 원 정도다. 이를 어떻게 평가해야 할까? 할 만한 사업인가? 요즘 세태의 기준으로 이 정도 돈은 부자라 할 수 없다. 적어도 100억 원 이상의 재산이 있어야 세간의 부자 대열에 낄 수 있다고 생각한다면 10-10 사업으로는 부자가 될 수 없다.

보통 사람이 사업으로 큰 부자가 되려면 적어도 백 배 창업에 성공해야 하고, 요즘 흔히 하는 말인 스타트업으로 시작하여 '엑시트exit'하여 이른바 대박을 쳐야 한다. 즉, IPOinitial public offering, 기업공개나 M&Amergers and acquisitions, 인수합병로 떠들썩하게 온라인을 달굴 정도가 되어야 한다.

오너프로그래머의 사업은 애초부터 이른바 스타트업과 다른 방향이고 대박을 바라지 않는 작은 사업이라고 못박았다. 그렇다고 이런 작은 사업이 대박날 확률이 전혀 없을까? 이른바 스타트업 방식과 오너프로그래머가 추구하는 10-10 사업, 과연 어느 쪽이 더 대박날 확률이 높을까?

여느 사업이 그러하듯이 10-10 사업이든 스타트업이든 창업의 위험성과 자리잡기까지의 우여곡절은 비슷하다. 따라서 대박날 확률 또한 어떤 사업 방식이든 비슷하다. '고수익 고위험High Risk High Return'이라는 상식을 들어 스타트업 방식이 확률이 높다고 주장할 수도 있다. 하지만 실전에서는 위험성이 덜하고 안정성이 높은 사업 방식이 더 가능성이 높다고 나는 생각한다.

만족의 문제이다

자신이 하고픈 일을 하며 소박한 사업으로 일군 20억 원의 돈도 충분히 만족할 만한 금액으로 여긴다면 대박이고 부자다. 게다가 은퇴 후 연금과 배당으로 노후준비는 충분히 마친 상태다. 그러면 10-10 사업은 할 만한 사업이다. 오너프로그래머도 할 만하다.

그러나 20년 넘게 힘들게 일해서 남은 돈이 고작 그 정도밖에 안 된다고 생각한다면, 10-10 사업은 할 만한 사업이 못 된다. 그런 방식으로 창업할 이유도, 오너프로그래머도 가치 없는 게 된다.

물론 사업을 하는 이유가 돈이 전부는 아니다. 그 과정에서의 성취감도 클 것이고 개인마다 궁극으로 추구하는 바가 다를 수 있다. 결론은 창업자 만족의 문제라 하겠다.

비싼 수업료와 진짜 창업

1997년이 저물 즈음 IMF 사태가 터졌다. 처음에 나는 이게 어떤 의미인지 정확히 몰랐다. 이후 재벌 그룹 중 하나가 와해되고, 월급 많고 탄탄한 직장의 대명사였던 은행도 문을 닫으며 부러움의 대상이었던 은행원도 길거리에 내몰렸다. 거의 모든 기업들이 구조조정이라는 말을 달고 살았다. 내가 다니던 회사도 예외가 아니었다.

1998년 IT 대기업의 연구소 기획팀장으로 있었다. 말이 좋아 연구 기획하는 팀장이지 실상은 연구소장의 비서이며 100명이 좀 못 미치는 부서의 살림살이를 책임지는 자리다. 게다가 그때 맡겨진 가장 중요한 임무는 이른바 구조조정, 말하자면 직원 내보내는 일이었다. 매달 그만둘 직원의 명단을 올리는 일은 고통스럽다. 차라리 내가 그만두고 나니 어찌나 홀가분하던지. 8월까지 하고 회사를 그만둔다고 하자 같이 일하던 직원들은 탄탄대로인 사람이 왜 나가느냐고 한다. 어떤 분은 구조조정으로 소수정예의 회사를 만들겠다고 하더니, '소수는 남고 정예는 떠난다'며 아쉬워했다.

그 일과는 별개로, 대기업에서 빨리 임원이 되고 싶어 고속 승진에 매진하던 내 모습에 처음으로 회의가 들었다. 그때는 대기업에서 임원이 되는 걸 '별을 단다'고 했다. 그러나 40대 초반에 원하는 임원이 되어본들 40대 중반이면 그만두어야 할 것이고, 그렇게 정글에 내쳐지면 '무얼 하고 살지?' 하는 아찔한 생각이 들었다. 차라리 다들 웅크리고 있을 때 작게나마 내 사업을 일군다면 평생직장이 될 수 있을 거라는 결론에 이르렀다.

1998년 3월, 내가 평생 일할 직장을 만들어보자는 생각으로 A4 용지 20장 정도의 사업계획서를 작성했다. 이걸 들고 투자를 받겠다고 창업투자기관과 주위에 부자라고 알려진 분을 찾아다녔다. 첫 창업에 실패하고 보니 여기서부터 잘못되었다는 것을 알았다. 당시 나는 큰돈은 아니지만 소박하게 창업할 만한 내 돈을 가지고 있었다. 그럼에도 개발자 5명 정도가 2년은 개발에만 전념할 수 있는 돈을 뽑아보니 5억 원 정도가 나와서 이 돈을 투자받겠다고 나선 것이다. 가급적 내 돈은 안 쓴다는 도둑놈 심보도 작용했다. 그러나 나 말고는 이해하지 못할 터무니없고 어려운 사업계획서를 보고 그 어려운 시절에 누가 투자하겠다고 나서겠는가?

그렇게 서너 달을 뛰어다니던 중 대기업 고위직 임원으로 권고사직을 앞두고 있던 분이 나를 만나자고 했다. 며칠 후에 미국으로 출장 가는데 내 사업계획서를 영문으로 번역해주면 투자유치를 해보겠다고 했다. 국내에서도 어려운데 미국에서 가능할까 하는 회의가 들었지만 워낙 강하게 부탁을 해서 원하는 대로 해드렸다. 한 달 후쯤 연락이 와서 만나보니 누가 25만 달러를 투자하겠다는 메일을 보여주었다. 그러면서 내 사업에 끼워달라 하신다. 퇴직 후 대표 자리가 필요해서 그러니 사장 직함만 주면 내가 마음대로 회사를 운영해도 된다고 했다. 25만 달러면 당시 환율이 1,800원이 넘었던 때라 4억5천만 원이 넘는 돈이어서 승낙하고 말았다. 얼마 후 이 투자유치가 무산되었다며, 대신에 본인과 지인 돈으로 1억 원을 마련해볼 테니 그대로 진행하자고 나를 설득했다. 자신의 인맥을 활용하면 사업에 큰 도움이 될 것이라며. 결국 모양새가 좀 어색했지만 간청을 받아들였다. 하지만 그분의 인맥은 사업에 크게 도움이 되지 못했다. 정승집 개가 죽으면 문전성시를 이루어도 정작 정승이 죽으면 문상객이 없다는 옛말을 실감했고, 베풀었다는 사람과 받았다는 사람 사이에는 마음의 간극이 크다는 걸 절실히 느꼈다. 결국 이게 두 번째 실수다.

드디어 1998년 9월 초, 연구소에 같이 근무하던 친구와 대학의 같은 학과 후배, 그리고 지인 몇 명을 모아 모두 7명으로 창업했다. 돈은 그분이 약속대로 1억 원을 마련하고 나와 친구, 후배가 합하여 5천만 원을 넣었다. 가진 돈은 넉넉하지 않고 개발만 하고 있으려니 어쩔 수 없이 SI 용역 프로젝트에 기웃거릴 수밖에 없었다. 창업 전에 완제품을 미리 만들지 못한 것, 이게 세 번째 실패요인이다. 결국 우왕좌왕하며 매출은 바늘구멍으로 들어오고 나가는 돈은 황소바람이 되어 다들 불안한 상태가 되자, 1999년 초에 이탈자가 생기기 시작했다. 결국 친구와 후배만 남아서 제품 개발은 뒷전이고 회사를 살려보려 작더라도 돈 되는 일에 몰두했다. 모두가 말은 안 해도 희망이 보이지 않는다고 느꼈으며, 봄은 왔는데 사무실 분위기는 너무 추웠다.

그러던 4월 말 어느 날, 창업 전에 투자받으려 다닐 때 알게 된 창투사 상담역으로 일하는 분이 내 사무실 근처 찻집이라며 차 한잔 같이 하자고 전화를 했다. 차 마시며 그 사업을 접게 한 충격적인 충고를 듣게 되었다. 우선 서두는 이렇다.

"똑똑한 친구라고 들었는데, 창업 과정을 나중에 보니 너무 안타까운 마음에 한번은 만나서 얘기해주고 싶었다. 투자를 받으러 다니면서 당신처럼 창업하는 사람이 순진한 건 처음 본다. 한마디로 자본주의를 너무 모른다."

아니 이게 무슨 소린가? 내가 그래도 학교에서 경제 원론부터 기본적인 경제학은 공부한 사람인데 자본주의를 모른다니…. 내가 시작한 사업이 잘못된 이유를 조목조목 설명해주었다.

"창업자가 과반 이상 최대한 많은 지분을 확보하며 자기 회사를 만들고, 남은 지분을 몇 배수로 할증하여 투자를 받는 게 기본이다. 투자한 사람에게 투자금 액면 그대로 지분을 나눠주는 바보는 없다. 그래서 당신 지분은 지금 10%도 안 된다. 이 회사는 잘 안 되면 당신만 실컷 고생하고 상처받고 끝나며, 설령 잘된다 해도 절대 당신 회사가 될 수 없다. 더 늦기 전에 당장 그만두어라."

그러면서 앞으로의 길을 일러주었다. 무척 단호하게 얘기를 했다.

"잘되도 문제, 안되도 문제인 지금 회사는 접고 진짜 당신 회사를 만들어라. 그동안 들인 돈과 시간은 비싼 수업료를 낸 셈치고 이제부터 진짜 창업을 해라. 첫째는 투자받지 마라. 그런 아무도 이해 못할 사업계획서로는 더군다나 요즘같이 어려운 시절에는 어림없다. 빌리지도 마라. 당신이 기획한 사업이 진짜 된다고 확신한다면 당신 집이라도 팔아서 해라. 남의 돈으로 사업하려는 얄팍한 생각을 버려라. 둘째는 친정에 찾아가지 마라. 대기업 출신이 창업하면 친정인 전 직장에 찾아가 일거리를 구걸한다. 거기에 당신 성공을 바라는 사람은 아무도 없다. 같이 대감댁 머슴으로 있다가 머슴살이 벗고 주인 행세하려는 당신을 옛 동료 머슴이 반길 거라 믿지 마라. 도와주지 않는다. 그들이 당신의 도움이 필요해서 부를 때까지 먼저 찾아가지 마라. 이제부터 한 사람씩 정성들여 사업 인맥을 새로 만들어라. 그렇게 창업해서 5

년을 버티고 살아남아 나를 찾아오면 그때는 내가 투자해주마."

그날 너무 충격을 받아서 밤잠을 자지 못하고 고민에 빠졌다. 다음날 아침 그분의 충고대로 하기로 결심하고 출근하여 이를 친구와 후배에게 알렸다. 즉시 정리 작업에 들어갔다. 그동안 아껴 쓴다고 했는데 돈은 이미 70% 정도 까먹은 상태였다. 정리하는 과정에서 마음 고생이 심했던 건 예상한 바고 내가 견뎌내야 할 내 몫이었다. 가장 우울했던 건 후배하고 둘이서만 다시 창업하기로 하고, 첫 창업에 같이했던 친구에게는 취업을 권유한 일이다. 친구는 같이 하고 싶어했으나 내가 가진 돈으로 두 사람을 먹여 살릴 자신이 없었다. 아쉽지만 친구는 곧바로 외국계 회사에 들어가서 얼마 뒤 호주로 건너가 그곳에 정착했다.

5월부터 지인의 청담동 사무실 한편의 작은 방을 공짜로 빌려 진짜 창업 준비에 들어갔다. 첫 창업 때는 비전, 사업 목표, 사업 전략 등 거창한 것에서부터 매출, 인력, 자금 조달 등 현실적인 계획, 그리고 추구하는 기업 문화에 이르기까지 꼼꼼하게 모두 문서화했다. 실제로 해보니 이런 문서들은 아무 짝에도 쓸모가 없었다. 현실성도 없고 의미 없는 말잔치이며 숫자놀음에 불과했다. 그래서 이번에는 그 어떤 문서도 만들지 않았다. 거의 모든 시간을 제품 개발에 쏟았다. 자본주의를 너무 모른다는 평가를 받았으니, 간간히 무식함을 잠재울 실물 경제에 대해서도 읽었다. 모든 생각의 중심을 '어떻게 5년을 생존할까?'에 맞췄다.

두 달 만에 전 직장에서 경험이 있었던 프로젝트 관리 분야 소프트웨어 제품을 하나 만들었다. 충분한 테스트도 거쳤고 매뉴얼도 제작하여 판매할 준비를 마쳤다. 내가 개발한 제품과 같이 팔면 효과가 있을 연관 있는 제품을 팔고 있는 회사 두 군데를 고르고 한 회사씩 만나서 제휴를 제안할 계획을 세웠다. 다행히 먼저 만난 회사의 사장님과 얘기가 잘되었다. 그 회사에게 3천만 원을 받고 제품의 독점 판매권을 주며, 향후 판매액의 50%를 받기로 했다. 그 화기애애한 중요한 만남이 있던 날 밤에 시골에 계신 어머니가 돌아가셨다는 연락을 받았다. 어머니 장례를 치르고 와서 창업 준비를 마저 마쳤다. 1999년 9월 7일에 진짜 내 회사를 창업했다. 제휴 회사 사무실 한쪽에 더부살이로 시작해서 임대료를 내지 않아도 되었고 모든 사무실 집기도 그 회사 것을 사용해서 비용은 거의 들지 않았다. 거기서 1년쯤 있으면서 자리를 잡은 후 독립했다.

그렇게 시작한 회사가 지금 내가 24년을 운영 중인 회사다. 5년을 버티고 찾아오면 투자해주겠다는 창투사는 당연히 찾을 일이 없었다. 누구에게도 돈을 빌리거나 투자를 받지 않았기 때문이다. 1998년 첫 창업의 동기였던, 프로그래머로서 평생 일할 직장을 내 손으로 만든다는 목적은 한 번의 실패를 딛고 두 번째에 이루어졌다.

내 회사를 만드는 진짜 창업 팁

1. 완제품을 만들어 창업하라.

2. 초기 지분 80% 이상을 확보하라.

3. 투자받지도 말고, 빌리지도 말라.

4. 예전 직장 인맥에 기대지 말고, 한 사람씩 정성들여 새로운 사업 인맥을
   만들라.

5. 5년 이상 버틸 '생존'에 집중하라.

소프트웨어 회사 사장
청조 씨의 하루

20절에서 《소설가 구보 씨의 일일》이라는 소설 제목을 패러디하여, 1992년 내 프로그래머 시절의 하루 일상을 엮었다. 그로부터 11년의 세월이 흐르고 지금으로부터 20년 전, 소프트웨어 회사를 창업하여 오너프로그래머로 바쁜 하루하루를 보내던 시절의 일을 2003년 3월 첫째 주 토요일에 넣어서 그려보겠다.

아침 5시, 청조 씨는 잠에서 깬다. 역시 17년 넘은 오랜 습관으로 알람은 필요 없다. 물 한잔 마시고 서둘러 면도와 세수를 하고, 어젯밤 미리 챙겨둔 양복을 차려 입고 넥타이는 가방에 넣고 집을 나선다. 지하 주차장에 내려가 차를 몰고 어둑한 밤길을 헤쳐 사무실로 향한다. 청조 씨는 원래 기계치에다 길치인지라 운전을 싫어한다. 차가 없어도 불편하다고 느낀 적이 별로 없다. 운전면허도 늦은 나이에 땄다. 강남역과 양재역 사이에 있는 뱅뱅사거리 사무실까지는 이처럼 이른 시간에는 차로 30분이면 도착한다. 대중교통으로는 1시간이 넘게 걸린다. 할 수 없이 시간 아끼려 차를 가지고 다닌다. 6시 10분 전, 사무실에 도착하여 인터넷 뉴스를 10분 정도 살피고 길 건너 아침밥 하는 식당으로 간다. 단골이라 식당 아주머니가 반긴다. "오늘 무슨 날인가요?" 평소의 캐주얼 복장이 아니라 묻는다. 말하지 않아도 항상 먹는 북엇국 백반을 갖다 준다. 아침을 든든하게 먹고 사무실에 돌아오니 6시 40분쯤 되었다. 양치질을 마치고 일할 준비를 한다.

청조 씨는 작은 소프트웨어 개발 회사 사장이다. 창업한 지 벌써 3년 6개월이 되었는데 아직은 목표한 만큼 돈이 벌리는 체계를 갖추지 못했다. 직원은 청조 씨를 포함해서 모두 8명이다. 다른 직원은 오늘 출근하지 않는다. 토요일은 격주로 쉬는데 오늘이 쉬는 날이다. 물론 과천의 다른 회사에 파견 나간 직원 3명은 예외다. 아직은 토요일에 쉬는 회사보다 일하는 곳이 더 많다. 청조 씨는 쉬는 날이 없다. 창업하고 지금까지 쉬어본 날이 거의 없다.

오늘 아침 9시 30분에 삼성역 근처에 있는 우리나라에서 세 손가락 안에 드는 부동산개발회사에서 중요한 발표가 있다. 중국 심양에 5천 세대가 넘는 주상복합 아파트를 짓는 사업에 청조 씨가 만들어 팔고 있는 프로젝트 관리 소프트웨어 제품을 포함하여 건설하는 단지의 현장 관리 시스템

개발 제안 발표다. 이미 제안 자료는 전달한 상태다. 제안 금액은 개발 비용으로 1억4천만 원, 서버 관리 비용으로 매월 100만 원, 2년 넘게 사용할 때 업그레이드 비용 3천만 원 등이다. 이 또한 실무자와 이미 협의가 되었다. 오늘 발표는 그 회사 회장님과 임원이 모두 참여하는 자리로, 여기서 별 탈이 없으면 계약하는 데는 문제없다.

청조 씨는 발표할 자료를 다시 한번 검토한다. 8시가 되자 넥타이를 매고 옷매를 가다듬고 노트북을 둘러매고 사무실을 나서서 지하철역으로 향한다. 그리 먼 거리는 아니지만 발표 장소의 상황도 미리 살펴야 해서 약속 30분 전에는 도착하려 일찍 서두른다. 목적지 건물에 도착하니 9시가 채 안 되었다. 너무 빠른 듯하여 주변 한 바퀴 돌고 부동산개발회사에 들어가서 담당자인 김 과장을 만났다. 김 과장이 발표 장소인 회의실로 안내한다. 김 과장의 도움을 받아 준비를 마치고 기다리니 그 회사 회장님과 사장님이 들어와서 반갑게 인사를 한다. 회장님은 50대 후반으로 보이고 다부진 체격에 당당하고 결의에 찬 표정이다. 10명 남짓 모인 회의실에서 약속된 시간에 발표를 시작했다.

먼저 청조 씨의 회사와 제품을 간단히 소개하고 이번 프로젝트 제안 설명에 들어갔다. 시작한 지 한 10분쯤 지났을까 잠시 청중의 반응을 살피는데, 회장님이 갑자기 "청조사장은 심양에 가본 적 있나?" 하며 끼어든다. "아직 못 가보고 이 프로젝트 준비하느라 공부는 좀 했습니다"하고 대답하니, 회장님은 이제 아예 일어나서 벽에 걸린 심양 프로젝트의 현장 사진과 도면을 가리키며 설명하기 시작한다. 심양이 어떤 도시인지, 이번 프로젝트가 어떤 의미가 있는지, 본인이 이 프로젝트를 만들기 위해 어떤 고생을 했는지, 회장님은 불굴의 의지를 엿볼 수 있는 무용담을 섞어가며 신나게 얘기한다. 청조 씨는 "그렇군요. 와, 대단하십니다"를 연발하며 맞장구 친다. 같이 듣고 있던 다른 임직원은 자기 회사 회장님과 낯선 이방인의 이 정겨운 상황을 묘한 표정으로 뻘쭘하게 지켜본다. 그렇게 한 시간 동안 청조 씨는 그 회사 회장님에게 심양 프로젝트에 대해서 알찬 브리핑을 받았다. 청조 씨의 발표는 고작 10분이다. 그런데도 끝나고서 회장님으로부터 "발표 잘 들었다. 제품이 좋다"는 칭찬을 들었다. 청조 씨는 직감적으로, 발표는 성공했고 "이제 계약만 남았구나" 하고 느꼈다.

청조 씨도 이런 일을 처음 겪었다면 이 상황이 좋은지 나쁜지 판단하지 못하고 어떻게든 발표를 마치려 애썼을 것이다. 창업 초기에 이런 일이 있었다. 어떤 회사의 직원 30여 명이 모인 자리에서 분위기 좋게 질문과 답변을 섞어가며 일사천리로 제품 소개를 마쳤다. 그 회사 사장님이 자기 사무실로 청조 씨를 불러 차를 권하며 "청조사장, 참 말을 잘하네요. 이렇게 말 잘하는 사람은 처음입니다" 한다. 순간 청조 씨는 칭찬으로 받아들이고 "과찬이십니다. 제가 직접 만든 제품이라 그렇습니다" 했다. 나중에 알고 보니 "말은 그럴듯한데 실제는 어떨지 모르겠다"는 뜻이었다. 그러고 보니 너무 좋은 분위기에 취해 사장님의 반응은 살피지 못했음이 생각났다. 결과는 팔지 못했다. 이때부터 제품 소개하는 발표를 할 때 결정권자의 반응을 최우선으로 살펴야 하고, 그분의 기분을 좋게 하고 만족을 주면 성공 확률이 높다는 걸 청조 씨는 깨달았다. 어떤 회사든 사장이나 회장은 바쁘다. 그런 분이 남의 얘기를 한 시간 넘게 듣는 것은 고문에 가깝고 시간 낭비라 생각할 것이다. 그러니 그분을 기쁘게 하고 좋은 시간 보냈다는 생각이 들게 하면 당연히 내 제품을 팔아줄 것이다.

청조 씨가 흡족한 발표를 마치고 사무실에 돌아오니 11시 30분이다. 오늘 점심은 과천에 파견 나가 일하고 있는 직원들과 하기로 했다. 서류 가방과 노트북을 사무실에 두고, 작은 편지 봉투 하나를 제품 팜플렛 사이에 끼우고 이걸 회사 서류봉투에 넣어서 차를 가지고 나섰다. 대중교통이 편한데 저녁 약속 장소가 차로 움직이는 게 편한 곳이다. 12시 30분쯤 도착하여 직원들과 점심을 함께하며 프로젝트의 분위기를 들었다. 식사를 마치고 발주사의 프로젝트 사무실에 들어서니 발주사 직원은 모두 퇴근하고 없다. 직원 두 명은 퇴근하고 프로젝트 책임을 맡은 직원과 프로젝트 진행 과정에 대해서 이런저런 얘기를 나누었다.

발주사는 2년 전에 처음 인연을 맺고 프로젝트를 수행한 적 있다. 이번 프로젝트는 고속도로 공사에서 나오는 터널과 교량의 안전 진단과 그에 따른 설계에 관한 시스템을 개발하는 것으로, 작년 말에 공개 입찰에서 수주했다. 프로젝트 수행 기간은 10개월이고 얼마 전에 착수했다. 수주금액은 2억7천만 원이며, 실제 투입 인원은 3명이 22MM$^{Man/Month}$이다. 입찰에서 제시한 인원은 그보다 좀 부풀렸고, 이미 개발된 제품 값도 포함시켰다. 이렇게 보면 1MM당 1천2백만 원이 넘으니 많이 남을 것 같지만, 수주 이전에 공짜로 해준 일도 있고 무상하자보수 기간에 해줄 일도 있어 실제는 그리 많은 금액이 아니다. 그래도 청조 씨의 작은 회사로 보면 큰 프로젝트다. 책임자에게는 프로젝트가 성공적으로 끝났을 때 1천만 원을 성과급으로 주기로 약속했다. 4시까지 청조 씨는 남아있던 책임 직원과 함께 문화재청에서 연말에 발주예정인 후속 프로젝트 수주를 위한 자료를 검토하고 의견을 나누었다. 직원은 퇴근하고 청조 씨는 다음 약속 장소로 향한다.

저녁 약속은 과천 프로젝트 발주사 계약부장과 식사하기로 되어 있다. 프로젝트가 시작된 지 2주가 넘어가는데 아직 계약이 완료되지 않아 알아보니 계약부장이 붙잡고 있다고 한다. 이런 상황은 돈 달라는 신호인 걸 경험으로 알기에 며칠 전에 계약부장의 개인 휴대전화 번호를 알아내어 전화를 했다. 계약부장은 오늘 오후 5시에 안양에 있는 부장의 집 근처 일식집으로 오라며 시간과 장소를 아예 정해주었다. 조금 일찍 도착하여 기다렸다. 약속 시간에 맞춰 계약부장이 왔다. 의례적인 인사를 나누고 식사를 하며 "일하는 데 뭐 어려운 점은 없느냐?", "프로젝트 사무실은 마음에 드느냐?"는 등 이것저것 묻는다. "배려해주신 덕분에 편안히 개발에 힘쓰고 있고, 정해진 기간 내에 좋은 시스템을 구축해서 보답하겠습니다" 하며 입에 발린 좋은 말로 답변했다. 이런저런 덕담이 오가며 식사를 마치고, 청조 씨는 "이거 저희 회사 제품 홍보 팜플렛입니다. 많이 알려주십시오" 하며 미리 준비해서 가져간 회사 서류봉투를 내밀었다. 팜플렛 안에 돈 봉투가 들어 있다. 이런 돈은 회사의 공식적인 회계처리가 되지 않으니 청조 씨 개인 돈으로 해야 한다. 대개 1억 원이 넘는 프로젝트에는 회계처리 못하는 리베이트라는 말로 부르는 돈이 따른다. 여기에 가끔씩 접대가 있고 체육대회 같은 행사에 찬조도 하고 윗분들 해외출장가면 여비로 쓰라고 외화도 환전해준다. 이런 비용을 다 합하면 보통 전체 프로젝트 비용의 5%에서 10% 정도 된다고 업계에 알려져 있다. 언제나 이런 부정한 돈 거래의 관행이 없어지려나. 한 10년쯤 흐르면 깨끗해지지 않을까? 청조 씨의 간절한 바람이다.[1]

청조 씨가 저녁 약속을 마치고 사무실에 도착하니 6시 30분이다. 이제

---

1 〈부정청탁 및 금품등 수수의 금지에 관한 법률〉, 일명 김영란법 시행 이후 이런 관행은 거의 사라졌다.

프로그래머로서의 일이 기다리고 있다. 넥타이를 풀고 편한 자세로 코딩을 시작한다. 지금 개발하고 있는 것은 데스크톱 프로그램을 한 번의 라이선스 금액으로 팔지 않고 매달 일정액을 받을 수 있도록 임대 서비스하는 프로그램이다. 현재 청조 씨가 개발하여 팔고 있는 제품은 정가가 3백만 원으로 한 번에 받는다. 이걸 매달 10만 원씩 꾸준히 임대료로 받겠다는 것이다. 처음 시도하는 것이라 사업적으로 성공할 수 있을지 우려도 있지만, 청조 씨는 이런 시도 자체만으로도 큰 의미가 있다고 여긴다. 간간히 차 한 잔 마시면서 19층 사무실에서 밖을 바라보며 주변의 밤 풍경을 눈에 넣는다. 10시 40분에 프로그래밍을 마치고 아침에 왔던 길을 거꾸로 헤쳐 집으로 향했다. 퇴근길은 출근길보다 시간이 조금 더 걸린다. 비로소 여유롭게 몸을 씻고, 11시 40분 잠자리에 든다.

청조 씨는 그 다음날인 일요일도 일어나는 시간이 여느 때와 같이 아침 5시다. 운동하는 시간이 거의 없어 최근 일요일 오전은 회사에서 가까운 산에 오른다. 4시간 정도 걸린다. 회사에 도착하여 점심을 먹고 일을 시작한다.

57

월급 밀리지 않는 회사,
스트레스 없는 회사

1999년, 20세기말 현재의 회사를 창업할 때 사업계획서와 같은 그럴듯한 어떤 문서도 만들지 않았다. 오로지 어떻게 하면 회사가 생존할 수 있을 지만 생각했다. 그것도 멀리 볼 것 없이 5년만 버티자 했다. 필요하면 간단한 메모만 하고 의미 없고 터무니없는 숫자놀이에 불과한 문서 만드는 데 시간을 쓰지 않았다. 특히 비전이나 미션, 사훈, 핵심가치, 미래 목표 선언 등과 같은 폼 나는 의식에 관심을 두지 않았다. 그리고 어떤 회사를 만들 것인지 두 가지만 정했다.

첫째는 월급 밀리지 않는 회사, 즉 임금 체불 없는 회사다.

사람들이 회사에 왜 다닐까? 당연히 돈 벌기 위함이 1순위다. 그러니 많든 적든 정해진 날에 꼬박꼬박 월급이 나온다면 나쁜 회사는 아니지 않는가? 월급이 다른 회사에 비해 상대적으로 적을 수는 있다. 그러나 이는 직원이 선택한 문제이고 어찌되었든 약속한 금액을 제때 지불한다면 최소한의 책임은 면하지 않나 싶다.

당연히 우리 회사 직원 월급은 대기업이나 잘나가는 기업에 비해 적다. 따라서 이에 대해 불만이 있는 직원이 있는 것도 당연하다. 하지만 나는 한 번도 제 날짜에 월급을 지급하지 않은 적이 없다는 점에 만족한다.

둘째는 스트레스 없는 회사, 즉 마음 편히 다닐 수 있는 회사다.

회사에서 가장 스트레스받는 일이 뭘까? 오래전에 직장인을 대상으로 한 설문조사 결과에서 직장인 스트레스 요인 1위는 야근 때문이라고 했다. 우리 회사도 창업하고 근 10년간 야근이 있었다. 나도 10년 동안 거의 쉬어 본 적이 없다. 회사든 집이든 가리지 않고 일만 한 느낌이다. 내가 매일 야근하니 직원들도 했다.

업종의 특성상 야근하지 않을 수 없었다고 변명하고 싶다. 우리 회사에서 야근을 없애려면 회사 매출을 구성하는 사업 내용(품목)을 변경하지 않고서는 힘들어 보였다. 그래서 창업 때부터 해오던 아이템을 버리고 새로운 먹거리로 사업을 전환했다.

그리고 창업 때부터 생각했던 스트레스 없는 회사의 첫 출발로 야근을 완전히 없앴다. 모든 직원이 칼퇴근이다. 휴일 근무도 없다. 정해진 연차 휴가는 안 쓰면 수당으로 주는데 그 돈을 받아가는 직원은 거의 없다. 다 쓴다. 담당 업무도 일부 개발자를 제외하면 상식적으로 이해하기 어려운 내용이 아니라서 노동 강도가 세지 않다.

남이 부러워할 기업문명도 없고 남에게 내세울 기업문화는 없어도, 나와 직원이 편하게 다니는 회사면 된다. 근래에 개발자 연봉이 천정부지로 뛰었다는데 월급 적은 우리 회사에 있는 이유가 뭐냐고 물었다. 그냥 편하단다. 나는 이 말을 믿기로 했다. 사장이 직원 말을 안 믿으면 누구 말을 믿나.

정시퇴근과 노동생산성

가끔 우리 회사 홈페이지나 회사소개서에 있는 '정시퇴근율 95%'라는 문구를 보고 고객이 "진짜냐?"고 묻는다. 사실은 거의 100%다. 우리 회사에서 서비스하는 그룹웨어를 우리도 쓰는데, 근태 관리 기능으로 출퇴근과 연차 관리를 하고 있다. 여기서 정확한 정시퇴근율을 산출할 수 있다.

우리 회사는 직원이 컴퓨터를 종료하는 시간을 그룹웨어가 인지해서 퇴근 시간을 기록한다. 그런데 신기하게도 거의 모든 직원의 퇴근 시간이 '18:00'으로 기록되어 있다. 가끔 '18:01'이거나 '17:59'도 있다. 일하다 보면 가끔 10분쯤 늦을 수도 있을 텐데, 기다렸다는 듯이 정확히 6시 땡하면 집에 간다는 게 처음에는 좀 의아했으나 지금은 당연한 문화로 받아들인다.

예전에 어느 한 직원이 고객 전화를 받는데 항상 같은 문제로 응대 시간이 길어지고 힘들어하는 게 보였다. 이런 문제라면 당연히 잘 아는 동료 직원에게 묻거나 공부해서 해결해야 할 텐데 매번 똑같은 상황이 반복되는 게 의아했다. 그래서 먼저 선배 직원에게 이 상황에 대해 물으니 매번 가르쳐주는 데도 항상 똑같다는 것이다. 직접 그 직원과 면담해보니 사장이나 선배 직원이 들으면 똑같은 문제인데 자기는 매번 상황이 다르다고 항변했다.

항상 같진 않지만 이와 같은 문제로 해석할 수 있는 몇몇 사례를 보면서 내린 내 결론은, 어차피 출근해서 8시간 근무하는 것은 정해져 있는데 그동안에 무슨 일을 하든 마찬가지라는 생각 때문이 아닌가 싶었다. 좀 과장해서 말하면, 문제를 빨리 해결해서 전화를 빨리 끊어봤자 또 다른 고객이 전화할 것이고 어차피 6시 되면 집에 가는 것은 마찬가지다.

가끔 마흔이 넘은 상급 직원이 "칼퇴근이 너무 굳어져 있어서 급하게 처리해야 할 일을 5시 넘어 시키려면 눈치가 보이고, Due Date(업무 마감일) 잡기가 너무 힘들다"고 말한다. 그러면 나는 "칼퇴근은 좋은 문화인데 거기에 적응해서 성과를 내는 게 당신의 진짜 능력이 아닐까요?" 한다.

사실 내가 우려하는 것은 정시퇴근보다도 근무하는 8시간 동안 얼마나 충실하게 일하느냐이다. 말하자면 이른바 노동생산성 문제다. 그런데 제조업 생산직이 아닌 우리 회사 같은 데서 출근하여 차 마시고 카톡하고 담배 피우고 업무와 관련 없는 웹서핑 등의 시간을 뺀, 업무에 열중하는 시간은 얼마나 될까? 실제로 8시간을 몰두해서 일해보면 상당히 피곤하다.

우리 회사에서 작은 소프트웨어 제품 하나를 개발하는 데 2005년 이전에는 대략 3개월이 걸렸다면 지금은 12개월 정도 걸린다. 같은 조건인데 일하는 시간 한 가지만 다르다. 예전에는 하루에 10~12시간씩 일하고 휴일에도 일할 때가 있었으니 당연히 빠르다.

그런데 이런 상황을 감안해서 지금의 8시간의 두 배인 하루 16시간을 투입했다 해도, 산술적으로 계산해보면 6개월이 더 걸린 셈이다. 말하자면 생산성이 반으로 줄었다는 뜻이다. 소프트웨어 개발의 특성상 집중도의 차이에서 이런 문제가 오는 게 아닌가 싶다. 아니면 태도가 경쟁력이라는

데 태도의 문제인가?

어찌되었든 칼퇴근은 요즘 말로 대세다. 이제 주어진 8시간 내에서 어떻게 생산성을 높이느냐의 문제가 남았다.

사장이 직원과 친하면 안 되나?

"수도권 외곽 한적하고 경치 좋은 곳에 땅을 사서 3층짜리 사옥을 지을 거야. 입구에 들어서면 큰 마당과 주차장이 있고, 건물 지하에는 수영장과 헬스장, 1층은 사무실로 쓰고, 2층은 식당, 3층은 내가 살 집이야. 직원들 집도 인근에 있으면 좋을 거야. 식당에서 직원뿐 아니라 직원 가족도 삼시 세끼 언제든 식사할 수 있거든. 살림하는 아내들 밥 걱정 안 해도 되니 얼마나 편해. 게다가 수영도 하고 운동도 할 수 있으니 좋잖아."

창업 초에 친구에게 '이렇게 하고 싶다'며 했던 말이다. 친구는 절대로 이룰 수 없는 망상이라고 답했다. 우선 수도권 외곽에 있는 회사에 다니려는 직원이 없을 것이라 했다. 거기다가 직원들도 한 동네에 모여 살다니, 무슨 사이비 종교단체 교주가 되려 하냐며 나무랐다.

그게 그렇게 이상한 발상인가 싶어, 같이 창업한 후배에게 슬쩍 얘기를 흘렸더니 펄쩍 뛰며 친구와 같은 반응을 보였다. 마치 직업 군인이 모여 사는 사택 단지 같은 느낌이라고 했다. 남편 계급에 따라 아내 계급도 정해지고, 심지어 아이들도 아빠 계급을 따라 서열이 나눠질 걸 생각하면 끔찍하다고 했다.

한마디로 직장에서의 일과 개인의 삶이 전혀 분리되지 않는 회사를 누가 다니려 하겠느냐는 얘기다.

한번은 집에 인터넷이 안 되어 직원이 와서 고쳤다. 나중에 후배와 대화하는데, 직원을 집으로 불러 일을 시켜서도 안 되며 사적으로 어울려도 좋지 않다고 했다. 나는 집에서도 회사 일을 하니 꼭 내 개인적인 일만도 아니라며 편하게 생각했고, 분위기도 불편하지 않았다. 요즘 대부분의 사람들은 이런 분위기에 펄쩍 뛸 것이다. 말하자면 회사가 가족 같은 분위기가 되어서는 안 된다는 얘기다.

회사 경영에 관한 책을 보면, 사장은 직원과 친하면 안 된다고 권고한다. 그래서인지 주변에 아는 사장님 중에 점심에 혼밥하는 분들이 있다. 그런데 사장은 혼자 식사해서도 안 된다고 한다. 영업하고 사업적 만남을 갖느라 같이 밥 먹어야 할 외부인이 넘치도록 많은데 혼밥이 웬 말이냐는 얘기다.

사장과 직원의 바람직한 관계에 대해 책이나 세간에 알려진 이런 얘기를 그대로 받아들여야 할까? 작은 회사지만 오랫동안 해보니 꼭 그렇지는 않은 듯하다. 나이가 몇인지, 결혼은 했는지, 아이가 있는지 등과 같은 사생활에 일체 관심을 갖지 않는다고 알려진 미국이나 유럽에서도 직원 개인의 어려움에 관심을 갖고 서로 도와 좋은 회사를 만들었다는 교포 사업가의 얘기도 있다. 내 경험 또한 그러하다.

우리의 삶을 일과 칼 같이 분리할 수 있을까? 일하는 데서 얻을 수 있는 기쁨도 크기 때문에 일은 삶의 일부가 아니라 큰 부분이다. 때로는 거의 전부이기도 하다. 물론 일하기 싫고 퇴근 시간만 기다리는 때도 있다.

요즘은 그래 봐야 8시간만 참으면 된다. 이런 생각이 들 때가 있다. 이른바 워라벨을 철저히 따지는 사람은 회사에서 정확히 일만 하고 개인의 삶이 전혀 끼어들 틈이 없는 건지. 나는 하루 8시간 꼬박 일만 하는 직원을 본 적이 없다.

회사 분위기가 가족 같이 끈끈하면 사생활이 없는 걸까? 직원 중에도 친구처럼 잘 통하는 동료도 있을 것이고, 형처럼 살갑게 보살펴주는 상사도 있을 것이다. 불편하면 적당한 선을 넘지 않도록 관리하면 된다. 요즘에는 부모와 자식 사이라도 아무리 끈끈해도 부모는 부모대로 자식은 자식대로 서로의 생활에 선을 긋고 산다. 나는 아직 그처럼 끈끈한 가족 같은 분위기의 회사를 본 적이 없다.

사장이 직원과 친하면 회사에 나쁜 영향을 미치나? 연배도 다르고 노는 물도 다른데, 아무리 친해 본들 친구 사이가 될 수도 없다. 때로는 아버지보다 더 큰 지혜를 얻기도 한다. 자식보다 더 좋은 조언을 듣기도 한다. 나처럼 사업이 신통치 않아 만날 사람도 없고, 외롭게 혼밥하기도 싫은 사장은 어찌해야 하나? 직원과 먹으면 된다. 대신 밥값은 사장이 내고.

모든 문제 해결의 바탕에 상식이 있듯이, 이 또한 상식적으로 접근하면 된다. 가족 같은 회사 분위기가 끈끈한 팀워크로 연결되어 생산성을 높일 수 있으면 좋다. 하지만 도를 넘은 지나친 관심으로 개인 생활이 침해되고 스트레스를 느끼면 안 된다. 술 좋아하는 상사의 술 친구가 되어야 한다거나, 바둑 좋아하는 동료와 억지로 밤늦게까지 바둑을 두어야 한다면, 이는 상식적으로 끈끈한 것과는 거리가 멀다. 사장이 처량하게 혼밥하지 말고 직원과 점심을 먹어도 된다. 다만 편가르기로 느끼지 않도록 계속 같은 직원과 먹지 않는 게 좋다. 직원들이 싫어하는 느낌이라면 어쩔 수 없이 혼

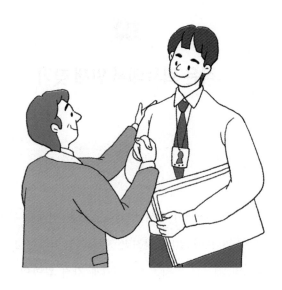

자 먹을 수밖에 없고….

회사마다 사정이 다르겠지만, 나는 사장이 직원과 친해도 된다고 생각한다. 특히 작은 회사는 직원이 적어서 세세하게 작은 것까지 업무를 분할하여 맡길 수 없다. 직원과 친하면 이런 눈에 보이지 않는 업무의 사각지대를 없앨 수 있어, 일일이 사사건건 잔소리하지 않아도 회사는 잘 돌아간다. 여러모로 사장에게 큰 도움이 되고 스트레스를 덜 받게 된다. 그렇다고 흔쾌히 허락하지 않는 직원의 업무 외 시간을 뺏고 스트레스를 주면 안 된다. 친하게 지내고 싶어도 모두와 친할 수 없는 게 문제다.

작은 회사에서 인재 찾기

인터넷에는 '이런 직원이 진짜 인재다', '좋은 인재를 뽑기 위한 3가지 방법'과 같은 좋은 글이 있다. 하지만 '좆소기업'이라는 모욕적인 단어를 써가며 '좆소기업 거르는 꿀팁', '중소기업에 가지 말아야 할 이유'와 같은 글이 더욱 넘쳐난다. '굶어 죽어도 작은 회사에는 들어가지 않는다'는 요즘 세태에서 우리 같이 겨자씨만 한 회사에서 뽑을 수 있는 인재가 과연 있기나 할까? 더군다나 요즘 대기업에서 천정부지로 몸값을 올려버린 개발자라면 구할 수나 있을까?

인재란 어떤 사람인가? 한마디로 성과를 내는 사람이다. 그러기에 일을 잘한다는 것, 집중할 줄 안다는 것, 체계적으로 한다는 것, 포기하지 않고 끝까지 해낸다는 것을 말한다.

어떤 사람은 내게 오랫동안 사장을 했으니 척 보면 어떤 사람이 인재인지 감이 오지 않느냐고 한다. 그랬으면 오죽이나 좋겠냐만 나는 아직 그런 능력을 갖지 못했다. '먼 길을 가봐야 말의 힘을 알고, 사람의 마음도 지나봐야 안다'고 했듯이 실제 겪어보지 않으면 제대로 알기는 어렵다.

가끔 주위에 알고 지내는 작은 회사 사장님을 만나면 어떻게 어떤 직원을 뽑아야 좋을지 경험과 정보를 교환하기도 한다. 초점은 최대한 급여를 끌어올린다 해도 유명 대기업 눈높이 근처에도 미칠 수 없는 현실에서 회사도 만족하고 직원도 만족할 만한 방안이 무엇이냐는 것이다.

내가 다른 사장님에게 제시한 방안이 하나 있는데, 개발 책임자 채용에 관한 것이다. 작은 소프트웨어 회사의 개발 책임자야말로 당연히 인재를 뽑아야 한다. 한마디로 프로 프로그래머이거나 그런 자질을 갖춰야 한다. 우선 그런 프로는 잡코리아나 사람인 같은 취업포털 사이트에는 없다. 아는 사람 소개로 뽑을 수밖에 없다. 간혹 보면, 실력은 출중한데 그다지 좋지 않은 학벌 때문에 인정받지 못하는 사람이 있다. 춘추시대 공자 같은 사람이다. 천하에 그런 실력자가 없음에도 그를 알아보고 품어준 주군이 없었다. 자기를 알아줄 회사를 찾지 못하고 여기저기 떠도는 공자 같은 사람을 뽑아야 한다. 문제는 그런 느낌이 와도 실제 프로젝트에 투입해봐야 판가름이 난다는 점이다. 실패를 거듭하면서 찾아야 한다.

다른 사장님한테 일반 직원을 뽑는 좋은 방안에 대해 들은 게 있다. 그건 바로 4년제 대학 졸업자를 뽑지 않는 것이다. 보통 중소기업의 4년제 대졸자 연봉으로 전문대나 실업계 고등학교 졸업자 중에 학과에서 1, 2등 하는 사람을 뽑으라는 것이다. 어차피 괜찮은 대학의 좋은 성적 졸업자라면 작은 회사는 거들떠보지 않을 것이며, 어느 조직에서나 1, 2등 하는 사람은 성실성이 보장된 사람이다. 게다가 전문대나 실업계 고교는 취업에 필요한 기술을 익혀서 나오는 학생이 많아서, 회사에서 짧은 교육으로 바로 실전에 투입할 수 있어 좋다고 한다. 실제로 요즘 주위에서 회사도 만족하고 직원도 만족했다는 이런 얘기를 많이 듣는다. 오랫동안 회사를 운영해보니 고등학교만 졸업해도 할 수 있는 일이 대부분이다.

회사에서 직원을 잘못 뽑으면 돈을 날린다. 특히 작은 소프트웨어 회사는 인건비 비중이 매우 커서 잘못 뽑은 직원으로 인한 손실 또한 매우 크다.

얼마 전 나보다 조금 큰 규모의 회사를 운영하는 사장님을 만났는데, 나와 똑같이 기록하는 게 있었다. 직원 중에서 입사한 다음 성과가 전혀 없거나 급여에 비해 30% 이하의 미미한 성과를 내는 직원이 가끔 있다. 이들은 대개 2년 내에 스스로 회사를 그만둔다. 이렇게 잘못 뽑은 직원이 그만두면, 근무할 때 성과 외에 들어간 돈과 일을 잘못하여 추가로 발생한 명백한 손실금을 엑셀에 기록한다는 것이다. 우리는 이를 '먹튀 리스트'라 부르며 웃었다. 나는 '인건비 누수 내역'이란 이름으로 기록하는데 지금까지의 손실액이 10억 원 가까이 된다. 24년간 사람을 잘못 써서 날린 돈이 10억 원이란 얘기다. 이를 기록하는 목적은 잘못한 점을 되새겨서 앞으로 직원 뽑는 데 신중을 기하고 인재를 알아보는 능력을 기르자는 데 있다.

작은 회사 인재 찾기 팁

1. 뛰어난 능력을 알아주는 회사가 없어 떠도는 실력자가 있다. 대개는 그 저그런 학벌 때문에 인정받지 못하는 사람이다. 인맥을 통해 이런 사람을 열심히 찾아라. 주의할 것은 한곳에 정착하지 못하는 회사 부적응자일 수도 있다는 점이다.

2. 회사 업무의 80% 이상은 고등학교만 졸업해도 다 할 수 있는 일이다. 4년제 대졸자 급여로 학과에서 1, 2등 하는 실업계 고등학교 또는 전문대 졸업자를 뽑아라.

3. 대기업 출신의 경력자, 특히 부장급 이상의 직원을 뽑을 때 신중하라. 디테일이 없고, 혼자서는 일 못하고, 다른 직원과 소통하지 못하고, 결국 월급만 축내고 그만두는 경우가 많다.

4. 오랜 경력의 비개발자 전문가를 뽑을 때 조심하라. 이 분야 컨설턴트 경력 20년이라거나 20년 전에 시작한 1세대라고 하는데, 말만 번지르르한 '입 전문가'가 많다. 잠시 소나기 피하려 누추한 곳에 머물려는 것이니, 애초에 들이지 않는 게 좋다.

5. 뭐든지 뚝딱하고 고치는 맥가이버 같은 금손을 가진 직원이 필요하다. 대개는 맡겨진 본래 업무도 잘한다. 가장 찾기 힘든 인재다. 찾으면 꼭 붙잡아라. 특히 나 같은 똥손 사장이라면.

6. '인재는 뽑는 게 아니라 뽑아서 기르는 것이다'라는 말을 믿지 말라. 사람은 누가 누구를 기르는 게 아니다. 자식도 부모가 기르는 게 아니고 스스로 크는 것이다.

구인 광고

착한 슈퍼맨을 찾습니다

2015년 새해가 밝았습니다.

올해는 제가 프로그래머로서 코딩을 시작한 지 30년이 되는 해입니다. 이제는 노안 때문에 오후가 되면 눈이 침침해져서 모니터를 보는 데 지장이 있습니다. 예전처럼 그리 오랜 시간 코딩을 할 수가 없습니다. 지금까지 저희 회사의 모든 프로그램 개발을 제가 책임지고 있었으나 올해는 그 역할을 다른 사람에게 물려주려 합니다. 그래서 그 역할을 해줄 수 있는 사람을 찾습니다. 말하자면 이 글은 저희 회사의 개발 책임자를 구하는 특별한 구인 광고인 셈입니다.

제가 찾는 그 사람은 '착한 슈퍼맨'입니다.

왜 이런 표현을 쓰냐면 그 사람이 해야 할 일은 많고 책임은 무거운데 제가 줄 수 있는 보수는 그에 미치지 못하기 때문입니다. 이 상황을 다음과 같이 표현해보겠습니다. "첫해 월급은 제가 줍니다. 그다음은 당신이 회사를 키우고 저를 먹여 살리고 당신의 월급을 가져가세요."

저는 욕심이 많은 편이라 그 사람은 정말 착한 슈퍼맨이라 아니할 수 없습니다. 제가 착한 슈퍼맨에게 원하는 것은 다음과 같이 많습니다.

1. 개발을 해야 합니다. 그것도 책임자입니다.

식당으로 말하자면 주방장입니다. 우리 고객의 입맛을 충족하느냐는 주방장에게 달려 있습니다. 우선 바로 해야 할 일은 현재 서비스 중인 제품의 다음 버전 업그레이드입니다. 다음 버전은 저와 함께하겠지만 저는 옆에서 잔소리만 할 것입니다. 다음 버전이 완성되면 모든 걸 구석구석 다 파악하고 있어야 하는 책임자이니까 직접 코딩까지 다 해야 합니다.

필수적으로 갖추고 있어야 할 기술은, 서버 쪽은 자바, MariaDB 등 리눅스 계열이고, 클라이언트는 HTML/CSS/자바스크립트입니다. 다 할 줄 알아야 합니다. 다른 개발자와 나누면 되지 굳이 다 알아야 하느냐 싶겠지만 명색이 슈퍼맨인데 그 정도는 해야 합니다.

2. 마지막 직장이라는 마음을 가져야 합니다.

회사가 마음에 안 들 수 있는데 어찌 그럴 수 있겠느냐 하실 겁니다. 마음에 안 들면 마음에 들게 만들어야 합니다. 그래야 슈퍼맨입니다. 그리고 평생 프로그래머라는 직업으로 살겠다는 분이어야 합니다.

3. 리더십은 필요 없으나 팔로워십은 필요합니다.

책임자라니까 리더십leadership이 필요하겠거니 하실지 모르지만 열심히 팔로워follower하다 보면 저절로 리드lead하게 됩니다. 저는 한용운의 〈복종〉이란 시를 좋아합니다. 리더는 빵을 잘 나누는 한 사람이면 족합니다. '착한' 슈퍼맨은 팔로워를 잘 합니다. 팔로워 잘하는 사람은 끈기도 있고 의리가 있습니다. 그래서 언젠가 빵을 나누는 리더가 됩니다. 설령 리더가 안 되도 행복하게 사는 데는 지장이 없습니다.

4. 친화력 있는 사람이 좋습니다.

아침에 출근하여 상사에게 인사하려다 보니 이발하신 모습이 눈에 띕니다. "안녕하세요? 부장님. 머리 자르셨네요. 젊어 보이세요. 미용실에서 하셨어요?" 이런 정도의 대화가 자연스레 나오는 사람이면 좋겠습니다. 더나아가 이 정도면 더 좋습니다.

"사장님. 옆 빌딩에 레스토랑이 하나 생겼는데 그 집 스테이크가 죽인다네요."

"그래서, 어쩌라고?"

"요즘 너무 열심히 일했더니 단백질도 부족하고, 좀 사달라고요."

"네 돈 내고 사먹어라."

"월급도 쥐꼬리만큼 주면서 가끔 몸보신도 시켜줘야 힘이 나죠. 예약할까요?"

5. 기타 자잘한 희망사항입니다.

학력은 안 따집니다. 슈퍼맨이 대학을 나왔는지 기억이 안 나서요. 성별도 안 따집니다. 슈퍼우먼도 상관없으니까요. 나이도 크게 상관은 없지만 적응하기에는 30대 후반을 넘지 않는 게 낫지 않나 싶습니다. 회사에서 가까운 거리에 사시는 분일수록 좋습니다.

이제 제가 착한 슈퍼맨에게 해줄 수 있는 것입니다. 다음과 같이 보잘 것 없습니다.

1. 첫해 최대로 줄 수 있는 연봉은 0,000만 원입니다.

물론 퇴직금은 연금으로 따로 있습니다. 이건 법으로 정해져 있으니 신경 안 쓰셔도 되고요. 연말에 그해 실적에 따라 성과급이 따로 있기는 한데 없다고 생각하는 게 좋습니다. 그래야 생각지도 않은 돈을 받으면 기분이 좋습니다. 그래서 오로지 정해진 연봉 외에는 아무것도 없다 생각하십시오.

이 정도 연봉으로는 게다가 최대라는 말까지 붙었으니 경력이 좀 되시는 분에게는 턱없는 소리가 될 것이고, 앞에서 언급한 일을 감당하려면 어느 정도 경력은 있어야 하는데 이 대목에서 서로 간에 고민이 있을 줄 압니다. 그래서 경력은 따로 명시하지 않겠습니다. 경력과 실력이 꼭 비례한다는 보장도 없습니다.

2. 야근이 없습니다. 그러나 인생사가 다 그렇듯이 100%는 아닙니다. 더군다나 책임자라서.

우리 회사는 오후 6시면 모두 집에 갑니다. 할 일 없이 남아 있으면 괜히 회사 전기세나 축낸다고 눈치가 보일 수 있습니다. 그런데 슈퍼맨은 우리 회사에서 서비스하는 시스템의 책임자라서 긴급 상황이라는 게 있을 수 있습니다. 그렇다 해도 자주 있는 일은 아니니 너무 걱정하지 않으셔도 됩니다. 제가 지난해 딱 한 번 야근했는데 소스코드를 보지 않고는 해결할 수 없는 상황이라 퇴근했다가 다시 회사에 나와서 처리하고 집에 가니 8시 30분쯤 되었더군요. 이때도 회사의 제 컴퓨터를 켜두고 집에서 원격으로 하면 되는데 그날은 하필 집에 있는 컴퓨터가 말을 안 들어 그리 되었습니다. 긴급 상황이 아닌 데도 야근하고 싶으면 일단 회사에서는 퇴근하고 집에서 편안한 자세로 하도록 권합니다. 하지만 이것도 다음날 근무에 지장을 주면 안 되겠죠.

문제를 하나 꼽으라면, 저희 회사의 목표 중 하나가 스트레스 없는 회사인데, 직원 중 스트레스가 있는 유일한 사람일 수도 있다는 점입니다. 좀 운이 없다 생각하십시오. 그래서 '착한' 슈퍼맨입니다.

3. 휴가는 일에 지장을 주지 않는 선에서 자유롭게 가도 됩니다.

휴가 가는 것은 저와 상의할 필요가 없습니다. 다만 동료 직원과 상의해야 합니다. 우리 회사는 동시에 같이 모두 휴가를 낼 수 없습니다. 응대해야 하는 고객이 있기 때문입니다. 보통 사무실 안에 항상 최소한의 인원은 근무하고 있어야 합니다. 그래서 다른 직원의 휴가 일정과 겹치지 않는 게 좋습니다.

보통은 휴일과 붙여서 하루나 이틀씩 휴가를 내더군요. 그러면 삼사일씩 연달아 쉴 수 있어 좋습니다. 개발자라서 일정을 정해 놓고 개발하다 보면 부득이 휴가를 못 갈 수 있습니다. 이때는 프로젝트가 끝나고 일주일이든 열흘이든 몰아서 가면 됩니다.

괜히 바쁜 체하고 휴가도 안 가며 일한다고 누가 알아주지 않습니다. 그러니 알아서 잘 챙겨 먹는 게 좋습니다. 참고로 직원들 휴가에 도움이 될까 하여 회사 소유의 리조트 회원권이 있습니다.

4. 그 외 자잘한 복지 혜택은 없다고 생각하십시오.

기대했다가 실망하는 것보다도 어쩌다 생각지도 않은 게 있으면 기쁘지 않을까요?

5. 저희 회사는 작습니다.

그래서 이번 설날에 친척을 만났을 때 자신 있게 어디 다닌다 말하기를 부끄러워하는 성격이시라면 안 맞을 수 있습니다. 차라리 대기업의 숨

막힐 듯한 분위기에 적응 못하고 저희 같이 작지만 비교적 스트레스 덜 받는 게 낫다고 생각하시는 분에게 맞을 수 있습니다.

그러나 저희 회사는 작지만 탄탄하고 안정된 직장입니다. 아마도 착한 슈퍼맨이 살아있는 동안은 망하지 않을 것입니다.

작은 회사에서 겨우 직원 한 명 뽑으면서 뭐 그리 요란하냐고 핀잔주실 분도 계시리라 봅니다. 하지만 우리 회사로서는 워낙 중요한 자리라 처음으로 이런 시도를 해봅니다.

"저비용 고효율 인력 구해보겠다고 용을 쓰는구나" 하고 나무라실 분도 있을 줄 압니다. 틀린 말은 아닙니다. 그런데 고효율이라는 보장 또한 없으니 처음에는 어쩔 수 없다 변명하겠습니다.

'착한 슈퍼맨'이 한번 되어보고 싶다면 메일 주십시오. 기한은 적임자를 구할 때까지입니다.

이 글을 읽으시는 모든 분의 새해 건강과 마음의 안녕을 기원합니다.

2015년 첫날에 블로그에 올린 우리 회사 개발팀장을 구하는 구인광고다. 적임자를 구한 것은 그로부터 5년이 넘은 후다.

좋은 직원을 뽑기 위해 채용 공고에 써야 할 사항

1. '하게 될 업무는 이렇습니다' 입사하면 하게 될 업무를 정확히 적는다.

2. '이런 분을 찾고 있어요' 어떤 능력을 갖춰야 하는지 적는다.

3. '이런 분이면 더 좋아요' 우대 조건이 있으면 적는다.

4. '함께하면 혜택이 있어요' 내세울 만한 복지가 있다면 적는다. 세간에 복지로 느끼지 않는 것은 적지 않는 게 좋다.

5. 정확한 급여 또는 그 범위를 제시하는 게 좋다.

6. 근무 형태나 출퇴근 시간을 적는다.

7. 발표가 있음을 알리고 시행해 볼만하다. 가장 재미있었던 일에 대해 5분 발표, 가장 성과가 높았던 업무에 대해 10분 발표 등.

8. 코딩 시험을 치를 경우는 어떤 방식으로 하는지 상세히 적는다.

9. 아무리 작은 회사라도 면접은 1차로 끝내지 말고 2차까지 한다.

10. 회사와 지원자가 서로 궁합이 맞는지, 수습기간 3개월을 두고 같이 일해보고 결정한다.

11. 상품권이나 현금으로 면접에 임한 사례비를 지급한다.

12. 이런 문구를 넣으면 좋다. '최근 3년간 연장근무를 단 하루도 하지 않음', '작년 정시 퇴근율 100%, 연차 사용률 110%', '야근을 하려면 회사에 전기세를 내야 함', '월요일, 금요일, 징검다리 휴일 연차 사용 권장', '의무적으로 참석해야 하는 행사와 회식 일체 없음', '가족 같지 않은 분위기로 과도한 관심 없고 사생활 존중' 등

성과급 약속은
동기부여가 되는가?

우리 같이 작은 회사는 근로계약서에 적힌 금액으로 급여를 지급하고, 추가로 성과급을 더 지급하는 경우는 드물다. 나는 창업 초기부터 성과를 내고 수익을 발생시킨 직원은 성과급으로 보상했다. 큰 프로젝트에 참여하는 직원은 미리 성과급을 확정하고 프로젝트가 끝나면 지급할 것을 약속하고 이행했다.

그러다가 사업이 안정되면서는 그해에 발생한 수익이 있으면 연말에 성과 낸 직원에게 그 일부를 나눠주었다. 처음에는 성과를 낸 직원에게만 그에 합당한 금액을 지급했다. 못 받는 직원도 있고 받은 직원 사이에도 금액의 차이가 컸다. 어느 해부터인가 성과가 없어 못 받는 직원이 안쓰럽기도 하고 다음 해에는 열심히 하라는 의미로 성과급이 아닌 위로금을 지급했다. 심지어 성과는커녕 회사에 명백한 손해를 입힌 직원에게도 분발하여 만회하라는 의미로 격려금을 지급했다. 그러다 보니 어느 순간 성과급의 의미가 없어졌다. 대부분의 직원은 당연히 받아야 할 급여의 일부를 나중에 받는다고 생각했다. 근거 없는 나의 선심 때문에 성과급의 진정한 의미가 훼손되고, 동기부여가 되기는커녕 불만의 싹만 키우는 지경에 이른 것이다.

작년에 우리 회사 근처의 아는 사장님과 점심을 함께하면서 이와 관련

된 경험담을 들었다. 어느 해 연말 행사의 하나로 최고의 성과를 낸 직원을 뽑아 우수 사원으로 표창하고 상금을 지급했다. 모든 직원은 충분히 그럴 만하다고 인정하며 기꺼이 축하해주었다. 문제는 다음 해부터 벌어졌다. 이번에도 최고의 성과를 낸 직원을 뽑아보니 지난해 그 직원이었다. 계속 같은 직원에게 상을 준다는 건 의미 없다는 생각에 한참 낮은 성과를 보인 직원에게 상을 주었다. 최고의 성과를 낸 직원은 납득하지 못했지만 양보의 미덕을 발휘했다고 자위했다. 다른 직원은 "그 정도의 우수사원상이면 나도 받을 수 있었던 게 아닌가?" 했다. 그다음 해부터 우수사원상은 돌아가며 차례대로 타는 것으로 인식되었다. 당연히 이 제도는 폐지했다고 한다. 작은 회사가 대기업의 제도를 생각 없이 적용해서는 안 된다.

사장은 대가를 예고할 때 조건을 건다. 이번 프로젝트에 성공하면 성과급으로 얼마를 주겠다, 이걸 해결하면 월급이 오를 것이다, 이렇게 일해야 회사에 도움이 되고 진급도 할 수 있다 등. 그러나 학자들의 실험과 연구 결과에 의하면, 이럴 때 대부분의 직원은 앞서 제시한 조건은 잊어버리고 결론만 기억한다는 것이다. 그래서 사장은 성과급 얼마를 준다, 월급을 올려준다, 진급시켜 준다 등의 약속을 한 것으로 직원은 믿는다. 전제 조건이 이루어지지 않아 시행되지 않았음에도 사장은 약속을 어긴 사기꾼이 된다. 유튜브에서 이 영상을 보고 나는 머리가 번쩍했다. 그런 사장이 바로 나였기 때문이다.

사장의 이런 오지랖과 말실수가 회사를 망친다는 것이다. 50대 직원과 사석에서 대화하던 중 "저는 지금까지 해외로 가족여행 한번 못 가봤네요" 하는 직원의 말을 듣고 짠한 마음이 들었던 사장은 "연말에 가족과 동남아라도 다녀올 수 있게 해줄 테니 열심히 해"라고 말했다. 이 말은 열심히 하든 안 하든 연말에 5백만 원의 성과급은 추가로 주겠다는 약속이 되어버린다. 별 성과가 없는 데도 안타까운 마음에 사장은 앞으로 열심히 하라는 의미로 5백만 원을 주며 "가족과 괌이나 사이판에 한번 다녀와" 했다. 직원의 고마움은 얼마 가지 못한다. 몇 달 지나면 당연히 받아야 할 걸 받은 게 된다. 담배 피우는 직원에게 "끊으면 금연 수당 2백만 원을 주마" 농담처럼 사장이 얘기했다. 금액이 제법 큰지라 그 직원은 담배를 끊은 지 3개월이 넘었다며 금연 수당을 달라 한다. 약속을 했으니 사장은 지급했다. 그러자 다른 흡연 직원이 자기도 하겠다고 한다. 게다가 담배를 피우지 않은 직원은 "그럼, 우린 뭐냐, 우리도 잠깐 피웠다가 끊으면 되나?" 하며 불만이다. 더욱 문제는 금연 수당을 받은 그 직원이 몇 달 후 다시 담배를 피우기 시작했다는 점이다. 이 모든 문제의 발단이 사장의 신중하지 못한 말에서 비롯된다.

요즘 많이 나오는 행동심리학에서 대가를 약속받으면 높은 성과를 내는지에 대한 연구 결과가 있다. 실험 결과는 내 예상을 완전히 빗나갔다. 결론은 전혀 효과 없고 오히려 더 안 좋은 결과를 낸다고 한다. 여러 실험 연구의 결과라니 믿을 수밖에. 예고된 대가는 인간의 창조적 문제 해결을 현저히 떨어뜨린다고 한다. 대가를 약속받으면 높은 성과를 내려고 열심히 하는 게 아니라 어떻든 적은 노력으로 많은 대가를 얻기 위해 몰두하며, 자신의 능력을 향상시킬 수 있는 도전적 과제가 아니라 대가를 많이 받을 수 있는 과제를 선택한다는 것이다. 따라서 성과급 정책은 큰 의미가 없으며 오히려 조직의 창조성을 저해한다고 한다.

내 경험으로 보아도 성과급 약속은 동기부여가 되지 못한다. 성과를 내는 직원은 애초에 이미 정해져 있다. 왜냐하면 자발적 동기가 더 중요하고 우선이며, 그런 직원이어야 성과급 약속이 큰 동기부여가 될 수 있기 때문이다. 성과급은 예고하지 말고 약속하지 말고 확실한 성과를 낸 직원에게만 불시에 지급해야 효과가 있다. 잘 아는 데도 그리하지 못하는 나는 경영자로서의 자질이 없는 게 분명하다.

회사의 운영 업무에서 최고의 직원과 평균 직원의 성과 차이는 2배 정도라고 한다. 그러나 창의적 분야는 10배 이상의 차이가 나며, 프로그래머는 그보다 훨씬 차이가 큰 것으로 알려져 있다. 따라서 회사는 성과급 정책이 동기부여가 될 것으로 상식적인 판단을 하게 된다.

연봉 6천만 원과 5천만 원+성과급 40% 중 평균적으로 결과 금액이 같다 해도 회사는 후자를 선호한다. 그런데 직원은 후자가 금액이 높을 확률이 있다 해도 전자를 선호한다. 왜냐하면 '심리적인 안정감' 때문이다. 창의적인 일을 하려면 우선 마음 상태가 자유로워야 하는데, 돈에 초점을 맞추게 되면 최고의 아이디어나 혁신의 가능성을 제한하게 된다. 그래서 제 실력을 발휘하지 못하고 제대로 성과를 낼 수 없게 된다.

그렇다면 진정한 동기부여란 무엇인가? 세계적인 혁신기업들은 훌륭한 동료와 어려운 도전 과제라고 한다. 그래서 애초에 훌륭한 직원을 뽑기 위해 엄청난 돈을 쏟아붓는다. 작은 회사에서는 그리 할 수 없다는 게 문제다. 같은 규모의 회사가 시행하는 성공적인 정책을 눈여겨 보고 나름의 방법을 찾아야 한다.

작은 회사의 직원 동기부여 팁

1. 성과급 제도를 운영하지 않는다. 성과를 냈으면 이듬해 급여에 반영하여 확정한다.

2. 중소기업 업계 평균 이상의 급여를 지급한다.

3. 자질구레하고 큰 의미 없는 복지 정책을 없애고 관리 비용을 줄여 직원의 급여를 높이는 데 집중한다.

4. 심리적인 안정 상태에서 스트레스 없이 일할 수 있는 분위기를 만든다.

5. 일에 대한 성취감이 최고의 동기부여가 되도록 만드는 게 중요하다.

6. 결국 회사에서 주입하는 동기부여는 의미가 없고, 자발적 동기에 의해 일하는 문화를 만들어야 한다.

사장이라는 자리

나는 학창 시절에 반장 부반장 같이 뒤에 '장'이 붙은 걸 한 번도 못 해 봤다. 누가 뽑아주지도 않았지만 나도 하고 싶은 생각이 전혀 없었다. 내 인생에 처음 '장'이 붙은 건 이전 직장에서 과장이 되었을 때다. 팀장이란 직책도 맡기는 했지만 한 부서의 장은 아니었다. 그러다가 창업하면서 자연스레 '사장'이라는 역할을 맡으니 여러 가지 생각이 들었다.

"사장이란 어떤 자리인가?"

사장은 사업을 지속하는 사람이다. 그러기 위해서는 돈이 굴러가게 해야 한다. 벌어들이는 게 가장 중요하고, 모자라면 자기 돈을 투입하든 투자를 받든 은행이나 남한테 빌리든 지속해야 한다. 어찌되었든 돈이 있으면 회사는 굴러간다. 그래서 사장은 '돈을 책임지는 자리'다.

자기 돈이 넘치도록 많아서 계속 투입할 수 있다면 벌지 않아도 된다. 영업이익이 없어도 미래가치로 포장하는 능력이 있어 계속 투자받을 수 있다면 벌지 않아도 된다. 은행이든 친한 친구든 계속해서 빌릴 수 있는 재주가 있다면 벌지 않아도 된다. 그게 아니라면 돈은 무조건 벌어야 한다.

돈을 버는 기본은 팔아야 한다. 즉, 영업을 해야 한다. 맨 앞 1절에서 소프트웨어 영업은 다른 영업과 많이 다르다고 했다. 그런데 그것은 디테일로 보면 그렇다는 것이고 크게 보면 같다. 나는 영업의 실체를 사자성어로 만들었다. 먼저 팔기 전에 갖춰야 할 자세가 있다. '제품숙지'와 '자부심갑'이다. 팔려는 제품을 완벽히 이해하고 자신의 제품에 대한 자부심이 넘쳐야 한다. 직원을 시키면 여기서부터 사장과 차이가 난다. 첫 번째 파는 방법은 '지인강매'다. 아는 사람에게 사달라고 강제로 떠넘겨야 한다. 둘째는 '명단제출'이다. 아는 사람에게 팔았으면 아는 사람에게 그의 아는 사람을 소개받는다. 셋째는 '빌딩타기'다. 아는 사람이 바닥나면 지나가다 아무 건물이나 들어가서 팔아본다. 이른바 불특정 다수에게 판다. 마지막은 '나 좀봐요'다. 내 것이 좋다고 소문을 내서 사러 오도록 만드는 것이다. '마케팅'이란 고상한 말이 있다.

이제 벌었으면 아껴 써야 한다. 적게 벌어도 더 적게 쓰면 사업은 지속된다. 가장 중요하게 쓸 곳은 직원들 급여다. 곳간에 쌀이 떨어지지 않도록 항상 채워둬야 한다. 우리 회사 월급날은 25일인데 피치 못할 사정으로 26일에 지급한다면 어떤 일이 벌어질까? 월급날에 맞춰둔 카드 값과 공과금이 연체되고 집안의 지출 계획이 엉망이 될 수 있다. 그래서 사장은 '직원들의 급여를 책임지는 자리'다. 사장 본인의 급여도 포함해서 말이다.

벌어서 쓰고 남은 돈의 일부는 사업의 지속을 위해서 남겨둔다. 또 일부는 사장과 직원들이 나눠 갖는다. 성과급인 셈이다. 이것도 기준이야 있겠지만 사장이 나눈다. 급여든 성과급이든 결국 사장이 나눈다. 그래서 사장은 '빵을 나누는 자리'다.

"어떤 마음으로 빵을 나눠야 할까?"

　회사마다 빵을 나누는 기준을 가지고 있다. 작은 회사의 빵을 나누는 사람인 사장도 나름의 기준이 있을 것이다. 아무리 정량적인 성과의 기준을 가지고 있다 해도 평가하는 사람의 마음이 담길 수밖에 없다. 창업하면서 나는 '어머니의 마음으로 빵을 나눈다'는 자세를 갖기로 했다. 큰아들에게 더 많이 주든, 막내에게 더 주든, 어머니가 그렇게 나누는 데는 다 합당한 이유가 있다. "그게 바로 엿장수 마음대로 아니냐?" 한다면 할 말이 없다. 어머니의 마음을 자식이 어찌 알리오.

64

창업자의 열정페이

예전에 매스컴과 온라인을 달군 단어 중 '열정페이'라는 게 있었다. 처음 이 단어를 접했을 때 열정을 쏟으면 그에 따른 대가가 크다는 의미로 당연히 좋은 말이겠거니 하고 넘겼다. 그러다가 인터넷에 자주 눈에 띄면서 읽어보니 내 생각과는 전혀 달라서 놀랐다.

이른바 열정페이는 열정熱情과 페이pay를 결합한 신조어로 '열정을 발휘할 기회를 줄 테니 대가를 바라지 말고 일하라'는 뜻으로 일자리가 아쉬운 청년을 채용해 박봉에 혹사시키는 기업주를 비꼬는 말이다. 말하자면 '고노동 저임금'을 상징하는 말로 사용한다. 우리 사회 도처에서 발견할 수 있는 고노동 저임금 사례가 들춰지면서 당시 대학과 취업 준비생 사이에서 커다란 화두가 되었다.

맨주먹 성공신화의 입지전적 인물로 유명세를 탄 자수성가 CEO가 수년 전에 쓴 책의 내용이 열정페이를 담고 있다 하여 하루 아침에 존경받는 창업자에서 비난받는 갑질 횡포의 고용주로 전락한 뉴스 기사도 있었다. 이 CEO의 책 내용도 그렇고, 그때 크게 문제가 된 유명 패션 디자이너의 사업장이나 취업 인턴제에서 볼 수 있는 고노동 저임금의 근무 환경은 도제식 기술자 훈련 방식에 그 뿌리가 있다.

도제徒弟, apprenticeship란 중세 유럽 도시의 수공업 기술자 양성제도에서 유래했으며 노동자, 장인, 기계공 등을 훈련시키는 데 주로 사용되던 방법이다. 장인匠人, master이 되고자 하는 사람이 장인의 수하에 들어가서 수년간의 관찰과 지도 아래 일을 하면서 배우는 과정을 말한다. 우리나라는 일제시대를 거치면서 자연스레 일본식 도제가 자리잡게 되는데, 장인을 지망하여 훈련을 받고자 하는 사람은 장인의 집에서 기거하며 약간의 용돈을 받고 장인의 집안 잡무도 돌보며 고되게 일하면서 기술 습득을 하게 된다.

그때는 장인이 된다는 희망이라도 있어 그리했다지만 지금이 중세도 아니고 돈 대신 경험을 주겠다는 고노동 저임금의 열정페이는 노동 착취를 상징하는 말로 사용될 수밖에 없는 현실에 많은 사람이 공감하고 분노하는 것이다. 문제가 되고 있는 열정페이는 노동시간이나 노동강도에 비해 최저 임금에도 못 미치는 급여를 지급하는 일터에 초점이 맞춰져 있다. 그런데 최저 임금을 떠나 고노동에 상대적 저임금은 도처에 널려 있고 이를 대하는 잣대도 사람마다 다를 것이므로 열정페이에 대한 감정 또한 사람마다 느낌이 다를 것이다.

10여 년 전쯤에 세계적인 기업 애플이 신입사원에게 전하는 편지가 화제가 되었다. 편지에는 "세상엔 그냥 하는 일과 일생을 걸고 하는 일이 있다. 당신의 손길이 곳곳에 스며든, 절대로 타협할 수 없는, 주말도 기꺼이 희생해 하고픈 그런 일이 있다. 애플에서는 그런 일을 할 수 있다"는 내용을 담고 있었다. 어찌 보면 주말도 없이 일만 하라는 소리로 들린다. 당시 애플은 실리콘밸리의 다른 회사보다 더 많은 급여를 주는 것도 아닌데 업무강도는 엄청났다고 한다. 절대 금액으로 보면 상당한 급여를 받겠지만 다르게 보면 이 또한 열정페이라고 느끼는 사람이 많아 크게 화제가 되었다. 그런데도 애플 직원들은 회사에 헌신한다고 한다. 왜냐하면 세상을 바꾸는 것을 만들고 있다는 자부심 때문이라고 한다.

세상 모든 일을 자신이 처한 상황에서 이해하려는 경향이 있듯이 나도 자연스럽게 창업자의 열정페이에 대해 생각해보게 된다. 내 주위의 창업자를 보면 거의 대가 없이 한 주에 100시간 이상 일하는 사람이 많다. 특히 창업 초기에는 주당 120시간을 넘게 일하는 창업자도 허다하다.

물론 세간을 뜨겁게 달구었던 고노동 저임금의 열정페이와는 거리가 멀다. 우선 스스로 원해서 하는 일이거나 언젠가는 그 열정에 대한 커다란 대가를 기대하는 긍정적인 의미의 고대가를 기대하는 고노동 열정페이라 할 수 있다. 문제는 창업이란 게 성공 확률이 워낙 낮아 고노동 저임금의 열정페이와 큰 차이 없이 끝나버리기 쉽다는 점이다.

창업자의 급여는 언제 얼마나 받아야 할까? 말하자면 창업자의 이른바 열정페이는 언제까지 해야 하는지, 그리고 그런 열정에 대하여 얼마나 높은 대가를 지불받아야 하는가이다.

처음 창업할 때 먼저 창업한 지인에게 "제 월급을 얼마로 하는 게 좋을까요?" 물으니 "직원들 월급 주고 남는 게 있으면 가져가는 거지" 한다. 당연한 말이기는 한데, 법인의 경우는 매달 원천징수하는 세금과 보험이 있으니 사장이라 해도 일반 직원과 마찬가지로 미리 급여를 책정하고 신고해야 한다. 그리고 집에 돈을 쌓아두고 있으면 모를까 창업자도 생계가 있으니 합당한 급여를 받아야 하지 않을까?

나는 술 담배를 하지 않고 잠자고 밥 먹고 출퇴근하는 시간 빼고 일만 할 것이라 크게 돈이 필요 없을 터이니 가정을 유지하는 데 필요한 최소한의 비용을 급여로 책정하면 되겠다 싶었다. 그래서 창업하기 전 직장의 반에도 훨씬 못 미치는 급여로 시작했다. 그리고 이런 상태를 언제까지 지속할 것이냐는 흑자를 내고 쌓인 유보금이 일정 금액 이상을 넘어설 때까지로 정했다. 일시적인 사업부진이나 신규 아이템 개발 등을 감안하여 2년 이상 매출이 거의 없어도 버틸 수 있을 정도의 유보금이 쌓일 때까지가 창업자의 열정페이 기간이라 생각했다. 이런 창업자의 열정페이 기간은 기업이 처한 상황에 따라 다를 것이나 남에게 빌리거나 투자받지 않고 순전히 창업자의 능력만으로 창업하면 보통 5년 이상 걸린다. 나는 능력이 모자라서인지 10년을 넘겼다.

열정페이 기간을 졸업하고 기업이 안정 궤도에 오르면 창업자는 급여를 얼마나 받아야 할까? 그동안 노력한 열정에 대한 충분한 대가와 회사의 자금 여력을 고려해 결정해야 할 것이다. 이때부터는 아무래도 고노동 저임금에서 상대적으로 저노동 고임금이 될 것이다.

주요 국가의 기업에서 CEO가 받는 보수총액이 일반 직원 평균 급여액의 수백 배에 달하며 점점 확대되고 있다고 한다. 미국은 300배에 이르며 우리나라 주요 상장기업의 경우도 100배가 넘는 것으로 알려져 있다.

그러나 이는 대기업이나 중견기업, 잘나가는 중소기업 얘기고 우리 같은 보통의 소기업은 대개 커 봐야 10배를 넘지 않는다. 그리고 주위의 창업자와 얘기를 나눠보면 창업의 위험성과 쏟아부은 열정, 극도의 정신적 스트레스 등을 감안하면 일반 직원 평균의 10배 정도는 받아야 하지 않겠느냐는 의견이 많다. 하지만 이는 사회적으로 매우 민감한 문제일 수 있어 공개적으로 의견을 밝히기는 쉽지 않다. 또한 창업의 과정이나 기업의 형편, 그리고 창업자 개인의 생각에 따라 편차가 클 것이다.

65

술, 골프 그리고 고급차

술 접대하고 골프 치며 어울리고 비싼 고급차를 타는 게 사업에 도움이 될까? 결론을 먼저 말하면, 그렇게 하는 게 사업의 크기가 더 커질 확률이 높다. 특히 백 배 창업에는 거의 필수다. 그렇다고 창업자의 성향과 형편이 다른데, 누구나 그리할 수는 없고 그럴 필요도 없다. 나는 술도 못하고 골프도 못 치고 전철 타고 일찍 퇴근하여 가족과 저녁 먹는 특권을 누리고 산다. 그래서 내 회사는 코딱지만 하다.

"술을 못 하는데 사업에 지장이 없을까요?"

나는 술을 전혀 마시지 못한다. 첫 직장에서 술자리 회식이 잦았다. 나는 일단 참석은 하고 적당히 다들 노는 데 정신이 팔려 있을 때 슬그머니 빠져나와 집으로 줄행랑을 쳤다. 과장이 되니 그러기가 어려워졌다. 외부 손님이나 윗분을 접대하는 책임자로 참석할 때도 있고, 가끔은 부하직원과도 술집에서 어울려야 했다. 그때는 할 수 없이 술을 못함을 밝히고, 대신 잔을 채워만 놓고 같이 어울리고 흥을 맞춰 분위기를 깨지 않으려 노력했다. 그랬더니 '술은 못하는데 잘 놀고 여자를 좋아한다'는 엉뚱한 소문이 나기도 했다.

창업하고 초기 10년간은 사업에 의례 술 접대가 많은 시절이라 불편할 때가 많았다. 술을 못 마시니 접대의 도리를 다할 수도 없고 돈이 아까워 평평 쓰지도 못했다. 친한 사장님은 "쓰면 그 이상 돌아온다. 팍팍 쓰라"고 충고했지만 내게는 무리였다.

10년 후부터는 접대가 없어도 큰 문제가 되지 않는 아이템으로 바꾸었다. 그리고 김영란법이 시행된 이후로는 술 접대 문화가 완전히 바뀌었다. 그나마 나에겐 다행이다.

술을 못 마신다고 사회생활에 큰 어려움은 없었지만 친구가 많지 않다. 사업에 크게 지장이 없었다고 위안을 삼았지만, 솔직히 지장이 있는 것도 사실이다.

"골프를 못 치는데 사업하려면 배워야 하나요?"

나는 골프를 못 친다. 당연히 한 번도 쳐보지 못했다. 운동신경이 그리 좋은 편도 아니고 운동을 좋아하지 않는다. 예전 직장에서 직원이 많이 하던 당구나 테니스도 해본 적 없다. 친한 동료는 대리 때부터, 대부분은 과장을 달면 골프를 시작했는데 나는 하지 않았다.

창업하고는 주위에서 골프는 꼭 배워야 한다고 많이 권했다. 사업하려면 필요하다고. 골프 치면서 직접적인 특정 사업거래에 대해 얘기가 이뤄지는 것은 아니지만, 모임의 사업적 끈끈함의 강도가 그만한 게 없다는 얘기다. 실제로 주위의 지인을 보면 큰 회사를 하는 사장일수록 골프 실력이 좋다. 그리고 모임에 나가보면 운영하는 회사가 크든 작든 골프 안 하는 사장이 거의 없다.

그러고 보니 골프는 사업에 도움이 되는 게 분명해 보인다. 나처럼 작은 회사가 아니라 크게 하려면 꼭 필요해 보인다. 자식이 사업한다면 골프는 배우라고 하고 싶다. 돈이 많이 드는 게 흠이지만….

"고급 외제차를 타는 게 사업에 유리할까요?"

나는 운전을 싫어해서 대중교통이 편하다. 그래서 차에 대한 애착이 없다. 차는 그저 굴러만 가면 된다는 생각이다. 그러니 비싼 고급차가 필요 없다. 내 체격에는 경차가 딱 맞는데 주위에서 그건 아니라고 손사래 친다. 하는 수 없이 쏘나타로 타협해서 계속 그것만 탄다. 기계 다루는 걸 싫어하다 보니 렌터카로 해서 나는 운전만 하고 어떤 기기도 만지지 않고 문제가 생기면 전화만 한다. 여기저기 긁힌 자국은 그대로 두고 세차는 너무 더러워 못 봐줄 지경이면 주유하고 자동 세차한다.

주위에 아는 사장님은 대부분 벤츠를 탄다. 예전 창업 초기에는 국산 고급차를 타는 사장도 많았지만, 요즘 웬만한 사장은 벤츠를 탄다. 벤츠를 타야만 하는 사장의 사업상 논리는 이해된다. 근사한 골프 모임에 가는데 쏘나타 몰고 갈 수는 없지 않은가? 나는 골프 치지 않으니 쏘나타도 문제가 안 된다.

사업하지 않는 사람이 보면 모두 겉치레로 보일 수 있다. 그런데 나도 형편이 좋아 보이는 회사의 사장과 사업상 제휴를 하고 싶지, 없어 보이는 사장과는 망설일 듯하다. 그게 세상 이치다.

이래저래 나는 사업하고는 좀 거리가 있는 사람인가 보다. 그래도 '화이부동和而不同'이라고, 어울리되 휩쓸리지는 말라 했다.

운구기일

성공한 사람에게 그 비결을 물으면 "운이 좋았습니다"라고 겸손하게 말하는 걸 흔히 본다. 그러면 사람들은 '대담한 도전으로 혁신과 성공의 아이콘'이라 칭송한다. 만약 실패한 사람이 그 원인을 "운이 나빴습니다"라고 했다면, 사람들은 '무모한 도전으로 예정된 필패'라 할 것이다.

사업에 운이 얼마나 작용하느냐는 큰 논쟁거리다. 성공한 사업가에게 운이 얼마나 작용했는지 물으면 운영하는 사업의 크기에 따라 다르다고 한다. 나처럼 작은 사업을 하는 사람은 대부분 운을 크게 생각하지 않고 자신의 능력과 노력을 중요하게 생각한다. 큰 사업을 할수록 운을 믿고 운의 기운을 이용했다고 한다. 그래서 관상을 보고 배신할 사람인지 미리 점쳐 보고 사람을 뽑기도 하고, 중요한 제품의 출시일을 불운한 날을 피해 정한다. 새로운 사업 분야에 진출할 때도 운이 따라줄 사업인지 알아본다.

가끔 "알고 보면 악덕기업인데 왜 그렇게 잘되지?", "나쁜 사람인데 어떻게 부자가 되었을까?" 하며 "착한 사람에게는 운이 따르지 않나 봐" 하는 사람이 있다. 그런데 행운은 선과 악을 가리지 않는다고 한다. 오래전에 구글의 사훈이 'Don't be evil(사악해지지 말자)'이라고 들었을 때 대중목욕탕에서 팔뚝에 '차카게 살자'라는 문신을 새긴 무서운 사람을 본 듯이 '그처럼 공룡기업에서 가능할까?'라는 생각으로 왠지 묘한 기분이 들었다.

흔히 '운칠기삼運七技三'이라는 말을 쓴다. 살아가면서 일어나는 일의 성패는 노력보다는 운에 달려 있다는 뜻으로, 운이 7할이고 재주는 3할밖에 안 된다는 말이다. 그런데 심리학에서 우리 삶은 10%의 의식과 90%의 무의식이 지배한다고 했다. 카를 융은 '무의식을 의식화하지 않으면 무의식이 우리 삶의 방향을 결정하게 되는데, 바로 이것을 두고 우리는 '운명'이라고 부른다'고 했다. 말하자면 90%의 무의식, 즉 운이 우리 인생을 결정한다는 것으로 해석할 수 있다. 이렇게 보면 '운구기일運九技一'인 셈이다.

큰 부자는 노력만 가지고 안 된다고 한다. 타고난 재주가 있어야 하겠지만, 시대적 환경과 운이 함께 따라주어야 한단다. 한마디로 시대를 타고 나야 하고 행운이 받쳐줘야 한다는 말이다. 내 능력이 아무리 탁월해도 큰 성공을 거둔 기업가를 그대로 따라 창업한다고 해서 그처럼 성공할 수 없다. 시대도 다르고 그 사람의 행운이 나에게도 따른다는 보장이 없다.

그러나 작은 부자는 누구나 노력만으로 할 수 있다고 한다. 열 배 창업은 작은 부자를 지향하므로 창업자의 노력만으로 가능하다는 얘기다. 그나마 다행이다. 그럼에도 경험으로 보아 여기에도 운이 작용한다. 긍정의 힘을 믿고 낙관적으로 될 만한 사업을 꾸준히 준비해서 해나간다면 기회가 왔을 때 잡히는 게 운이다. 그래서 지내놓고 보니 창업자는 너무 걱정하고 안달복달할 필요가 없다는 생각이 든다. 해결될 일이라면 당연히 걱정할 필요가 없고, 어차피 해결되지 않을 일이라면 걱정해봐야 소용이 없다. 열심히 최선을 다했다면 성공은 운에 맡기고 느긋하게 기다리는 것도 좋은 방법이다.

오너프로그래머는 행복한가?

창업 전 내 프로그래머 시절 12년은 행복했다. 회사 생활에서 스트레스가 전혀 없었다. 복장도 내 마음대로, 퇴근시간도 내 마음대로였다. 내가 정한 게 부서의 표준이 되고 내가 짠 프로그램은 모두 성공했다. 남보다 빠른 속도로 승진했다. 회사 밖에서도 여러 가지 추가 돈벌이로 이른 나이에 집도 사고 생활은 풍요로웠다. 그래서 내게 프로그래머란 참 좋은 직업이었다.

창업하고 오너프로그래머가 되었다. 한 번 망한 것까지 합해서 12년은 극심한 스트레스에 시달렸다. 한마디로 불행했다. 과민성대장증후군을 달고 살며 어깨와 눈과 위가 망가졌다. 월급은 예전 직장에 있을 때 수입의 절반에도 못 미치게 가져갔다. 하루에 15시간 가까이 휴일 없이 일했지만 내 뜻대로 움직여주지 않았다. 5년이면 10억 원을 벌고 회사를 안정시킬 수 있다고 믿었지만 10년이 넘게 걸렸다. 결국 내가 이름 붙인 10-10 사업의 생존을 벗어나 돈이 벌리는 시스템을 만든 성공은 11년 만에 겨우 이루어졌다.

능력의 한계를 절감했고 건강을 추스르고 좀 편히 살기로 작정했다. 그래서 백 배 창업 도전은 포기했다. 그냥 작은 사업에 만족하고 운 좋으면 작은 부자는 될 것이고, 소박하게 살면 노후는 문제없겠다 싶었다. 그래서 그동안 하지 못했던 내 유일한 즐거움인 여행을 시작했다. 국내도 많이 다녔지만, 코로나 전까지 해외도 20여 개국을 다녔다. 행복을 조금 회복한 셈이다. 앞으로 내 행복지수는 얼마나 주어진 것에 만족하느냐에 달렸다.

아직 프로그래머란 딱지를 떼지 못했다. 사업이 커야 그걸 떼고 오너만 할 수 있는데 그리하지 못했다. 이 책을 읽고 오너프로그래머를 꿈꾼다면 프로그래머 역할에 오래 머물러 있지 말라고 충고한다. 왜냐하면 큰돈은 벌지 못하고 스트레스에 시달릴 확률이 높기 때문이다. 오너프로그래머가 하는 10-10 사업은 가장 큰 스트레스가 인간관계, 그중에서도 직원과의 관계에서 온다. 직원 모두를 오너가 상대해야 하기 때문이다. 그 스트레스에서 벗어나려면 적어도 20명 이상, 매출은 연간 30억 원 이상으로 회사를 키워야 한다. 이때부터는 직원 모두를 직접 상대할 필요가 없다. 프로그래머 딱지도 떼고 오너의 일에 전념하는 게 좋다. 정 프로그래머에 미련이 있다면 직접 코딩하지는 말고 이른바 아키텍트로서의 역할을 하는 게 좋다. 나처럼 미련하게 일하지 말고 쉬어가며 철저히 건강을 챙겨야 한다. 그리고 진취적인 성향이라면 이왕 하는 거 백 배 창업에 도전해보길 바란다. 백 배 창업에 성공하고 IPO를 통해 천 배 창업으로 나아간다면 프로그래머로서 그보다 큰 성취는 없을 것이다.

올해까지 충분히 쉬면서 어떤 도전을 하면서 어떤 삶을 살지는 올해 말에 결정하려 한다. 두 가지 미련이 있다. 하나는 프로그래머로서 36년 넘게 일했으면서 세계적으로 팔리는 소프트웨어를 만들어보지 못한 점이다. 이를 도전 과제로 정할지 고민하고 있다. 아니면 고민 없이 평범한 프로그래머로만 사는 것도 큰 행복이라 생각한다.

또 하나는 오너로서 24년을 살았는데 백 배 창업을 시도해보지 못한 점이다. 이 또한 도전 과제로 정할지 고민하고 있다. 하지만 내 성격에 오너로 사는 것은 생각보다 행복하지 않다. 작은 사업을 1인 기업으로 운영하는 게 더 보람되고 행복한 노후가 아닐까 싶다.

오너프로그래머는 폼 나지 않는 작은 사업에 만족하면 행복하다.

진솔한 서평을 올려주세요!

이 책 또는 이미 읽은 제이펍의 책이 있다면, 장단점을 잘 보여주는 솔직한 서평을 올려주세요.
매월 최대 5건의 우수 서평을 선별하여 원하는 제이펍 도서를 1권씩 드립니다!

- **서평 이벤트 참여 방법**
  ❶ 제이펍 책을 읽고 자신의 블로그나 SNS, 각 인터넷 서점 리뷰란에 서평을 올린다.
  ❷ 서평이 작성된 URL과 함께 review@jpub.kr로 메일을 보내 응모한다.

- **서평 당선자 발표**
  매월 첫째 주 제이펍 홈페이지(www.jpub.kr)에 공지하고, 해당 당선자에게는 메일로
  개별 연락을 드립니다.

독자 여러분의 응원과 채찍질을 받아 더 나은 책을 만들 수 있도록 도와주시기 바랍니다.